KB093435

식민지 민족차별의 일상사

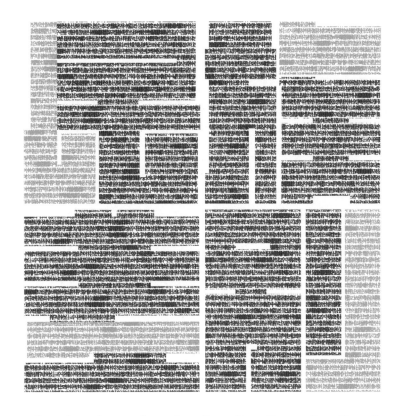

# 식민지 민족차별의 일상사

중등학교 입학부터 취업 이후까지

정연태 지음

푸른역사

# 책머리에

## 1.

역사상 계급의 발생과 계층의 분화로 형성된 불평등사회에서는 다양한 유형의 차별이 행해지기 마련이다. 튀니지 출신의 프랑스 철학자이자 사회학자였던 알베르 멤미Albert Memmi의 말처럼 불평등사회에서는 자기의 특권이나 공격을 정당화하고 자기의 이익을 도모하기 위한 각종 차별이 고안되고 행해지기 때문이다.

일제강점기에서도 마찬가지였다. 당시 한국사회에서는 전통사회의 유산인 신분차별은 완전히 청산되지 못하였다. 성차별은 사회적으로는 약화되면서도 식민지 호주제의 시행에 따라 제도적으로는 강화되었다. 빈부차별은 식민지 자본주의화가 진행되면서 전통사회에 비해 더욱 심화되었다. 그리고 학력學歷차별은 과거제 폐지 이후, 민족차별은 경술국치 이후에 새롭게 나타나기 시작하여 일제강점기에 이르러 전면화하였다.

주목할 점은 당시의 역사적 맥락에서 볼 때 신분, 성, 민족이란 범주와 빈부, 학력이란 범주의 성격이 달랐다는 것이다. 성은 생물학적 성으로, 민족과 신분은 혈통적, 문화적 성격이 강한 것으로 인식되었기에 변경하기란 불가능하거나 쉽지 않은 것이었다. 반면 빈부와 학력은 출신 배경과 무관하지 않지만, 자신의 의지, 노력, 능력에 의해 변경할 여지가 성, 민족, 신분에 비해 비교할 수 없을 만큼 훨씬 컸던 것이다. 그렇기에 신분차별, 성차별, 민족차별은 학력차별, 빈부차별에 비해 한층 불합리하고 불공정하고 불의한 성격의 차별이었다고 할 수 있다.

신분차별, 성차별, 민족차별 가운데서도 일제강점기의 차별을 표상한 것은 민족차별이었다. 신분차별은 갑오개혁기에 신분제가 법적으로 철폐된 이후 현저히 약화됐고, 성차별도 여성교육의 확대와 여성운동의 확산으로 약화 추세를 보였다. 반면 민족차별은 한국역사상 국망으로 인해 민족 구성원 대다수가 일상적으로 겪게 된 새로운 유형의 차별이었다. 더욱이 임진왜란을 통해 형성되고 확산된 대일對日 적대·원수의식과 조선 후기에 형성된 소중화적小中華的 민족 자존의식을 지니고 있던 한국사회에서 일제의 민족차별은 견디기 힘든 고통이요, 상처였다. 이런 점에서 식민지 민족차별은 지배민족 일본(인)과 피지배민족 한국(인) 사이의 기본적 관계를 요약하며 상징하는 것이라 하겠다.

그럼에도 식민지 민족차별의 문제를 전면적·체계적으로 해부한 연구는 예상과는 달리 빈약한 편이다. 20세기 말 식민지 근대화 논쟁에 참여하면서 식민지성의 4대 지표 중 하나인 민족차별 관련 연구가 별로 없다는 사실을 발견하고 놀랐다. '민족차별', '식민지 차별', '한국인

(또는 조선인) 차별' 등의 개념어를 제목에 반영한 논문이나 저서는 손에 꼽을 정도에 불과했던 것이다. 지금도 사정은 크게 변하지 않았다.

2.

이에 2008년부터 식민지 민족차별이란 주제에 관심을 갖고 연구하기 시작했다. 그 후 지금까지 4편의 논문(〈원전 목록〉 참조)을 틈틈이 발표했다. 연구 초기에는 민족차별의 양상을 드러내는 데 급급했다. 그러다가 점차 민족차별의 구조와 특징을 찾아내고, 식민지 민족차별을 유형화, 체계화하려고 노력하였다. 마침내 이 책을 준비하는 과정에서 여러모로 불완전하고 불충분하지만, 식민지 민족차별의 유형화·체계화 작업을 일단락하고 그 개념도 나름대로 정립하였다. 이 과정에서 도출된 개념이 법적 민족차별, 구조적 민족차별, 관행적 민족차별이었다. 그리고 이러한 식민지 민족차별의 표출 기제mechanism도 이론화하고 실증적으로 밝혀내고자 시도하였다. 이를 통해 식민지사회의 정치경제적 불평등 구조와 위계관계, 그리고 일본사회와 재한 일본인사회의 민족차별 의식이 차별의 확고한 토대 구실을 하였음을 밝혔다. 그중에서도 일본역사에서 오랫동안 뿌리 깊게 터 잡고 내려오다가, 메이지유신 이후 재구성되고 체계화되어 사회 전반에 확산되고 일본인의 내면의식을 지배한 한국 멸시·차별관(신공왕후전설, 한반도 조공국사관, 인종론적 문명론과 국민성론 등)을 주목하였다. 해방 후 일본사회에서 되풀이되는 과거사 망언이나 최근 확산된 혐한嫌韓 언행도 일본의 역사와 사회에 관류해오던 한국 멸시·차별관이 특정한 정치사회적 계기를 만나 분출한 것임을 알게 됐다.

이 책의 상재를 준비하면서 연구자만이 느낄 수 있는 특별한 기쁨을 맛보았다. 그동안 민족차별이란 역사 현상만 쫓아가다가 책의 집필과정을 거치면서 식민지 민족차별의 문제에 대한 역사해석의 그물망을 나름대로 엮어내, 그 현상을 움직이게 한 마그마의 존재와 작동 기제를 희미하게나마 발견하고 체계화할 수 있었기 때문이었다. 이런 까닭에 이 책은 앞서 발표한 논문들을 토대로 하면서도 그 구성을 대폭 바꾸고, 핵심 개념이나 내용도 상당 부분 수정, 보완하거나 새롭게 추가할 수밖에 없었다.

<br/>

3.

이 책이 나오기까지 많은 분들의 도움을 받았다.

먼저, 미시적 사례 연구과정에서 전국 7번째로 설립되고 100년 전통을 가진 강경상업고등학교로부터 아낌없는 지원과 협조를 받았다. 덕분에 이 학교의 1920~45년간 졸업생 및 중퇴생 총 1,489명의 학적부를 열람할 수 있었다. 그리고 일제강점기 교지校誌, 해방 전후의 동창회 명부, 학생일기 등 귀한 자료도 입수할 수 있었다. 특히, 지난 수년간 무더운 여름방학에 시원한 사무실 한 칸을 온전히 사용할 수 있도록 배려해준 점은 지금도 잊을 수 없다. 이런 배려와 협조가 없었다면, 개인 신상정보를 보호하기 위해 블라인드 처리하면서, 그 많은 학적부를 열람하고 데이터베이스화하는 힘든 작업을 온전히 마칠 수 없었을지도 모른다. 거듭 감사 인사를 드린다.

역사 연구, 특히 근현대사 연구에서는 대체로 그렇듯, 문헌자료만으로는 한계가 있다. 활자화되지 못한 생생한 증언은 그 시대의 분위기와 사정을 이해하는 데 많은 도움을 준다. 일제강점기에 강경상업학교를 졸업하신 분들께서는 노구에도 장시간에 걸쳐 학창 시절과 취업 당시의 경험, 목격담, 소감을 생생하게 전해주셨다. 심지어 소중하게 간직해오던 자료까지 제공해주셨다. 진심으로 감사하는 마음을 금할 길이 없다.

한편 서울대학교에서 법제사를 연구하고 있는 정긍식 교수는 필자가 차별 관련 법을 이해하고 그 개념을 정리할 때 유익한 조언을 해줬다. 결핵을 비롯한 질병 관련 의문은 소아청소년과 전문의 이창언 원장 덕분에 많이 해소할 수 있었다. 그리고 지난 30여 년간 충남지역 중고등학교에서 교육혁신을 위해 노력하다가 은퇴한 고향 친구 유병대 교장은 측면에서 많은 도움을 줬다. 늦게나마 감사하는 마음을 전하고 싶다.

2014년에 상재한 졸저와 마찬가지로 집필의 여유를 갖게 된 데에는 2019년 2학기부터 연구년을 맞이한 덕택이다. 대학으로부터 연구년 혜택을 받지 못했다면 집필할 엄두조차 내지 못했을 것이다. 그리고 맑은 품성과 도타운 정을 가까이에서 일상적으로 접하고 느낄 수 있게 해주는 가톨릭대학교 국사학과 채웅석, 허태구, 기경량 선생님 덕분에 엉뚱한 데에 에너지를 소비하지 않고 연구에 편안히 매진할 수 있었다. 특히 채웅석 선생님께서는 딱딱하지 않게 구성하고 이해하기 쉽게 쓰라는 조언을 이번에도 거듭 해주셨다. 한편 가톨릭대학교 국사학과 대학원생 강재구, 이상혁 군과 학부 졸업생 김도형 군은 필자와 함께 강경상업고등학교로 가서 학적부 자료를 전산 입력하느라 수고하였다. 그리고 가톨릭대학교 중앙도서관의 전대이 선생님은 많은 분량의 각종 자료를 수시로 요청해도 기꺼이, 그리고 즉시 구해주셨다. 그 덕분에 시간과 노력의 허비를 많이 덜 수 있었다. 다른 한편 이 책의 토대가 되는 연구를 진행하는 과정에서 가톨릭대학교와 한국연구재단으로부터 연구비 지원을 받았다. 두 기관과 가톨릭대학교 구성원 여러분께 감사드린다.

언제나 그렇듯이 이 책 역시 든든한 후원자이자 영원한 동반자인 아내의 격려와 지지에 힘입어 완성할 수 있었다. 병약한 몸에도 연구를 수행할 수 있었던 데에는 베푼 것 별로 없는 형의 건강을 항상 걱정하고 챙겨주는 안의한의원 정연탁 원장 부부의 공이 크다. 이 자리를 빌려 고마워하는 마음을 전한다.

이 책의 핵심 부분을 집필해나갈 즈음에는 심신이 몹시 지친 상태였다. 그 때에 큰 힘이 되어준 것은 딸아이가 처음 써준 〈풍경〉이란 제목의 헌시獻詩였다. "노을이 말라간다 / 노을은 자신이 사라지기 전에 붓으로 나비를 그려넣는다 / (중략) / 나비는 자신을 날려 보낸 손길이 그리워 / 아무렇게나 날아도 노을의 필체를 닮아 있었다 / 노을이 사라져도 노을이 다시 돌아올 하늘은 남아있다 / 나비는 풍경화 밖으로 나아가지만 / 자신을 그린 붓을 잊지 못한다." 힘들고 지칠 때마다 학교 뒷산에 올라가 이 시를 읽고 크나큰 위안과 힘을 얻었다.

원고를 마무리할 즈음 오랜만에 푸른역사 박혜숙 사장님께 어려운 부탁을 드렸는데, 단박에 출판을 약속해주셨다. 내용 이상으로 멋진 책을 만들어주신 사장님과 편집부 여러분께 감사드린다.


4.


2017년 대통령 선거 당시 "기회는 평등하게, 과정은 공정하게, 결과는 정의롭게"라는 선거 구호를 접하였다. 식민지 민족차별 문제를 연구하고, 관련하여 사회적 약자·소수자 차별문제에도 관심을 기울이던 차에 그 구호를 듣고 눈이 번쩍 뜨였다. 서로간의 차이를 인정하면서도 불공정하고 불합리하고 불의한 차별이 존재하지 않는 사회를 만들 수 있는 훌륭한 사회원리처럼 들렸기 때문이었다. 그러나 그 구호가 준 감동은 오래가지 않았다. 한국사회의 법, 구조, 의식 일체를 총체적으로 개혁하고 전면적으로 재구성하지 않고는 실현 불가능한 원리임을 이내 자각했기 때문이다. 그리고 5년 단임 정권이 감당할 수 없는 구호로 국민 일반의 기대치만 한껏 높인 탓에, 종국에는 오히려 불만을 야기할지 모른다고 우려했기 때문이다. 이런 우려는 불행하게도 현실이 되는 모습을 지켜봤다. 그럼에도 한국사회가 불공정하고 불합리하고 불의한 차별이 존재하지 않는 건강한 사회로 전진해가는 데 그 구호가 정권과 관계없이 나침판 구실을 해주면 좋겠다는 기대는 여전히 갖고 있다.

내친 김에 소박하지만 주제 넘는 바람도 피력하고 싶다. 독자들이 한국사회가 과거 일제강점기에 당했던 민족차별의 쓰라린 경험을 기억하고 타자를 비판하는 데 머물지 않기를 바란다. 오히려 그런 경험과 기억 속에서 '오래된 미래'를 발견하고 조선족 동포, 탈북민, 이주 노동자 및 결혼 이민자(특히 비서구 출신), 나아가 장애인, 성소수자 등 오늘날 한국 사회의 사회적 약자와 소수자에 대한 차별문제를 성찰하고 극복하는 길로 한걸음 더 나아가는 데 이 책이 조금이라도 도움이 되면 좋겠다.

지금 우리는 코로나바이러스 감염증-19(COVID-19)의 팬데믹과는 비교할 수 없을 만큼 지구생태계 전체를 파멸로 이끌지도 모르는 기후위기를 맞이하고 있다. 생태계 위기로부터 호모 사피엔스의 생존과 역사를 구할 수 있는 시간이 얼마 남지 않은 바로 이 순간에, 이런 연구나 하고 이런 바람이나 토로하는 자신이 절체절명의 시대적 과제에는 둔감했던 역사가로 비판받을까 봐 두렵다.

2020년 12월
원미산 자락 연구실에서
정연태

# 차례

# 표와 그림 목록

## 들어가며
# 한국근대사와 식민지 민족차별

1.

자립·자결·독립과 통일·통합이라는 민족문제는 정치사회적 민주화와 산업화라는 근대화문제와 함께 지난 근대의 한국사회를 회오리치게 했던 중심 의제였다. 이런 점에서 민족문제에 대한 올바른 이해 없이 한국근대사의 실체에 접근하는 것은 어렵다 하겠다.

식민지 민족문제의 전개에 중대한 영향을 미친 식민지성의 본질을 보여주는 지표는 '민족억압, 민족수탈, 민족차별, 민족(성) 말살'이다. 이 4대 지표는 그동안 연구자 사이에서 자명한 전제로 받아들여지는 경향이 강하였다. 그리하여 그 양상, 구조와 특성을 객관적이고 냉정하게 밝혀내려는 노력은 다소 소홀하였다. 이런 모습은 일제 식민통치의 반문명성을 당연시하는 식민지 수탈론자[1]의 민족주의적 역사인식이 한국학계의 근대사 인식을 주도했던 사정과 무관치 않다. 반면 식민지 수탈론에 비판적인 식민지 근대화론자나 탈근대론자의 연구에서는 한국근대사 인식에서 훨씬 심각한 역편향성이 나타났다. 이들은 식민지성의 4대 지표 자체를 아예 무시하거나 경시했던 것이다. 이런 연유로 식민지성의 4대 지표는 그 실체가 충분히 규명되지 못한 채 민족 정서에 안주해 통용되거나 이론적, 실증적 측면에서 논란의 대상이 되고 있다. 민족수탈 문제가 특히 그러하다. '쌀 수탈론 대 수출론'의 갈등은 그 단적인 사례이다.[2]

민족차별 문제도 실체 해명이 부족하기는 마찬가지이다. 식민지 민족차별은 공간적으로는 일제 본국과 식민지 한국, 민족적으로는 일본인과 한국인을 구분하는 데서 출발하였다. 그리하여 식민지 한국은 일제 본국과 차별되고, 식민지 한국인은 본국 일본인과의 차별은 물론 재한在韓 일본인과의 차별이라는 이중 차별을 당하였다.

그동안 민족차별의 양상은 여러 부문에서 연구되었다. 먼저 일제 본국과 식민지 한국 사이에서는 법적(제도적) 차별이 주목되었다. 그 결과 식민지 한국은 일제 본국의 이법지대異法地帶로서 법적 차별을 피할 수 없었음이 밝혀졌다. 이에 따르면, 식민지 한국인은 참정권을 인정받지 못했고,[3] 의무교육제의 대상도 되지 못하였다. 그리고 식민지 한국은 공장법·건강보험법·차가법借家法 등 각종 사회·복지 입법, 소원법·행정재판법 등의 적용 대상 지역이 되지 못하였다. 반면 일제 본국과는 달리 식민지 한국에서는 헌병경찰(경찰)의 즉결 처분권이 폭넓게 인정되었다.[4] 동시에 재한 일본인과 한국인 사이에 자행된 민족차별에 대한 연구도 진행되었다. 이에 따르면, 관리·교사·사원의 임용·근무지·임금·승진·보직, 학제學制, 지방행정 제도, 도시사회 인프라, 언론·출판·

집회·결사 관련 법제 등에서 광범위하게 민족차별이 이뤄졌고, 1910년대에는 전근대적인 신체형인 태형제도가 한국인을 대상으로 시행되었다.[5]

그럼에도 식민지 민족차별의 문제를 전면적·본격적으로 해부하고자 한 연구는 별로 많지 않은 실정이다. 예컨대, 한국근대사 연구 성과에서 '민족차별', '식민지 차별', '한국인(또는 조선인) 차별' 등의 개념어를 제목으로 명시한 논문이나 저서는 손꼽을 정도에 불과하다. 그 결과 민족차별의 양상, 구조와 특성 등이 제대로 규명되었다고 보기 어렵다.

일제강점기 한국사회에서는 민족차별은 물론 신분차별, 성차별, 빈부차별, 학력學歷차별 등 여러 종류의 차별이 서로 뒤엉켜 행해지고 있었다. 먼저 전통사회의 유산인 신분차별은 약화되면서도 청산되는 단계에 이르지는 못했다. 신분제는 갑오개혁기에 제도적으로 철폐됐지만, 백정 차별이나 양반의 위세와 행패는 사라지지 않았던 것이다.[6] 조선 후기 가부장제 사회에서 두드러지게 나타났던 성차별은 남녀의 보통학교 취학률 차이(1930년 현재 남자 28.0퍼센트, 여자 6.2퍼센트)에서 보듯, 일제강점기에도 여전했다. 그리고 식민지 호주제의 시행과 함께 강화되는 모습조차 보였다.[7] 빈부차별도 식민지 자본주의화에 따라 온정적 관계가 물질적 관계로 바뀜에 따라 전통사회에 비해 더욱 심화, 확산되었다. 특히 일제강점기의 빈부차별은 계층차별의 성격을 띠지만, 민족차별의 특성도 내포하였다. 민족 내 빈부 격차에 못지않게 재한 일본인과 식민지 한국인의 민족 간 빈부 격차가 컸기 때문이다.[8]

신분차별, 성차별, 빈부차별이 전근대사회에서부터 시작해 일제강점기에도 온존, 지속되거나 강화된 것이었다면, 학력차별은 민족차별과 함께 근대에 새롭게 등장해 일제강점기에 전면화한 것이다. 학력차별은 학력이 사회적 선발과 배치의 지표로 되는 학력사회화와 함께 나타났다. 학력사회화는 갑오개혁 이후 학력이 종래의 과거제를 대신해 관공리 선발의 주요 기준으로 공식 인정되면서 개시되었다. 일제강점기에 이르면, 학력제도가 체계화되어 공공부문은 물론 민간부문에 이르기까지 학력이 선발과 배치의 지표가 되었다. 이에 따라 학력사회화는 일단락되었다. 이렇게 확립된 학력사회는 식민지적 학력사회였다고 할 수 있다. 각급 학력에 대한 접근 기회가 일본인에게는 충분히 개방되어 있던 반면, 한국인에게는 매우 제한적이었으며, 상위 학력으로 갈수록 그 정도가 심했던 사회였기 때문이다.[9] 이런 점에서 일제강점기 학력차별은 민족차별과 중첩된 것이었다. 같은 맥락에서 민족차별도 식민지 민족차별의 특성을 지닌다고 할 수 있다.

식민지 민족차별의 특성을 밝히려 할 때 프랑스 식민통치를 받던 튀니지 출신의 프랑스 철학자이자 사회학자였던 알베르 멤미Albert Memmi의 차별주의론에서 시사점을 얻을 수 있다.[10] 이 이론을 준용해 보면,[11] 식민 지배민족은 자신의 특권과 공격, 그리고 식민지배의 정당성을 주장하기 위해 피지배민족과의 차이를 발견하고 강조한다. 만약 차이가 존재하지 않는다면 차이를 날조하기조차 한다. 이때 강조되고 날조되는 차이의 핵심은 지배민족의 우수성, 긍정성과 대비되는 피지배민족의 열등성, 부정성이다. 민족 위계화가 이뤄지는 것이다. 그리고 지배민족은 이러한 실제 또는 가공架空의 위계적 차이에 대해 결정적인 가치를 부여한다. 그 과정에서 일부 집단의 차이는 민족 전체의 차이로, 한 시기의 차이는 시대를 초월한 차이로, 국부적 차이는 신체, 심리, 사회, 지리, 문화, 역사 등을 포괄한 일반적 차이로까지 간주된다. 요컨대, 지배민족과 피지배민족 사이에 발견되거나 날조된 부분적, 일시적, 국부적 차이가 민족 전체화, 역사 보편화, 대상 일반화된다는 것이다. 이런 점에서 식민지 민족차별은 지배민족과 피지배민족 사이의 기본적 관계를 요약하며 상징하는 것이라[12] 하겠다.


## 2.

이 책은 이상과 같은 문제의식과 시각에서 일제 민족차별의 양상, 구조와 특성을 해명하고자 한다. 이때 특별히 유념하고자 하는 것은 두 가지이다. 하나는 일제 민족차별이 민족·인종차별의 역사에서 보인 보편성과 특수성을 해명하는 것이다. 이를 통해 일제 민족차별의 문제를 좀 더 객관적이고 상대적으로 바라볼 수 있는, 균형 잡힌 시각을 얻고자 한다. 다른 하나는 '한국인·사회·민족=피해자'란 구도에서 식민지 민족차별의 문제를 밝히는 데 그치지 않고 그 속에서 구도가 역전된 오늘날 한국사회의 '오래된 미래'를 발견하고 조선족 동포, 탈북민, 이주 노동자 및 결혼 이민자(특히 비서구 출신) 등에 대한 차별문제를 성찰하는 사감史鑑을 구하는 것이다. 이를 통해 한국사회가 시민권뿐 아니라 보편적 인권을 구현하는 건강한 선진사회로 나아가는 데 필요한 안목을 얻고자 한다.

식민지 민족차별이 전개되는 층위와 양상은 세 가지로 범주화될 수 있다. 법적 민족차별, 구조적 민족차별, 관행적 민족차별이 그것이다.[13]

법적 민족차별은 명시적인 법 규범이나 제도를 통한 차별을 가리킨다. 그리고 구조적 민족차별은 법적 민족차별의 영향을 받으면서도 명시적인 법 규범이나 제도가 아니라 정치경제적 불평등 구조와 위계관계에 의해 이루어진 결과적·사실적 차별을 가리킨다. 마지막으로 관행적 민족차별은 법적 민족차별, 정치경제적 불평등 구조나 위계관계와 서로 영향을 주고받으면서도 편견이나 혐오에 기초한 의식과 문화에 의해 일상적으로 자행되는 정서적·사회적 차별이라 하겠다.

개념상의 오해를 막기 위해 이들 세 가지 범주의 민족차별에 대해 그 개념적 차이를 부연하면 다음과 같다. 법적 민족차별은 행위주체인 국가권력의 의지에 의해 법과 제도가 만들어지고 집행되는 과정을 통해 자행되는 것이다. 그리고 관행적 민족차별은 개인이든 집단이든 조직이든 행위주체의 의지에 의해 표출되는 언행을 통해 가해지는 것이다. 반면 구조적 민족차별은 이미 형성된 정치경제적 불평등 구조와 위계관계에 의해 나타나는 결과의 차별이라는 것이다. 여기서 결과의 차별이라고 명명하는 것은 '일정한 법 규범의 내용이 차별적이지 않더라도 그것이 구체적인 현실의 조건과 상황에 적용됨으로써' 결과적으로 발생한 차별이기 때문이다.[14] 한마디로, 구조적 민족차별이란 법 규범이나 제도가 내용적으로는 차별적이지 않더라도 정치경제적 불평등 구조와 위계관계라는 조건과 상황에 의해 실제 적용된 결과가 차별적으로 나타난 경우를 가리키는 것이다. 그런 점에서 구조적 민족차별은 행위주체의 의지나 정서와는 관련성이 없거나 약한 것이라 하겠다. 요컨대, 법적·관행적 민족차별이 행위주체의 의지나 정서가 반영된 현상이라한다면, 구조적 민족차별은 사회구조와 위계관계와 연관되어 결과적으로 발생한 현상이라는 점에서 서로 대조적인 범주라 할 수 있다.

이 책은 이들 세 가지 범주의 민족차별 가운데 특별히 관행적 민족차별을 주목하고, 관행적 민족차별이 일상화되는 기제로서 민족차별적 법과 구조와 의식의 문제를 검토하고자 한다. 그 이유는 다음과 같다.

먼저 법적 민족차별은 한국인의 반발과 저항에 의해서든, 식민지배의 안정화와 한국인의 동화를 도모하려는 일제의 정책적 의도에서든, 완화되거나 조정을 거칠 수밖에 없었다. 그 반면 구조적·관행적 민족차별은 의연히 지속되었다. 이와 관련해 유의할 점은 일제가 민족 무차별 동화(일시동인一視同仁)의 원칙을 표방하고 식민권력인 조선총독부는 식민지배를 안정화시키는 책임을 졌다는 사실이다. 그런 까닭에 명목적이나마 한국사회와 한국인의 반발이나 성장을 무시한 법과 제도 차원의 민족차별을 무한정 지속하기는 힘들었다. 특히, 3·1운동 이후가 되면, 일제 본국과의 차별은 차치하고서라도 재한 일본인과의 법적 차별은 제1차 조선교육령(1911)에서 밝힌 '시세와 민도의 차이' 논리로 방어하기는 어려워졌다. 제2차 조선교육령(1922)에서 한국인 보통학교 학제를 4년제에서 일본인 소학교와 같이 6년제로 통일한 것이라든가 초중등학교의 설립을 확대해 한국인의 교육기회가 다소 증대한 것은 이런 사정에서 나온 불가피한 조치의 대표적 사례였다. 이때 간과해서 안 될 점은 법적 민족차별이 완화되던 추세에도 관행적 민족차별은 의연히 지속됐다는 사실이다. 이런 점에서 관행적 민족차별을 특별히 주목할 필요가 있다. 여기에다가 법적 민족차별의 양상, 특징은 기존 연구들을 통해 상당 부분 규명됐다는 점도 고려하였다.

그리고 구조적 민족차별은 앞서 언급했듯이 '결과의 차별'로, 그 계기나 양상이 상대적으로 명료하고 단순한 편이다. 예컨대, 구조적 민족 차별은 민족 간 학력 격차의 계기나 양상에서 잘 드러난다. 학력 격차 는 법적·관행적 민족차별이 설령 영향을 미치지 않는다 하더라도 빈부 나 지위의 격차로 인해 '결과적으로' 발생하는 경향을 보인다. 이렇듯 구조적 민족차별의 계기나 양상은 관행적 민족차별의 그것에 비해 '상 대적으로' 명료하고 단순한 편이라 할 수 있다. 민족 간 정치경제적 불 평등 구조나 위계관계가 뚜렷한 식민지사회에서는 더욱 그렇다고 할 수 있다.[15]

반면 관행적 민족차별은 식민자의 일상적 언행을 통해 표출되는 것 이다. 그 때문에 법적 영역에서는 포착할 수 없는 식민지 민족차별의 다채로운 양상과 특성을 드러내준다. 예컨대, 관행적 민족차별은 공적 활동영역에서든 사적 생활영역에서든 지배민족이라는 이유 하나만으 로[16] 피지배민족에 대하여 일상적으로 드러내 보이는 경멸하는 시선, 무시하는 태도, 모욕적인 언행, 배제와 차별 대우, 심지어 구타와 폭력 등을 통해 표현되었다. 그렇기에 민족 간 정치경제적 불평등성, 법과 구조의 민족차별성은 물론 식민지 민족차별을 정당화하고 근저에서 지 탱해주는 식민자 내면의 의식세계까지 보여준다.


### 3.


이 책에서는 민족차별의 양상, 구조와 특성을 밝힐 수 있는 대상으로 1920년대 이후 중등학교, 그중에서도 상업학교를 주목하였다. 그 이유는 다음과 같다.

첫째, 중등학교는 일제강점기 한국사회의 지적 엘리트층이 모인 교육공간으로서, 민족차별의 정당화 논리였던 '시세와 민도의 차이론'이 통용되기는 상대적으로 어려웠던 점을 고려하였다. 예컨대, 1944년 현재 한국인 총인구 중 중등 이상의 학력을 가진 한국인의 비율은 겨우 0.9퍼센트에 불과하였다. 2015년 현재 대학원 석박사 과정 이상 학력자의 비율이 국민 전체 가운데 4.0퍼센트인 것과 비교하면, 당시 중등학생의 사회적 위상을 상상하고 남을 만한 것이다.[17]

둘째, 실업학교는 입학경쟁이 치열한 데다가 일반계 중등학교인 고등보통학교나 여자고등보통학교와는 달리 한·일 공학이었던 점을 감안하였다. 한·일 공학인 데다가 치열한 입학경쟁까지 겹친 까닭에 실업학교의 학생 선발과정에서 민족차별이 벌어질 가능성은 충분히 예상되는 것이다.

셋째, 중등학교 졸업생 가운데서도 실업학교 졸업생의 진로에서 취업 비율이 높았던 점을 주목하였다. 졸업 후 진로를 살펴보면, 보통학교 졸업생의 진로는 주로 가업 종사였고, 고등보통학교 졸업생의 진로에서는 상급학교 진학이 상대적으로 많았던 반면, 실업학교 졸업생들은 주로 취업을 선택하였다.[18] 그런 까닭에 동일한 전공을 이수한 실업학교 졸업생들 사이에서 민족 간 취업경쟁이 벌어질 수밖에 없고, 그 과정에서 민족차별이 발생할 소지는 상대적으로 컸다.

넷째, 실업학교 가운데서도 상업학교에서 민족차별의 문제를 좀 더 냉정하고 구체적으로 살펴볼 수 있을 것으로 기대하였다. 대다수 실업학교가 대략 1910년대 중반경부터 한·일 공학으로 운영되기 시작하였고,[19] 농업학교나 수산학교 등에 비해 상업학교의 한·일 재학생 비율이 서로 비슷했기 때문이다. 예컨대, 1932년 계열별 재학생 가운데 한국인 학생의 비율을 보면, 농업학교 89퍼센트, 공업학교 25퍼센트, 수산학교 99퍼센트, 직업학교 86퍼센트, 실업보습학교 89퍼센트인 데 반해, 상업학교는 47퍼센트였다.[20]

4.

그러면 1920년대 이후 중등학교, 특히 상업학교에서 나타난 식민지 민족차별의 양상, 구조와 특징을 어떻게 구명하면 좋을까? 이 책이 활용한 분석방법과 연구과정은 다음과 같다.

첫째, '시세와 민도의 차이'가 없어 법적 민족차별이 노골화되기 어려웠던 한·일 공학 중등 상업학교 1개교(충남 소재 강경江景상업학교)를 선택해, 입학부터 취업, 그리고 취업 이후의 직종·직위 변화에 이르기까지 일련의 과정에 나타난 민족차별의 양상을 미시적으로 분석하였다. 부연하면, 교육당국·학교·교사의 학생 선발과정, 지도·교육과정, 평가과정, 처벌과정, 그리고 학생의 취업과정, 취업 후 직종·직위 변화 등 각 과정별로 나타난 민족차별의 양상을 구체적으로 구명하고자 하였다. 이를 위해 강경상업학교(이하 '강상'으로 줄임)에 소장돼 있는 학적부 전체(1920~45)와 교지 《금강錦江》(1933~34, 1936~39), 교지마다 첨부된 〈동창회 회원명부〉, 동창회에서 별도로 발행한 〈동창회보〉(1943), 〈회원명부〉(1954, 1958), 학생일기 등을 폭넓게 활용하였다. 다만, 이 과정에서 사례 연구가 빠질 수 있는 특수성의 함정을 보완하고자 필요할 때마다 중등학교나 상업학교 전반의 추세를 거시적으로 확인하였다.

특히 해방 이전 졸업생으로는 한국인 623명, 일본인 354명(전체 977명), 중퇴생으로는 한국인 243명, 일본인 269명(전체 512명)을 합쳐 총 1,489명의 졸업생 학적부와 중퇴생 학적부를[21] 데이터베이스화해 분석하였다. 과문한 소치인지는 모르나 지금까지 학적부를 활용한 연구에서도 거의 시도되지 않을 정도로 장기간에 걸친 방대한 규모의 분석 작업이다. 그리고 앞서 언급한 여러 권의 〈동창회 (회원)명부〉도 모두 데이터베이스화해 분석하였다. 이들 명부에는 그 명부가 발행된 시점까지 졸업생 전체의 현황(직장·직위, 주소, 사망 여부)이 정리돼 있다. 지금까지 한국근대사 연구에서 중퇴생 학적부나 동창회 명단을 분석 대상으로 삼은 것은 아마도 최초의 시도가 아닌가 한다. 그리고 해방 이전 강상 출신 한국인 및 일본인 졸업생들과 면담해[22] 문헌자료의 제약을 보충하였다. 제1장부터 제3장까지가 이런 분석의 결과이다.

둘째, 중등학교 곳곳에서 발생한 교사 배척 동맹휴학의 원인을 일일이 조사하여 유형별로 분류하고, 그중에서 민족차별 관련 동맹휴학의 실태를 파악하였다. 이때 교사 배척 동맹휴학의 발생이 설립주체(관공립과 사립), 계열(인문계, 실업계, 각종학교), 교사의 출신(한국인, 일본인, 서양인)과 어떤 연관성을 보였는지를 면밀히 검토하였다. 이같이 교사 배척 동맹휴학 중 민족차별 관련 동맹휴학의 전반적 양상을 살펴본 후 배척 대상 교사들의 민족차별 언행과, 이를 관통하는 민족차별의 논리를 구체적·체계적으로 분석하였다. 특정 1개교의 심층적인 사례 연구만으로는 자료상 제약 때문에 민족차별 관련 동맹휴학의 추이나 민족차별의 논리를 제대로 파악하기 어렵다고 판단해, 중등학교 전체를 연구 대상으로 삼은 것이다. 이를 위해 각종 신문에서 동맹휴학 관련 기사(1920~38)를 모두 검색해 일일이 분류, 분석했고, 각종 교사校史, 조선총독부 측 자료를 보조자료로 활용하였다. 제4장이 그 결과물이다.

셋째, 세 범주의 민족차별의 표출 기제를 이론적으로 구성한 이후 학교사회에서 관행적 민족차별이 일상화되는 배경과 요인으로서, 민족차별적인 법, 구조, 의식의 문제를 주목해 구명하고자 하였다. 특히 일본인 교사를 포함한 재한 일본인들의 내면세계를 지배하던 민족차별 의식이 역사적으로 어떻게 형성, 체계화되었고 어떤 특성을 지녔는지를 검토하였다. 그 결과가 제5장이다.

# 1

# 학생 선발·교육과 관행적 민족차별

## 학생 선발·교육의 사례와 강상工商

일제강점기 한국사회와 한국인은 일제 본국, 재한 일본인과의 차별이라는 이중의 차별을 겪었다. 실제로는 이런 차별구조를 구축하면서도 이념적으로는 민족 무차별 동화(一視同仁)를 표방했던 일제로서는 식민통치의 실제와 이념 간의 이중성, 모순을 합리화, 정당화하는 논리가 필요하였다. 그 논리가 '시세時勢와 민도民度의 차이론'이었다.[1] 이에 따르면, 민족차별이라고 비판됐던 각종 법·제도·정책 등은 민족차별의 악의惡意에서 비롯된 것이 아니라 일제 본국과 식민지 한국 사이, 그리고 재한 일본인과 한국인 사이의 정치적·경제적·사회적·문화적 격차를 반영한 불가피한 결과, 심지어 그런 격차를 고려한 선의善意의 산물이라는 것이다. 이런 논리를 동원해 민족차별을 정당화했던 대표적인 분야 중 하나가 식민지 교육이었다.

식민지 교육 분야에서 지금까지 밝혀진 법적(제도적) 민족차별의 두드러진 양상은 대체로 세 가지이다.[2] 첫째, 차별적인 학제이다. 제3차 조선교육령(1938) 이전까지 식민지 한국의 교육과정은 한국인 대상의 '보통학교–고등보통학교' 체제와 일본인 대상의 '소학교–중학교' 체제로 이원화되었다. 둘째, 차별적인 교사 구성이다. 초등교사의 약 30~50퍼센트 정도와 중등·고등 교육과정의 교사(교수) 대부분이 일본인으로 채워진 것이다.[3] 셋째, 차별적인 취학·진학 기회의 제공이었다. 인구 대비 학교 설립 수의 차별로 한국인의 취학·진학률은 일본인에 비해 현저히 낮았다. 이런 법적 민족차별은 한국사회와 한국인 학생의 반발이 빈발했던 당시는 물론 오늘날 연구에서도 크게 주목되었다.

법적 민족차별의 문제에 비해 관행적 민족차별은 상대적으로 주목되지 못하였다. 최근에서야 학생 선발·교육 과정에 가해진 관행적 민족차별의 양상이 조금씩 드러나고 있다. 예컨대 중등 이상 한·일 공학교의 학생 선발과정에서 일본인 학생을 우대하기 위한 민족별 입학정원 할당제가 불문율처럼 공공연하게 자행되었다는 점이 밝혀졌다. 그 결과 한국인 학생은 일본인 학생에 비해 차별과 불이익을 받았다고 한다.[4] 그리고 학생평가에서는 교사의 주관성이 잘 드러나는 조행操行(태도와 행실)·성행性行 평가의 민족차별적인 경향도 조금씩 밝혀지고 있다. 이들 평가에서 한국인 학생에 비해 일본인 학생에게 긍정적으로 평가하는 경향이 나타났다는 것이다.[5] 상대적으로 많은 이목을 끌었던 동맹휴학 관련 연구에서도 관행적 민족차별의 양상이 관심을 끌고 있다. 그 결과 학생 자치의 실시, 교내 언론·집회 자유의 보장, 열악한 교육시설의 개선, 한국어·한국역사 교육과 한국인 본위 교육의 실시 등 법적(제도적)·구조적 측면의 문제뿐 아니라 교사의 민족차별적·모욕적 언행 등 학생 지도·교육 과정에서 드러난 관행적 차별의 문제도 동맹휴학의 주요 의제였음이 밝혀졌다.[6]

이 책은 그동안 식민지 교육 관련 연구를 통해 산발적·부분적으로 밝혀졌던 관행적 민족차별의 양상을 본격적·전면적으로 검토하고 그 구조와 특성을 해부하는 것이다. 본장은 그 시작으로서 학생 선발·교육(지도와 평가) 과정에서 자행된 관행적 민족차별의 양상과 방식을 구명하고자 한다. 이를 위해 선택한 것은 한·일 공학 상업학교이다. 상업학교는 시험을 통해 선발된, 일정한 수준의 한·일 학생들이 동일한 교육시설에서 동일한 교육과정(제도)과 수칙에 따라 지도와 교육을 받던 공간이었다. 이런 공간에서는 일제의 민족차별 정당화 논리인 '시세와 민도 차이론'은 더 이상 통용되기 힘들었다. 당연히 한·일 별학別學인 초등학교와 인문계 중등학교와 비교할 때 민족차별이 노골화되기는 상대적으로 어려웠다.[7]

본장에서는 상업학교 가운데 특정 1개교를 선택해 미시적 분석을 하고자 한다. 학생 선발, 교육(지도·평가), 처벌, 취업 등 일련의 과정에서 가해진 관행적 민족차별의 양상, 구조와 특징을 일관되게 밝히기 위해서는 대표적인 사례를 대상으로 한 미시적 분석이 타당하고 효과적이라 판단했기 때문이다. 이 책에서는 그 사례로 충남 강경읍 소재 강경상업학교(이하 '강상'으로 줄임)를 선택하였다. 그 이유는 다음과 같다.

상업학교 가운데 사실상 일본인 학교나 한국인 학교들은 제외하였다. 이런 학교로는 1926년 현재 사실상 일본인 공립학교였던 경성·인천남·부산제일('부산'에서 개칭)상업학교, 사실상 한국인 공립학교였던 인천·

부산제이('부산진상업'에서 개칭)·회령상업학교, 한국인 사립학교였던 남대문·개성학당상업학교, 경성여자상업학교 등이 있었다.[8] 그리고 한·일 공학교라 해도 한국인이나 일본인 가운데 어느 한쪽의 재학 비율이 월등히 높은 학교들도 배제하였다. 1926년 현재 한국인 학생의 비율이 월등히 우세하였던 개성·함흥상업학교나 반대로 일본인 학생의 비율이 월등히 우세하였던 마산·신의주상업학교가 이런 학교에 해당하였다.[9]

이들을 제외하고 남은 상업학교는 강경·목포상업학교(1920년 설립), 원산상업학교(1922년 설립), 대구·경기상업학교(1923년 설립) 등이었다. 이들 가운데 가장 먼저 설립됐고, 개인적으로 지역사 연구 경험이[10] 있어 자료 수집이 용이했던 강상을 분석 대상으로 삼았다.

강경은 조선 후기에 이르러 수운水運과 육운陸運을 겸비한 교통 지리적 이점과, 강경평야·서해어장이란 배후 산업기지를 배경으로 해륙 물산의 집산·교역처 역할을 하였다. 그리하여 전국 3대 시장(대구·평양·강경)의 하나이자 전국 2대 포구(원산·강경)의 하나로 손꼽히기에 이르렀다. 그리고 일제강점기에 이르러서는 곡향穀鄕이자 포구상업도시라는 전통적 모습에 더해 식민도시라는 새로운 이미지가 추가되었다. 국망 이후 일본인의 이주식민 증가로 충남 제2의 일본인 거주지가 되고, 충남지역 식민행정의 중심지 가운데 하나로 부상했던 것이다. 이렇게 강경이 충남 제2의 식민도시가 됨에 따라 도청이나 군청 소재지에나 설치될 법한 식민기구나 단체가 강경에 설치되었다. 경찰서, 우편국, 재무서, 세무서, 법원지청과 검사분국, 상업학교, 고등여학교, 충남곡물검사소, 충청남도농회 농업창고, 도道곡물상조합연합회, 동양척식회사 지점, 전매지국 출장소 등이 그것이다. 그리고 강경은 충남에서 공주, 대전, 조치원과 함께 1917년에 지정면指定面이 되었으며, 1931년에 읍으로 승격하였다.[11] 그 결과 강경은 조선 후기 포구상업의 선진지대이자 일제의 내륙침략 전진기지라는 이중적 이미지, 달리 말하면 내재적 발전성과 식민성이 착종된 지역이란 이미지를 갖게 되었다.

일제는 이러한 강경에 1913년 간이실업학교를 설립하였다. 강경보통학교 부설 간이농업학교가 그것이다. 이 학교는 보통학교 졸업생을 대상으로 한 1년제 과정으로 운영되다가 1920년에 폐지되었다. 그 대신 1920년 5월에 설립된 것이 강상이다.[12]

이처럼 강상은 포구상업도시이자 식민(행정)도시라는 강경의 정치경제적 배경을 토대로 설립되었다. 그리고 이러한 배경을 토대로 성장한 한·일 지방유지들도 강상을 설립하기 위해 노력하였다. 강상의 〈연혁지〉는 "상업교육기관의 설립은 일찍이 식자들이 희망하는 바"라고 했는데, 이때의 식자란 강경의 지방유지를 가리킨 것으로 보인다. 이처럼 강상은 강경의 정치경제적 배경에다가 지방유지의 노력이 더해진 결과 전국 상업학교 가운데 일곱 번째로 설립되었다.[13]

개교 당시 강상은 논산군이 운영하는 2년제 학교였으나, 1921년에 충청남도 지방비로 운영되는 3년제 을종乙種학교로 승격했고, 이때 도지사가 참가한 개교식이 거창하게 거행되었다. 그리고 강경 지방유지들이 적극 노력하고 청원한 결과, 1925년에 5년제 갑종학교로 승격하였다. 1937년에는 학년별 학급 수도 1개에서 2개, 총 정원도 두 배로 증가하는(전교 학급 10개, 정원 500명) 성장세를 보였다.[14] 그리하여 1935년 사립 청주상업학교와 1941년 군산상업학교가 설립되기 이전까지 충청남북도와 전라북도 일대에 유일한 중등 상업학교로 명성을 떨치며 해방 이전까지 졸업생 977명(한국인 623명과 일본인 354명)을 배출하였다(〈표 1-1〉 참조).[15] 그 가운데 3년제 을종학교 졸업생은 140명(한국인 103명, 일본인 37명)이었고, 5년제 갑종학교 졸업생은 837명(한국인 520명, 일본인 317명)이었다.

연구의 구체성과 타당성을 높이기 위해 1920년 학교 설립 이래 해방 이전까지 졸업생 전원의 방대한 분량의 졸업생 학적부를[16] 전면적으로 전산 입력해 분석하였다.

오늘날 학교생활기록부에 해당하는 학적부는 1908년 칙령 제62호로 공포된 사립학교령 제7조 1항에 의거해 학교에 비치하도록 되었다. 이때 대한제국 학부가 공포한 사립학교령 해설서에 따르면, 학적부에는 학생의 각종 신상 관련 정보와 학업성적 관련 내용을 기록하도록 되어 있었다.[17] 이렇게 등장한 학적부는 일제강점기에 학생의 입학, 진급, 졸업 판정, 진학이나 취업 추천 등 학생을 관리, 이해하고, 교육 당국에 학교 관련 각종 보고를 하는 데 필요한 정보를 제공하였다.[18]

강상의 학적부도 학생의 신상과 학업성적 관련 정보로 채워져 있었다. 초기의 학적부(〈그림 1-1〉, 〈그림1-2〉)를 보면, 전면에는 이름·출생연도·출신학교·본적·주소·가족관계, 정보증인(주로 부모·형제) 및 부보증인의 신상, 학년별 상벌·성행·신체검사표·진급상황, 전학·퇴학·징병·사고 여부와 그 사유, 졸업 후 상황 등 각종 신상 정보가 기록돼 있다. 이 가운데 대부분은 사실적 정보를 단순 기록한 것이지만, 상벌, 성행 등의 기록은 담임교사의 주관성이 반영돼 그 내용이나 분량에서 편차가 컸다. 학적부의 후면에는 학업성적(학기별 성적과 학년 평균성적)과 석차, 조행操行 등급, 출결일수와 지각·조퇴 횟수, 진급 및 낙제 판

身體檢査表

| 項目 / 學年 | 第一學年 | 第二學年 | 第三學年 | 第四學年 | 第五學年 |
|---|---|---|---|---|---|
| 身長 | | | | | |
| 體重 | | | | | |
| 胸圍 | | | | | |
| 發育概評 | | | | | |
| 榮養 | | | | | |
| 脊柱 | | | | | |
| 視力及屈折狀態 | | | | | |
| 色神 | | | | | |
| 眼疾 | | | | | |
| 耳疾 | | | | | |
| 聽力障礙有無 | | | | | |
| 齒牙無齲 / 齒牙有齲（上・下） | | | | | |
| 其他疾病有無 | | | | | |
| 監察ヲ要スルモノ | | | | | |
| 檢査年月日 | | | | | |

備考

性行　賞罰

人證保副　所住
人證保正　所住
所住
本籍

第一年　第二年　第三年　第四年　第五年

職業　職業　家業（種類・業名）　族籍
關ト本係ノ人　關ト本係ノ人　炳績
氏名　氏名　氏名
年月日生　年月日生　年月日生

兵事徵故　退學轉學　進級　入學前ノ履歷

大正　年　月　日　第一學年入學
大正　年　月　日　第一學年修了
大正　年　月　日　第二學年修了
大正　年　月　日　第三學年修了
大正　年　月　日　第四學年修了
大正　年　月　日　第五學年卒業

大正 年月日調（×11）

卒業後ノ狀況

〈그림 1-1〉 강경상업학교 입학생(1920~36) 학적부의 후면

生徒 氏名

## 學 業 操 行 及 事 故

| 學　　年 | 第一學年 | | | | 第二學年 | | | | 第三學年 | | | | 第四學年 | | | | 第五學年 | | | |
|---|---|---|---|---|---|---|---|---|---|---|---|---|---|---|---|---|---|---|---|---|
| 學　　期 | 第一學期 | 第二學期 | 第三學期 | 平均 | 第一學期 | 第二學期 | 第三學期 | 平均 | 第一學期 | 第二學期 | 第三學期 | 平均 | 第一學期 | 第二學期 | 第三學期 | 平均 | 第一學期 | 第二學期 | 第三學期 | 平均 |
| 修　身 | | | | | | | | | | | | | | | | | | | | |
| 國語 講讀 | | | | | | | | | | | | | | | | | | | | |
| 　 作文 | | | | | | | | | | | | | | | | | | | | |
| 語 習字 | | | | | | | | | | | | | | | | | | | | |
| 數 珠算 | | | | | | | | | | | | | | | | | | | | |
| 學 算術 | | | | | | | | | | | | | | | | | | | | |
| 　 代數 | | | | | | | | | | | | | | | | | | | | |
| 　 幾何 | | | | | | | | | | | | | | | | | | | | |
| 地　理 | | | | | | | | | | | | | | | | | | | | |
| 歷　史 | | | | | | | | | | | | | | | | | | | | |
| 理　科 | | | | | | | | | | | | | | | | | | | | |
| 英 譯書 | | | | | | | | | | | | | | | | | | | | |
| 　 讀取 | | | | | | | | | | | | | | | | | | | | |
| 語 文作習會 | | | | | | | | | | | | | | | | | | | | |
| 　 法文字話 | | | | | | | | | | | | | | | | | | | | |
| 法　制 | | | | | | | | | | | | | | | | | | | | |
| 經　濟 | | | | | | | | | | | | | | | | | | | | |
| 工業大意 | | | | | | | | | | | | | | | | | | | | |
| 商事要項 | | | | | | | | | | | | | | | | | | | | |
| 簿　記 | | | | | | | | | | | | | | | | | | | | |
| 商　品 | | | | | | | | | | | | | | | | | | | | |
| 商業實踐 | | | | | | | | | | | | | | | | | | | | |
| 圖　畫 | | | | | | | | | | | | | | | | | | | | |
| 體　操 | | | | | | | | | | | | | | | | | | | | |
| 朝鮮語 | | | | | | | | | | | | | | | | | | | | |
| 計 | | | | | | | | | | | | | | | | | | | | |
| 平　均 | | | | | | | | | | | | | | | | | | | | |
| 操　行 | | | | | | | | | | | | | | | | | | | | |
| 總人員 | | | | | | | | | | | | | | | | | | | | |
| 席　次 | | | | | | | | | | | | | | | | | | | | |
| 判　定 | | | | | | | | | | | | | | | | | | | | |
| 出席スベキ日數 | | | | | | | | | | | | | | | | | | | | |
| 出席日數 | | | | | | | | | | | | | | | | | | | | |
| 缺席日數 | | | | | | | | | | | | | | | | | | | | |
| 遲刻度數 | | | | | | | | | | | | | | | | | | | | |
| 早退度數 | | | | | | | | | | | | | | | | | | | | |
| 缺課度數 | | | | | | | | | | | | | | | | | | | | |
| 略裝度數 | | | | | | | | | | | | | | | | | | | | |

정 결과 등 학업·조행 관련 평가 결과가 촘촘히 기록되어 있다. 다만, 다른 학교와는 달리 강상 학적부에는 학부모의 자산실태나 학자금 지원액 등을 기록하는 항목은 아예 없었다.[19]

그러나 일제강점기 학적부의 양식은 표준화되지 않았던 탓도 있었지만, 몇 차례 변경되었다. 학교에 따라, 시기에 따라 필요한 정보의 종류, 내용, 형태 등에 변화가 있었기 때문이다.

강상의 학적부 양식도 1920년 개교 이후 1931, 1937, 1943년에 걸쳐 3차례 바뀌었다. 1931년 입학생부터 변경된 양식은 구성 항목에서는 변화가 없었으나 학년별 상벌·성행 사항을 충분히 기록할 수 있도록 그 공간만 크게 확장한 것이었다.[20] 1937년의 두 번째 양식 변경은 대대적인 것이었다. 학업성적 관련 항목은 대폭 줄인 반면, 신체와 성행, 학교 활동 관련 항목을 대폭 늘린 것이다. 부연하면, 학업성적, 조행평가와 출결 관련 항목에서 학기별 기록란을 모두 없애고 학년별 기록란만 남겼다. 반면 신체검사 항목은 종전 10개에서 16개로 대폭 늘어났다. 이는 1930년대 중반경부터 입학시험에서 체격검사가 중시되고 1937년에 공포된 〈학교신체검사규정〉에 따라 신체검사 항목이 늘어난 결과였다.[21] 그리고 성행 항목은 종전에 자유 기술할 수 있게 돼 있었으나 '기질, 성격, 재간, 거동, 근태, 언어, 사상, 기타' 등 8개의 세부 항목에 따라 구분해 기술토록 변경되었다. 그 외에도 취미, 가정환경, 지망, 특기, 임원 활동 등의 항목이 새로이 추가되었다. 이 같은 양식의 변화는 1930년대 중반 경부터 조선총독부의 교육방침이 학업성적을 중시하는 지육智育 편중에서 벗어나 제국의 신민으로서 '국체 관념'과 '건실한 사상'을 함양하는 덕육德育 교육을 중시한 결과로 보인다.[22] 1943년 입학자부터 사용된 학적부는 그 양식이 또 한 차례 대폭 변경되었다. 성적 평가는 '우, 양, 가, 불가不可'로, 그리고 석차는 '상, 중, 하'로 기재하도록 아주 단순화되었다. 신체검사표 항목이나 1937년부터 새롭게 추가된 각종 항목들은 아예 삭제되었다. 게다가 기록도 매우 부실하고 학적부의 지질도 형편없이 떨어졌다. 아시아태평양전쟁 말기의 상황이 투영된 가장 부실한 학적부였다.

이처럼 강상의 학적부 양식은 일제의 사정과 조선총독부의 교육방침에 따라 변경되었다. 그럼에도 강상 학적부가 학생 개개인을 일제의 식민지배 자산으로 관리하기 위해 제국주의적 시선으로 바라보고 학생의 신상과 학업성적·품행 등을 정리한 기록철이었다는 점에서는 변함이 없었다.[23] 이런 점에서 강상의 학적부에는 학생 교육과정에서 가해진 관행적 민족차별의 일면이 담겨져 있다. 다만, 본장은 해방 이전 졸업생만을 대상으로 분석하기 때문에 1943년에 마지막으로 변경된 학적부는 활용하지 않았다.


## 신입생 선발과 노골적 민족차별

일제강점기 한국인 학생은 상급학교 진학을 둘러싼 일본인 학생과의 입시경쟁에서 민족적 차별과 불이익을 받았다. 그 차별과 불이익은 모집인원 결정과정에서부터 노골적으로 가해졌다. 경성제국대학을 비롯해 중등 이상 교육기관은 불문율처럼 입학정원을 민족별로 할당했고, 그 비율은 한국인 지원자에게 현저히 불리하였다.

예컨대, 경성제국대학은 한국인 입학생 수를 정원의 3분의 1로 할당했고,[24] 대구상업학교는 한·일의 신입생 비율을 절반씩으로 정하였다.[25] 경성공업전문학교는 설립 당시에 일본인 학생이 전체 정원의 3분의 1을 넘지 않는다는 규정을 정했음에도 불문율처럼 한국인 입학생의 비율을 정반대인 3분의 1로 유지하였다. 그 이유는 조선총독부의 고등교육 방침에 소위 '입학비율 내규'라는 것이 있어 암묵적으로 시행됐기 때문으로 추측된다.[26]

신입생 선발 방식에서도 민족적 차별과 불이익이 가해졌다. 선발과목에 일본어가 포함된 것은 물론 다른 과목도 모두 일본어로 시험을 치러야 했기에 한국인 학생은 원천적으로 불리할 수밖에 없었다. 중등학교 입학시험은 조선총독부의 방침에 따라 1930년대 말 이전까지는 일본어와 산술로 제한되었다.[27] 이 두 과목은 선발시험 과목이라 불렸다. 그러나 학교마다 선발시험 과목의 세부 내역은 달랐다. 예컨대, 일본어 과목만 하더라도 ① 읽기, ② 받아쓰기, ③ 작문, ④ 강독 가운데 선택할 수 있었는데, 학교마다 선택지가 다양하였다. 일부 학교는 일본어 시험 대상으로 읽기와 작문만을 선택한 반면, 다른 일부 학교는 네 가지 모두를 포함시켰던 것이다.

그리고 선발시험 외에도 학교마다 자격 검정시험을 추가로 실시하는 학교가 있었다. 자격 검정시험으로는 신체검사, 구두시험과 각종 과목시험이 있었다. 특히 한·일 공학 실업학교 가운데는 1930년경부터 지리, 일본사, 이과를 자격 검정시험 대상 과목에 포함시키는 경향을 보였다. 예컨대, 1930년의 입학시험을 보면, 경기상업학교에서는 선발고사로 일본어(강독, 작문)와 산술시험이, 자격 검정시험으로는 지리, 일본사, 이과시험과 신체검사가 치러졌다.[28] 이처럼 과목시험과 구두시험이 일본어로 치러지는 데다가 일본사와 지리가 자격 검정시험 대상 과목에 포함된 것 자체가 한국인 지원자에게 불리할 수밖에 없었다.

게다가 한국인 학생들은 사상검열조차 거쳐야 했다. 학교 당국은 출신 학교장이 학업성적, 품행(성행과 조행), 가정형편 등을 기록한 소견표를 작성해 상급 지원 학교에 직접 전달하도록 하였다.[29] 이 소견표는 1930년대 중반에 입학 경쟁률이 더욱 치열해지고, 조선총독부의 교육 방침이 지육 중심에서 사상과 체력 등 덕육 중심으로 바뀜에 따라 입학 사정의 기초자료로서 그 중요성이 커져갔다. 마침내 1939년에 이르면, 이전까지 중요 참고자료였던 소견표가 중등학교 입학시험 성적에 포함되었다. 소견표가 총점 1,000점 중 200점을 차지하게 된 것이다.[30] 이 소견표는 지원자의 초등학교 성적과 가정의 재산상태를 판정할 뿐 아니라 사상을 검열하는 수단으로 활용되었다.[31]

소견표와 함께 중요성이 더해간 구두시험도 사상검열의 장치로 기능하였다. 구두시험은 면접관의 질문에 답하는 능력과 태도를 채점의 기준으로 삼았는데, 사람을 평가한다는 의미에서 '인물고사'·'인물시험'이라 불렸다. 이 시험도 점차 중시되어 1939년에는 소견표와 같이 입학시험으로 채택되고 그 비중도 200점에 달하였다. 이 당시 구두시험에서는 지원자의 언어, 상식, 지조, 성행을 평가하도록 되어 있는데, 그 핵심은 황국신민의 자질과 시국 인식을 포함한 사상을 검증하는 것이었다.[32]

이처럼 조선총독부는 일본인에게 유리한 민족별 모집정원 할당과 입학시험을 통해 한국인을 차별하였다. 그리고 소견표와 구두시험을 매개로 사상검열을 함으로써 식민체제에 순응하지 않는 한국인 지원자의 입학을 원천 배제하였다. 그 결과 한국인의 입학경쟁은 일본인에 비해 한층 치열하였다. 실업학교 가운데 일본인이 선호했던 5년제 상업학교의 경우를 보면, 1927~37년간 한국인의 입학 경쟁률은 보통 5대 1에서 6대 1 전후였던 반면, 일본인의 그것은 2대 1 전후에 불과하였다.[33]

　신입생 선발과정에 가해진 민족적 차별과 불이익에 대해 각지의 한국인사회는 반발하였다. 한국인 언론과 교육계 지도자들은 민족별 입학정원을 할당해놓은 '입학시험 내규'나 불문율이 있다고 보고, 민족차별적 선발 방식을 강하게 비판하였다. 이들은 입시가 자유경쟁 선발 방식으로 시행돼도 일본어로 시험을 치러야 하는 한국인에게 불공정한 것인데, 민족별 입학생 비율까지 차별적으로 정해져 그 불공정성은 더욱 심해졌다고 판단하였다. 또한 한국인이 입학난을 겪게 된 것은 중등 이상 학교의 설립이 부족한 탓도 있지만, 차별적인 선발 방식에 기인한 점이 컸다고 주장하였다. 그리하여 민족별 입학정원을 공정하게 정하거나 오직 성적에 의해 평가되는 자유경쟁 선발 방식을 시행하도록 당국에게 진정하거나 요구하였다. 이런 비판과 진정 대열에는 한국인 도의원道議員, 동창회, 그리고 재학생 등도 가세하였다.[34]

　신입생 선발상의 민족차별과 한국인사회의 반발은 강상에서도 유사하게 나타났다. 그중 모집인원 결정과정에 가해진 민족차별과 한국인사회의 반발을 주목할 필요가 있다. 강상은 민족별 입학정원을 사전에 할당하는 대신 일본인 지원자 규모에 맞추어 민족별 모집인원을 정했던 것 같다. 이 점은 민족별 입학 추이를 정리한 다음의 〈표 1-1〉에서 잘 드러난다.

　먼저 3년제 학제였던 1920~24년간 한·일 입학생의 평균 비율은

〈표 1-1〉 강상 입학생의 이동 상황[35]

(단위: 명)

| 졸업 기수 | 졸업 연도 | 전교생 | | | 입학생 | | | 졸업생 | | | 중퇴생 | | | | | |
|---|---|---|---|---|---|---|---|---|---|---|---|---|---|---|---|---|
| | | | | | | | | | | | 일반 퇴학 | | | 사망 | | |
| | | 한 | 일 | 계 | 한 | 일 | 계 | 한 | 일 | 계 | 한 | 일 | 계 | 한 | 일 | 계 |
| | 1920 | 25 | 9 | 34 | 36 | 9 | 45 | | | | 10 | 1 | 11 | | | |
| | 1921 | 59 | 19 | 78 | 35 | 14 | 49 | | | | 4 | 5 | 9 | | | |
| (통합)[36] | 1922 | 76 | 29 | 105 | 38 | 17 | 55 | | | | 18 | 6 | 24 | 1 | 0 | 1 |
| 1기 | 1923 | 68 | 30 | 98 | 44 | 9 | 53 | 22 | 2 | 24 | 31 | 5 | 36 | 0 | 1 | 1 |
| 2기 | 1924 | 66 | 41 | 107 | 37 | 18 | 55 | 18 | 6 | 24 | 19 | 1 | 20 | 1 | 0 | 1 |
| 3기 | 1925 | 72 | 53 | 125 | 25 | 29 | 54 | 12 | 11 | 23 | 7 | 6 | 13 | | | |
| 4기 | 1926 | 72 | 59 | 131 | 28 | 29 | 57 | 23 | 10 | 33 | 8 | 11 | 19 | 0 | 2 | 2 |
| 5기 | 1927 | 69 | 63 | 132 | 36 | 28 | 64 | 28 | 8 | 36 | 10 | 16 | 26 | 0 | 1 | 1 |
| | 1928 | 94 | 81 | 175 | 33 | 24 | 57 | | | | 10 | 11 | 21 | | | |
| | 1929 | 124 | 84 | 208 | 38 | 28 | 66 | | | | 6 | 24 | 30 | 1 | 0 | 1 |
| 6기 | 1930 | 127 | 93 | 220 | 31 | 31 | 62 | 12 | 10 | 22 | 18 | 11 | 29 | | | |
| 7기 | 1931 | 121 | 92 | 213 | 29 | 33 | 62 | 14 | 14 | 28 | 22 | 20 | 42 | | | |
| 8기 | 1932 | 116 | 89 | 205 | 29 | 29 | 58 | 23 | 10 | 33 | 11 | 20 | 31 | 0 | 1 | 1 |
| 9기 | 1933 | 124 | 104 | 228 | 33 | 25 | 58 | 23 | 9 | 32 | 2 | 6 | 8 | | | |
| 10기 | 1934 | 134 | 109 | 243 | 28 | 25 | 53 | 17 | 14 | 31 | 2 | 5 | 7 | | | |
| 11기 | 1935 | 138 | 112 | 250 | 31 | 22 | 53 | 24 | 14 | 38 | 2 | 7 | 9 | | | |
| 12기 | 1936 | 143 | 110 | 253 | 32 | 25 | 57 | 22 | 17 | 39 | 2 | 10 | 12 | | | |
| 13기 | 1937 | 183 | 123 | 306 | 65 | 47 | 112 | 25 | 27 | 52 | 4 | 7 | 11 | 1 | 0 | 1 |
| 14기 | 1938 | 208 | 153 | 361 | 62 | 50 | 112 | 26 | 16 | 42 | 7 | 10 | 17 | 1 | 0 | 1 |
| 15기 | 1939 | 248 | 164 | 412 | 68 | 41 | 109 | 25 | 21 | 46 | 12 | 24 | 36 | 2 | 3 | 5 |
| 16기 | 1940 | 272 | 173 | 445 | 72 | 49 | 121 | 32 | 10 | 42 | 17 | 13 | 30 | 1 | 3 | 4 |
| 17기 | 1941 | 296 | 180 | 476 | 62 | 47 | 109 | 26 | 21 | 47 | 11 | 16 | 27 | 0 | 1 | 1 |
| 18기 | 1941a | | | | | | | 50 | 21 | 71 | | | | | | |
| 19기 | 1942a | | | | | | | 47 | 30 | 77 | | | | | | |
| 20기 | 1943a | | | | | | | 58 | 34 | 92 | | | | | | |
| 21기 | 1944a | | | | | | | 38 | 23 | 61 | | | | | | |
| 22기 | 1945 | | | | | | | 58 | 26 | 84 | | | | | | |
| 합계 | | | | | 892 | 629 | 1,521 | 623 | 354 | 977 | 233 | 235 | 468 | 8 | 12 | 20 |

출전: ① 전교생·입학생·중퇴생과 사망자 – 조선총독부, 《조선총독부 통계연보》 각 연도판.
② 졸업생 – 강경상업학교, 〈학적부〉(졸업생).[37]

비고: ① 졸업생 이외의 통계는 모두 해당 연도 말 기준 통계임.
② 1928, 1929년도 졸업 기수가 없는 이유는 강상이 1925년도에 3년제 을종학교에서 5년제 갑종학교로 승격했기 때문임.
③ 제18~21기(1941a~1943a)는 해당 연도 12월 졸업인 반면, 나머지는 모두 3월 졸업임.
④ 제22기 졸업생은 1944년 4년제로 학제가 바뀜에 따라 1년 앞당겨 졸업했음.

73.9대 26.1로, 일본인 입학생 쪽이 한국인 입학생 쪽에 비해 현저히 낮았다. 이는 다소 공정한 선발 결과처럼 보이나 그렇지 않다. 일본인들이 해당 기간에는 3년제 을종학교였던 강상을 별로 선호하지 않았던 사정을 반영한 데 불과하였다. 그럼에도 일본인 지원자 대부분을 합격시키기 위한 민족차별적인 선발 방식이 개교 초부터 동원되었다. 예컨대, 1924년 3월 졸업생(제2기)의 회고에 따르면, 한국인 지원자는 4.3대 1의 경쟁을 치렀던 반면 일본인 지원자는 전원 합격했던 것이다. 그리하여 입시요강에는 일본인 지원자의 우선 합격에 관한 비밀 조항이 있다는 불만까지 나돌고 있을 정도였다.[38]

민족별 입학생 비율이 비슷하기 시작한 것은 1925년부터였다. 이해부터 일본인 지원자가 급증해, 한·일 입학생의 비율은 1925~41년 평균 55.5대 44.5를 유지하였다. 그리고 1925, 26년과 대공황기인 1930~33년에는 일본인 입학생 수가 한국인 입학생 수와 같거나 더 많았다. 이와 같이 일본인 입학생의 비율이 급증한 것은 1925년에 강상이 5년제 갑종학교로 승격되면서 일본인 지원자가 증가했고, 학교 당국도 그에 맞추어 일본인 모집정원을 더 많이 할당했기 때문으로 보인다. 그 결과 일본인은 여전히 쉽게 입학할 수 있었던 반면, 한국인의 입학경쟁은 더욱 치열해졌다.

다음 〈표 1-2〉에서 볼 수 있듯이, 한국인의 입학 경쟁률은 최저 4.3대 1, 최고 15.3대 1이고, 그 평균이 약 10대 1이나 될 만큼 고공행진을 지속하였다. 이런 추세는 1938년까지 지속되었다. 반면, 일본인의 경쟁률은 최저 1.0대 1, 최고 2.6대 1에 불과했고, 그 평균은 2대 1도 채 안 되었다. 이런 현상은 학교 당국 차원에서 민족차별적인 선발 방침을 취하지 않고는 지속적으로 나타나기 힘든 현상이었다.

강경 일대 한국인사회가 민족차별적인 선발 관행에 대해 불만을 터트리기 시작한 것은 일본인 합격자가 갑자기 급증한 1925년도였다. 이해 입시에서 일본인은 40여 명 지원자 중 29명이 합격한 데 반해, 한국인은 120여 명 지원자 가운데 21명만 합격했기 때문이다. 이런 발표를 들은 지역주민과 각처 학부형들은 "조선인 본위인 학교에 일본인을 다수로 수용함은 무슨 까닭인가", "인구 비례로 보아도 1할도 못 되는 일본인을 9할 이상인 조선인보다 많이 수용함은 무슨 까닭인가"라는[39] 식

〈표 1-2〉 강상의 민족별 입학 경쟁률 추이

| 입학 연도 | 지원자(명) | | 입학생(명) | | 경쟁률 | |
|---|---|---|---|---|---|---|
| | 한국인 | 일본인 | 한국인 | 일본인 | 한국인 | 일본인 |
| 1921 | 137 | 13 | 33 | 13 | 4.3 | 1.0 |
| 1922 | 390 | | 38 | 17 | 7.1 | |
| 1923 | 490 | | 44 | 9 | 9.2 | |
| 1925 | 120여 명 | 40여 명 | 25 | 29 | 4.8 | 1.4 |
| 1927 | 550 | 50 | 36 | 28 | 15.3 | 1.5 |
| 1929 | 292 | 42 | 38 | 28 | 7.7 | 1.5 |
| 1930 | 241 | 60 | 31 | 31 | 7.8 | 1.9 |
| 1932 | 391 | 68 | 26 | 26 | 15.0 | 2.6 |
| 1933 | 250 | 28 | 32 | 21 | 11.9 | 1.3 |
| 1934 | 287 | 61 | 28 | 24 | 10.3 | 2.5 |
| 1935 | 277 | | 31 | 22 | 5.2 | |
| 1938 | 450 | ? | 62 | 50 | 7.3 | ? |
| 1939 | 393 | | 68 | 41 | 3.6 | |

출전: 《매일신보》 1921.4.1, 1922.3.31, 1924.4.1; 《동아일보》 1922.3.31, 1930.3.14, 1935.3.18, 1939.3.4; 《조선일보》 1925.4.21; 조선총독부, 1932 《조선총독부 조사월보》 3-10, 144쪽; 같은 책 4-10(1933.10), 75쪽; 같은 책 5-7(1934.7), 134쪽; 강경상업고등학교, 1990 《강상칠십년사》, 고려서적주식회사, 80쪽; 김정렴, 1995 《한국경제정책30년사》, 중앙일보사, 10쪽.

비고: 입학생 수는 관련 자료에 명기되지 않은 경우에는 〈표 1-1〉에 의거했음.[40]

의 불만에 가득찬 어투로 강상 입시의 민족차별성을 비판하였다. 그리고 낙제한 지원자의 학부형은 직접 교장에게 찾아가 그 연유를 따지기도 하였다.[41]

이에 강상 당국은 민족 간 합격률의 차이는 민족차별의 결과가 아니라고 응대하였다. 그 차이는 한국인이 가정형편상 중도에 퇴학할 염려가 있기 때문에 입학성적뿐 아니라 학부모의 재산상태도 평가한 결과라고 변명하였다. 이런 변명이 제도상 근거가 없었던 것은 아니다. 강상은 지원자가 제출한 재산증명서를 입학 사정의 참고자료로 활용했기 때문이다.[42] 그 변명의 현실적 근거도 없지 않았다. 경제 사유로 중퇴한 학생 가운데 한국인이 일본인에 비해 월등히 많았기 때문이다.

후술하는 제2장의 〈경제 사유 중퇴와 구조적 민족차별〉에 따르면, 해방 이전까지 민족별 전체 중퇴생 가운데 경제 사유 중퇴의 비율은 한국인이 30.4퍼센트인 데 반해, 일본인은 21.9퍼센트인 것으로 추산된다. 한국인 학생의 경제 사유 중퇴 비율이 일본인 학생의 그것에 비해 8.5퍼센트 포인트 높은 셈이다. 민족 간 중퇴 비율의 격차는 3년제 을종학교였던 1920~24년 사이에 이보다 훨씬 컸다. 제2장의 〈표 2-6〉과 〈표 2-7〉을 보면, 1920~24년간 경제 사유 중퇴로 여겨지는 가정 사정 및 결석 사유 중퇴생의 수가 한국인 32명, 일본인 3명으로, 민족별 전체 중퇴생(한국인 76명, 일본인 12명) 가운데 각각 42.1퍼센트, 25.0퍼센트를 차지하였다. 한·일 간 중퇴 비율의 격차가 17.1퍼센트 포인트나 됐던 것이다. 이처럼 한국인 학생의 경제 사유 중퇴율이 높았던 까닭에 강상 당국이 입학 사정과정에서 학부형의 재산상태를 더욱 중요하게 참고했을 가능성은 있다.

그럼에도 강상 당국이 이런 변명을 통해 민족차별적 선발 관행의 존재를 은폐, 부정하려 했다고 보는 데는 이유가 있다. 첫째, 입학 사정에서 '재산상태' 중시 방침은 민족 간 경제적 불평등성이 심각했던 당시 실정을 고려하면, 입학 사정의 민족차별성을 은폐하거나 정당화하는 데 활용될 수 있고 실제 그러했기 때문이다.[43] 둘째, 학교 당국이 일본인 지원자 규모에 맞춰 민족별 입학정원을 정하지 않고서는 생길 수 없는 현상들이 발견되기 때문이다. 그런 대표적인 현상은 한·일 학생 간 성적 사유 중퇴의 비율 격차에서 잘 드러난다. 제2장의 〈표 2-6〉과 〈표 2-7〉에서 민족별 전체 중퇴생 가운데 성적 사유 중퇴의 비율을 비교해 보면, 일본인은 23.1퍼센트로, 한국인 10.7퍼센트에 비해 두 배 이상 높았던 것이다. 민족차별적 선발로 인해 한국인 지원자보다 성적이 훨씬 떨어지는 일본인 지원자가 다수 합격한 결과와 무관치 않은 현상이다.

이처럼 강상 당국은 다른 한·일 공학교와 마찬가지로 일본인 지원 규모에 맞추어 민족별 입학정원을 할당해, 신입생 선발과정에서 노골적인 민족차별을 자행하였다. 그리고 민족 간 합격률의 현저한 격차는 경제력 차이에 따른 자연스런 결과인 것처럼 호도해, 신입생 선발과정상의 민족차별을 은폐, 부정하고자 하였다. 이런 논리로 민족차별성을 부정하는 것은 당시 조선총독부나 다른 한·일 공학 당국에서도 자주 발견되는 양태였다. 이들은 한결같이 신입생 선발과정에서 "민족적 차별은 절대로 없다"고 단언하였다. 그리고 민족 간 합격률의 차이는 '입학시험의 결과'요, '자유경쟁의 결과'라고 주장하였다.[44] 즉 민족차별의 산물이 아니라 민족 간 실력, 즉 입학시험 성적의 격차에 따른 자연스런 결과라는 것이다. 이런 변명은 본장의 〈학생평가와 묵시적 민족차별〉에서 후술하겠거니와, 신입생의 학업성적에서 한국인 학생이 일본인 학생보다 훨씬 우세하였다는 점에서 설득력이 없다.


## 학생지도와 실질적 민족차별

학교 당국과 교사는 학생을 선발한 후 지도과정에서도 민족차별을 가하였다. 그 대표적인 양상은 학칙과 규율에 따라 학생을 징계, 처벌하는 과정에 나타났다.

### | 학칙과 규율 |

강상은 "학교장이 훈육상 필요하다고 인정할 때 생도에게 징계를 가할 수" 있고, 퇴학과 징계에 관한 사항을 학칙에 정해야 한다는 일제의 〈실업학교규정〉에 따라 학사징계 규정을 마련하였다.[45] 그 규정이 1922년에 제정된 강상의 학칙에 간략하게 제시되어 있다. 하나는 가장 엄중한 처벌인 퇴학 처분 규정이다. 이 규정은 〈실업학교규정〉에 명시된 것과 똑같은 문구로 성행, 학업, 결석 관련 퇴학 처분 사유를 명시한 것이다. 퇴학 관련 규정과 처분 양상은 제2장에서 전면적으로 검토하겠기에 본장에서는 더 이상 언급하지 않겠다. 다른 하나는 징계 유형에 대한 규정이다. 학교장이 내릴 수 있는 징계로, 훈계, 근신, 정학의 세 종류를 제시하였다.[46] 그러나 현재까지 발견한 강상 관련 자료에서는 이들 유형의 징계 사유를 명시한 자료는 발견하지 못하였다. 그렇기에 다른 학교의 사례를 통해 유추해볼 수밖에 없다. 1923년 개교한 대구상업학교의 사례에 따르면, 비교적 가벼운 징계인 훈계의 대상은 '동료와 싸운 자, 불손한 자, 기타'가 포함되었다. 그리고 정학 대상자는 '시험 부정 행위자, 음주·연애 등 풍기 관련자, 학생의 위신을 잃게 한 자'였다.[47] 강상 학적부에는 이외에도 벌칙, 시말서 등이 학사징계의 유형으로 제시되어 있다.[48] 근신 아래의 경징계 명칭이 학교마다 조금씩 다르듯,[49] 가벼운 경징계는 학교장의 재량에 따라 정했던 결과인 것 같다.

학사징계 대상자는 학칙뿐 아니라 규율을 위반한 학생이었다. 강상의 규율은 〈생도 주의(心得)사항〉(〈부록〉의 사례 1)에 정리되어 있다. 현재 확인되는 강상의 〈생도 주의사항〉은 앞서 언급한 학칙처럼 개교 초기의 것으로 소략한 편이나, 학교생활은 물론 개인의 사생활 전반을 통제하는 내용을 담고 있다. 그 주요 사항을 정리하면 다음과 같다.[50]

먼저 학교생활과 관련해서는 등교, 교실 및 교내외 출입, 실내생활, 휴게시간 이용, 예법, 기숙사 생활, 복장 등을 세세하게 규정하고 있다. 둘째, 개인생활과 관련해서는 음주, 흡연, 노래, 독서, 금품 대차 및 교환, 숙소 신고 및 입구 표찰標札 게시, 통학 규범, 외출 복장 등 사생활 전반에 걸쳐 세밀한 규정을 두어 통제하였다. 셋째, 집회 참가 등 단체 활동을 통제하였다. 특히, 음주, 흡연, 유해 장소 출입,[51] 불량 서화書畫 열람, 금전 갹출, 허가 없는 집회 참가에 대해서는 〈생도 주의사항〉의 첫머리 '제1관款 풍기'에서 관련 조항을 설정하여 엄격히 금지하였다. 관련 조항이 없어 '풍기' 관련 제반 행동에 대해 의혹이 있을 때는 교관의 지시를 받도록 규정함으로써 학생 개인의 사생활 전반을 통제할 수 있도록 하였다.[52]

다른 중등학교의 더 세밀한 규율(〈부록〉의 사례 2) 등을[53] 미뤄보면, 강상에서도 학생의 사고, 의식과 사회생활에 대해 더욱 광범위한 통제가 이뤄졌을 것으로 본다. 예컨대, 선생이 허락하지 않은 내용을 교과서에 기입하지 말 것, 교과서 외의 서적·잡지를 구독할 때 사전 신고할 것, 타교 또는 다른 단체와 운동경기를 할 때는 허락 받을 것, 교내에서 모임을 만들 때 허가 받을 것, 허가 없이 신문·잡지 등에 투서하거나 교내에 게시 광고하지 말 것, 특별한 일이 없는 한 야간 외출을 금지하고 평상시 야간 외출은 오후 10시까지로 할 것 등이 다른 중등학교의 규율에 포함돼 있었다.

학생들이 이러한 규율을 제대로 준수하지 않았을 때는 일차적으로 징계를 받았고, 진학이나 취업에 결정적 영향을 미치는 교사의 조행평가에서 불이익을 받았다. 물론 징계의 수위는 일정하지 않았다. 교사의 판단과 의견에 따라 달라질 수 있었기 때문이다.[54]

### | 학생 처벌과 민족차별 |

강상은 학생 지도과정에서 학칙과 규율 위반자를 징계하였다. 그 가운데 성적 불량 명목의 징계(유급 등)를 제외한 학사징계 현황을 정리하면, 다음 〈표 1-3〉과 같다. 이 표에 따르면, 해방 이전 졸업생 중 한국인은 118건의 징계를 받은 반면, 일본인은 39건의 징계를 받는 데 그쳤다. 졸업생 1인당 평균 징계 건수를 보면, 한국인이 0.25건(118건/481명)인 데 반해, 일본인은 0.13건(39건/300명)으로, 한국인의 약 절반 정도에 불과하였다. 특히 일제 말기 한국인의 징계 건수는 증가하였다. 1940년 이전과 그 이후의 1인당 평균 징계 건수를 비교해보면 그 사실을 실감할 수 있다. 한국인은 이전 시기의 0.18건(46/262)에서 이후 시

(단위: 건)

| 졸업연도 | 한국인 | | | | | | | 일본인 | | | | | | |
|---|---|---|---|---|---|---|---|---|---|---|---|---|---|---|
| | 학사징계 건수 | | | | | | 졸업생수 | 학사징계 건수 | | | | | | 졸업생수 |
| | 정학 | 근신 | 계칙 | 벌칙 | 시말서 | 소계 | | 정학 | 근신 | 계칙 | 벌칙 | 시말서 | 소계 | |
| 1925 | 8 | | | | | 8 | 12 | | 1 | | | | 1 | 11 |
| 1926 | 2 | 1 | | | | 3 | 22 | | | | | | 0 | 10 |
| 1931 | 1 | 3 | | | | 4 | 13 | | 1 | 1 | | | 2 | 15 |
| 1932 | | 2 | 1 | | | 3 | 23 | | 1 | 1 | | | 2 | 9 |
| 1933 | | 1 | | | | 1 | 23 | | | | | | 0 | 9 |
| 1934 | 1 | | | | | 1 | 17 | 3 | | | | | 3 | 14 |
| 1935 | 2 | 4 | | | | 6 | 24 | 5 | 3 | | | | 8 | 13 |
| 1936 | 2 | | 3 | | | 5 | 22 | 4 | | | | | 4 | 17 |
| 1937 | 2 | 3 | | | | 5 | 23 | 3 | 3 | | | | 6 | 27 |
| 1938 | | 2 | | 1 | | 3 | 26 | | | | | | 0 | 16 |
| 1939 | | 1 | | | | 1 | 25 | | | | | | 0 | 21 |
| 1940 | | 6 | | | | 6 | 32 | | 1 | | | | 1 | 10 |
| 소계 | 18 | 23 | 4 | 1 | 0 | 46 | 262 | 15 | 10 | 2 | 0 | 0 | 27 | 172 |
| 1941 | 7 | 3 | 2 | | 3 | 15 | 26 | | 1 | | | 2 | 3 | 21 |
| 1941a | 1 | 5 | 2 | | 1 | 9 | 50 | | | | | 1 | 1 | 21 |
| 1942a | 6 | 13 | 1 | | | 20 | 47 | | 2 | | | | 2 | 30 |
| 1943a | 2 | 16 | | | | 18 | 58 | | 2 | | 2 | | 4 | 33 |
| 1945 | 1 | 6 | 3 | | | 10 | 38 | 1 | | 1 | | | 2 | 23 |
| 소계 | 17 | 43 | 8 | 0 | 4 | 72 | 219 | 1 | 5 | 1 | 2 | 3 | 12 | 128 |
| 총계 | 35 | 66 | 12 | 1 | 4 | 118 | 481 | 16 | 15 | 3 | 2 | 3 | 39 | 300 |

출전 : 강경상업학교, 〈학적부〉(졸업생).

비고 : ① 졸업생의 학적부에 징계 여부가 기록된 학년도의 경우만을 수집한 것임.

② 성적 불량 명목의 유급 처분은 제외했음.

③ 1944년도의 경우 학적부 징계 관련 기록 미확인으로 제외했음.

④ 1941a~43a의 경우 당해 연도 12월 졸업이고, 나머지 연도는 모두 3월 졸업임.

기의 0.33건(72/219)으로 약 2배가량 증가한 것이다.

그러면 어떻게 해서 일본인 학생에 비해 치열한 입시경쟁을 거친 우수한 한국인 학생이 더 많은 징계를 받았을까? 그 요인은 여러 측면에서 검토할 필요가 있지만, 그 가운데 강상의 민족차별적 학사징계가 어느 정도 영향을 미쳤다고 본다. 그렇게 추측하는 근거는 민족별 학사징계 사유를 정리한 다음 〈표 1-4〉에서 발견할 수 있다. 여기서 주목해볼 점은 두 가지이다.

하나는 하급생 구타로 인한 학사징계가 11건으로, 한국인 학생에게만 집중된 것이다. 강상에서는 선후배 간 규율이 군대처럼 엄격해 상급생이 하급생을 지도하고 기합 주는 것은 '제재制裁'라 하여 학교에서도 대체로 묵인하였다. 다만, 불미스러운 일이 발생하는 경우에만 처벌하였다.[56] 문제는 한국인 상급생이 일본인 하급생을 '제재'하고, 일본인 상급생은 한국인 하급생을 대상으로 '제재'하던 풍토였음에도[57] 유독 한국인 학생만이 하급생 구타로 인해 징계를 당한 점이다. 이런 현상은 학교 당국과 일본인 교사의 민족차별적 처분과 관련되지 않고는 이해하기 힘들다.

다른 하나는 외부대회(시민축구대회 등) 무단출장, 무단이탈(야간 군사훈련, 근로보국대 등) 사유 징계가 한국인 학생에게 집중된 것이다. 이는 학교의 규율이나 조치에 대해 한국인 학생의 반발이나 저항이 상대적으로 컸기 때문에 나타난 결과일 수도 있다. 한국인 학생만이 성행 불량이나 사상 불순 사유 징계를 받은 점을 미뤄볼 때 그럴 개연성은 없지 않다. 그러나 야간 외출, 무단이탈 사유의 징계 건수가 한국인 학생 21건, 일본인 학생 3건으로 될 만큼 그 개연성이 컸다고 보는 것은 무리이다. 이 정도로 한국인 학생에게만 징계가 집중한 데에는 강상의 민

〈표 1-4〉 해방 이전 강상 졸업생의 민족별 피(被)징계 사유

(단위: 명)

| | 시험 부정 | 시험 배지 제출 | 복장 불량 불응 | 성행 불량 불응 | 사상 불순 | 야간 외출 | 무단 이탈 | 무단 여행 | 하급생 구타 | 외부대회 무단출장 | 직언 | 카페 출입 | 다방 출입 | 요리점 출입 | 영화관 출입 | 여학생 희롱 (연애) | 기타 | 계 |
|---|---|---|---|---|---|---|---|---|---|---|---|---|---|---|---|---|---|---|
| 한 | 9 | 1 | 1 | 1 | 2 | 8 | 13 | 1 | 11 | 3 | 3 | 4 | | | 1 | 4 | | 62 |
| 일 | 4 | 1 | 1 | | | 2 | 1 | | | | 2 | 5 | 1 | 6 | | 2 | 3 | 24 |

출전: 강경상업학교, 〈학적부〉(졸업생), 1925~26, 1931~43, 1945.
비고: 징계 사유가 명료하게 기록된 학년도의 확실한 사례만을 수합한 것임.

〈표 1-5〉 강상의 민족별 학급 임원

| 졸업 연도 | 한국인 | | 일본인 | |
|---|---|---|---|---|
| | 급장 | 부급장 | 급장 | 부급장 |
| 1937 | | 1-2-3-4-5학년 | 1-2-3-4-5학년 | |
| 1938 | 1-2-3-4-5학년 | | 1-2-3-4-5학년 | |
| 1939 | 1-2-3-4-5학년 | | | 1-2-3-4-5학년 |

출전: 강경상업학교, 〈학적부〉(졸업생).
비고: 학적부에서 5개년 간 임원의 신원을 확인 가능한 것만을 추린 것임.

족차별적 처분도 한국인 학생의 반발이나 저항 못지않게 영향을 미쳤다고 보는 것이 합리적이다.

## 학생 임원·교지 필진 구성과 형식적 민족 무차별

강상은 학생 처벌과정에서 실질적으로 민족을 차별하면서도 묵시적으로는 무차별의 인상을 심어주려 하였다. 강상이 상징적으로 보여준 민족 무차별 조치는 다음 두 가지이다. 하나는 학급 임원이나 교우회 학생 임원 등을 민족별로 균형 있게 선출하거나 임명한 것이다. 학급 임원인 급장과 부급장은 학칙에 따라 선거로 뽑힌 후 교장에 의해 임명됐는데, 대체로 한국인 학생과 일본인 학생이 급장과 부급장을 교대로 맡았다(앞의 〈표 1-5〉). 이는 강상이 한·일 공학교인 터라 자연스런 결과처럼 보이기도 하나,[58] 절대적 영향력을 가진 학교 당국의 방침이나 담임교사의 이해, 지도 없이는 일관되게 나타나기 어려운 현상이다.

교우회 학생 임원 선발과정에서도 일본인 학생을 더 우대하면서도 민족적 균형을 유지하려 하였다. 교우회는 심신단련과 우의 도모를 위해 교직원과 학생들로 구성됐고 그 산하에 각종 부서를 둔 과외활동 기구였다. 강상 교우회 산하에는 도서부, 잡지부, 상업미술부, 주산부, 음악부, 유도부, 검도부, 야구부, 정구부, 축구부, 일본씨름부, 경기부, 작업부, 위생부, 원예부, 교련부 등이 조직되어 있었다.[59] 그러나 교장이 회장, 교사가 부회장·부장·간사를 맡아 학생의 과외활동 전반을 통제하였다. 그 반면, 학생 가운데 선발된 각부 위원은 부장·간사의 명령을 받아 사무를 담당하는 데 불과하였다. 그런 점에서 교우회는 사실상 학생 감시기구이기도 하였다.[60] 강상은 이런 교우회 각부 위원의 선발에서 어느 정도 민족별 균형을 맞추려 하였다. 아래 〈표 1-6〉에서 보듯, 교우회 학생 임원 선발이 일본인 학생에게 다소 치우친 점이 없지 않으나 민족별 일반학생 총수와 거의 비례하였다.

둘째, 강상의 교지인《금강》의 필자 수를 민족별로 거의 비슷하게 배분한 점이다.《금강》에는 학생들의 논단, 조사연구, 각종 체험기와 문학 작품(수필·시·번역물) 등 다양한 글이 실려 있다. 이런 글은 투고된 원고 가운데 선별, 게재됐거나 청탁이나 추천을 거쳐 실렸다. 이런 과정에서 필자 선정을 좌우한 것은《금강》의 편집 겸 발행인이었던 교우회 잡지부 부장교사였다. 그럼에도 다음 〈표 1-7〉에서 보듯, 문학계열이나 비문학계열의 학생 필자 수가, 시기별 차이는 있지만, 민족별로 거의 같게 배분되었다. 연도별 필자 수를 조정하여 전체적으로는 한·일 학생 간 비슷하게 맞춘 결과로 판단된다. 물론 아래 〈표 1-6〉에서 보듯, 한·일 일반학생 총수의 비율이 약 6대 4인 점에 비춰보면, 일본

〈표 1-6〉 강상 교우회의 민족별 학생 임원

(단위: 명, 퍼센트)

| 연도 | 전교 일반학생 총수 | | 교우회 학생 임원 | |
|---|---|---|---|---|
| | 한국인 | 일본인 | 한국인 | 일본인 |
| 1934 | 134 | 109 | 21 | 20 |
| 1936 | 143 | 110 | 28 | 22 |
| 1937 | 183 | 123 | 26 | 25 |
| 1938 | 208 | 153 | ? | ? |
| 1939 | 248 | 164 | 28 | 22 |
| 합계(비율) | 916(58.2) | 659(41.8) | 103(53.4) | 89(46.6) |

출전: 강경공립상업학교 교우회·동창회, 1933~34, 1936~1939《금강》 10~11, 13~16호.

인 학생이 상대적으로 더 많이 필자로 선정된 것은 분명하다. 그런 점에서 필자 배분과정에서 민족차별이 행해졌다고 볼 수 있다. 그러나 그 차별의 정도가 학사징계 과정에서 드러났던 만큼 심한 것은 아니었다.

이상과 같은 학급·교우회 임원이나 교지 필자 구성에서 나타난 민족 무차별 또는 상대적으로 약한 민족차별의 양상은 강상 당국과 교사들이 민족 간 균형을 맞춘 결과로 보인다. 물론 형식적인 민족 균형의 유지는 민족별 재학생 규모가 비슷한 한·일 공학교의 자연스런 선택 결과일 수도 있다. 그렇다고 해도 학교 당국과 교사의 절대적 영향력을 고려하면, 그렇게만 보는 것은 곤란하다. 오히려 형식적인 민족 균형 조치를 통해 민족 무차별의 인상을 심어주려 했던 강상 당국과 교사가 개입한 결과로 보는 것이 타당할 것 같다.[61]

〈표 1-7〉 강상 교지 《금강》의 민족별 학생 필자 수

(단위: 명)

| 발행연도 | 문학계열(수필·운문 등) | | 비문학계열 | |
|---|---|---|---|---|
| | 한국인 | 일본인 | 한국인 | 일본인 |
| 1933 | − | − | 25 | 22 |
| 1934 | − | − | 8 | 8 |
| 1936 | 50 | 52 | 9 | 8 |
| 1937 | 37 | 25 | 13 | 15 |
| 1938 | 8 | 12 | 3 | 8 |
| 1939 | 13 | 19 | 9 | 4 |
| 합계 | 108 | 108 | 67 | 65 |

출전: 〈표 1-6〉과 같음.
비고: ① 비문학계열은 논단·조사연구·체험기 등임.
② 체험기는 수학여행·소풍·행군·행상行商·실습 등의 체험기임.
③ 운문은 시詩, 와카(和歌), 하이쿠(俳句), 단카(短歌) 등임.

## 학생평가와 묵시적 민족차별

### | 학업평가와 묵시적 민족차별 |

본장의 〈신입생 선발과 노골적 민족차별〉에서 언급했거니와, 일제와 학교 당국이 민족 간 합격률의 격차가 자유경쟁의 결과라고 주장한 것은 입학 이후 한국인 학생의 성적이 일본인 학생의 그것에 비해 월등하게 뛰어났던 사실과 모순된다. 민족 간 성적 격차는 다음 〈표 1-8〉의 학업 평균성적에서[62] 잘 드러난다. 이에 따르면, 한국인 학생의 평균성적은 총 97개 학년도 중 1924년 졸업생의 3학년 때와 1939년 졸업생의 5학년 때를 제외한 95개 학년도에서 일본인 학생보다 높았다. 그조차 일본인 학생 성적과의 격차가 5점 이상인 경우가 41개 학년도나 되었다. 반면 1점 이하의 작은 격차가 난 것은 7개 학년도에 불과하였다.[63]

한국인 학생은 평균성적이 상대적으로 높았던 만큼 성적 상위군에서도 다수를 차지하였다. 다음 〈표 1-9〉에 따르면, 상위 10퍼센트 및 상위 30퍼센트 이내 성적군에는 한국인 학생들이 더 많이 몰려 있는 반면 하위 10퍼센트 및 30퍼센트 이내 성적군에는 일본인 학생들이 더 많이 집중돼 있었다.

한국인 학생은 학업성적 가운데서도 상업학교 출신의 밑천이라는 글씨와 주산에서[64] 일본인 학생보다 뛰어났다. 이 점은 1936년 졸업생의 과목별 성적을 정리한 다음 〈표 1-10〉에서 단적으로 드러난다. 이에 따르면 한국인 학생은 일본인 학생에 비해 주산 성적에서 매 학년 2.8~12.4점, 일본어 습자 성적에서는 매 학년 4.7~11.8점가량 높았다. 특히, 상업학교 실력의 척도로 평가됐던 주산에서 한국인 학생의 실

### 〈표 1-8〉 강상 졸업생의 민족·학년별 학업 평균성적

| 졸업 연도 | 1학년 한 | 1학년 일 | 2학년 한 | 2학년 일 | 3학년 한 | 3학년 일 | 4학년 한 | 4학년 일 | 5학년 한 | 5학년 일 |
|---|---|---|---|---|---|---|---|---|---|---|
| 1923 | 75.8 | 64.5 | 77.5 | 67.7 | 70.2 | 62.6 | | | | |
| 1924 | 77.5 | 71.7 | 68.9 | 65.5 | *68.3* | *70.8* | | | | |
| 1925 | 73.6 | 68.1 | **69.8** | **69.7** | 78.2 | 70.1 | | | | |
| 1926 | 71.4 | 65.0 | 72.5 | 69.8 | 73.1 | 65.8 | | | | |
| 1927 | 73.4 | 70.4 | 71.5 | 65.6 | 70.6 | 62.6 | | | | |
| 1930 | 76.2 | 70.1 | 73.0 | 69.3 | 72.0 | 66.7 | 74.6 | 67.6 | 73.5 | 69.5 |
| 1931 | 75.0 | 67.8 | 72.6 | 66.3 | 73.7 | 70.4 | **70.9** | **70.5** | **73.0** | **72.8** |
| 1932 | 75.2 | 69.0 | 75.8 | 66.9 | 71.8 | 65.4 | 73.6 | 69.2 | 76.6 | 70.9 |
| 1933 | 72.8 | 68.6 | 71.1 | 67.5 | 71.5 | 67.6 | 72.4 | 69.1 | 74.0 | 70.6 |
| 1934 | 75.3 | 66.6 | 75.0 | 67.0 | 73.2 | 69.3 | 75.3 | 70.3 | 78.6 | 75.1 |
| 1935 | 73.5 | 71.0 | 75.1 | 69.7 | 71.9 | 68.9 | 75.2 | 73.1 | 78.1 | 74.1 |
| 1936 | 74.4 | 72.6 | 73.6 | 69.8 | 75.0 | 71.6 | 75.2 | 73.4 | **74.9** | **74.3** |
| 1937 | 74.5 | 67.8 | 76.1 | 67.7 | 76.2 | 69.9 | 73.9 | 68.4 | 73.9 | 70.3 |
| 1938 | 75.0 | 72.7 | 75.1 | 71.3 | 74.5 | 71.9 | **73.5** | **72.8** | **73.0** | **72.8** |
| 1939 | 74.5 | 70.8 | 73.6 | 70.1 | 73.3 | 71.1 | 72.3 | 70.8 | *73.4* | *73.8* |
| 1940 | 74.0 | 68.9 | 74.3 | 66.4 | 73.7 | 68.2 | 72.4 | 70.7 | 74.8 | 73.1 |
| 1941 | 74.3 | 69.4 | 75.0 | 68.5 | 73.6 | 69.6 | 75.2 | 70.8 | 76.1 | 74.0 |
| 1941a | 74.9 | 68.4 | 73.4 | 67.3 | 75.5 | 69.5 | 74.7 | 70.6 | 76.5 | 73.2 |
| 1942a | 73.9 | 69.3 | 72.9 | 67.8 | 73.1 | 69.7 | 73.7 | 70.5 | **73.5** | **72.7** |
| 1943a | 74.5 | 67.2 | 74.2 | 67.3 | 73.6 | 68.6 | 74.1 | 70.0 | 74.5 | 71.1 |
| 1944a | 72.6 | 67.5 | 72.9 | 69.0 | 72.7 | 70.5 | 71.1 | 69.0 | | |
| 1945 | 75.3 | 68.7 | 73.4 | 65.5 | 72.8 | 65.7 | | | | |

출전: 강경상업학교, 〈학적부〉(졸업생).

비고: ① 진한 기울림체 숫자는 일본인 학생 성적이 한국인보다 우세한 것이고, 진한 고딕체 숫자는 한국인 학생 성적이 일본인보다 1점 미만 우세한 경우임.

② 1941a~44a의 경우 당해 연도 12월 졸업, 나머지 연도는 모두 3월 졸업임.

---

### 〈표 1-9〉 해방 이전 강상 졸업생의 상·하위 성적군별群別 비율

(단위: 명, 퍼센트)

| | 1학년 한 | 1학년 일 | 2학년 한 | 2학년 일 | 3학년 한 | 3학년 일 | 4학년 한 | 4학년 일 | 5학년 한 | 5학년 일 |
|---|---|---|---|---|---|---|---|---|---|---|
| 학생 총수(명) | 601 | 342 | 610 | 349 | 620 | 354 | 456 | 293 | 458 | 292 |
| 상위 10% 이내 | 12.8 | 2.6 | 12.6 | 3.2 | 11.8 | 4.5 | 10.7 | 6.8 | 9.2 | 8.9 |
| 상위 30% 이내 | 39.6 | 10.8 | 38.7 | 11.7 | 37.7 | 13.3 | 36.0 | 17.7 | 34.1 | 20.5 |
| 하위 30% 이내 | 15.3 | 52.6 | 15.6 | 52.4 | 17.9 | 47.7 | 20.0 | 42.7 | 21.8 | 39.7 |
| 하위 10% 이내 | 3.5 | 19.0 | 4.4 | 17.5 | 4.7 | 16.9 | 4.8 | 16.0 | 7.2 | 12.0 |

출전: 강경상업학교, 〈학적부〉(졸업생).

력은 일본인 학생을 압도하였다. 이런 양상은 교내외 주산경기대회에서 더욱 뚜렷하게 나타났다. 주산경기대회는 교내는 물론 전국 단위, 그리고 한반도와 만주 전 지역 단위로 개최돼 학교의 명예를 건 치열한 경쟁이 벌어지는 공간이었다. 다음 〈표 1-11〉·〈표 1-12〉에서 보듯, 강상에서 이런 대회에 출전하거나 입상한 학생은 대부분 한국인이었다. 특히 한반도와 만주 일대 상업학교가 참가한 전 조선·만주(全鮮滿) 주산경기대회에는 한국인 학생만이 참가하였다.

이처럼 한국인 학생의 성적이 전반적으로 더 우수했음에도 일본인 학생보다 항상 뒤떨어진 과목이 있었다. 유사한 교과과정을 이수했던 1936년(〈표 1-10〉)과 1939년 졸업생의 과목별 성적을 조사한 바에 따르면, 한국인 학생의 성적이 일본인보다 항상 낮은 과목은 수학의 기하(4학년), 상업의 상품(5학년)·상업지리(3학년)·상업실천(4, 5학년), 체조·무도(1~5학년), 교련(1~5학년) 등 6과목이었다. 이 중 기하는 0.4~1.2점, 상품은 0.1~0.5점, 상업지리는 0.5~0.6점, 상업실천은 0.2~1.5점 등 미세한 차이밖에 나지 않았다. 그조차 기하·상품·상업지리는 1개 연간, 상업실천은 2개 연간 이수하는 과목에 불과하였다. 반면 모두 5개 연간 이수해야 했던 교련과 체조·무도 과목에서만 유독 상대적으로 큰 폭의 점수차를 보였다. 교련에서 0.1~5점, 체조·무도에서는 1.2~7.3점의 격차가 발생한 것이다.

다른 실업학교와 마찬가지로 강상에서도 교련·체조·무도 과목은 매우 중시되었다. 교련·체조·무도(유도와 검도)의 수업시수는 1929년 3시간에서 1931년 4시간으로 증가돼, 총 시수 33시간의 10퍼센트를 넘어섰다.[65] 그중 군사교련은 1920년대 후반부터 시행되기 시작했다. 일제

〈표 1-10〉 1936년 강상 한·일 졸업생의 과목별 평균점수 격차[66]

| 학년 | | 1학년 | 2학년 | 3학년 | 4학년 | 5학년 |
|---|---|---|---|---|---|---|
| 공민과 | | | | +0.8 | +2.7 | +0.7 |
| 일본어 | 강독 | +4.7 | +10.5 | +3.4 | +3.5 | +1.1 |
| | 문법작문 | -1.6 | +3.2 | +1.9 | | |
| | 한문 | | | | (미기재) | |
| | 습자 | +4.7 | +3.9 | +11.8 | | |
| | 일본어 또는 조선어 | -1.7 | -1.3 | +4.4 | -0.4 | -2.8 |
| 수학 | 주산 | +12.4 | +6.9 | +8.4 | +7.6 | +2.8 |
| | 산술 | +1.6 | | | | |
| | 대수 | | +6.6 | +4 | | |
| | 기하 | | | | -1.2 | |
| 지리 | | -0.3 | +6.2 | | | |
| 역사* | | +10.2 | +6.7 | | | -2.0 |
| 이과 | 박물 | +0.4 | | | | |
| | 물리 | | +4.4 | +3.1 | | |
| 영어 | 독해·받아쓰기 | +10.4 | +13.7 | +6.9 | +5.8 | +5.2 |
| | 문법·작문·습자·회화 | +9.5 | +12.7 | +11.2 | +9.3 | +9 |
| 상업 | 상사 요항要項 | | -0.01 | +7.1 | +1.8 | |
| | 부기 | | | +4.5 | -0.1 | +0.8 |
| | 상품 | | | | | -0.1 |
| | 상업문 | | | | +0.1 | -1.8 |
| | 상업산술 | | | | +4.0 | +2.1 |
| | 상업지리 | | | -0.6 | | |
| | 상업사 | | | | -4.2 | -4.2 |
| | 상업법규 | | | | | +2.4 |
| | 상업실천 | | | | -0.2 | -1.5 |
| 상업영어 | | | | | | +3.3 |
| 공업 | | | | | +0.7 | |
| 도화 | | -9.5 | -2.5 | | | |
| 체조·무도 | | -3.6 | -7.3 | -3.8 | -2.5 | -1.2 |
| 교련 | | -3.2 | -0.4 | -1 | -1.9 | -5 |
| 점수차 합계 | | +34.0 | +63.3 | +62.1 | +25.0 | +8.8 |
| 점수차 평균 | | +2.8 | +4.9 | +4.8 | +1.7 | +0.6 |

출전: 강경상업학교, 〈학적부〉(졸업생).

비고: ① 각 과목의 평균점수 차 = 한국인 학생 평균점수 - 일본인 학생 평균점수임. '+' 점수는 한국인 학생이, '-'점수는 일본인 학생이 상대적으로 더 높은 점수를 획득했음을 보여줌.

② '*'-5학년은 역사 대신 물리를 선택할 수 있었으나, 이 표에서는 역사 선택인 경우만 합산했음.

<표 1-11> 강상 교내 주산경기대회 민족별 입상자 수

(단위: 명)

| 연도 | 월일 | 시합 종류 | 한국인 | 일본인 | 합계 |
|---|---|---|---|---|---|
| 1933 | 6.24 | 종목별 | 22 | 3 | 25 |
| | | 종합산 | 4 | 1 | 5 |
| | 9.16 | | 5 | 0 | 5 |
| 1934 | 6.22 | | 6 | 1 | 7 |
| | 9.22 | | 10 | 5 | 15 |
| 1936 | | | 11 | 1 | 12 |
| 1937 | 7.3 | 종목별 | 16 | 2 | 18 |
| 1938 | 7.2 | 종목별 | 22 | 3 | 25 |
| 합계 | | | 74 | 13 | 87 |

출전: <표 1-6>과 같음.

비고: ① 종목별 시합은 듣고 놓기 셈(讀上算), 보고 놓기 셈(見取算), 곱셈(掛算), 나눗셈(割算), 암산 시합이고, 종합산綜合算은 5개 부문을 합산한 시합임.

② 각 대회별로 3등이나 5등 이내 입상자 수임.

<표 1-12> 강상의 교외 주산경기대회 민족별 참가·입상자 수

(단위: 명)

| 연월 | 대회명 | 시합 종류 | 한 | 일 | 합계 |
|---|---|---|---|---|---|
| 1933.6 | 강경·군산 상고 대항 | 종목별 | 25 | 1 | 26 |
| 1936 | 대외 경기대회 참가자 | | 5 | | 5 |
| 1936.11 | 제3회 전 조선·만주(全鮮滿) 상업학교 주산경기대회 (경성상업학교 주최) | | 3 | | 3 |
| 1937.2 | 전 조선·만주 상업학교 주산경기대회 (경성일일신문사 주최) | | 3 | | 3 |
| 1937.10 | 제4회 전 조선·만주 상업학교 주산경기대회 | | 3 | | 3 |
| 1938.2 | 전 조선·만주 상업학교 주산경기대회 | | 3 | | 3 |
| 1938.10 | 대외 주산대회 | 종목별 | 16 | 3 | 19 |
| | | 종합성적 | 4 | 1 | 5 |
| 합계 | | | 62 | 5 | 67 |

출전과 비고: <표 1-6>과 같음.

는 〈육군 현역장교 학교배속령〉(칙령 제135호, 1925.4)과 〈문무대신 관할 밖의 학교에 육군 현역장교를 배속하는 건〉(칙령 제246호, 1925.7)을 공포하여 식민지 한국의 관공립 남자 중등학교 이상 학교에 육군 현역장교를 배속시켜 교련을 담당하도록 하였다.[67] 이에 1928년부터 전국 52개의 관공립 중등학교에서 새롭게 교련이 실시되기 시작하였다.[68] 실업학교 군사교련의 경우 매주 수업시수가 매 학년 2시간씩이었고, 연간 야외 연습일수도 1~2학년 각 4일씩, 3~5학년 6일씩, 총 26일이나 되었다.[69]

강상에서도 1928년부터 군사교련을 실시하였고, 교내에 무기고도 신축하였다. 1930년에는 육군 현역장교가 부임해 특무조장 출신 교사

**강경상업학교 학생의 모의전투 장면**
1938년 강경 지역의 각 정町 대항 운동회에서 강경상업학생들이 모의전투의 일환으로 전개한 〈독가스와 연막작전〉의 모습이다(강경공립상업학교 교우회·동창회, 1938 《금강》 15).

와 함께 사열과 분열식, 입영훈련, 연합 군사훈련(야간 행군·정보 수색 등) 등 각종 군사교련을 본격적으로 개시하였다.[70] 교련 과목은 그 담당자인 현역 배속장교가 취업이나 진학에 관한 고과 조서 업무도 관장하고 수학여행을 인솔했기에 매우 중요시되었다.[71]

이 같은 체조·무도와 교련 과목의 성적평가에서 민족차별이 가해졌다. 이렇게 판단하는 근거는 두 가지이다. 하나는 한국인 학생이 일본인 학생에 비해 체격이 컸고 운동도 잘하였다는 점이다.[72] 이를 상징적으로 보여주는 것이 여름·겨울 방학 직전 각각 1주일가량 유도부원과 검도부원을 대상으로 실시된 무도 강화훈련[간케이고(寒稽古)·도요우케이고(土曜稽古)]의[73] 민족별 입상자 수이다.

아래 〈표 1-13〉에서 보듯, 유도나 검도 강화훈련에서 입상한 한국인 학생 총수는 49명으로, 일본인 학생 35명보다 훨씬 많았다. 납회별 입

〈표 1-13〉 강상의 무도 강화훈련(稽古) 민족별 입상자 수

(단위: 명)

| 유도 | | | | 검도 | | | |
|---|---|---|---|---|---|---|---|
| 연도 | 강화훈련 명칭 | 한 | 일 | 연도 | 강화훈련 명칭 | 한 | 일 |
| 1934.1 | 겨울 납회(寒稽古納會) | 1 | 4 | 1933.1 | 겨울 훈련(寒稽古) | 3 | 2 |
| 1934.9 | 여름 훈련(土用稽古) | 3 | 3 | 1933.2 | 겨울 납회(寒稽古納會) | 3 | 2 |
| 1936.1 | 겨울 납회 | 6 | 1 | 1933.7 | 여름 훈련(土用稽古) | 4 | 1 |
| 1936.9 | 여름 납회(暑中稽古納會) | 3 | 3 | 1934.1 | 겨울 납회 | 2 | 3 |
| 1937.9 | 여름 납회 | 4 | 2 | 1934.9 | 여름 납회 | 3 | 2 |
| 1938.9 | 여름 납회 | 3 | 3 | 1936.9 | 여름 납회(暑中稽古納會) | 2 | 3 |
| 1939.8 | 여름 납회 | 5 | 1 | 1938.9 | 여름 납회 | 3 | 3 |
| | | | | 1939.1 | 겨울 훈련 | 4 | 2 |
| | 소계 | 25 | 17 | | 소계 | 24 | 18 |

출전: 〈표 1-6〉과 같음.

상자 수를 기준으로 한·일의 승패를 가린다면, 한국인은 유도에서는 3차례 우승, 2차례 무승부, 1차례 패배의 성적을, 검도에서는 5차례 승리, 1차례 무승부, 2차례 패배의 성적을 거둔 셈이다. 이런 사례는 한국인 학생의 체격이나 무도 실력이 일본인 학생의 그것보다 우세였음을 보여준다. 다른 하나는 교련 성적은 현역 배속장교에 의해, 그리고 무도 성적은 대부분 현직 경찰인 일본인 유도·검도강사에 의해 평가되었다는 사실이다.[74]

이상을 종합적으로 고려하면, 한국인 학생이 유독 교련과 체조·무도 과목의 성적에서 일본인 학생보다 상대적으로 큰 차이로 뒤졌고, 그것도 항상 뒤졌다는 사실은 민족차별적인 평가를 전제로 하지 않으면 이해하기 어렵다. 달리 말해, 이런 사실은 일본 국가주의적, 군국주의적 성향이 강했을 것으로 보이는 현역 배속장교와 무도강사·경찰 등에 의한 민족차별적 평가와 무관치 않음을 보여준다.[75]

| 조행操行평가와 묵시적 민족차별 |

일제강점기 중등학생의 진학이나 취업을 좌우한 것은 학교장의 소견표나 추천서였다. 학교장의 추천에 의해 신규 인력을 채용하는 것이 당시 관행이었고, 소견표는 상급학교 입학 지원이나 취업 지원을 할 때 제출돼 핵심 사정자료로 활용됐기 때문이다. 이런 소견표나 추천서를 작성할 때 주요 근거가 된 것은 학업성적과 조행평가 결과였다. 특히, 조행평가에서 최하등급을 받은 자는 수료나 졸업을 할 수 없었고, 하등급자는 포상에서도 제외되고 취직이 곤란하였다. 그만큼 조행평가 등급은 매우 중요하였다. 이런 까닭에 학교 당국은 조행평가제를 이용해 학생

들로 하여금 학교의 규칙이나 규율을 준수하고 식민지적 지배구조에 순응시키려 하였다.[76]

　조행평가는 담임교사가 원안을 작성해 학교 조행 사정회의를 연 후 학교장의 결재를 받아 결정하였다. 그 결과는 대부분 '우·량·가·불가'이나 '갑·을·병(·정)'과 같이 3 또는 4단계 등급으로 나눠 학적부에 기입되었다. 조행평가에서 원안 작성자인 담임교사의 판단은 결정적으로 중요하였다. 조행평가의 기준은 대체로 학업성적과 성행상황, 근태상황, 학사징계 여부 등이었다. 이 중 학업성적은 학교에 따라 평가 기준에 포함되기도 하고 그렇지 않기도 하였다. 고창고등보통학교처럼 학업성적과 완전히 분리해 조행 등급을 사정하도록 한 학교가 있었던 반면, 대구상업학교처럼 학업성적을 조행평가의 핵심 근거의 하나로 삼았던 학교도 있었다.[77] 그러나 학생의 본분이 공부였기에 조행평가가 학업성적과 무관할 수는 없었을 것이다. 조행평가가 학업성적에 따라 이루어졌다는 초등학교 사례 연구나 성행평가가 일차적으로 학업성적

〈표 1-14〉 해방 이전 강상 졸업생의 성적군별 조행평가 등급 분포

(단위: 명, 퍼센트)

| | 상위 10% 이내 성적군 | | | | 상위 10~30% 성적군 | | | | | 하위 10% 이내 성적군 | | | | |
|---|---|---|---|---|---|---|---|---|---|---|---|---|---|---|
| | 갑 | 을상 | 을 | 을하 | 갑 | 을상 | 을 | 을하 | 병 | 갑 | 을상 | 을 | 을하 | 병 |
| 인원 | 60 | 16 | 12 | 1 | 54 | 54 | 71 | 3 | 2 | 1 | 0 | 69 | 18 | 2 |
| 비율 | 67.4 | 18.0 | 13.5 | 1.1 | 29.4 | 29.4 | 38.6 | 1.6 | 1.0 | 0.1 | 0.0 | 77.5 | 20.2 | 2.3 |

출전: 강경상업학교, 〈학적부〉(졸업생).
비고: ① 성적군과 조행평가 등급의 구분은 졸업 학년의 평가 결과를 기준으로 하되, 1945년 졸업생의 경우 졸업 학년인 4학년 관련 기록이 없는 관계로 3학년 평가 결과에 의거했음.
　　② 1926, 1936, 1944년 졸업생 각 1명, 1945년 졸업생 2명은 조행평가가 기재되어 있지 않음.

에 크게 영향을 받았다는 농업학교 사례 연구의 연구 등을[78] 참조하면 더욱 그렇다.

강상의 조행평가는 갑·을·병의 3등급제가 기본이었다. 그리고 '을' 등급만 을상乙上, 을乙, 을하乙下로 세분화되었다. 이런 구분에 따른 강상의 조행평가에서 성적은 어떤 영향을 미쳤을까? 이를 보기 위해 강상 졸업생의 최종 학년 성적대별로 조행평가 등급을 정리하였다. 그 결과가 앞의 〈표 1-14〉이다.

이 표에 따르면, 상위 10퍼센트 성적군의 대다수는 조행평가에서 '갑' 등급을 획득했고, 상위 10~30퍼센트 성적군은 '갑', '을상', '을' 등급을 골고루 받았다. 반면 하위 10퍼센트 성적군의 대다수는 '을' 등급, 그 일부는 '을하' 등급을 받았다.[79] '병' 등급은 세 성적군 모두에서 각각한, 두 명에게만 부여되었다. 여기서 확인되는 점은 두 가지이다. 하나는 조행평가는 취업에 결정적 장애를 초래할 병 등급을 제외한 갑~을하 등급이 주로 부여되었다는 점이다. 다른 하나는 성적과 조행평가 결과는 개별 학생마다 일치하지 않았으나 그 상관성은 컸고, 그 결과 성적군별 조행평가 등급의 차이가 뚜렷하였다는 점이다.

그러면 민족별 조행평가의 결과는 어떠했고 타당했을까? 이 점을 보기 위해 해방 이전 졸업생 전체에 대한 학년별 조행평가의 등급 평균을 정리해봤다. 이때 등급 평균을 구하기 위해 평어評語로 된 조행평가 등급을 점수화하였다(〈표 15〉). 즉, 갑은 3점, 을상은 2.5점, 을은 2점, 을하는 1.5점, 병은 1점으로 환산해 계산한 것이다.

다음 〈표 1-15〉에 따르면, 일본인 학생은 총 94개 학년도 중 절반이 넘는 50개 학년도에서 한국인 학생보다 평균적으로 좋은 조행평가를

〈표 1-15〉 강상 졸업생의 민족·학년별 조행평가 등급 환산점수의 평균

| 졸업 연도 | 1학년 | | 2학년 | | 3학년 | | 4학년 | | 5학년 | |
|---|---|---|---|---|---|---|---|---|---|---|
| | 한 | 일 | 한 | 일 | 한 | 일 | 한 | 일 | 한 | 일 |
| 1923 | | | | | 2.46 | **2.50** | | | | |
| 1924 | | | 2.59 | 2.11 | 2.25 | 2.20 | | | | |
| 1925 | 2.64 | 2.44 | 2.04 | **2.67** | 2.25 | 2.18 | | | | |
| 1926 | 2.23 | 2.20 | 2.20 | 2.15 | 2.32 | 2.05 | | | | |
| 1927 | 1.93 | **2.00** | 1.96 | 1.94 | 2.13 | 2.00 | | | | |
| 1930 | 2.18 | 2.13 | 2.09 | **2.11** | 2.05 | 2.00 | 2.09 | 2.00 | 2.36 | 2.25 |
| 1931 | 2.08 | 1.96 | 2.04 | 1.97 | 1.96 | **2.03** | 1.77 | **2.00** | 2.08 | **2.20** |
| 1932 | 1.98 | **2.00** | 2.09 | 2.06 | 1.93 | **1.94** | 1.93 | **2.00** | 2.24 | 2.17 |
| 1933 | 1.95 | **2.00** | 1.98 | **2.00** | 2.00 | 2.00 | 1.98 | **2.06** | 2.17 | 2.00 |
| 1934 | 1.97 | **2.00** | 2.03 | 1.96 | 2.03 | 2.00 | 2.03 | **2.04** | 2.44 | 2.39 |
| 1935 | 2.04 | 2.00 | 2.02 | 1.93 | 2.02 | 1.93 | 2.15 | **2.21** | 2.52 | 2.43 |
| 1936 | 2.02 | **2.06** | 1.95 | **2.03** | 2.05 | **2.16** | 2.00 | **2.25** | 2.18 | **2.38** |
| 1937 | 2.00 | 2.00 | 2.02 | 1.94 | 2.10 | 2.07 | 2.16 | 2.11 | 2.22 | **2.24** |
| 1938 | 2.04 | 2.00 | 2.19 | 2.09 | 2.27 | 2.06 | 2.17 | 2.06 | 2.27 | **2.28** |
| 1939 | 2.04 | **2.05** | 2.00 | **2.12** | 2.06 | **2.10** | 2.10 | **2.17** | 2.26 | **2.33** |
| 1940 | 2.03 | 2.00 | 2.09 | 1.90 | 2.14 | **2.15** | 2.03 | **2.10** | 2.19 | **2.25** |
| 1941 | 2.02 | **2.03** | 2.06 | 2.05 | 1.90 | **2.07** | 1.96 | **2.10** | 2.06 | **2.31** |
| 1941a | 2.01 | 2.00 | 2.00 | 1.98 | 2.03 | **2.05** | 2.13 | 2.12 | 2.16 | 2.12 |
| 1942a | 2.00 | **2.02** | 1.94 | **2.02** | 1.99 | **2.18** | 1.88 | **2.20** | 2.00 | **2.29** |
| 1943a | 1.97 | **2.01** | 1.92 | **2.06** | 1.96 | **2.07** | 1.98 | **2.06** | 2.08 | **2.27** |
| 1944a | 1.99 | **2.00** | 2.07 | 2.00 | 2.09 | **2.20** | 2.07 | **2.30** | | |
| 1945 | 2.07 | 2.00 | 2.06 | 2.02 | 2.07 | **2.13** | | | | |

출전: 강경상업학교, 〈학적부〉(졸업생).

비고: ① 조행평가에서 갑甲-3점, 을상乙上-2.5점, 을乙-2점, 을하乙下-1.5점, 병丙-1점으로 환산했음.
　　　② 진한 고딕체 숫자는 일본인의 평가점수가 한국인의 그것보다 좋은 경우임.
　　　③ 1941a~44a의 경우 당해 연도 12월 졸업, 나머지 연도는 모두 3월 졸업임.

받았다. 이는 일본인 학생의 학업 평균성적이 단지 2개 학년도에서만 한국인 학생의 그것보다 높았던 사실과는(〈표 1-8〉) 너무나 대조적이다. 〈표 1-14〉의 분석을 통해 성적과 조행평가의 상관성이 크다고 판단한 것과는 배치되는 양상이다. 그 이유는 무엇일까?

우선 생각할 수 있는 점은 동일한 성적군에 속한 학생이라 하더라도 조행평가를 민족차별적으로 했을 경우이다. 이 점을 밝히기 위해 작성한 것이 아래 〈표 1-16〉이다. 이 표는 졸업성적 평균의 민족 간 격차가 1점 미만이었던 졸업 기수의 졸업학년도 조행평가 등급을 민족별로 구

〈표 1-16〉 해방 이전 강상 졸업생의 5학년 학업성적과 조행등급의 상관성

(단위: 명, 퍼센트)

| 조행등급 / 성적분포 민족 | 갑 한 | 갑 일 | 을상 한 | 을상 일 | 을 한 | 을 일 | 을하 한 | 을하 일 | 병 한 | 병 일 | 합 한 | 합 일 |
|---|---|---|---|---|---|---|---|---|---|---|---|---|
| 상위 10% | 6 (75.0) | 10 (83.3) | 1 (12.5) | 2 (16.7) | 1 (12.5) | | | | | | 8 (100) | 12 (100) |
| 상위 10~30% | 11 (33.3) | 8 (61.5) | 11 (33.3) | 2 (15.4) | 10 (30.3) | 3 (23.1) | 1 (3.0) | | | | 33 (99.9) | 13 (100) |
| 중위 40% | 1 (1.6) | 2 (5.1) | 12 (19.7) | 13 (33.3) | 40 (65.6) | 23 (60.0) | 5 (8.2) | 1 (2.6) | 3 (4.9) | | 61 (100) | 39 (100) |
| 하위 10~30% | | | 2 (7.7) | | 17 (85.0) | 23 (88.5) | 3 (15.0) | 1 (3.8) | | | 20 (100) | 26 (100) |
| 하위 10% | | | | | 9 (81.8) | 7 (87.5) | 1 (9.1) | 1 (12.5) | 1 (9.1) | | 11 (100) | 8 (100) |
| 합 | 18 (13.6) | 20 (20.4) | 24 (18.0) | 19 (19.4) | 77 (57.9) | 56 (57.1) | 10 (7.5) | 3 (3.1) | 4 (3.0) | 0 (0.0) | 133 (100) | 98 (100) |

출전: 강경상업학교, 〈학적부〉(졸업생).

비고: ① 〈표 1-8〉에서 졸업 학년도 민족 간 성적 격차가 1점 미만인 졸업 기수는 총 6개인데, 그중 3년제 졸업생이고 민족 간 졸업생 수의 차이가 너무 큰 1924년 졸업생(한국인 18명, 일본인 6명)을 제외한 1931, 1936, 1938, 1939, 1943년 졸업생을 대상으로 조사했음.
　　　② 조사 대상 졸업생은 학적부상 232명이었으나 이중 5학년 조행등급이 기재되지 않은 1명은 제외했음.

분해 정리한 것이다.

앞의 〈표 1-16〉을 살펴보면, 〈표 1-14〉에서 밝힌 바와 같이 조행평가는 기본적으로 학업성적과 상관성이 크게 나타났다. 그런데 좀 더 세심히 검토해보면, 조행평가는 학업성적 못지않게 출신 민족과의 상관성이 크다는 사실도 발견할 수 있다. 〈표 1-16〉이 한·일 학생 간 학업성적 평균점수의 격차가 1점 미만인 졸업 기수를 대상으로 조사한 결과임에도 일본인 학생의 조행등급이 한국인 학생의 그것보다 훨씬 양호하게 분포되어 있는 것이다. 민족별 조행등급 분포에서 상등급인 '갑'과 '을상'에는 일본인 학생이, 하등급인 '을하'와 '병'에는 한국인 학생이 더 높은 비율을 보이고 있는 것이다. 동일한 성적군 내 한·일 학생의 조행등급 분포에서도 같은 양상을 보인다. 모든 성적군(상위 10퍼센트, 상위 10~30퍼센트, 중위 40퍼센트, 하위 30~10퍼센트, 하위 10퍼센트) 내 조행등급 분포에서 일본인 학생은 상대적으로 높은 등급을 받았을 가능성이 큰 데 반해, 한국인 학생은 상대적으로 낮은 등급을 받았을 가능성이 높게 나타났다. 이런 점은 한국인 학생이 일본인 학생에 비해 같은 성적을 받더라도 조행평가에서는 더 나쁜 등급을 받았다는 사실을 보여준다.[80] 민족차별적인 조행평가가 이뤄졌을 가능성을 암시해주는 대목이다.

그러나 조행평가의 민족차별성을 증명하려면, 더 검토해야 할 점이 있다. 학업성적과 함께 조행평가에 영향을 미친 다른 요소들에서 한국인 학생이 일본인 학생보다 나쁜 평가를 받았을 가능성이다. 이 점을 밝히기 위해서는 학업성적 외 조행평가에 영향을 미친 주요 요소들을 검토하고자 한다. 현재까지 객관적으로 확인할 수 있는 주요 요소는 학적부에 기재된 학사징계 정도·근태상황·성행평가 결과 등이다. 차례로 살펴보면 다음과 같다.

첫째, 민족별 학사징계의 정도이다. 이는 앞서 분석한 바 있는 〈표 1-3〉에 정리돼 있다. 이에 따르면, 한국인 학생 1인당 평균 징계 건수는 일본인 학생의 그것에 비해 2배가량 많았다. 특히 1941년 이후에는 그 격차가 더욱 커졌다. 이런 격차는 조행평가에도 영향을 미쳤을 것으

〈표 1-17〉 강상 졸업생의 민족별 정근·개근상 수상 실적

(단위: 명, 회)

| 졸업 연도 | 한국인 | | | | 일본인 | | | |
|---|---|---|---|---|---|---|---|---|
| | 개근상 | 정근상 | 소계 | 졸업생 수 | 개근상 | 정근상 | 소계 | 졸업생 |
| 1924 | 2 | 9 | 11 | 18 | 0 | 3 | 3 | 6 |
| 1925 | 5 | 8 | 13 | 12 | 2 | 6 | 8 | 11 |
| 1926 | 4 | 8 | 12 | 22 | 1 | 3 | 4 | 10 |
| 1927 | 18 | 14 | 32 | 28 | 4 | 6 | 10 | 8 |
| 1930 | 5 | 3 | 8 | 11 | 3 | 4 | 7 | 11 |
| 1931 | 9 | 9 | 18 | 13 | 7 | 13 | 20 | 15 |
| 1932 | 18 | 8 | 26 | 23 | 5 | 6 | 11 | 9 |
| 1933 | 20 | 22 | 42 | 23 | 14 | 8 | 22 | 9 |
| 1934 | 9 | 5 | 14 | 17 | 9 | 6 | 15 | 14 |
| 1935 | 36 | 14 | 50 | 24 | 6 | 2 | 8 | 13 |
| 1936 | 19 | 8 | 27 | 22 | 15 | 5 | 20 | 17 |
| 1937 | 46 | 10 | 56 | 23 | 35 | 18 | 53 | 27 |
| 1938 | 65 | 18 | 83 | 26 | 34 | 12 | 46 | 16 |
| 1939 | 23 | 18 | 41 | 25 | 11 | 11 | 22 | 21 |
| 1940 | 57 | 32 | 89 | 32 | 7 | 1 | 8 | 10 |
| 합계 | 336 | 186 | 522 | 319 | 153 | 104 | 257 | 197 |
| 졸업생 1인당 횟수 | 1.05 | 0.58 | 1.63 | | 0.77 | 0.53 | 1.30 | |

출전: 강경상업학교, 〈학적부〉(졸업생).
비고: 졸업 연도에 따라 일부 학년의 개근·정근 여부가 기록되지 않은 것도 있음.

로 보인다. 그 영향인지 모르나, 〈표 1-15〉에서 보듯, 1941년(제17기) 이후 일본인 졸업생들의 조행평가 결과가 총 27개 학년도 가운데 19개 학년도에서 한국인 학생보다 좋게 나왔다. 부언하면, 일본인 학생들은 학업성적의 열세에도 학사징계 건수의 차이로 인해 한국인 학생들보다 조행평가에서 좋은 성적을 받았을 가능성을 보여주는 것이다. 그런데 주의할 것은, 앞서 살펴봤거니와, 학사징계 자체도 민족차별적 양상을 띠고 있었다는 점이다.

둘째, 민족별 근태상황이다. 학생의 근태를 보여주는 상징적 지표는 정근·개근 실적이었다. 이를 정리한 앞의 〈표 1-17〉에 따르면, 1940년 이전 한국인 졸업생의 근태상황이 일본인 졸업생의 그것보다 좋았다.

〈표 1-18〉 강상 졸업생 조행평가와 성행평가의 민족별 비교

| 졸업 연도 해당학년 | | 조행평가 환산 평균점수 | | 성행평가 환산 평균점수 | | 성적 평균점수 | | 품행 관련 징계(명) | | 정근·개근 (명) | | 졸업생 (명) | |
|---|---|---|---|---|---|---|---|---|---|---|---|---|---|
| | | 한 | 일 | 한 | 일 | 한 | 일 | 한 | 일 | 한 | 일 | 한 | 일 |
| 1925 | 3학년 | **2.25** | 2.18 | **2.25** | 2.09 | **78.2** | 70.1 | 0 | 0 | **5** | 2 | 12 | 11 |
| 1933 | 4학년 | 1.98 | **2.06** | 2.00 | **2.29** | **72.4** | 69.1 | 0 | 0 | 2 | **4** | 23 | 19 |
| 1934 | 4학년 | 2.03 | **2.04** | 2.00 | **2.38** | **75.3** | 70.3 | 1 | 3 | **8** | 5 | 17 | 14 |
| | 5학년 | **2.44** | 2.39 | **2.94** | 2.81 | **78.6** | 75.1 | 0 | 0 | **6** | 4 | 17 | 14 |
| 1936 | 1학년 | 2.02 | **2.06** | **2.79** | 2.58 | **74.4** | 72.6 | **1** | 0 | **6** | 4 | 22 | 17 |
| | 5학년 | 2.18 | **2.38** | 2.82 | **2.83** | **74.9** | 74.3 | 0 | 0 | **6** | 4 | 22 | 17 |
| 1937 | 1학년 | 2.00 | 2.00 | **2.60** | 2.59 | **74.5** | 67.8 | 0 | 0 | **16** | 15 | 23 | 27 |
| | 2학년 | **2.02** | 1.94 | **2.76** | 2.62 | **76.1** | 67.7 | 1 | 1 | **14** | 8 | 23 | 27 |
| | 3학년 | **2.10** | 2.07 | **2.58** | 2.31 | **76.2** | 69.9 | 0 | 0 | 10 | **13** | 23 | 27 |
| | 4학년 | **2.16** | 2.11 | **2.64** | 2.44 | **73.9** | 68.4 | 1 | 2 | **5** | 4 | 23 | 27 |
| | 5학년 | 2.22 | **2.24** | 2.56 | **2.69** | **73.9** | 70.3 | 2 | 2 | **10** | 8 | 23 | 27 |

출전: 강경상업학교, 〈학적부〉(졸업생).
비고: 진한 고딕체 숫자는 상대적으로 높은 점수나 실적을 가리킴.

한국인 졸업생은 개근상 336번, 정근상 186번을 받은 반면, 일본인 졸업생은 각각 153번과 104번을 받는 데 그쳤다. 한국인 졸업생의 1인당 개근상과 정근상의 수여 횟수도 1.63회로, 일본인의 1.3회보다 많았다. 이런 점이 영향을 미친 것인지 모르나 1940년 이전 졸업한 한국인 학생의 조행평가가 일본인 학생의 그것에 비해 더 좋은 경향을 보였다.

셋째, 성행평가 결과이다. 강상의 학적부에는 학년별로 성행란이 마련돼 있고, 담임교사가 학생의 성행을 기질, 성격, 재간才幹, 거동, 근태, 언어, 사상, 기타별로 나눠 간략히 기록하였다. 예컨대, 성격은 '온순', '자기중심적', 거동은 '침착', '조야粗野', 언어는 '명료', '경박' 등과 같이 기록한 것이다. 이런 까닭에 성행평가는 담임교사의 학생에 대한 주관적 판단을 보여준다. 그러나 강상의 성행평가 기록은 의무적인 것은 아니었기에 성행평가가 누락되거나 극히 소략하게 기록된 해가 많았다. 이에 성행평가가 충실히 기록된 7개 연도 졸업생 11개 학년도의 평가 결과를 선택한 후 민족별로 비교, 검토하였다. 이를 위해 성행평가 결과를 점수로 환산해 정리한 것이 앞의 〈표 1-18〉 가운데 〈성행평가 환산 평균점수〉이다. 즉, 여러 개 항목으로 기술된 성행평가를 상·중·하로 나눠 각각 3, 2, 1점씩 부여하되, 사정을 감안해 0.5점 내지 1점을 가감하는 식으로 점수화한 후 그 평균을 구한 것이다.[81]

〈표 1-18〉에서 주목할 점은 두 가지 있다. 하나는 조행평가에 영향을 미치는 학업성적, 학사징계(品行 관련 징계), 근태상황(정근·개근)의 항목에서 모두 한국인 학생이 일본인 학생에 비해 압도적으로 우수했음에도 조행평가의 민족별 결과는 12개 학년도 가운데 1937학년도 1학년에서만 똑같이 나오고, 나머지 10개 학년도의 우열에서는 5대 5로

동일하게 나온 점이다. 다른 하나는 조행평가 환산 평균점수와 성행평가 환산 평균점수의 민족 간 우열 사이에 상관성이 컸다는 점이다. 총 11개 학년도 가운데 9개 학년도에서 두 가지 평균점수의 민족 간 우열은 같았고, 그렇지 않은 것은 2개 학년도에 지나지 않았던 것이다. 이렇게 보면, 조행평가에 가장 영향을 미친 것은 성행평가였다고 볼 수 있다.

이상의 분석을 통해 밝혀진 바는 두 가지이다. 하나는 조행평가와 다른 요소들, 즉 학업성적, 학사징계의 정도, 근태상황, 성행평가의 상관성이 컸다. 그러나 이런 상관성은 민족적 변수가 개입하면 굴절되고 말았다. 학업성적, 학사징계, 근태상황에서 같은 조건을 가진 한·일 학생이 조행평가를 받을 경우에 일본인 학생이 더 나은 등급을 받는 경향을 뚜렷이 보인 것이다. 성행 및 조행평가의 민족차별성을 상정하지 않고는 이해할 수 없는 대목이다.

둘째, 조행평가와의 상관성이 가장 뚜렷한 요소는 성행평가였다. 성행평가가 학업성적, 학사징계 정도, 근태상황 등의 요소보다 조행평가에 훨씬 더 큰 영향을 미친 것이다. 문제는 학업성적 평가, 학사징계, 근태 평정이 상대적으로 일정한 근거에 입각했던 것인 반면, 성행평가는 그야말로 일본인 담임교사가 평소의 관찰을 토대로 한 주관적 판단의 결과였다는 사실이다. 달리 말하면, 성행평가는 교사의 성향이나 주관적 판단에 의해 좌우될 가능성이 다른 요소들보다 훨씬 농후하였다는 것이다.

# 2

# 학생의 중퇴와
# 민족차별

## 중퇴의 사례와 강상

일제강점기 중등교육의 실태를 보면서 가장 놀라는 장면 중의 하나는 중퇴생이 너무 많다는 점이다. 예컨대, 《조선총독부 통계연보》의 강경상업학교 통계에 따르면, 1920년부터 1941년까지 입학생 1,521명 가운데 1941년까지 중퇴생이 488명(일반 퇴학 468명, 사망 20명)이나 되었다.[1] 단순하게 계산해봐도, 중퇴율이 무려 32.1퍼센트에 달하는 것이다. 전입생도 중퇴한 경우가 있기 때문에 중퇴율은 이보다 다소 조정될 수밖에 없다 하더라도 매우 높은 수치임에는 틀림없다.[2] 치열한 입시경쟁을 뚫고 입학했던 중등학생들이 자의든 타의든 중도에 학업을 포기하는 학생이 이처럼 많았다는 데 놀라지 않을 수 없었다.

　학생이나 학부모의 의사를 중심에 두고 보면, 중퇴는 두 가지 범주로 구분된다. 하나는 학생이 사망, 질병, 경제난 등 개인이나 가정 사정으로 자퇴하는 경우이다. 다른 하나는 학사징계에 의해 강제 퇴학되는 경우(이하 '징계 퇴학'으로 줄임)이다.[3] 후자와 관련해 우선 검토해야 할 것은 학칙과 규율에 따른 학사징계이다. 학칙과 규율은 학교생활은 물론 개인의 사생활과 사고 일체를 통제하는 내용을 담고 있다. 이에 대해서는 제1장에서 이미 밝혔기에 재론하지 않는다. 본장에서는 학사징계 가운데 가장 엄중한 징계인 퇴학 처분 조항을 살펴볼 필요가 있다. 일제강점기 중등학교의 퇴학 처분 조항은 조선총독부의 〈실업학교규정〉을 따르고 있다. 그 규정은 다음과 같다.[4]

① 성행性行이 불량하여 개선될 전망이 없다고 인정되는 자
② 학력이 열등하여 학업 성취(成業)의 전망이 없다고 인정되는 자
③ 계속하여 1년 이상 결석한 자
④ 정당한 사유 없이 계속하여 1개월 이상 결석한 자
⑤ 출석이 일정치 않은 자

이에 따르면, 징계 퇴학은 성행, 학업, 결석, 이 세 가지 사유와 관련된 것이다. 이 가운데 장기·무단 결석 처분 규정은 상대적으로 객관적이고 명료하다. 반면 나머지 두 사유는 교사나 학교 당국의 주관적 판단과 개입에 의해 경중의 판단이 달라질 소지가 컸다.

성적 사유 학사징계는 1개년 3학기의 과목별 평균과 전 과목 평균을 토대로 일정 점수 미달 학생을 대상으로 하였다. 학교와 시기마다 변화가 있지만, 대개 낙제 과목(40점 또는 50점 기준)이 여러 개 이상이거나 전 과목 평균 점수가 60점 미만인 학생은 유급시켰다.[5] 그리고 2회 이

상 유급된 자는 퇴학시켰다. 그러나 퇴학 처분에 영향을 미치는 유급 조치도 교사의 주관적 판단에 따라 좌우될 수 있었다. 유급 사유에 해당하더라도 교사의 판단과 의견에 따라 구제하여 진급시킬 수 있는 특진제特進制가 있었기 때문이다.

위의 세 가지 사유 가운데 학교 당국과 교사의 주관적 판단이나 개입이 강하게 작용할 여지가 큰 것은 성행 사유 퇴학이다. 교사와 학교 당국은 학생들이 학칙과 규율을 제대로 준수하지 않았을 때 징계 처분을 내리고, 진학이나 취업에 결정적 영향을 미치는 조행평가에서 불이익을 줬다. 그중 사상 불온자, 동맹휴학 주모자, 물품 절취자 등을 비롯해 중대 위반 학생에 대해서는 퇴학 처분을 내렸다. 그러나 학사징계의 수위는 일정하지 않았으며, 교사의 판단과 의견에 따라 달라질 수 있었다.[6] 그만큼 성행 사유 학사징계에서는 민족차별이 자행될 소지가 컸다.

본장에서는 이처럼 중퇴과정에 가해진 관행적 민족차별의 양상과 그 특징을 살펴보고자 한다. 이를 위해 거시적 분석과 미시적 분석을 차례로 진행해갔다. 부연하면, 먼저 일제의 통계자료를 중심으로 공립 중등학교, 그 가운데서도 인문계 공립 고등보통학교생과 공립 상업학교생의[7] 일반적인 중퇴 추세를 분석하였다. 동시에 제1장에서와 마찬가지로 충남 강경 소재의 한·일 공학인 강경상업학교(이하 '강상'으로 줄임)의 사례를 대상으로 중퇴의 구체적 양상을 미시적으로 분석하였다. 그 후에 이런 거시적 분석과 미시적 분석의 두 결과를 대조, 확인하였다. 이를 통해 사유별 중퇴의 양상·추세·특징을 확인하고, 이에 내포된 민족차별의 문제를 구명하고자 하였다.

이럴 때 가장 중요한 것은 중퇴나 민족차별의 구체적이고 생생한 양상을 밝혀낼 수 있는 미시적 분석에서 어느 정도 성과를 거두냐이다. 본 장은 미시적 분석의 성과를 위해 제1장과 마찬가지로 학적부, 그중에서 도 중퇴생 학적부를 전면적으로 데이터베이스화하여 분석하였다. 중퇴 생 학적부는 중퇴생의 학업성적, 학사징계와 성행·조행 평가 내역, 건 강상태, 보호자인 정正보증인(이하 '보증인'으로 줄임)의 신분, 직업, 거주 지, 그리고 중퇴 사유 등이 함께 기록되어 있다. 그런 까닭에 중퇴과정 에서 발생한 민족차별의 문제를 아주 구체적이고 생생하게 보여주는 귀 중한 사료라 할 수 있다.[8]

강상에는 공립 중등 실업학교로 개교한 1920년부터 해방 이전까지 졸업생 학적부 외에 중퇴생 학적부 등이 5권으로 별도 편철, 보관돼 있 다. 이 가운데 제1~3권은 100 내지 200명 단위로 편철되어 있고, 그 표 지에는 제0부 〈학적부: 반도半途 퇴학자(또는 중도 퇴학자)〉란 글씨가 쓰 여 있다. 그리고 제4권에는 500번째 이후의 중퇴생 학적부가 모아져 있다. 이들 학적부에는 일련번호가 매겨져 있으나, 도중에 결본이 있거 나 동일 번호가 중복 부여된 경우가 있으며 번호 없이 편철된 것도 있 다. 그리고 해방 이후 작성된 학적부의 일부도 제4권에 포함되어 있으 나 분석 대상에서 제외하였다. 이들 제1~4권의 학적부를 편철 순서대 로 일련번호를 붙여보면, 적어도 13명분 이상의 학적부가 망실된 것으 로 보인다.

한편 마지막 제5권은 아시아태평양전쟁 말기인 1944, 45년에 입대 한 일본인 학생 12명의 학적부가 〈학적부: 군부 입교·입대·입단軍部 入 校·入隊·入團에 의한 휴학〉이란 명의의 표지에 묶여 있다. 이렇게 보면 제5권은 입대[9] 사유 휴학생의 학적부철인 셈이다. 그러나 강상 당국은 당초 입대자를 모두 퇴학 처리했으나 충청남도 학무과 제90호 예규(1944.8.30.)에 의해 뒤늦게 퇴학 처리를 취소하고[10] 그 학적부를 별도로 모아 제5권에 합철하였다. 그러면서도 1942년에 입대 지원한 중퇴생의 경우는 그 학적부를 여전히 중퇴생 학적부에 철해 두었다. 이런 점에서 분석의 일관성을 유지하기 위해서는 이들 12명 모두를 중퇴생의 범주에 포함시켰다. 그 결과 본장의 분석 대상 중퇴생은 한국인 243명, 일본인 269명, 합계 512명이 되었다.

이와 같은 강상의 중퇴생 학적부는 기재 양식에서 몇 차례 변화가 있었다. 1920년대 개교 초기와 일제 말기의 학적부는 그 사이의 학적부에

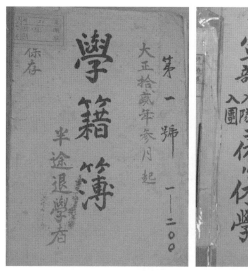

**강경상업학교 중퇴생과 휴학생 학적부의 표지**
좌측은 1920년대 중퇴생 학적부의 표지이고, 우측은 1944, 45년에 군사학교·항공대·해병단 등에 입교·입대·입단한 일본인 휴학생 학적부의 표지이다.

비해 매우 부실하게 기재되어 있다. 따라서 분석에 주의가 필요하다. 그러나 나머지 학적부는 기본적인 정보는 물론 학업 역량이나 성행, 그리고 중퇴 사유에 대한 사실과 교사의 평가가 기술되어 있어 관행적 민족차별의 문제를 밝히는 데 매우 유용한 근거를 제시해주고 있다.

## 중등학생 전반의 중퇴 추세

### | 계열별·민족별 중퇴 추세 |

학적부를 통해 강상의 중퇴 추세를 미시적으로 분석하기에 앞서 일제강점기 중등학교 전반의 중퇴 추세부터 거시적으로 살펴볼 필요가 있다. 미시적인 사례 분석의 한계를 보완하는 동시에 중퇴문제의 일반성과 특수성을 유기적으로 살펴보기 위해서이다. 이때 사례 분석의 대상으로 삼은 강상이 1920년에 설립된 한·일 공학 공립 상업학교인 점을 유의하여 중등학교의 분석 대상을 다음과 같이 선정하였다.

첫째, 공립 중등학교를 대상으로 조사하였다. 공립과 사립은 교사 구성을 포함해 교육환경이 다르기 때문이다. 둘째, 일반계 학교이자 사실상 민족 별학(別學)인 고등보통학교(이하 '고보'로 줄임)와 중학교도 조사하였다. 같은 중등학교이지만 실업학교 사례의 특수성과 일반성을 확인하는 데 도움이 될 것이기 때문이다. 셋째, 실업학교 가운데서는 상업학교만을 검토하였다. 실업학교에는 농업학교, 수산학교, 공업학교, 직업학교, 실업보습학교 등 다양한 계열의 학교가 있는데, 계열별 차이가 비교적 크기 때문에 강상과의 비교에 적합한 상업학교로 국한한 것이다.[11]

〈표 2-1〉 일반계 공립 중등학교 남학생의 중퇴 추세[12]

(단위: 명, 퍼센트)

| 시기 | 학년도 | 고등보통학교(한국인) | | | | 중학교(일본인) | | | |
|---|---|---|---|---|---|---|---|---|---|
| | | 전체 학생 | 중퇴생 | | 중퇴생 비중 | 전체 학생 | 중퇴생 | | 중퇴생 비중 |
| | | | 일반 퇴학 | 사망 | | | 일반 퇴학 | 사망 | |
| 1기 | 1920 | 1,346 | 255 | 5 | 19.3 | 2,045 | 280 | 9 | 14.1 |
| | 1921 | 1,953 | 148 | 6 | 7.9 | 2,496 | 280 | 16 | 11.9 |
| | 1922 | 2,966 | 400 | 13 | 13.9 | 2,850 | 336 | 46 | 13.4 |
| | 1923 | 3,844 | 691 | 11 | 18.3 | 3,370 | 379 | 32 | 12.2 |
| | 1924 | 4,324 | 868 | 11 | 20.3 | 3,813 | 322 | 29 | 9.2 |
| | 평균 | 2,886 | 472 | 9 | 16.7 | 2,915 | 319 | 26 | 11.9 |
| 2기 | 1925 | 4,937 | 1,081 | 19 | 22.3 | 4,461 | 503 | 27 | 11.9 |
| | 1926 | 6,050 | 1,078 | 17 | 18.1 | 4,828 | 451 | 20 | 9.8 |
| | 1927 | 6,250 | 902 | 17 | 14.7 | 5,222 | 571 | 35 | 11.6 |
| | 1928 | 6,671 | 987 | 17 | 15.1 | 5,437 | 549 | 34 | 10.7 |
| | 1929 | 6,921 | 1,364 | 25 | 20.1 | 5,594 | 611 | 39 | 11.6 |
| | 평균 | 6,166 | 1,082 | 19 | 17.9 | 5,108 | 537 | 31 | 11.1 |
| 3기 | 1930 | 6,666 | 829 | 19 | 12.7 | 5,667 | 566 | 26 | 10.4 |
| | 1931 | 6,882 | 1,029 | 13 | 15.1 | 5,686 | 567 | 29 | 10.5 |
| | 1932 | 6,948 | 734 | 12 | 10.7 | 5,843 | 518 | 21 | 9.2 |
| | 1933 | 7,357 | 562 | 25 | 8.0 | 6,024 | 433 | 36 | 7.9 |
| | 1934 | 7,664 | 544 | 21 | 7.4 | 6,225 | 516 | 26 | 8.7 |
| | 평균 | 7,103 | 740 | 18 | 10.7 | 5,889 | 520 | 28 | 9.3 |
| 4기 | 1935 | 7,992 | 547 | 17 | 7.1 | 6,380 | 560 | 30 | 9.2 |
| | 1936 | 8,368 | 499 | 15 | 6.1 | 6,756 | 478 | 38 | 7.2 |
| | 1937 | 8,747 | 419 | 13 | 4.9 | 7,313 | 674 | 25 | 9.6 |
| | 1938 | 10,317 | 550 | 14 | 5.5 | 7,954 | 731 | 39 | 9.7 |
| | 1939 | 11,234 | 578 | 31 | 5.4 | 8,522 | 729 | 33 | 8.9 |
| | 평균 | 9,932 | 519 | 18 | 5.8 | 7,385 | 634 | 33 | 9.0 |
| 5기 | 1940 | 12,981 | 599 | 30 | 4.8 | 8,873 | 775 | 32 | 9.1 |
| | 1941 | 13,586 | 602 | 35 | 4.7 | 10,238 | 726 | 42 | 7.5 |
| | 1942 | 14,809 | 614 | 21 | 4.3 | 11,201 | 802 | 31 | 7.4 |
| | 평균 | 13,792 | 605 | 29 | 4.6 | 10,104 | 768 | 35 | 7.9 |
| 합계 | | | 15,880 (96.5) | 407 (3.5) | (100) | | 12,357 (94.7) | 695 (5.3) | (100) |
| 전체 평균 | | 7,339.7 (100) | 690.4 (9.41) | 17.7 (0.24) | (9.65) | 5,947.7 (100) | 537.3 (9.03) | 30.2 (0.51) | (9.54) |

출전: 조선총독부, 《조선총독부 통계연보》 각 연도판.

비고: ① 1920~37년간 고보 재학 일본인 학생, 중학교 재학 한국인 학생은 극소수로, 각각의 통계에서 제외했음.[13]

② 연도별 중퇴생 비중=연도별 중퇴생 수÷전체 학생 수×100.

먼저 《조선총독부 통계연보》(이하 《통계연보》로 줄임)를 활용해 고보와 중학교의 중퇴 추세를 비교 정리하면, 앞의 〈표 2-1〉과 같다. 이 표에 따르면, 연도별 중퇴생 비중은 고보와 중학교 모두 대체로 감소 추세를 보였다. 이 점에서 민족 간 차이는 없다. 그러나 연도별 중퇴생 비중의 추세는 민족별로 차이가 컸다. 첫째, 고보 측의 비중 감소폭이 더 커진 까닭에 4기(1935~39), 5기(1940~42)에는 민족 간 중퇴생의 비중이 역전되었다. 즉 1~3기(1920~34)에는 고보의 전체 학생 가운데 중퇴생 비중이 더 컸던 반면, 4, 5기에는 중학교의 그것이 더 커졌다. 둘째, 한국인 학생의 중퇴 추세는 일본인 학생의 그것에 비해 대공황 전후의 정치경제적 정세로부터 더 큰 영향을 받았다. 1929, 31년 고보의 중퇴생 비중이 광주학생운동이나 대공황의 여파로 일시 크게 증가했던[14] 반면, 중학교의 그것은 미미하게 증가하거나 정체하였다. 셋째, 사망 사유 중퇴생의 수나 그 비율에서 민족 사이에 의미 있는 차이가 나타났다. 민족별 전체 중퇴생 대비 사망 사유 중퇴생의 비율을 보면, 중학교가 5.3퍼센트로, 고보의 3.5퍼센트보다 1.8퍼센트 포인트 높았다. 중학교는 전체 연평균 학생 수나 중퇴생 총수에서 고보보다 각각 적은데도 사망 사유 중퇴생 총수는 한국인 407명의 1.7배나 되는 695명에 달하였다.[15]

이상과 같은 차이는 일반계 중등학교가 교육의 제반 환경과 조건이 다른 한·일 별학인 것과 관련성이 있는지도 모른다. 이런 의문을 풀기 위해 대다수가 한·일 공학인 공립 상업학교의[16] 중퇴 추세를 정리하면, 다음 〈표 2-2〉와 같다. 이 표를 보면, 상업학교의 중퇴 추세도 일반계 중등학교와 대체로 유사하다.[17] 다만, 일반계 중등학교와 비교할 때 차이가 나거나 주목할 점은 있다.

(단위: 명, 퍼센트)

| 시기 | 학년도 | 한국인 학생 | | | | 일본인 학생 | | | |
|---|---|---|---|---|---|---|---|---|---|
| | | 전체 학생 | 중퇴생 | | 중퇴생 비중 | 전체 학생 | 중퇴생 | | 중퇴생 비중 |
| | | | 일반 퇴학 | 사망 | | | 일반 퇴학 | 사망 | |
| 1기 | 1922 | 1,163 | 145 | 7 | 13.1 | 1,128 | 138 | 8 | 12.9 |
| | 1923 | 1,241 | 206 | 0 | 16.6 | 1,433 | 150 | 8 | 11.0 |
| | 1924 | 1,270 | 263 | 5 | 21.1 | 1,686 | 177 | 8 | 11.0 |
| | 평균 | 1,224 | 204 | 4 | 17.0 | 1,415 | 155 | 8 | 11.5 |
| 2기 | 1925 | 1,493 | 227 | 5 | 15.5 | 1,756 | 206 | 12 | 12.4 |
| | 1926 | 1,653 | 243 | 4 | 14.9 | 2,115 | 234 | 16 | 11.8 |
| | 1927 | 1,883 | 239 | 6 | 13.0 | 2,280 | 230 | 11 | 10.6 |
| | 1928 | 1,924 | 400 | 6 | 21.1 | 2,281 | 319 | 4 | 14.2 |
| | 1929 | 2,147 | 393 | 9 | 18.7 | 2,406 | 257 | 17 | 11.4 |
| | 평균 | 1,820 | 300 | 6 | 16.8 | 2,168 | 50 | 12 | 12.1 |
| 3기 | 1930 | 2,248 | 198 | 9 | 9.2 | 2,542 | 229 | 19 | 9.8 |
| | 1931 | 2,358 | 209 | 4 | 9.0 | 2,269 | 239 | 4 | 10.7 |
| | 1932 | 2,452 | 187 | 5 | 7.8 | 2,715 | 250 | 11 | 9.6 |
| | 1933 | 2,497 | 97 | 8 | 4.2 | 3,025 | 202 | 26 | 7.5 |
| | 1934 | 2,704 | 92 | 11 | 3.8 | 2,972 | 167 | 17 | 6.2 |
| | 평균 | 2,451 | 156 | 7 | 6.3 | 2,705 | 217 | 15 | 8.6 |
| 4기 | 1935 | 2,806 | 75 | 5 | 2.9 | 3,089 | 142 | 19 | 5.2 |
| | 1936 | 2,993 | 97 | 13 | 3.7 | 3,124 | 143 | 8 | 4.8 |
| | 1937 | 3,213 | 77 | 11 | 2.7 | 3,268 | 141 | 9 | 4.6 |
| | 1938 | 3,485 | 84 | 12 | 2.8 | 3,499 | 157 | 18 | 5.0 |
| | 1939 | 4,291 | 115 | 8 | 2.9 | 3,734 | 167 | 17 | 4.9 |
| | 평균 | 3,357 | 89 | 10 | 3.0 | 3,342 | 150 | 14 | 4.9 |
| 5기 | 1940 | 4,754 | 185 | 18 | 4.3 | 3,981 | 210 | 20 | 5.8 |
| | 1941 | 5,177 | 150 | 15 | 3.2 | 4,322 | 165 | 9 | 4.0 |
| | 1942 | 5,586 | 212 | 22 | 4.1 | 4,735 | 161 | 17 | 3.8 |
| | 평균 | 5,172 | 182 | 18 | 3.9 | 4,346 | 179 | 15 | 4.5 |
| 합계 | | | 3,894 (95.5) | 183 (4.5) | (100) | | 4,084 (93.6) | 278 (6.4) | (100) |
| 전체 평균 | | 2,730.4 (100) | 185.4 (6.79) | 8.7 (0.32) | (7.11) | 2,779.0 (100) | 194.5 (7.00) | 13.2 (0.48) | (7.48) |

출전: 조선총독부, 《조선총독부 통계연보》 각 연도판.

비고: ① 진남포상공학교의 수치는 출전에서는 '상업학교'에 합산된 지 여부가 연도에 따라 달랐으
나, 통계의 일관성을 유지하기 위해 모두 합산했음.

② 《통계연보》의 1922년 '+3' 표시는 '*3' 표시(일본인)의 착오이기에 일본인 통계에 합산했음.

③ 경성상업학교는 일본인 전용 학교임에도 1928년 통계(475명)에서 모두 한국인 학생으로
집계된 것은 명백한 오류임으로 일본인 학생 수에 포함시켰음(1927, 1929년 통계 비교).

④ 연도별 중퇴생 비중=중퇴생 수÷전체 학생 수×100.

첫째, 광주학생운동이나 대공황이 상업학교 한국인 학생의 중퇴 추세에 미친 영향은 고보의 그것보다 상대적으로 작았다. 이 점을 밝히기 위해서는 상업학교와 고보의 학풍, 학생의 의식, 보증인의 경제력·직업 등에 대한 추가적인 분석이 필요하다.[19]

둘째, 전체 중퇴생 가운데 사망 사유 중퇴생의 비중에서 상업학교생이 민족 불문하고 일반계 중등학교생보다 높았다. 그 비중을 비교해보면, 상업학교의 한국인 학생이나 일본인 학생은 고보생이나 중학교생에 비해 각각 1퍼센트 포인트가량 높게 나왔다.

지금까지 〈표 2-1〉과 〈표 2-2〉를 통해 중등학생의 중퇴 추세를 살펴봤지만, 그 결과 중퇴율은 실제 어떻게 됐을까? 유감스럽게도 중퇴율을 알려주는 정확한 통계를 아직 발견하지 못하였다. 이에 본장에서는 특정 연도 입학생 수 대비 해당 연도 입학생 중 졸업생 수의 비율, 즉 졸업률을 산출한 후 역으로 중퇴율을 구해보고자 한다. 문제는 이조차 쉽지 않다는 것이다. 입학생이 아닌 중도 전입생이 졸업생 수에 합산되어 있다거나, 유급 등의 사정으로 수학 연한을 지나 졸업하는 학생도 있기 때문이다. 그리고 3년제(을종) 학교 가운데 1920년대 중반 전후에 5년제(갑종) 학교로 승격한 상업학교도 많았기 때문이다. 이런 점을 통계상 모두 교정하기는 어렵다. 이에 본장에서는 조사 대상 시기의 상업학교가 모두 5년제였다고 상정하고 입학생의 졸업률과 중퇴율을 개략적으로 추산하였다.[20] 그 결과는 다음 〈표 2-3〉과 같다.

이 표에 따르면, 일반계 중등학교(남학생)와 상업학교의 중퇴율은 26.1~38.8퍼센트에 달할 만큼 높았다. 그중에서도 일본인 학생에 비해 월등히 치열했던 입시경쟁을 거친 한국인 학생의 높은 중퇴율(고보 38.8

〈표 2-3〉 공립 중등학교의 졸업률과 중퇴율 추산

(단위: 명, 퍼센트)

| 학년도 | 일반계 중등학교 | | | | 전체 상업학교 | | | | 강경상업학교 | | | |
| | 고등보통학교 | | 중학교 | | 한국인 학생 | | 일본인 학생 | | 한국인 학생 | | 일본인 학생 | |
| | 입학생 | 졸업생 | 입학생 | 졸업생 | 입학생 | 졸업생 | 입학생 | 졸업생 | 입학생 | 졸업생 | 입학생 | 졸업생 |
| 1922 | 1,402 | | 1,004 | | 587 | | 568 | | 38 | | 17 | |
| 1923 | 1,632 | | 1,143 | | 578 | | 583 | | 44 | | 9 | |
| 1924 | 1,710 | | 1,220 | | 612 | | 674 | | 37 | 12 | 18 | 11 |
| 1925 | 2,068 | | 1,388 | | 606 | | 664 | | 25 | 22 | 29 | 11 |
| 1926 | 1,893 | 606 | 1,381 | 527 | 631 | 221 | 683 | 262 | 28 | 29 | 29 | 9 |
| 1927 | 1,922 | 704 | 1,422 | 645 | 618 | 335 | 651 | 310 | 36 | - | 28 | - |
| 1928 | 1,973 | 780 | 1,454 | 714 | 612 | 273 | 677 | 303 | 33 | - | 24 | - |
| 1929 | 1,942 | 757 | 1,429 | 801 | 643 | 466 | 694 | 364 | 38 | 11 | 28 | 11 |
| 1930 | 1,949 | 808 | 1,510 | 824 | 617 | 321 | 708 | 381 | 31 | 13 | 31 | 16 |
| 1931 | 1,922 | 752 | 1,515 | 853 | 655 | 354 | 726 | 412 | 29 | 23 | 33 | 9 |
| 1932 | 1,871 | 846 | 1,558 | 889 | 650 | 411 | 751 | 403 | 29 | 23 | 29 | 9 |
| 1933 | 1,838 | 989 | 1,543 | 910 | 624 | 400 | 710 | 431 | 33 | 18 | 25 | 13 |
| 1934 | 1,888 | 1,130 | 1,662 | 1,012 | 626 | 472 | 690 | 426 | 28 | 24 | 25 | 14 |
| 1935 | 2,063 | 1,247 | 1,718 | 1,044 | 666 | 495 | 727 | 532 | 31 | 24 | 22 | 15 |
| 1936 | 2,143 | 1,330 | 1,948 | 1,012 | 765 | 533 | 734 | 534 | 32 | 25 | 25 | 27 |
| 1937 | 2,199 | 1,296 | 2,163 | 989 | 858 | 525 | 831 | 535 | 65 | 25 | 47 | 17 |
| 1938 | 2,803 | 1,484 | 2,243 | 1,061 | 890 | 535 | 901 | 560 | 62 | 26 | 50 | 21 |
| 1939 | | 1,660 | | 1,152 | | 531 | | 555 | | 33 | | 8 |
| 1940 | | 1,830 | | 1,400 | | 631 | | 574 | | 25 | | 22 |
| 1941 | | 1,929 | | 1,460 | | 810 | | 644 | | 51 | | 20 |
| 1942 | | 2,190 | | 1,667 | | 989 | | 569 | | 47 | | 30 |
| 합계 | 33,218 | 20,338 | 26,301 | 16,960 | 11,238 | 8,302 | 11,972 | 7,795 | 619 | 431 | 469 | 263 |
| 졸업률 | 61.2 | | 64.5 | | 73.9 | | 65.1 | | 69.6 | | 56.1 | |
| 중퇴율 | 38.8 | | 35.5 | | 26.1 | | 34.9 | | 30.4 | | 43.9 | |

출전: 조선총독부, 《조선총독부 통계연보》 각 연도판.
비고: ① 〈표 2-1〉의 비고 ①과 〈표 2-2〉의 비고 ① ② ③과 같음.
　　　② 학년도에서 입학 연도는 해당 연도 4월 기준이고, 졸업 연도는 이듬해 3월 기준임.
　　　③ 《조선총독부 통계연보》에서 1927, 29년도 원산상업학교, 1928년도 부산제이상업학교, 1929년도 회령상
　　　　업학교의 한국인 입학생 통계는 명백한 오류가 있어 수정해 반영했음.[21]
　　　④ 강상 이외의 상업학교는 모두 5년제로 상정했음.[22]
　　　⑤ 강상은 1925년부터 5년제로 전환된 까닭에 1927, 28학년도에는 졸업생이 없음.
　　　⑥ '졸업률=졸업생 합계÷입학생 합계×100'이고, '중퇴율=100-졸업률'임.

퍼센트, 상업학교 26.1퍼센트)은 실로 충격적이다.[23] 1927~37년 사이 공립 고보의 입학률 21.0~36.3퍼센트, 상업학교 한국인의 입학률 13.8~18.8 퍼센트는 치열한 입학 경쟁률을 보여주기에 충분하기 때문이다. 더구나 같은 기간 중학교의 입학률 47.0~66.9퍼센트, 상업학교 일본인의 입학률 38.9~57.6퍼센트에 비하면 더욱 그러하기 때문이다.[24]

이 같이 중퇴율이 높은 속에서도 계열별·민족별로 차이를 보였다. 고보의 중퇴율이 중학교의 그것보다 3.3퍼센트 포인트나 높은 반면, 상업학교에서는 그 역으로 일본인 학생의 중퇴율이 한국인 학생의 그것보다 8.8퍼센트 포인트나 높았다. 그리고 일본인 학생의 중퇴율은 중학교와 상업학교에서 비슷했지만, 한국인 학생의 중퇴율은 서로 완전히 달랐다. 고보의 중퇴율이 상업학교 한국인 학생에 비해 무려 12.7퍼센트 포인트나 높았다.

이상 중등학생의 중퇴 추세에 나타난 계열별·민족별·시기별 추세의 공통점과 차이점을 정리하였다. 그중에서 본장의 주제와 관련해 특히 주목, 검토할 점은 다음과 같다. ① 중퇴율이 매우 높다는 점, ② 한·일 공학인 상업학교에서는 일본인 학생의 중퇴율이 한국인 학생의 그것보다 월등히 높다는 점, ③ 전체 중퇴생 가운데 사망 사유 중퇴생의 비율에서는 예상과 달리 일반계 중등학교, 상업학교 모두 일본인 학생이 한국인 학생보다 높다는 점 등이다.[25]

그러나 민족별 전체 학생 수 및 이동 현황(입학, 졸업, 퇴학, 사망)만 보여주는《통계연보》나 민족별·학년별 학생 수를 집계한《조선 제諸학교 일람》등 조선총독부의 통계자료를 통해서는 이런 양상이 발생한 이유를 밝히기는 어렵다. 이하 강상을 대상으로 한 미시적 분석을 통해 이러한 의문점을 푸는 실마리를 찾아가 보도록 하겠다.


## 강상 학생의 중퇴 추세

### | 전반적인 중퇴 추세 |

강상의 중퇴 추세를 살펴볼 수 있는 자료는 《통계연보》와 학적부이다. 《통계연보》에는 1942학년도(1943년 3월 말)까지 한국인 학생 240명, 일본인 학생 261명, 합계 501명의 중퇴생 통계가 제시되어 있다. 반면 학적부에서는 1942학년도까지 한국인 학생 201명, 일본인 학생 214명, 합계 415명의 중퇴생 학적부를, 그리고 해방 이전까지는 한국인 학생 243명, 일본인 학생 269명, 합계 512명의 중퇴생 학적부를 확인할 수 있다. 이 두 자료를 통해 강상의 중퇴 추세를 정리하면, 다음 〈표 2-4〉와 같다.

〈표 2-3〉과 〈표 2-4〉를 보면, 강상의 중퇴 추세도 앞 절 말미에서 정리한 일반계 중등학교나 공립 상업학교의 중퇴 추세 세 가지와 유사한 양상을 보였다.

그런 가운데 강상의 특수성도 나타났다. 첫째, 한국인 학생의 연도별 중퇴생 비중은 1923학년도에 최고를 기록하였다. 한국인 학생 전체 68명 가운데 45.6퍼센트인 31명이나 중퇴했던 것이다. 둘째, 대공황기에 연도별 중퇴생 수나 중퇴생 비중이 민족 불문하고 큰 폭으로 증가하였다. 이는 일반계 중등학교나 전체 상업학교의 추세와는 분명히 다른 양상이다. 셋째, 일제 말기인 5기(1940~45)에 한·일 학생 모두 연도별

〈표 2-4〉 강상 학생의 중퇴 추세[26]

(단위: 명, 퍼센트)

| 학년도 | | 조선총독부 통계연보 | | | | | | | | 학적부 | |
|---|---|---|---|---|---|---|---|---|---|---|---|
| | | 한국인 학생 | | | | 일본인 학생 | | | | 한국인 중퇴생 | 일본인 중퇴생 |
| | | 전체 학생 | 중퇴생 | | 중퇴생 비중 | 전체 학생 | 중퇴생 | | 중퇴생 비중 | | |
| | | | 일반 퇴학 | 사망 | | | 일반 퇴학 | 사망 | | | |
| 1기 | 1920 | 25 | 10 | 0 | 40.0 | 9 | 1 | 0 | 11.1 | 27 | 5 |
| | 1921 | 59 | 4 | 1 | 8.5 | 19 | 5 | 0 | 26.3 | | |
| | 1922 | 76 | 18 | 1 | 25.0 | 29 | 6 | 0 | 20.7 | | |
| | 1923 | 68 | 31 | 0 | 45.6 | 30 | 5 | 1 | 20.0 | 35 | 7 |
| | 1924 | 66 | 19 | 1 | 30.3 | 41 | 1 | 0 | 2.4 | 14 | 0 |
| | 평균 | 58.8 | 16.4 | 0.6 | 28.9 | 25.6 | 3.6 | 0.2 | 14.8 | 15.2 | 2.4 |
| 2기 | 1925 | 72 | 7 | 0 | 8.9 | 53 | 6 | 0 | 11.3 | 6 | 7 |
| | 1926 | 72 | 8 | 0 | 11.1 | 59 | 11 | 2 | 22.0 | 6 | 12 |
| | 1927 | 69 | 10 | 0 | 14.5 | 63 | 16 | 1 | 27.0 | 10 | 10 |
| | 1928 | 94 | 10 | 0 | 10.6 | 81 | 11 | 0 | 13.6 | 6 | 14 |
| | 1929 | 124 | 6 | 1 | 5.6 | 84 | 24 | 0 | 28.6 | 5 | 19 |
| | 평균 | 86.2 | 8.2 | 0.2 | 9.7 | 68.0 | 13.6 | 0.6 | 20.9 | 6.6 | 12.4 |
| 3기 | 1930 | 127 | 18 | 0 | 14.2 | 93 | 11 | 0 | 11.8 | 13 | 7 |
| | 1931 | 121 | 22 | 0 | 18.2 | 92 | 20 | 0 | 21.7 | 24 | 19 |
| | 1932 | 116 | 11 | 0 | 9.5 | 89 | 20 | 1 | 23.6 | 5 | 16 |
| | 1933 | 124 | 2 | 0 | 1.6 | 104 | 6 | 0 | 5.8 | 2 | 11 |
| | 1934 | 134 | 2 | 0 | 1.5 | 109 | 5 | 0 | 4.6 | 3 | 4 |
| | 평균 | 124.4 | 11.0 | 0.0 | 8.8 | 97.4 | 12.4 | 0.2 | 12.9 | 9.4 | 11.4 |
| 4기 | 1935 | 138 | 2 | 0 | 1.4 | 112 | 7 | 0 | 6.3 | 0 | 5 |
| | 1936 | 143 | 2 | 0 | 1.4 | 110 | 10 | 0 | 9.1 | 1 | 7 |
| | 1937 | 183 | 4 | 1 | 2.7 | 123 | 7 | 0 | 5.7 | 8 | 6 |
| | 1938 | 208 | 7 | 1 | 3.8 | 153 | 10 | 0 | 6.5 | 5 | 8 |
| | 1939 | 248 | 12 | 2 | 5.6 | 164 | 24 | 3 | 16.5 | 9 | 12 |
| | 평균 | 184.0 | 5.4 | 0.8 | 3.4 | 132.4 | 11.6 | 0.6 | 9.2 | 4.6 | 7.6 |
| 5기 | 1940 | 272 | 13 | 1 | 5.1 | 173 | 17 | 3 | 11.6 | 11 | 23 |
| | 1941 | 296 | 11 | 0 | 3.7 | 180 | 16 | 1 | 9.4 | 4 | 11 |
| | 1942 | 297 | 11 | 0 | 3.7 | 190 | 22 | 0 | 11.6 | 9 | 21 |
| | 1943 | – | – | – | – | – | – | – | – | 27 | 9 |
| | 1944 | – | – | – | – | – | – | – | – | 11 | 32 |
| | 1945 | – | – | – | – | – | – | – | – | 2 | 4 |
| | 평균 | 288.3 | 11.7 | 0.3 | 4.2 | 181.0 | 18.3 | 1.3 | 10.9 | 10.7 | 16.7 |
| 합계 | | | 240 (96.4) | 9 (3.6) | (100) | | 261 (95.6) | 12 (4.4) | (100) | 243 | 269 |
| 전체평균 | | 136.2 (100) | 10.4 (7.66) | 0.4 (0.29) | (7.95) | 93.9 (100) | 11.3 (12.08) | 0.5 (0.56) | (12.64) | 9.3 | 10.3 |

출전: 조선총독부, 《조선총독부 통계연보》 각 연도판; 강경상업학교, 〈학적부〉(중퇴생).

비고: ① 1920~22년 학적부(중퇴생)의 경우 중퇴 연월일이 부정확한 것이 많은 점을 고려해 통합 계산했음.

② 연도별 중퇴생 비중 = 중퇴생 수÷전체 학생 수×100.

중퇴생 비중은 증가세로 반전하였다. 《통계연보》에서는 볼 수 없었던 1943~45년의 중퇴 현황을 학적부에서 확인하면서 드러난 것이다. 특히, 일본인 학생의 중퇴 증가세는 두드러지게 나타났다. 넷째, 전체 상업학교에서와 마찬가지로 강상에서도 한·일 학생 간 중퇴율 격차는 컸다. 〈표 2-3〉에 따르면, 한국인 학생 중퇴율이 30.4퍼센트로 일본인 학생 중퇴율 43.9퍼센트에 비해 무려 13.5퍼센트 포인트 낮았다.[27]

이상과 같이 강상의 중퇴 추세에서 중등학교의 일반적 공통성과 함께 특수성이[28] 나타난 이유는 무엇일까? 그 연유를 이후 살펴보고자 한다.

### |사유별 중퇴 추세|

앞서 살펴봤거니와, 중퇴는 크게 자퇴와 징계 퇴학으로 구분된다. 이들 중퇴의 사유는 대체로 중퇴생 학적부를 통해서만 확인할 수 있거나 추론 가능하다. 《통계연보》로는 사망 사유 중퇴 외에는 확인할 수 없기 때문이다.[29] 강상 학적부의 양식에서 몇 차례 변화가 있었으나 중퇴 사실과 연유를 적시해야 하거나 기술할 수 있는 공간이 학적부에 설정되어 있었다. 〈전학, 퇴학〉 〈징병, 사고〉 〈비고〉란이 그것이다. 이 공간에 담임교사가 기술한 내용을 종합하면, 강상의 중퇴 사유는 다음과 같이 범주화할 수 있다. 먼저, 자퇴 사유로는 ① 가정 사정, ② 질병, ③ 사망, ④ 전학, ⑤ 사범학교 입학과 상급학교 진학 등, ⑥ 입대 등을 꼽을 수 있다. 이 중에서 가정 사정은 이사, 가계난家計難, 보증인 사망, 기타 등 학생 본인 이외의 각종 사정을 포함하고 있어 분석에 주의가 요구된다. 그리고 징계 퇴학의 사유는 ① 성적 불량, ② 비행非行, ③ 사상·운동, ④ 결석(무단 결석, 장기 결석)으로 구분할 수 있다. 이 가운데 비행과 사상·운동은 모두 강상의 학칙과 규율을 위반한 성행 불량에 해당한다. 그러나 흡연, 음주, 시험 부정, 유흥업소 출입 등 일반적 이탈 행위와 이른바 사상 불순이나 동맹휴학 주도 행위 등은 학칙과 규율에 의해 모두 성행 불량으로 규정된 것이기는 하나, 양자의 성격은 현저히 다르다. 이에 전자는 '비행'으로, 후자는 '사상·운동'으로 구분해 분류하였다.

그러나 학적부에 따라 중퇴 사유 분류가 쉽지 않은 경우가 적지 않았다. 이런 경우를 유형화하면, ① 중퇴 사유를 기재하지 않은 유형, ② 중퇴 사유를 복수로 기재한 유형, ③ 중퇴 사유를 기재했으나 그 사유가 형식적인 것임을 밝히고 실제 사유를 부기하거나, 기재된 중퇴 사유가 제반의 기록을 종합해볼 때 충분히 의심되는 유형 등이 있다. 이들 유형의 학적부를 접하면, 학업성적, 조행·성행 평가, 결석일수, 신체검사, 상벌, 보증인 사정 등의 다른 기록도 함께 종합, 교차 검토하였다.

이러한 검토를 통해, 중퇴 사유를 찾아내거나, 주된 사유를 특정하거나, 기재된 명목상의 사유 대신 실제 사유를 밝혀냈다. 이 중 앞의 ① 유형에서 일부는 중퇴 사유를 찾아내 분류했으나 그 사유를 밝힐 수 없을 때는 '미상'으로 분류하였다. ② 유형은 상대적으로 그 빈도가 낮았는데, 사유의 경중을 밝혀 주된 사유를 특정해 분류하였다. ③ 유형에는 가정 사정을 중퇴 사유로 명시한 경우가 많았다.[30] 이때 교사가 비고란에 "가정 사정에 의해 퇴학"이라고 기재하면서도 "학업 전망 없음", "성적·소행 불량", "학자學資 계속할 수 없음' 등과 같은 실제 중퇴 사유를 부기하는[31] 방식의 학적부가 제법 있었다. 이럴 경우에는 실제 사유를 기준으로 분류하였다.

이에 '가정 사정'을 명목상의 중퇴 사유로 기재한 사례를 일일이 비교 분석하여 실제 중퇴 사유를 밝히고, 실제 사유를 기준으로 재분류하였다. 그 결과를 정리하면, 아래 〈표 2-5〉와 같다.

이 표에 따르면, 학적부에서 명목상 중퇴 사유를 가정 사정으로 기재한 경우 가운데 절반가량은 실제 중퇴 사유가 달랐다. 그 실제 사유는 대부분 성적 불량, 비행, 사상·운동이었다. 주목할 점은 실제 사유에 따라 재분류한 결과가 민족별로 대조적이라는 사실이다. 일본인 학생의 실제 사유가 성적 불량과 비행으로 드러난 것의 비율이 53.4퍼센트였던 반면, 한국인 학생의 그것은 이보다 현저히 낮은 32.1퍼센트였던 것이다.

이 같은 재분류 작업을 거쳐 강상 중퇴생 512명의 실제 중퇴 사유를 항목별로 정리하면, 다음 〈표 2-6〉, 〈표 2-7〉과 같다.

이 두 표는 일반 통계자료를 통해서는 볼 수도 없었고 설명하기도 힘

〈표 2-5〉 해방 이전 강상 학적부 기재 '가정 사정' 중퇴의 실제 사유 재분류

(단위: 명, 퍼센트)

| 민족 | 자퇴 | | | 학사징계 퇴학 | | | | 미상 | 소계 |
|---|---|---|---|---|---|---|---|---|---|
| | 가정 사정 | 건강 (질병) | 진로 (입대) | 성적 불량 | 비행 | 사상, 운동 | 결석 | | |
| 한국인 | 39 (52.0) | 1 (1.3) | – | 13 (17.4) | 11 (14.7) | 8 (10.7) | 2 (2.6) | 1 (1.3) | 75 (100) |
| 일본인 | 51 (43.2) | 2 (1.7) | 1 (0.8) | 44 (37.3) | 19 (16.1) | – | 1 (0.8) | – | 118 (99.9) |
| 합계 | 90 (46.6) | 3 (1.6) | 1 (0.5) | 57 (29.6) | 30 (15.5) | 8 (4.1) | 3 (1.6) | 1 (0.5) | 193 (100) |

출전: 강경상업학교, 〈학적부〉(중퇴생).

비고: ① 재분류 대상 시기: 1920~45년 해방 이전.
　　② 학적부의 '비고'란이나 '전학, 퇴학'란에서 퇴학 사유로 '가정(가사) 사정'만을 명기한 것만을 재분류했음.

<표 2-6> 강상 한국인 학생의 실제 사유별 중퇴 추세

(단위: 명, 퍼센트)

| 중퇴 시기 | 자퇴 | | | | | | 학사징계 중퇴 | | | | 미상 | 소계 |
|---|---|---|---|---|---|---|---|---|---|---|---|---|
| | 가정 사정 | 건강 | | 진로 | | | 성적 | 비행 | 사상 · 운동 | 결석 | | |
| | | 질병 | 사망 | 전학 | 사범 입학 등 | 입대 | | | | | | |
| 1기 | 12 | 5 | 2 | 3 | – | – | 13 | 1 | 8 | 20 | 12 | 76 |
| 2기 | 9 | 1 | 1 | 3 | – | – | 6 | 3 | – | 8 | 2 | 33 |
| 3기 | 12 | 6 | 4 | 2 | 1 | – | 4 | 3 | 13 | – | 2 | 47 |
| 4기 | 3 | 4 | 4 | 1 | – | – | 2 | 8 | 1 | – | – | 23 |
| 5기 | 8 | 11 | 4 | 7 | 16 | 2 | 1 | 8 | 2 | 2 | 3 | 64 |
| 소계 | 44 (18.1) | 27 (11.1) | 15 (6.2) | 16 (6.6) | 17 (7.0) | 2 (0.8) | 26 (10.7) | 23 (9.5) | 24 (9.9) | 30 (12.3) | 19 (7.8) | 243 (100) |

출전: 강경상업학교, 〈학적부〉(중퇴생).

비고: ① '사범 입학 등'은 사범학교 입학과 상급학교 진학 등을 가리킴.

② 입대는 군대, 군사학교 등에 입교·입대·입단하는 경우를 통칭한 것임.

③ 중퇴 시기의 구분은 〈표 2-4〉와 같음.


<표 2-7> 강상 일본인 학생의 실제 사유별 중퇴 추세

(단위: 명, 퍼센트)

| 중퇴 시기 | 자퇴 | | | | | | 학사징계 중퇴 | | | | 미상 | 소계 |
|---|---|---|---|---|---|---|---|---|---|---|---|---|
| | 가정 사정 | 건강 | | 진로 | | | 성적 | 비행 | 사상, 운동 | 결석 | | |
| | | 질병 | 사망 | 전학 | 사범 입학 등 | 입대 | | | | | | |
| 1기 | 2 | – | 1 | – | – | – | 4 | 2 | – | 1 | 2 | 12 |
| 2기 | 13 | 4 | 4 | 3 | – | – | 28 | 6 | – | 2 | 2 | 62 |
| 3기 | 13 | 8 | 2 | 3 | 1 | – | 16 | 11 | – | 1 | 2 | 57 |
| 4기 | 7 | 12 | 2 | – | – | 1 | 8 | 4 | – | – | 1 | 37 |
| 5기 | 18 | 19 | 8 | 27 | 3 | 16 | 6 | – | – | 2 | 2 | 101 |
| 소계 | 53 (19.7) | 43 (16.0) | 17 (6.3) | 35 (13.0) | 4 (1.5) | 17 (6.3) | 62 (23.1) | 23 (8.6) | | 6 (2.2) | 9 (3.3) | 269 (100) |

출전 및 비고: 위와 같음.

들었던 중퇴문제의 구체상을 보여준다. 그 내용은 다음과 같다. 첫째, 두 표는 본장의 앞부분에서 일관되게 확인한 사망 사유 중퇴의 민족 간 차이를 이해하는 실마리를 제공해준다. 사망 사유 중퇴의 비중은 강상에서도 일본인이 조금 더 높았는데, 주목되는 것은 일본인 학생의 질병 사유 중퇴가 43명에 달하고 그 비중 역시 한국인 학생의 그것보다 훨씬 높았다는 사실이다. 사망원인이 병사, 사고사, 자살로 구분한다면, 이런 사실은 중등학교 일본인 학생의 사망 사유 중퇴 비중이 한국인 학생의 그것보다 높았던 것은 질병에 대한 상대적 취약성과 연관될 수 있음을 시사해준다. 이와 관련된 내용은 본장의 〈보론〉에서 상세하게 검토할 것이다.

둘째, 중퇴 사유의 비중에서 민족 간 차이가 뚜렷하게 드러났다. 한·일 중퇴 사유의 비중을 비교해보면, 가정 사정, 사망, 비행 사유 중퇴의 비중은 서로 엇비슷했지만, 나머지에서는 차이가 컸다. 한국인 학생은 결석, 사상·운동, 사범학교 입학 사유 중퇴의 비중이 높은 반면, 일본인 학생은 성적, 전학, 입대, 질병 사유 중퇴의 비중이 높았던 것이다.

셋째, 대공황기 중퇴 증가 이유와 그것의 민족 간 차이를 해명하는 데 도움을 주고 있다. 이 시기 한국인 학생 중퇴 사유의 절반 이상이 '가정 사정'과 '사상·운동'인 것으로 확인된 것이다. 이는 경제 사정의 악화이거나 급진적 사회운동의 분위기가 이 시기 한국인 학생 중퇴 증가의 주요 요인이었을 가능성을 시사한다. 반면 일본인 학생의 중퇴 증가에는 경제적 요인보다 학생 개인의 이탈인 '비행' 요인이 크게 작용한 것으로 나타났다. 일본인 학생의 비행 사유 중퇴가 2기(1925~29)의 6건에서 3기(1930~34)의 11건으로 크게 증가한 것이다.

넷째, 한·일 학생의 중퇴가 일제 말기인 5기(1940~45)에 증가 추세로 반전한 원인을 설명해준다. 이 시기에 전학, 사범학교 등 입학, 입대, 질병 사유 중퇴 학생이 급증한 것이다. 이들 사유는 일제가 전쟁 총동원을 강행하던 사회 상황과 연관된 것이라 주목된다. 동시에 이들 사유의 중퇴 비중에서 민족별 차이가 뚜렷한 점도 눈에 띈다. 일제 말기에 한국인 학생은 총 17명 중 16명이 사범학교, 그중에서도 13명이 1943년에 개교한 대전사범학교 입학 사유로 중퇴하였다. 1930년대 중반 이후 초등학교 교원 부족사태가 계속되는 데다가 황국신민화정책의 시행으로 교원 수요가 증가하자 조선총독부는 대전사범학교를 신설하였다. 이 학교에 중학교 졸업 내지 4년 수료 이상자가 입학할 수 있는 강습과가 설치됐는데,[32] 한국인 학생들이 바로 이 강습과에 입학한 것이다. 반면, 일본인 학생은 17명이나 입대를 위해 중퇴하였다. 그리고 27명은 전학 사유로 중퇴하였으며, 그중 10명은 일본으로 전학 갔다.[33] 일제의 전쟁 총동원에 대해 한·일 학생이 선택한 진로는 이렇게 대조적이었다.

이와 같이 여러 측면에서 한·일 학생 사이의 중퇴 사유와 그 추세는 상당한 차이가 있었다. 왜 이런 차이가 나타났을까? 지금부터 그 이유를 구체적으로 밝혀가고자 한다.

## 경제 사유 중퇴와 구조적 민족차별

졸업난은 입학난, 취업난, 생활난과 함께 일제강점기 한국사회를 표상하는 사회 현상 가운데 하나였다. 졸업난, 즉 중퇴 현상은 초등교육부터 고등교육에 이르기까지 모든 교육단계에서 문제시되었다. 특히 입시지옥을 돌파한 중등 이상 학생의 중퇴율이 매우 높은 것은 심각한 사회문제가 아닐 수 없었다. 이런 까닭에 중퇴를 야기하는 요인, 즉 중퇴 사유에 대한 사회적 관심은 매우 높았다.

그럼에도 일제 당국자는 중퇴 사유를 제대로 공표하지 않았다. 《통계연보》에서는 사망 사유 중퇴생 수만 보여주고 있을 뿐이었다. 그리고 간헐적으로 이뤄진 중퇴생 조사 결과도 마찬가지였다. 예컨대, 1930~32년 사이 전국 151개 중등학교의 중퇴생 조사 결과가 발표됐는데, 이때 중퇴 사유 분류 항목은 사망, 질병, 기타, 이 세 가지뿐이었다. 그중 1930년의 결과만 소개하면, 조사 대상자 47,148명 중 중퇴생은 4,885명이었다. 사유별로는 질병 957명, 사망 196명, 기타 3,732명이었다. 중퇴생의 절대다수인 76.4퍼센트의 중퇴 사유가 누구도 알 수 없는 '기타'의 범주로 발표된 것이다. 이에 언론에서는 이런 발표가 중퇴의 최대 사유인 동맹휴교, 사상 관계 사건, 생활난을 호도하기 위한 꼼수라는 비판이 가해졌다.[34]

당시 한국인 학생 중퇴의 최대 사유로 꼽힌 것은 학자난學資難, 즉 경제 사정이었다. 학자난이 꼽힌 것은 정도의 차이는 있지만, 대공황기는 말할 것도 없고 일제강점 전 기간에 걸쳐 나타났다. 예컨대, 1924년 중등학교에서는 1,370명이 입학하였다가 겨우 730명이 졸업해, 중퇴율은 46퍼센트에 이르렀다. 이때 그 최대 원인은 학자난이었다.[35] 유례없는 풍년으로 상대적 호경기였던 1930년대 후반에도 마찬가지였다. 1938년 서울의 관공립 전문학교 이상 13개교에서 1~6월 사이 조사한 바에 따르면, 퇴학 72명, 휴학 49명, 제명 처분 58명이었다. 이때에도 휴학은 물론이고 중퇴의 절대다수도 학자난 때문인 것으로 추정되었다.[36] 조선총독부 학무국 당국자 역시 가정의 빈곤이 중퇴의 절대 사유였음을 시인하는 바였다.[37]

이에 학교 당국은 경제 사유로 인한 중퇴 사태를 막기 위해 입학원서를 제출할 때 학부형의 납세증명서나 재산증명서를 첨부하도록 요구하기도 하였다. 그중에서도 서울 소재 공립 고등보통학교는 중소지주나 지주 겸 자작 부농 이상의 자산가나 부담할 수 있는 세금 수준인 연 200원 이상의 납세증명서를[38] 요구하였다. 심지어 납세증명서를 첨부하지 않으면 입학원서를 접수하지 않는 학교도 있었다.[39] 강상에서도 개교 초기부터 입학지원자에게 재산증명서 제출을 요구하였다. 이런 식의 요구는 사회문제로 비화되었다. 무산자 학부형들은 학교가 노골적인 부르주아기관화하고 있다고 비난하는 등 격분을 토로했고, 일반 시민과 각처의 지방유지들은 선후책을 강구하고 나섰던 것이다.[40] 이에 조선총독부도 학교의 증명서 첨부 요구를 철회하도록 권고하기에 이르렀다.[41]

학자난은 중등학생 가정에게 더 큰 압박 요인이 되었다. 중등학생 학부모는 학자금으로 수업료만이 아니라 그보다 2배가 넘는 교우회비, 수학여행 적립금, 교과서 및 사전 구입비, 학용품비, 복장(제복·제모制帽·구두·운동화·운동복·각반) 구입비 등을 지출하지 않으면 안 되었다.[42] 거주지에서 도보 통학이 가능한 거리에 있던 초등학교와는 달리 중등학교 이상은 부府, 읍 등 도시에 소재했던 탓에 하숙비 부담도 컸다. 그 결과 시기나 학교에 따라 차이가 있지만, 서울 소재 중등학교를 다닐 경우 1920년대에는 월 20원圓가량, 1930년대에는 월 30원가량의 학자금이 필요한 것으로 추산되었다.[43] 1930년대 판임관 초임이 월 40원이었고, 보통학교 교사의 실제 평균 수령액이 월 55원이었던 점을 고려하면,[44] 월 20~30원의 학비 부담은 엄청난 것이었다. 이런 까닭에 1920년대 후반 이후 초등학교 졸업자 중 중등학교 진학률이 겨우 10퍼센트 전후에 불과했다.[45] 중산층 이상의 자녀가 중등학교에 입학했을 것으로 판단됨에도 학비 부담은 감당하기 어려웠기 때문이다.

그러면 학자난이 실제로 중퇴 요인에 어느 정도 영향을 미쳤고, 그 정도는 민족 사이에 어떻게 달랐을까? 강상 학생의 실제 중퇴 사유를 정리한 앞의 〈표 2-6〉과 〈표 2-7〉이 이 점을 잘 보여준다. 이 표에서 경제 사유의 범주에 넣을 수 있는 것은 먼저 '가정 사정'으로 자퇴한 경우이다. 가정 사정에는 여러 요인이 있었겠지만, 대체로 경제 사정과 연관된 것으로 보이기 때문이다. 중퇴 사유에 '가사 관계'나 '이사(轉居)' 등으로 기입한 경우가 있는데, 실상은 대개 생활난이었다는 당시 언론의 지적은 이 점을 뒷받침해준다.[46]

장기 또는 무단 결석에 의해 퇴학 처분된 경우도 학자난과 연관성이 클 것으로 판단된다. 물론 장기 결석이 간혹 질병 때문에 발생하기도 하였다. 이럴 때는 실제 사유에 따라 〈표 2-6〉과 〈표 2-7〉에서 '결석'이 아닌 '질병' 사유로 분류하였다. 또 학생 개인의 이탈에 의해 무단 결석이 발생하는 경우도 있을 수 있었다. 그러나 이럴 때는 훈계, 근신, 정학 처분 수준에서 대체로 마무리됐던 것으로 보인다. 이런 연유로 장기 또는 무단 결석으로 인해 중퇴 처분이 내려지는 경우는 대체로 학자난과 관련성이 크다고 본다.

이런 추론을 토대로 경제 사유 중퇴의 비율을 민족별로 추산해보자.

〈표 2-6〉에서 한국인 학생의 전체 중퇴자 가운데 경제(가정 사정과 결석) 사유 중퇴의 비율은 1기(1920~24), 2기(1925~29)에 각각 42.1, 51.5퍼센트로 매우 높았으나 그 이후에는 급격히 줄어들었다. 그 결과 전 기간을 합쳐보면, 가정 사정 사유 중퇴 18.1퍼센트, 결석 사유 중퇴 12.3퍼센트로, 총 30.4퍼센트가 경제 사유로 중퇴한 것으로 보인다. 반면 일본인 학생의 경우에는 경제 사유 중퇴의 비율에서 한국인 학생과 같은 큰 변동은 보이지 않았다. 전체적으로 가정 사정 사유 중퇴 19.7퍼센트, 결석 사유 2.2퍼센트로, 총 21.9퍼센트가 경제 사유로 중퇴했던 것으로 추산된다. 결국 일본인 학생의 경제 사유 중퇴 비중은 한국인 학생의 그것보다 8.5퍼센트 포인트 낮다고 할 수 있다.

이처럼 경제 사유 중퇴에서 민족 간 차이가 나는 이유는 무엇일까? 이 점을 밝히는 단서는 중퇴생의 부모이거나 사실상 부모 역할을 한 보호자인 보증인의 직업에서 찾을 수 있다. 이에 강상 중퇴생 보증인의 직업을 확인하고 그것을 일반 졸업생 보증인의 직업과 비교하기 위해 다음 〈표 2-8〉을 작성하였다.

이 표를 보면, 경제 사유 한국인 중퇴생 보증인의 직업은 농림업 62.2퍼센트, 공무자유업 16.1퍼센트, 상업 12.2퍼센트의 순이었다. 반면 일본인 중퇴생 보증인의 직업은 상업 30.5퍼센트, 공무자유업 25.4퍼센트(특히 관공리 18.6퍼센트), 농림업 23.7퍼센트의 순이었다. 한국인 중퇴생의 보증인이 주로 농림업 종사자였다면, 일본인 중퇴생의 보증인은 상업, 공무자유업 종사자였다는 점에서 민족별 보증인의 직업은 서로 대조적이라 하겠다. 강상 졸업생 보증인의 직업 분포와 유사한 양상인 것이다.

결국 경제 사유 중퇴 양상의 민족 간 차이는 대체로 농업 중심의 한국인사회와 상업, 공무자유업 중심의 재한 일본인사회의 차이를 반영한 것으로 볼 수 있다.[47] 그리고 이런 차이는 식민지적 조건 속에서는 극복되기 쉽지 않은 위계적 성격을 띤 것이라 할 수 있다. 이런 점에서 경제 사유 중퇴의 민족 간 차이는 관행적 민족차별의 직접적 결과로 보기는 어렵다. 그보다는 한·일 학생 간 정치경제적 불평등 구조와 위계 관계에 의해 초래된 '결과의 차별', 곧 구조적 민족차별의 일면이라 할 수 있다. 그리고 한·일 학생 간 경제적 조건과 환경의 격차가 한·일 민족 간 권력적 위계와 경제적 불평등성을 반영한 것이란 점에서 일반적인 의미의 '결과의 차별'이라기보다는 식민지사회의 구조적 특성에 의해 규정된 구조적 민족차별의 현상이라[48] 하겠다.

〈표 2-8〉 해방 이전 강상의 경제 사유 중퇴생 및 전체 졸업생 보증인의 직업

(단위: 명, 퍼센트)

| 민족 | 중퇴생 여부 | 농림업 | 상업 | 광공업 | 교통 운수업 | 공무자유업 | | | | 기타, 무직 | 불명 | 합계 |
|---|---|---|---|---|---|---|---|---|---|---|---|---|
| | | | | | | 관공리 | 회사원 | 기타 | 소계 | | | |
| 한국인 | 중퇴생 | 46 (62.2) | 9 (12.2) | 1 (1.4) | – | 6 (8.1) | 3 (4.0) | 3 (4.0) | 12 (16.1) | – | 6 (8.1) | 74 (100) |
| | 졸업생 | 361 (62.0) | 89 (15.3) | 13 (2.2) | 2 (0.4) | 48 (8.2) | 16 (2.8) | 32 (5.5) | 96 (16.5) | 3 (0.5) | 18 (3.1) | 582 (100) |
| 일본인 | 중퇴생 | 14 (23.7) | 18 (30.5) | 4 (6.8) | – | 11 (18.6) | 1 (1.7) | 3 (5.1) | 15 (25.4) | 5 (8.5) | 3 (5.1) | 59 (100) |
| | 졸업생 | 72 (20.7) | 117 (33.6) | 28 (8.1) | 7 (2.0) | 46 (13.2) | 28 (8.0) | 2 (0.6) | 76 (21.8) | 10 (2.9) | 13 (3.7) | 348 (100) |

출전: ① 중퇴생 보증인의 직업은 강경상업학교, 〈학적부〉(중퇴생)에 의거하여 작성했음.
② 졸업생 보증인의 직업은 제3장의 〈표 3-7〉에 의거해 작성했음.[49]
비고: ① 농상업은 상업에, 농광업은 광업에 포함해 합산했음.
② 경제 사유 중퇴생은 제2장의 〈표 2-6〉과 〈표 2-7〉의 중퇴 사유에서 '가정 사정', '결석' 사유 중퇴생 수를 합산한 것임.

## 성적 사유 중퇴와 관행적 민족차별

〈표 2-6〉과 〈표 2-7〉에서 보듯, 강상의 중퇴 사유 비중에서 민족 간 격차가 가장 큰 것은 '성적 사유'였다. 성적 사유 중퇴생은 한국인이 26명이었던 데 반해 일본인은 62명이나 되었다. 그 결과 한국인 학생의 성적 사유 중퇴 비중은 10.7퍼센트였지만, 일본인 학생의 그것은 무려 23.1퍼센트로, 10퍼센트 포인트 이상의 격차가 났다. 이 또한 〈보론〉에서 후술하는 건강 사유 중퇴와 함께 일본인 학생이 강상뿐 아니라 전체 상업학교에서 한국인 학생보다 더 높은 중퇴율을 보인 주요 요인 중 하나였다.

성적 사유 중퇴에는 크게 세 종류가 있다. 첫째, 학칙 등에 따라 2회 이상 유급되는 학생은 곧바로 퇴학당하였다. 이런 학생은 일본인 학생이 11명이었던 데 반해, 한국인 학생은 2명뿐이었다. 둘째는 2회 이상 유급되지는 않았으나 성적, 성행 모두 불량한 학생들도 퇴학 처분되었다. 이런 경우는 한국인 학생 2명, 일본인 학생 1명으로, 극히 소수였다. 셋째, 유급은 한 차례만 당했으나 그 전후로 성적이 계속 불량하고 간혹 성행평가도 좋지 않아 자퇴하는 학생이 많았다. 이런 경우가 성적 사유 중퇴생의 대다수를 차지하였다.

강상의 성적 사유 중퇴율에서 한국인 학생보다 일본인 학생이 더 높은 것은 충분히 예상되는 것이었다. 제1장 〈표 1-2〉를 통해 이미 살펴봤거니와, 한국인 학생들은 경쟁률이 10대 1을 넘나드는 치열한 입시 경쟁을 거쳤던 만큼 매우 우수한 학생들만이 입학할 수 있었다. 반면 일본인 학생은 민족별 모집할당제란 노골적인 민족차별 덕분에 평균 2대 1 전후의 낮은 경쟁률로 쉽게 강상에 입학하였다. 따라서 학업 역량상 한·일 학생 간 격차는 당연할 수밖에 없었다. 제1장에서 살펴봤거니와, 강상 졸업생의 재학 중 한·일 간 학업성적을 평균성적, 상하위 성적군별 비율, 주산경기대회 입상자 수 등 다양한 방식으로 비교한 결과에 따르면, 한국인 학생은 일본인 학생보다 모든 점에서 우수했던 것이다.

강상 중퇴생의 성적에서도 한국인이 일본인보다 좋았던 것으로 보인다. 중퇴생의 성적을 직접 비교하는 것은 불가능해 성적 사유 중퇴생은 물론 중퇴생 전체를 대상으로 유급 횟수를[50] 비교해보았다. 강상의 유급은 원칙적으로 학년 평균성적(60점 미만)과 학년 낙제과목 여부를 1차적 기준으로 정하고, 간혹 성행평가 결과도 반영하였다. 과목 과락의 기준은 1930년까지는 40점 미만이었으나 1931년부터는 50점으로 상향 조정되었다.[51] 이 기준에 따라 유급 처리된 결과(아래 〈표2-9〉)를 보

〈표 2-9〉 강상의 민족별 유급 처분 건수와 특진 허용 횟수

(단위: 명, 회)

| 중퇴 시기 | 유급 | | | 특진 | | |
|---|---|---|---|---|---|---|
| | 한국인 | 일본인 | 소계 | 한국인 | 일본인 | 소계 |
| 1기 | 19 | 5 | 24 | 0 | 0 | 0 |
| 2기 | 11 | 38 | 49 | 0 | 2 | 2 |
| 3기 | 8 | 31 | 39 | 2 | 14 | 16 |
| 4기 | 6 | 9 | 15 | 3 | 19 | 22 |
| 5기 | 4 | 13 | 17 | 7 | 20 | 27 |
| 계 | 48 | 96 | 144 | 12 | 55 | 67 |
| 1인당 평균 횟수 | 0.20 | 0.36 | 0.28 | 0.05 | 0.20 | 0.13 |

출전: 강경상업학교, 〈학적부〉(중퇴생).
비고: 1인당 평균 횟수=유급 또는 특진 횟수÷민족별 중퇴생 수(한국인 243명, 일본인 269명)

면, 일본인 중퇴생의 유급 횟수는 96회로, 한국인 중퇴생의 그것보다 2배 많았다. 이는 일본인 중퇴생의 학업성적이 한국인 중퇴생의 그것보다 좋지 않았을 개연성이 컸음을 보여준다.

이처럼 한·일 학생 간 학업성적 격차를 보면, 강상 당국이 일본인 학생을 한국인 학생보다 더 많이 퇴학 또는 유급 처분한 것은 차별 없는 조치였다고 할 수 있다. 과연 그럴까? 반드시 그렇다고 보기는 어렵다.

학년 승급을 심사하는 과정에서도 민족차별이 행해질 수 있었기 때문이다. 제1장에서 학업성적 평가과정에서 민족차별이 묵시적으로 행해지고 있었음을 밝힌 바 있거니와, 학년 승급을 사정하는 과정에서도 그럴 개연성은 충분히 있었다. 그 개연성은 특진제의 시행과정에서 드러났다.

특진제는 본장의 〈중퇴의 사례와 강상〉에서 간략히 소개했듯이, 유급 대상자이지만, 학교 당국이나 교사의 판단에 의해 특별 진급시켜주는 구제 제도이다. 당시의 특진은 일반적으로 두 가지 경우에 허용되었다. 하나는 평균점수가 60점 이상이지만 낙제과목이 있는 경우이다. 다른 하나는 평균점수가 과락점수인 60점보다 1점가량 낮은 경우이다. 교사들 가운데는 이 특진제를 활용하여 높은 성적의 과목 점수를 줄이는 대신 그만큼 낙제과목의 점수를 기준 이상으로 상향 조정하는 방식으로 승급시키거나, 낙제과목의 점수를 그대로 둔 채 승급을 허용하는 교사들이 있었다. 이런 까닭에 특진은 해당 학생에게 혜택이었다. 이런 특진제가 강상의 중퇴생 학적부에서 처음 등장한 것은 1929년이었다. 특히 1931년 낙제과목 점수가 40점에서 50점 미달로 상향된 이후부터 특진 허용 횟수가 크게 증가하였다.

앞의 〈표 2-9〉는 이 같은 특진제에 의해 혜택을 받은 건수를 정리한 것이다. 이에 따르면, 일본인 중퇴생의 특진 혜택 건수가 55회인 데 반해, 한국인 중퇴생의 그것은 12회에 불과하였다. 일본인 중퇴생이 한국인 중퇴생에 비해 평균 4배 이상 높은 특진 혜택을 받았던 것이다. 특히 특진 혜택을 2회 받은 학생도 한국인은 1명뿐이었던 반면, 일본인은 7명이나 되었다. 어떤 일본인 학생(1937년 입학)에게는 평균점수는 57점에 불과하고, 낙제과목도 3개나 되고, 학년 석차도 꼴찌(104등)였음에도 특진이 허용되었다. 반면 평균점수 67점에다가 낙제과목이 1개뿐이었던 한국인 학생(1938년 입학)은 성행 불량이란 주관적 평가를 이유

〈표 2-10〉 해방 이전 강상의 특진 수혜자 및 중퇴생 보증인의 직업

(단위: 명, 퍼센트)

| | 민족별 | 농림업 | 상업 | 광공업 | 교통 운수업 | 공무자유업 | | | 기타, 무직 | 불명 | 합계 |
|---|---|---|---|---|---|---|---|---|---|---|---|
| | | | | | | 관공리 | 회사원 | 기타 | | | |
| 중퇴생 중 특진 수혜자 | 한국인 | 4 (36.3) | 3 (27.3) | 0 – | 0 – | 3 (27.3) | 0 – | 0 – | 0 – | 1 (9.1) | 11 (100) |
| | 일본인 | 5 (10.4) | 21 (43.8) | 0 – | 0 – | 15 (31.2) | 5 (10.4) | 0 – | 1 (2.1) | 1 (2.1) | 48 (100) |
| | 합계 | 9 (15.2) | 24 (40.7) | 0 – | 0 – | 18 (30.5) | 5 (8.5) | 0 – | 1 (1.7) | 2 (3.4) | 59 (100) |
| 중퇴생 전체 | 한국인 | 136 (56.0) | 37 (15.3) | 3 (1.2) | 2 (0.8) | 14 (5.8) | 12 (4.9) | 11 (4.5) | 0 (0) | 28 (11.5) | 243 (100) |
| | 일본인 | 43 (16.0) | 92 (34.2) | 19 (7.1) | 4 (1.5) | 49 (18.2) | 29 (10.8) | 5 (1.8) | 5 (1.8) | 23 (8.6) | 269 (100) |
| | 합계 | 179 (34.9) | 129 (25.2) | 22 (4.3) | 6 (1.2) | 63 (12.3) | 41 (8.0) | 16 (3.1) | 5 (1.0) | 51 (10.0) | 512 (100) |

출전: 강경상업학교, 〈학적부〉(중퇴생).
비고: ① 농어업은 농업에, 농광업은 광공업에, 농상업은 상업에 포함시켰음.
　　　② 1인 특진 2회 이상인 경우는 1명으로 계산했음.

로 유급되었다. 이런 식의 특진제 시행은 분명 민족차별적이었다고 하겠다.

특진은 혜택이었던 만큼 그런 혜택을 받은 학생의 신분을 확인할 필요가 있다. 이를 위해 특진 수혜자의 보호자인 정보증인을 조사해봤다. 그 결과는 앞의 〈표 2-10〉과 같다.

이 표에 따르면, 특진 수혜자의 보증인은 상업, 관공리 출신이 월등히 많았다. 이를 전체 중퇴생 보증인의 직업과 비교하면, 더 흥미로운 결과가 나온다. 특진 수혜자의 보증인이 상업 종사자나 관공리일 확률이 전체 중퇴생 보증인보다 상대적으로 높은 반면, 농림업 종사자일 확률은 상대적으로 낮았다. 즉 상업 종사자나 관공리의 자녀일수록 특진 수혜를 받을 확률이 농림업 종사자의 자녀보다 높았다는 것이다. 이는 정도의 차이는 있으나 민족을 불문하고 공통적이다. 특진 수혜에서 민족차별이 작동했을 뿐 아니라 보증인의 계층성(경제력, 지위 등)이 영향을 미쳤을 가능성을 보여주는 대목이다.

## 성행 사유 중퇴와 관행적 민족차별

성행 사유 중퇴에도 두 가지 유형이 있다. 하나는 성적 사유 중퇴의 경우에서 본 것처럼, 일반적인 비행 때문에 학교의 징계를 받았던 학생이 여러 사정을 감안해 자퇴하는 경우이다. 비행 사유 중퇴의 경우에도 일본인 학생 23명 중 20명이, 한국인 학생 23명 중 9명이 이런 방식으로 자퇴하였다. 다른 하나는 학교가 아예 퇴학 처분을 내리거나 형식만 자퇴이지 사실상 퇴학을 강제하는 것, 즉 징계 퇴학이다. 강상에서 이 처분의 범주에 들어간 것은 크게 세 가지였다. 첫째는 학생 신분을 크게 벗어난 일반적인 중대 이탈 행위, 즉 중대 비행이다. 둘째는 일제와 학교 당국이 식민지 사회체제와 학교 질서의 안정에 위해가 될 수 있다고 판단한 제반 행위, 즉 '불온' 사상과 운동이다. 셋째는 학칙에 위배되는 장기 또는 무단 결석 행위였다. 이 가운데 결석 사유 징계 퇴학은 나머지 2개와 사안이 다른 것이다. 앞 절에서 분석했거니와, 결석 사유 징계 퇴학은 학자난과 연관성이 상대적으로 큰 것으로 판단되기 때문이다. 이런 점에서 순수한 성행 사유 징계 퇴학은 비행 사유나 '불온' 사상·운동 사유로 징계 퇴학시킨 것으로 한정된다. 이에 본장에서는 이 두 경우만을 분석 대상으로 삼고자 한다.

강상의 성행 사유 중퇴는 민족별로 대조적인 양상을 보였다. 이는 앞의 〈표 2–6〉과 〈표 2–7〉에서 단적으로 드러난다. 우선 이 사유 중퇴생의 수나 비율에서 한국인 학생이 일본인 학생에 비해 현저히 많았다. 강상 한국인 학생의 경우 이 사유 중퇴생 수가 47명이고 그 비율은 19.4퍼센트였다. 경제 사유 중퇴 다음으로 높은 비중이었다. 반면 일본인 학생의 경우는 각각 겨우 23명, 8.6퍼센트에 지나지 않았다. 한국인 학생의 절반도 되지 않은 것이다. 둘째, 극히 대조적인 것은 사상·운동 사유 중퇴생의 경우 한국인이 24명이었던 데 반해, 일본인은 단 한 명도 없다는 점이다. 이렇게 보면, 한·일 학생 간 성행 사유 중퇴 비율에서 차이가 난 것은 주로 한국인 학생의 사상·운동 사유 중퇴 때문인 것으로 보인다.

그럼에도 사상·운동 사유 중퇴의 민족 간 상반된 수치가 민족차별의 문제와 연관성이 있는지는 속단할 수 없다. 사상·운동 사유 중퇴가 민족차별의 결과일 수도 있겠지만, 한국인 학생의 반일의식이나 식민지 체제와 학교 질서에 대한 저항이나 반발의 산물일 수도 있기 때문이다. 이 점을 확인하기 위해 강상의 사상·운동 사유 중퇴가 어떤 사유로 이뤄졌는지를 확인해볼 필요가 있다.

〈표 2-6〉에서 보면, 이 사유 중퇴생 24명 중 21명이 모두 제1기 (1920~24), 제3기(1930~34)에 징계 퇴학됐다. 제1기의 징계 퇴학 처분은 일제강점기 강상에서 유일하게 일어난 동맹휴학(1923) 주모자 8명을 대상으로 한 것이었다. 강상의 동맹휴학은 3·1운동 참여자를 "모두 난신적자亂臣賊子에 속한다"고 한 일본인 교사의 망언에 분노하여 일어난 것이다.[52] 그리고 제3기의 징계는 학교 당국이 사회주의 서적 독서, 공산주의자와 같은 색채, 사상 '불온자'와의 교제, 강한 민족의식, '불령不逞' 태도, 선동성煽動性 등 대부분 민족적, 급진적, 반체제적 색채를 문제시하여 퇴학 처분을 내린 것이었다.[53] 그리고 나머지 제4기 (1935~39), 제5기(1940~42)의 퇴학도 '태도 불손' '사상 언동' 등 '불온' 태도와 사상에 대한 징계의 결과였다.

이 같은 불온 태도와 사상은 역으로 보면, 강상 한국인 학생의 민족 의식이나 체제 비판의식을 보여주는 것이다. 졸업생의 회고나 일기에 따르면, 한국인 학생의 민족적 정서를 단적으로 보여주는 것이 선후배 관계였다. 제1장의 〈학생 처벌과 민족차별〉에서 밝혔거니와, 강상에서는 선후배 간 규율이 엄격하였다. 그런데, 선배가 후배에 대해 가하는 제재制裁는 대부분 한국인 상급생이 일본인 하급생을, 일본인 상급생이 한국인 하급생을 대상으로 행해졌다. 이때 한국인 상급생은 일본인 하급생이 규율을 어기면 강력 처벌한 데 반해, 한국인 하급생이 어길 경우에는 단순 기합을 주는 데 그쳤다.[54] 한편 고학년생 가운데는 일본의 식민지 지배 현실을 비판하는 모습이 종종 나타나기도 하였다.[55] 예컨대, 일제 말기 전쟁 총동원시기에 하계 군사훈련장은 민족 대결의 장이 됐고, 일본인 학생을 골탕 먹이는 한풀이 시간이 되었다. 그리고 일본인이 경영하는 과수원을 야습하여 쑥대밭을 만들기도 하였다. 1943년 졸업식 전날 일본인 졸업생의 한국인 하급생 구타 사건을 계기로 그 이튿날 한국인 학생들이 죽창 등을 들고 일본인 졸업생들과 집단 싸움 일보 직전까지 갔던 사건(죽창 사건)도 발생하였다.[56]

이런 점에서 본다면, 한국인 학생들만 사상·운동 사유 징계 퇴학을 당한 것은 민족차별의 결과라기보다는 오히려 한국인 학생의 민족의식이나 체제 비판의식에 기인한 것으로 볼 수도 있다. 과연 그렇게만 보는 것이 타당한가. 그렇지만은 않다고 생각한다. 다음 사건은 그렇게 판단할 수 있는 근거를 보여준다.

1942년 5월 강상의 3학년 한국인 학생 이규호가 학교 본관에 게시된 신문 기사를 보고 "황후 폐하란 자가 모자를 비뚤어지게 썼구나"라고 중얼거렸다가 일본인 학생에게 발각돼 학교에 보고되었다. 이때 학교 당국은 이 학생을 취조한 후 직원회의를 거쳐 경찰에 고발해버렸다. 그리하여 경찰이 학교에 출동해 교복 복장의 학생에게 쇠고랑을 채우고 포승줄로 묶어 연행해갔다. 결국 이 학생은 겨우 16세의 어린 나이에 불령선인不逞鮮人 사상범으로 몰려 대전형무소에서 2년 가까이 옥고를 치러야 했다.[57] 이 사건의 처리과정과 결과를 보면, 사상·운동 사유 징계 퇴학의 민족 간 대조적 양상은 한국인 학생의 민족의식이나 체제 비판의식 못지않게 강상 당국의 억압성과 민족차별성이 크게 작용한 결과일 가능성이 크다.

강상 당국의 억압성과 민족차별성은 강상의 이 사안보다 훨씬 심각한 물의를 일으켰던 대구상업학교의 사건과 비교해보면 알 수 있다. 1929년에 대구상업학교의 일본인 학생은 일본 무사가 기생과 정사하는 광경을 담은 춘화春畫에다가 '어대전기념사업御大典記念事業'이라 크게 쓰고 기숙사 벽에 붙였다. 이는 퇴학 처분은 물론 '불경죄'로 투옥될 만한 큰 사건이었다. 그러나 학교 당국은 이 사건을 비밀에 붙이고 관련 학생을 질책하는 선에서 무마하였다.[58] 발생 시점과 학교가 달랐기 때문에 두 학교의 사건을 단순 비교하는 것은 곤란하다. 하지만, 굳이 '불경'의 측면에서 본다면, 대구상업학교의 사건이 강상의 사건에 비교할 수 없을 만큼 중대함에도 그 처리 방식과 결과는 현저히 달랐다. 결국 두 사건의 관련 학생이 한국인 학생이냐 일본인 학생이냐에 따라 사건 처리 방식이 현저히 달랐던 것이다. 사건 처리의 억압성과 민족차별성을 엿보게 해주는 대목이라 하겠다.

비행 사유 징계 처분에서도 강상은 민족차별적 행태를 보였다. 이렇게 판단하는 근거는 다음과 같다. 첫째, 강상 중퇴생이 재학 중 비행 사유로 징계 받은 횟수가 민족 간 차이를 보였다는 점이다. 다음 〈표 2-11〉을 보면, 한국인 중퇴생의 비행 사유 피징계 횟수는 총 46회, 1명당 평균 0.19회였던 반면, 일본인 중퇴생의 그것은 총 36회, 1명당 평균 0.13회였다. 징계 빈도에서 한국인 학생이 일본인 학생보다 더 높은 것이다. 제1장의 〈학생지도와 민족차별〉에서 이미 살펴본 것과 같이, 학사징계가 민족차별적으로 이뤄졌을 가능성을 보여주는 대목이다.

비행 사유 징계의 민족차별성을 의심케 하는 상징적 행태는 강상의 하급생 구타 사건 처리 방식이었다. 앞서 언급했듯이, 강상에서는 선후배 간 규율이 군대처럼 엄격하여 상급생의 하급생 제재는 학교에서도 묵인하였다. 그리하여 불미스러운 일이 발생하는 경우에만 처벌하였다. 그런데 당시 하급생 구타로 처벌 받은 학생은 총 13명이었는데, 모두 한국인 학생(중퇴생 2명, 해방 이전 졸업생 11명)뿐이었다.[59]

　둘째, 유지諭旨(권고) 퇴학, 즉 사실상 강제 퇴학을 시키는 과정에서도 민족차별 양상이 나타났다. 유지 퇴학을 당한 한국인 학생은 총 17명이었다. 이 중 14명의 유지 퇴학 사유가 '비행'이었다. 반면 비행 사유 일본인 중퇴생은 23명이었는데, 그중 겨우 3명만이 유지 퇴학 처분을 받았고, 나머지는 징계 퇴학 대신에 '가정 사정' 등의 명목으로 자퇴하였다.


〈표 2-11〉 강상 중퇴생의 성행 불량 사유 피被징계 횟수

(단위: 회)

| 중퇴 시기 | 비행 | | 사상 불온, 운동 | | 계 | |
|---|---|---|---|---|---|---|
| | 한국인 | 일본인 | 한국인 | 일본인 | 한국인 | 일본인 |
| 1기 | 5 | 0 | 8 | 0 | 12 | 0 |
| 2기 | 2 | 2 | 0 | 0 | 2 | 2 |
| 3기 | 10 | 20 | 12 | 0 | 22 | 20 |
| 4기 | 8 | 6 | 1 | 0 | 9 | 6 |
| 5기 | 21 | 8 | 2 | 0 | 24 | 8 |
| 계 | 46 | 36 | 23 | 0 | 69 | 36 |

출전: 강경상업학교, 〈학적부〉(중퇴생).
비고: ① 1인 2회 이상인 경우 중복 계산했음.
　　② 무단·장기 결석 사유 징계 횟수는 제외했음.

이 같은 징계 처분의 결과가 민족차별적이었다고 추정하는 데에는 제1장의 〈학생평가와 묵시적 민족차별〉에서 다음 두 가지 근거를 이미 확인했기 때문이다. 하나는 학업 역량이나 성적에서 한국인 학생이 일본인 학생보다 우수하였다는 사실이다. 다른 하나는 근태상황에서도 같은 양상이 나왔다는 것이다. 1923~39년도 사이에 졸업생이 개근상, 정근상을 수상한 횟수가 한국인(319명 졸업) 522회, 일본인(197명 졸업) 257회였다. 그 결과 졸업생 1인당 평균 수상 횟수는 한국인 1.63회, 일본인 1.3회였다. 여기서 주목할 점은 개근상, 정근상의 수상이 학교 당국이나 교사의 주관성이 개입하기 곤란한 출결 실적에 입각한 것이라는 사실이다. 그렇다면, 이런 수상 실적은 한국인 학생이 일본인 학생보다 성실하거나 모범적이었다는 점을 보여준다. 그럼에도 한국인 학생의 피징계 빈도가 일본인 학생의 그것보다 높았다는 것은 징계 처분의 민족차별성을 배제하고 납득하기 어렵다.

　지금까지의 분석을 토대로 판단하면, 성행 사유 퇴학 처분상의 대조적 차이는 한·일 학생 간 의식 차이뿐 아니라 민족차별의 산물이라 할 수 있다.

보론

# 건강·입대 사유 중퇴와 민족 간 차이

알베르 멤미Albert Memmi가 이미 오래전에 밝혔거니와,[1] 식민지사회에
서는 지배민족과 피지배민족의 차이가 발견되고 특별히 강조되고 심지
어 날조되기조차 한다. 이때 그 차이는 지배민족의 우수성, 긍정성과
피지배민족의 열등성, 부정성이란 구도로 위계화되고 심지어 제도화된
다. 이처럼 차이가 위계화되고 심지어 제도화될 때 차이는 차별로 전환
된다.[2] 이럼 점에서 식민지사회는 민족 간 차이가 민족차별로 전환되는
사회였다.

그렇다고 식민지사회의 모든 현상을 민족차별의 산물로 간주하는 것
은 타당하지 않다. 개인 사이든 집단 사이든 민족 사이든 차이는 어느
사회, 어느 시대나 항상 존재하기 마련이고, 그 차이에 따른 사회 현상
은 언제든지 나타날 수 있기 때문이다. 일제강점기 중퇴 양상도 마찬가
지이다. 민족차별의 측면에서만 이해될 수 없는 중퇴 양상이 있을 수
있는 것이다. 부언하면, 민족 간 위계적 구도로 이해할 수 없는 중퇴 양

상이 있을 수 있다는 것이다. 이번 보론에서는 이러한 범주의 중퇴로 건강 사유 중퇴와 입대 사유 중퇴가 있다고 보고 차례로 그 양상, 구조, 특징을 검토하고자 한다.

## | 건강 사유 중퇴와 민족 간 차이 |

중퇴 사유 중 질병과 사망 등 건강 사유는 경제 사유 못지않게 높은 비중을 차지하였다. 제2장의 〈표 2-6〉과 〈표 2-7〉에서 보면, 강경상업학교(이하 '강상'으로 줄임)에서 사망, 질병 등 건강 사유 중퇴의 비중은 20퍼센트 전후에 달하였다. 이런 수치는 전국적 조사에서도 확인된다. 1930~32년간 151개교에서 매년 발생한 5,000여 명 전후의 중퇴 사유를 조사한 결과에 따르면, 1930년 23.6퍼센트(질병 19.6, 사망 4.0), 1931년 21.7퍼센트(질병 18.4, 사망 3.3), 1932년 22.2퍼센트(질병 18.4, 사망 3.8)가 건강 사유였다.[3]

여기서 고민할 점은 《조선총독부 통계연보》(이하 '통계연보'로 줄임)를 통해 일반계 중등학교, 전체 상업학교, 강상에서 일관되게 확인한 것처럼 사망 사유 중퇴의 비중이 한국인 학생보다 일본인 학생에게서 더 높게 나타났다는 사실이다. 이는 강상 학적부 자료(제2장의 〈표 2-6〉·〈표 2-7〉)에서도 마찬가지였다. 한국인 학생의 건강 사유 중퇴가 17.3퍼센트(질병 11.1, 사망 6.2)인 데 반해, 일본인 학생의 그것은 22.3퍼센트(질병 16.0, 사망 6.3)에 달한 것이다. 이는 강상뿐 아니라 전체 공립 상업학교에서 일본인 학생의 중퇴율이 한국인 학생의 그것보다 높은 이유 중 하나로 주목된다.

일반적으로 경제력, 생활상태나 보건의료 접근성에서 당시 일본인 학생이 한국인 학생보다 더 나았을 것으로 보이기에 이러한 현상이 나타나는 것은 이해하기 어렵다. 중등학생만이 아니라 일반인까지 확대해보면 의문은 증폭된다. 실제 일제강점기 한국인의 일반 사망률은 재한在韓 일본인에 비해 높았기 때문이다. 1926~35년 사이 한국인 일반의 천분비 사망률은 재한 일본인에 비해 항상 높았으며, 그 차이는 적게는 0.66퍼밀 포인트에서 크게는 4.48퍼밀 포인트에 이르렀다.[4] 그럼에도 사망 사유 중퇴율에서 일본인 학생이 한국인 학생보다 높은 것은 어떻게 이해될 수 있을까?

먼저 건강의 기초적 지표인 한·일 중등학생의 체위나 영양상태부터 살펴보자. 조선총독부의 검사 결과에 따르면, 연도별로 차이는 있으나, 일반적인 예상과 달리 일본인 중등학생의 체위가 한국인 학생보다 다소 우월한 것으로 나타났다. 1924년 학생 체위 검사 결과에 따르면, 만 13~17세의 관공립 남학생의 신장, 체중, 흉위 모두 일본인이 더 양호하였다. 그리고 영양상태나 척주脊柱 상태도 일본인 학생이 더 좋았다.[5] 한국인 학생의 체격이 점차 개선되고 있다고 하나,[6] 1929년 조사 결과에서도 별다른 변화는 없었다. 중등학생 연령대가 포함된 11~18세 구간에서 일본인 학생의 체위가 더 우량한 것으로 나타난 것이다. 그리고 영양상태도 갑·을·병으로 등급을 매겼을 때, 일본인 학생은 갑 54퍼센트, 병 2퍼센트였던 반면, 한국인 학생은 각각 47퍼센트, 5퍼센트로, 일본인 학생보다 나빴다.[7] 이로써 보면, 일본인 학생의 건강 사유 중퇴 비중이 더 높은 이유는 더욱 납득하기 어렵다.

이런 의문점을 풀 수 있는 단서는 강상 학적부에서 찾아볼 수 있다. 학적부의 신체 검사표, '전학, 퇴학'란 그리고 '비고'란에 당시 강상 학생들이 걸렸던 질병의 명칭이 기록되어 있다. 이에 사망·질병 사유 중 퇴생은 물론 다른 사유 중퇴생을 포함해 확인 가능한 질병명을 정리해 봤다. 그 결과는 아래 〈표 2-보-1〉과 같다.

〈표 2-보-1〉 해방 이전 강상 중퇴생의 재학 중 보유 질병

(단위: 명, 퍼센트)

| 분류 | 병명 | 한국인 | 일본인 |
|---|---|---|---|
| 정신병 | 신경쇠약 | 2 | 3 |
| 신경계병 | 뇌막염 | – | 1(1) |
| 소화기병 | 장카타르 | – | 1 |
| | 맹장염 | – | 1(1) |
| | 복수腹水 | – | 1 |
| 전염성병1(법정전염병)[8] | 적리赤痢(=이질) | – | 1(1) |
| 전염성병2(결핵) | 폐문 임파선 | 3 | 11(2) |
| | 폐첨 카타르 | – | 7(1) |
| | 늑막염 | 4(2) | 6 |
| | 늑골 카리에스 | 1 | – |
| 전염성병2(결핵) 또는 호흡기병[9] | 경부임파선 | – | 3 |
| | 폐침윤 | 5 | 7 |
| 호흡기병 | 심폐농종 | – | 1 |
| | 기관지염 | – | 1 |
| 이비인후병 | 편도선염 | 1(1) | 1 |
| | 축농증 | – | 1 |
| 안구 및 안구 부속기附屬器 병 | 안질 | – | 1 |
| 기타 | 쇄골 골절 | 1 | – |
| 합계 | | 17(3) | 47(6) |
| 유병률 | | 7.0 | 17.5 |

출전: 강경상업학교, 〈학적부〉(중퇴생).
비고: ① 1명이 두 가지 이상 질병을 보유했을 때는 주된 질병을 기준으로 분류했음.
② 괄호 속의 숫자는 사인이 기록된 사망자 수(한국인 사망자 15명 중 3명, 일본인 17명 사망자 중 6명)임.

이 표에 따르면, 강상 일본인 학생의 유병률은 17.5퍼센트로, 한국인 학생의 7.0퍼센트에 비해 두 배 이상 높았다. 이는 제2장의 〈표 2-6〉과 〈표 2-7〉에 나타나는 질병 사유 중퇴 비중의 민족 간 격차를 훨씬 상회하는 수치이다. 그리고 민족 불문하고 대다수 질병은 폐문肺門 임파선, 폐첨肺尖 카타르, 늑막염, 경부頸部 임파선, 폐침윤肺浸潤 등이었다. 이런 종류의 질병은 전염성병傳染性病인 결핵일 가능성이 매우 컸다.[10] 〈표 2-보-1〉에서 보듯, 결핵이나 결핵 의심 전염성병·호흡기병에 걸린 일본인 학생은 34명으로, 한·일 전체 유병자 64명의 절반을 넘어섰다.

결핵은 당시 일본에서 제2차 세계대전 이전까지 사망원인 1위인 일종의 국민병이었다.[11] 그런데 1933~37년간 재한在韓 일본인의 결핵 사망률은 32.7퍼밀리아드로, 일본 내 결핵 사망률 19.7퍼밀리아드보다 1.7배나 높았다.[12] 그 원인은 분명하게 밝혀지지 않았지만, 한국인보다 높은, 일본인의 결핵 유병률이 조선총독부 보건 당국에게 큰 문제로 여겨졌다. 이에 대해 일제강점 초기에는 한·일 간 기후·풍토·위생습관·가옥구조 등의 차이가 많이 거론되었다. 그러나 1920년대 말 이후에는 세균학·면역학의 발달에 따라 저항력·면역력·생활상태 등의 차이가 더욱 주목되었다.[13] 그럼에도 그 원인은 분명하게 밝혀지지 않았다.[14]

여기서 주목할 점은 재한 일본인의 사망률이 한국인에 비해 낮은 편이었지만, 그 사망원인이 전염성병이나 호흡기병인 경우에는 한국인보다 매우 높았다는 사실이다. 1925~35년의 조사에서 남성 사망자 병류별病類別 천분비를 정리하면, 다음 〈표 2-보-2〉와 같다.

이 표에 따르면, 남성 사망자의 병류별 천분비는 연도마다 차이는 있다. 그런데 그 평균을 보면, 한국인의 사망원인은 신경계병, 소화기병,

호흡기병 순으로 높은 반면, 일본인의 그것은 호흡기병, 소화기병, 전염성병 순으로 높았고, 그 수치도 모두 170퍼밀 이상으로 매우 높은 편이었다. 이 가운데 결핵이 포함된 전염성병이나 호흡기병의 한·일 간격차가 가장 컸다. 여기서 주의할 점은 호흡기병으로 여겨진 것도 대다수가 결핵 감염과 연관이 있다는 사실이다. 이는 일제의 조사보고에서도 확인된다. 1918년에 발행된 《조선위생요의要義》에 의하면, 1916년 한국인 호흡기병 사망자 대다수의 사인도 폐결핵이었다고 한다.[15]

결핵 감염률은 농촌보다 건물과 인구가 밀집한 도시에서, 집단생활을 하는 학교나 공장에서, 그리고 도시나 일본 왕래 빈도가 높은 상류층에서 그렇지 않은 하류층보다 더 높았다.[16] 결핵은 특히 '청년성의 질환'으로서 '청춘의 적'으로 간주되었다.[17] 조선총독부 학무국에서 1930~35년간 관공립 중등학교 이상 졸업생 43,672명을 조사한 결과에 따르면, 사망자 1,128명 가운데 40.6퍼센트인 458명이 폐결핵, 18.5

〈표 2-보-2〉 남성 사망자의 병류별 천분비

| 민족 | 연도 | 신경계병 | 소화기병 | 호흡기병 | 감기 | 전염성병 | 순환기병 | 기타 | 합계 |
|------|------|----------|----------|----------|------|----------|----------|------|------|
| 한국인 | 1925 | 212 | 162 | 131 | 100 | 84 | 43 | 268 | 1,000 |
| | 1930 | 200 | 184 | 142 | 92 | 75 | 49 | 258 | 1,000 |
| | 1935 | 178 | 197 | 125 | 76 | 107 | 48 | 269 | 1,000 |
| | 평균 | 197 | 181 | 133 | 89 | 88 | 46 | 266 | 1,000 |
| 재한 일본인 | 1925 | 103 | 209 | 187 | 23 | 173 | 77 | 228 | 1,000 |
| | 1930 | 105 | 182 | 172 | 15 | 170 | 76 | 280 | 1,000 |
| | 1935 | 82 | 169 | 223 | 9 | 186 | 86 | 245 | 1,000 |
| | 평균 | 97 | 186 | 194 | 15 | 176 | 80 | 252 | 1,000 |

출전: 조선총독부, 《조선총독부 통계연보》(1925, 1930, 1935년도판)에 의거하여 계산했음.
비고: 강상의 사례와 비교하기 위해 남성 사망자만 계산했음.

퍼센트인 209명이 호흡기병으로 사망하였다.[18]

주목할 점은 결핵 유병률이나 사망률에서도 재한 일본인이 한국인보다 높았다는 사실이다. 이는 한국인과 재한 일본인의 상태를 비교하기에는 신뢰성이 떨어지는 전염성병 환자 및 사망자 관련 통계자료가[19] 아니라 특정 계층이나 지역을 대상으로 한 비교적 정밀한 결핵 감염상태 조사 결과를 통해 확인된다. 그 사례는 다음 두 가지이다.

하나는 1942년에 경성제국대학 재학 중인 한·일 학생 1,058명을 대상으로 1차로 투베르쿨린 반응 검사를 하고, 2차로 1차 검사에서 양성반응을 보인 자들을 대상으로 보건 요주의자를 분류한 결과이다. 이에 따르면, 1차 검사 결과 반응 양성률은 학부에서는 한국인 학생 60.3퍼센트, 일본인 학생 66.8퍼센트였고, 예과에서는 한국인 학생 66.8퍼센트, 일본인 학생 62.8퍼센트였다. 그중에서 2차 검사 결과 보건 요주의자로 최종 판명된 자는 일본인 학생 33.5퍼센트로, 한국인 학생 25.6퍼센트에 비해 높았다. 그 결과 일본인 학생이 한국인 학생에 비해 결핵에 대한 저항력은 약하고 사망률은 높은 것으로 결론이 났다.[20]

다른 하나는 경성제국대학 위생조사부가 1942년에 일본인 집단이주 촌락인 불이不二농촌 주민 1,484명과 한국인 집단 농촌인 옥구沃溝농장 주민 1,049명을 대상으로 조사한 결과이다.[21] 이 조사는 1차로 투베르쿨린 반응 검사를 하고, 2차로는 1차 검사에서 양성 반응을 보인 자를 대상으로 뢴트겐 간접 촬영을 하였다. 그리고 마지막으로는 2차 검사에서 뢴트겐선(X線) 소견자로 판명되거나 의심되는 자를 대상으로 각종 추가 검진을[22] 하였다. 그 결과 결핵환자로 판명된 자는 불이농촌에서는 투베르쿨린 반응 양성자의 10.32퍼센트, 전체 농민의 2.24퍼센트였고, 옥구농장에서는 투베르쿨린 반응 양성자의 6.48퍼센트, 전체 농민의 2.05퍼센트였다. 경성제국대학 위생조사부는 이런 조사 결과를 토대로 불이농촌의 일본인 농민이 옥구농장의 한국인 농민에 비해 투베르쿨린 반응 양성률은 적었지만, 결핵 발병률은 더 높다는 결론을 내렸다. 그리고 이런 조사 결과는 재한 일본인을 대상으로 한 모든 조사 결과와 일치한다고 판단하였다.[23]

한편 강상 졸업생들도 일본인 학생이 한국인 학생보다 결핵에 더 많이 걸렸다는 사실을 증언해주고 있다. 이에 따르면, 강경은 평야지대로 공기가 건조하여 폐결핵 환자가 많이 발생하였다. 폐결핵으로 휴학하는 바람에 유급되는 일본인 학생이 1년에 4~5명씩 생길 정도였다고 한다. 결핵에 걸린 학생은 반드시 명패로 표시해야 했는데, 그런 경우가 일본인 학생에게 더 많이 발생하였다는 것이다.[24]

일본인 학생의 건강 사유 중퇴율이 높은 이유를 설명하는 데 도움이 되는 단서들은 결핵 유병률·사망률에서 한·일 학생 간 및 한·일 농민 간 격차가 있다는 점 외에 더 있다. 일본인 학생이 한국인 학생보다 양호한 체격과 영양상태에도 불구하고 더 높은 유병률을 보이고 있다는 1924년의 조사보고이다. 이에 따르면, 안질, 청력 장애, 귓병, 우치齲齒 등 질병 보유 비율에서 성별을 불문하고 일본인 학생이 한국인 학생보다 거의 2배 이상 높게 나타났다.[25]

여기에 더 고려할 점은 앞서 소개한 조선총독부의 체위 조사 통계와는 달리 중등학교의 한국인 학생이 체력이나 체격 모두 일본인 학생보다 우수했을 가능성이다. 복수의 졸업생 증언에 따르면, 강상에서는 한국인 학생이 일본인 학생보다 심지어 체격도 더 좋고 운동도 더 잘 하였다.[26] 이 증언의 신빙성을 더해주는 근거자료가 있다. 강상 교지에서 확인한 바에 따르면, 매년 봄과 여름 학생 대상 무도武道 강화훈련 경기에서 유도와 검도 부문 입상자 수에서 일본인 학생보다 한국인 학생이 많았다. 제1장의 〈표 1–13〉에 따르면, 1934, 36~38년의 총 8회 훈련 경기에서 한국인 학생 입상자가 49명인 데 반해 일본인 학생 입상자는 35명이었던 것이다. 이 사례도 한국인 학생이 체력이나 체격 모두 일본인 학생보다 우수했을 가능성을 시사해준다.

결국 건강 사유 중퇴의 민족 간 차이는 한·일 학생 간 '청년성의 질환'인 결핵 유병률·사망률의 차이, 결핵 저항력과 면역력의 차이에 기인하는 바가 컸다. 그리고 조선총독부의 체위 조사 통계와는 달리 체격이나 체력 모두 한국인 학생이 일본인 학생보다 우수했을 가능성과 관련이 있다.

### | 입대 사유 중퇴와 민족 간 차이 |

일제는 중일전쟁 이후 전선의 확대에 따라 부족한 병력을 전쟁에 총동원하기 시작하였다. 그에 따라 식민지 한국의 중등학교에서도 전쟁 열기가 확산되었다. 학생들은 본업인 공부보다도 한층 강화된 '국방' 군사훈련, 방공방첩 훈련, 출정 군인 및 입대자 전송행사, 전몰장병 위령제, 지원병 강연회, 군대 위문품 보내기, 전쟁 기념행사 등에 거의 매일같이 참가하거나 동원되었다. 또한 입대 지원이나 군사 관련 학교 입학을 강요받았다.[27]

강상도 일제의 전쟁 총동원정책에 부응해갔다. 강상의 교지 《금강》과 학생의 일기에는 그 모습이 잘 나타나 있다. 이에 따르면, 학교는 황국신민화정책과 그 논리를 학생들에게 주입하려 노력하였다. 또한 전황戰況을 소개하는 특집 기획을 교지에 연이어 마련하여 전쟁 열기를 고조시켰다. 강경역 앞에서 거행되는 입대자 및 출정 군인 전송행사나 귀환병사 환영행사에는 어김없이 학생들이 동원되었다. 특히 강상 재직 교사의 입대 환송행사를 거창하게 거행하였다. 교장은 전쟁에 출정한 졸업생의 편지를 전교생에게 읽어주고 입대한 졸업생의 활약상을 크게 소개하였다. 그리고 전사한 졸업생을 추모하는 각종 행사도 거행하였다.[28] 한편 강상의 당국과 교사들은 학생들의 자원 입대를 독려하고 강요하였다.[29] 특히 태평양전쟁의 향방을 좌우한 미드웨이 해전에서 패배한 이후 학교와 교사들의 입대 지원 강요는 더 심해졌다. 이에 학생들은 교사의 입대 강요를 뿌리치면 '비국민'이 되고 사상이 나쁜 학

입대하는 재직 교사를 환송하기 위한 행진
일본군의 소집으로 입대하는 교사를 위해 학교
운동장에서 고별식을 거행하고 기차역(강경역)까
지 환송하기 위해 출발하는 장면으로, 강경상업
학교의 교지校誌인 《금강》 표지에 실린 것이다(강
경공립상업학교 교우회·동창회, 1938 《금강》 15).

생으로 몰리는 반면, 지원하게 되면 전사할지도 모른다는 공포에 시달려야 하였다.[30]

그런 가운데 일부 한국인 학생들은 일제와 학교 당국의 전쟁열 고취에 영향을 받았다. 그에 따라 입대 지원하는 학생들도 생겨났다.[31] 강상에서도 그런 분위기가 나타났다. 재학생의 학생일기를[32] 보면, 스스로 입수하거나 가족, 지인의 소개로 읽은 도서는 《아시아의 새벽(亞細亞の曙)》,《사랑의 일본(愛の日本)》,《대일본청년》,《해군소년》,《대륙비상록非常錄》 등 일제 찬양 소설·잡지 등과 과학전·군사탐정 소설이 대부분이었다.[33] 그리고 초등학교 시절부터 비행학교 입학과 군인을 희망했고 1939년에는 지원병으로 나선 친구의 이야기도 학생일기에 소개되어 있다. 교사가 검열하는 학생일기란 점을 감안해 보더라도 당시 분위기의 일단을 전해준다고 생각한다. 졸업생의 증언에 따르면, 태평양전쟁 말기임에도 군사 관련 학교를 지원하려 하거나 실제 입교해 훈련받는 학생들도 있었다.[34]

그러나 대다수 한국인 학생들은 일제와 학교 당국의 입대 지원 독려에 극히 소극적인 모습을 보였다. 학적부를 통해 1941~43년 졸업 예정인 강상 학생(제18~20기)의 희망 진로를 조사한 바에 따르면, 한국인 학생 155명 중 단 1명만이 군인을 지망했을 뿐이다. 이는 일본인 학생 85명 중 11명이 군인을 지망했던 것과는 대조를 이뤘다. 그리고 1945년 3월에도 일본인 졸업생은 26명 중 8명이나 입대한 반면, 한국인 졸업생은 58명 중 겨우 1명만이 입대했을 뿐이었다.[35] 극히 일부를 제외한 한국인 학생 대다수가 일제의 침략전쟁에 비판적인 염전厭戰·반일 정서를 내면에 갖고 있었던 데 기인한 결과로 보인다.[36]

이와 같은 한·일 학생의 민족 간 대비는 강상의 중퇴 양상에서도 그대로 반영되었다. 제2장의 〈표 2-6〉과 〈표 2-7〉에서 보듯, 강상 학생 가운데 입대 사유 중퇴생은 총 19명이었다. 그중 한국인 2명은 육군전차병학교와 육군비행학교에 각각 입교하였다. 그리고 일본인 17명은 해군지원병 주계병단主計兵團(4명), 해군 갑종비행예과甲種飛行豫科(8명), 해군 을종乙種 비행예과(3명), 육군항공학교(2명)에 입대하였다.[37] 그중 14명은 1944, 45년에 입대했고, 15명은 해군에 지원하였다. 이처럼 일제와 학교 교사의 독려에 대한 한·일 학생의 호응 정도는 현저한 차이를 보였다.

그런데 주목할 점이 더 있다. 일본인 학생은 대부분 해군에 지원 입대했고 그중에서 11명은 해군 비행예과 연습생으로 입대하였다는 사실이다.[38] 해군 비행예과 연습생은 일찍부터 설립되어 일본 고등소학교 졸업 정도의 학력자를 선발하는 을종[통칭 '을비乙飛'라 불림]과, 1937년에 신설되어 중등학교 4년(이후 3년) 학력자를 선발하는 갑종[통칭 '갑비甲飛'로 불림]으로 구분되었다. 이들은 통칭 예과련豫科練이라 불렸다. 예과련은 수료와 함께 하사관으로 임관되고 대우도 좋았기 때문에 일본 내 중하층 출신 일본인 학생들에게는 인기도 있었다. 그런데 이들 갑비와 을비 가운데 일부는 태평양전쟁 당시 특공대로 동원되어 상당수가 전사하였다.[39]

강상을 포함한, 식민지 한국 내 중등학교의 일본인 학생들 사이에는 바로 이 같은 예과련에도 지원하는 분위기가 퍼져 있었다.[40] 반면 한국인 학생들은 일본 군대 입대 지원에 극히 소극적이었다.[41]

이상 건강 및 입대 사유 중퇴의 양상과 특징을 살펴보았다. 이를 통

해 한·일 학생 간 결핵 저항력·면역력과 체력의 차이, 그리고 민족정
체성과 체제 인식의 차이 등이 강상 학생의 중퇴 양상에서 민족 간 차
이를 보이는 데 영향을 미쳤음을 밝혔다. 이런 점에서 건강 및 입대 사
유의 중퇴 양상은 관행적 차별이든 구조적 차별이든 민족차별의 측면
보다는 한·일 두 민족 구성원의 건강 조건과 의식에서 비롯한 민족 간
차이와 연관성이 큰 것이라 하겠다.

# 3

# 학생의 취업과 민족차별

## 졸업생 진로의 사례와 강상

1920년 한국인의 중등학교 취학자 총수와 인구 1만 명당 취학자 수는 각각 겨우 6,547명, 3.8명에 불과하였다. 그 후 중등학교 진학이 빠르게 증가했으나 1940년에도 여전히 각각 68,281명, 29.7명에 지나지 않았다.[1] 같은 시기 재한 일본인의 인구 1만 명당 중등학교 취학자 수와 비교하면, 수십 분의 1에 불과할 정도로 적었다. 심지어 2019년 현재 인구 1만 명당 대학원 석박사 과정 재적자 수(61.8명)의 절반도 안 되는 수치이다.[2] 이런 사실은 일제강점기 중등교육 접근 기회가 2019년 대학원 접근 기회보다 훨씬 제한적이었음을 보여준다. 이런 점에서 일제강점기 중등학교 졸업생은 오늘날 대학원 수료자 이상으로 사회 엘리트층에 속한다고 할 수 있다.

그럼에도 한국인 중등학교 졸업생들은 피식민지배라는 시대적 환경에 제약돼 진로를 모색하는 데 어려움을 겪었다. 취업은 물론 그 후 승진을 둘러싸고 일본인 졸업생들과의 경쟁은 불가피하였다. 이런 경쟁 과정에서 민족차별이 수반됐을 가능성은 배제할 수 없다. 물론 제2장의 〈보론〉에서 살펴본 것처럼, 한·일 졸업생의 진로에서도 민족 간 차이는 분명히 있었을 것으로 예상된다.

그러면, 먼저 중등학교 졸업생의 진로에서 민족차별과 민족 간 차이는 어떻게 나타났을까? 이 책에서 미시적 분석의 대상이 남학생 전용의 공립 실업학교(강경상업학교)인 만큼 비교 검토를 위해 일반계 공립 중등 남자학교(고등보통학교와 중학교), 공립 상업학교의 진로부터 간략히 확인할 필요가 있다. 이를 위해 정리한 것이 아래 〈표 3-1〉이다.

이 표를 보면, 일반계인 고등보통학교(이하 '고보'로 줄임)와 중학교에서는 진학 비중이 각각 32.7, 51.4퍼센트로 가장 높았다. 그리고 '기타'나 '사망'을 제외하면, 가사, 취업(관공서, 교사, 은행·회사) 순으로 높았다. 반면 한·일 공학인 상업학교에서는 취업 비중이 68.8퍼센트로 가

〈표 3-1〉 계열별·민족별 공립 중등학교 졸업생의 진로(1935)

(단위: 명, 퍼센트)

| 계열 | | 관공서 | 교사 | 은행·회사 | 가사 | 진학 | 기타 | 사망 | 합 |
|---|---|---|---|---|---|---|---|---|---|
| 일반계 | 고등 보통학교 | 106 (10.5) | 75 (7.3) | 70 (0.7) | 286 (28.0) | 334 (32.7) | 149 (14.6) | 2 (0.2) | 1,020 (100) |
| | 중학교 | 62 (6.3) | 1 (0.1) | 37 (3.7) | 140 (14.2) | 507 (51.4) | 232 (23.5) | 8 (0.8) | 979 (100) |
| 상업학교 | | 99 (12.4) | 3 (0.4) | 448 (56.0) | 141 (17.6) | 68 (8.5) | 35 (4.4) | 6 (0.7) | 794 (100) |

출전: 조선총독부 학무국 학무과, 1937《학사참고자료》, 153, 169, 179쪽.

장 높았고, 그중 은행·회사 취업의 비중만도 56.0퍼센트를 차지하였다. 반면 진학 비중은 8.5퍼센트로 아주 낮은 편이었다. 계열별(일반계와 실업계) 교육 목표가 각각 진학과 취업으로 달랐던 만큼 진로상 진학과 취업 비중의 이런 대조는 당연한 것이라 하겠다.

〈표 3-1〉은 일반계 중등학교에 국한된 것이지만, 민족별 진로의 차이도 보여준다. 거의 대다수가 한국인 학생으로 편성된 고보, 거의 대다수가 일본인 학생으로 편성된 중학교 졸업생의 진로 차이가 그것이다. 두드러진 차이는 세 가지이다.

첫 번째, 중학교 졸업생의 진학 비율이 51.4퍼센트로, 고보 졸업생의 그것보다 현저히 높았다. 두 번째, 고보 졸업생의 가사(가업 종사) 비율이 28.0퍼센트로, 중학교 졸업생의 그것보다 2배가량 많았다.

이 두 가지 차이는 고보에 비해 중학교가 진학교육 준비기관이라는 성격이 더 강했다거나 상급학교 진학 기회에서 한국인이 일본인보다 불리했던 사정과 관련성이 있던 만큼 민족차별의 성격을 띤다. 그리고 이로 인해 한국인은 일본인보다 사회적으로 낮은 계층에 편입될 가능성이 더 높았다.[3]

세 번째, 교사가 된 고보 졸업생의 비중이 7.3퍼센트로, 중학교 졸업생의 그것에 비해 월등히 높았다. 교사가 된 중학교 졸업생의 수는 다른 해보다 1933~35년 사이가 현저히 적은 편이나, 1927~36년간으로 확대해봐도 고보 졸업생의 교사 진출 비중은 중학교 졸업생의 그것에 비해 압도적으로 높았다.[4] 그 이유는 추후 세밀한 검토가 필요하나 우선 세 가지 정도 꼽아볼 수 있다. 먼저, 공립 보통학교 교사 정원에서 한국인과 일본인의 비율을 7대 3으로 한다는 불문율로 인해 한국인의 교사 진출이 더 활발하였다는 점이다.[5] 실제로 1934년 공립 보통학교의 민족별 교사(훈도와 촉탁교사) 수를 비교해보면, 한국인은 6,908명, 일본인은 3,319명이었다.[6] 그리고 공립학교 교사 수와 비교하면 현저히 적지만, 사립 보통학교 교사의 거의 대다수도 한국인이었다는 점이다. 1942년 현재 사립 보통학교 교사는 한국인이 809명이었던 반면, 일본인은 55명에 불과하였다.[7] 마지막으로 3개 면당面當 1개 보통학교제(1919), 1개 면당 1개 보통학교제(1928) 시책의 연이은 실시로 한국인 교사 채용이 확대된 반면, 경제 사정으로 진학보다는 취업 전선에 나설 수밖에 없었던 고보 졸업생들의 보통학교 교사 시험 응시가 1920년대 중반 이후에 증가하였다는 점이다.[8] 예컨대, 경기도 2, 3종 교원시험 응시자는 1924년 123명, 1927년 280명, 1930년 266명으로 증가하였다.[9] 이렇게 지원자가 많아지게 된 것은 "근래에 갈수록 직업을 구하는 사람이 많아지고 그에 따라 일자리는 없어서 실직자가 날로 불어"났기[10] 때문이었다. 한국인 졸업생의 교사 진출 비율이 일본인 졸업생의 그것에 비해 월등히 높았던 데에는 취업시장의 유인 요인뿐 아니라 민족 간 경제적 불평등 요인도 작용했음을 보여준다.

이상 중등학생 진로에 나타난 민족 간 차이점 세 가지에는 민족차별이나 민족 간 경제적 불평등의 성격이 내포돼 있다고 할 수 있다.

그러나 〈표 3-1〉은 상급학교 진학을 목표로 한 일반계 중등학교 졸업생의 진로를 통계적으로 보여주는 것이다. 그렇기 때문에 취업과정에 나타난 민족차별의 양상을 밝히는 데에는 한계가 있다. 이에 취업을 목표로 한 실업학교의 경우를 검토할 필요가 있다. 지금까지 연구에서 실업학교 졸업생의 취업과정에서 나타난 민족차별의 문제를 본격적으

로 해부한 연구는 거의 없다.[11] 과문한 소치인지 모르나 조선식산은행
(이하 '식산은행'으로 줄임)의 사례 연구에서 일부 언급된 것이 유일하다.
이에 따르면, 식산은행은 채용계획을 세울 때부터 민족차별을 노골화
하였다. 구체적으로 말하면, 사전에 한국인과 일본인의 채용 비율을 2
대 8로 정한 뒤, 농업학교와 상업학교에 인원을 배정해 추천을 의뢰하
였다. 그리고 피추천자를 대상으로 서류, 구술면접, 신체검사 등의 전
형 절차를 걸쳐 채용 여부를 결정하였다. 그런데 학교의 추천을 통한
지원자 가운데 채용되지 않는 경우는 한국인 지원자에게만 생겼고, 일
본인 지원자에게는 거의 없었다. 그 결과 채용이 결정된 일본인 졸업생
들의 평균 학업성적은 한국인 졸업생에 비해 현저히 낮았다.[12] 식산은
행의 취업경쟁에 드러난 민족차별성의 일단을 보여주는 대목이다.

   그러나 취업과정에 드러난 민족차별성을 밝히기 위해서는 좀 더 세밀
한 접근과 분석이 필요하다. 먼저 실업계 중등학교의 한·일 학생이 구
체적으로 선호했던 진로와 직종에서는 어떤 차이가 있었는지를 밝혀야
한다. 둘째, 취업 선호도가 몰렸던 분야에서 한·일 학생의 취업경쟁은
어떠했는지도 구명해야 한다. 마지막으로, 식산은행의 사례를 통해 일
부 드러났거니와, 추천기관인 학교나 채용기관은 취업과정에 어떻게 개
입해 민족차별을 자행하는지를 좀 더 구체적으로 해명해야 한다.

   본장은 이런 점들을 밝히기 위해 강경상업학교(이하 '강상'으로 줄임)
의 사례를 가지고 미시적으로 분석하였다. 강상에는 무엇보다도 학생
들의 학업성적과 제반 신상 정보, 그리고 진로 희망 등이 기록되어 있
는 졸업생 학적부가 잘 보관돼 있다. 그리고 해방 전 강상 교우회와 동
창회에서 발행한 교지 《금강錦江》에는 〈동창회 회원명부〉가 첨부돼 있

고, 강상 동창회에서 별도 발행한 〈동창회보〉(1943), 〈회원명부〉(1954, 1958)도 남아 있다. 여기에는 각각의 명부가 발행된 시점까지 졸업생 전체의 현황(직업·직위와 사망 여부)이 일목요연하게 정리돼 있다. 이런 까닭에 이런 자료들을 정리하면, 졸업생의 신상 변동, 특히 최초 취업 처와 이후 변동의 구체적 사항을 파악할 수 있다.

## 졸업 직후 진로의 민족 간 차이와 구조적 민족차별

강상 졸업생의 진로는 두 가지 방식으로 파악할 수 있다. 하나는 졸업과 동시에 선택한 진로 정보를 분석하는 것이다. 이 정보는《조선총독부 조사월보》에 실린 전년도 졸업생 취업현황 자료나 〈동창회 회원명부〉(교지 수록)에서 자료 발행 연도 졸업생의 취업처 확인을 통해 얻을 수 있다. 다른 하나는 일정한 시점에서 조사된 전체 졸업생의 직업 정보를 확인하는 것이다. 이 정보는 〈동창회 회원명부〉, 〈동창회보〉, 〈회원명부〉에서 회지나 명부 발행 직전 연도까지 졸업생 전체의 직장·직위 확인을 통해 확보할 수 있다. 다음 〈표 3-2〉, 〈표 3-3〉은 이 중 전자의 방식으로 졸업 직후의 진로를 분류, 계량화한 것이다.

　그중 〈표 3-2〉는 졸업 이듬해 3월 말에 작성된 반면, 〈표 3-3〉은 졸업 연도에 조사한 결과이다. 그런 까닭에 〈표 3-3〉보다 〈표 3-2〉가 졸업생의 거의 확정된 진로상황을 보여준다. 이에 〈표 3-2〉에 주로 의거하되 〈표 3-3〉을 참고해 민족별 진로의 특성을 검토하면 다음과 같다.

　첫째, 한국인 졸업생은 관공서는 물론 은행·회사·상점 등에 일본인

<表 3-2> 강상 학생의 졸업 직후 민족별 진로(1)

(단위: 명, 퍼센트)

| 민족 | 졸업 연도 | 졸업 기수 | 관공서 | 교원 | 은행, 회사, 상점 등 | 가사 | 진학 | 사망 | 기타 | 합계 |
|---|---|---|---|---|---|---|---|---|---|---|
| 한국인 | 1932 | 8 | | | 11 | | 1 | 1 | | 13 |
| | 1933 | 9 | 2 | | 20 | 1 | | | | 23 |
| | 1934 | 10 | 2 | | 15 | | | | 1 | 18 |
| | 1935 | 11 | 2 | | 17 | 1 | 1 | | 3 | 24 |
| | 소계 | | 6 | 0 | 63 | 2 | 2 | 1 | 4 | 78 |
| | (비율) | | (7.7) | (0.0) | (80.7) | (2.6) | (2.6) | (1.3) | (5.1) | (100) |
| 일본인 | 1932 | 8 | | | 9 | 6 | 0 | | | 16 |
| | 1933 | 9 | | 1 | 7 | 1 | | | | 9 |
| | 1934 | 10 | | | 6 | 4 | 2 | | 1 | 13 |
| | 1935 | 11 | 2 | | 7 | 2 | 1 | | 2 | 14 |
| | 소계 | | 2 | 1 | 29 | 13 | 3 | 1 | 3 | 52 |
| | (비율) | | (3.8) | (1.9) | (55.8) | (25.0) | (5.8) | (1.9) | (5.8) | (100) |

출전: 조선총독부, 1932《조선총독부 조사월보》3-11, 123쪽; 1933, 같은 책 4-11, 59쪽; 1934, 같은 책 5-10, 61쪽; 1936, 같은 책 7-1, 99쪽(이듬해 3월 말 작성).

<표 3-3> 강상 학생의 졸업 직후 민족별 진로(2)

(단위: 명, 퍼센트)

| 민족 | 졸업 연도 | 졸업 기수 | 관공서 | 은행, 회사, 상점 등 | 가사(불명 포함) | 진학 | 사망 | 합계 |
|---|---|---|---|---|---|---|---|---|
| 한국인 | 1933 | 9 | 4 | 18 | 1 | | | 23 |
| | 1934 | 10 | 2 | 14 | 1 | | | 17 |
| | 1936 | 12 | 2 | 18 | 3 | | 1 | 24 |
| | 1937 | 13 | 3 | 18 | 4 | | | 25 |
| | 1938 | 14 | 4 | 18 | 1 | 2 | | 25 |
| | 소계 | | 15 | 86 | 10 | 2 | 1 | 114 |
| | (비율) | | (13.1) | (75.4) | (8.8) | (1.8) | (0.9) | (100) |
| 일본인 | 1933 | 9 | 1 | 5 | 2 | 1 | | 9 |
| | 1934 | 10 | | 4 | 7 | 2 | | 13 |
| | 1936 | 12 | 2 | 9 | 2 | 2 | | 15 |
| | 1937 | 13 | 3 | 10 | 14 | | | 27 |
| | 1938 | 14 | 4 | 7 | 6 | | | 17 |
| | 소계 | | 10 | 35 | 31 | 5 | 0 | 81 |
| | (비율) | | (12.3) | (43.2) | (38.3) | (6.2) | (0.0) | (100) |

출전: 강경공립상업학교 교우회·동창회, 《금강》 각 연도(해당 연도 조사).
비고: 1934년 한국인 졸업생 수가 <표 3-2>에 비해 1명 적음.

졸업생보다 월등히 많이 진출하였다. 그 때문에 한국인 졸업생의 취업률('사망자를 제외한 생존 졸업생 대비 취업자의 비율', 이하 같음)은 무려 89.6퍼센트에 달하였다. 일본인 취업률 62.7퍼센트에 비해 26.9퍼센트 포인트나 높은 것이다. 이 수치는 1920~42년 사이 한국에 본점을 둔 회사의 납입 자본금에서 일본인 자본의 비중이 80~90퍼센트나 될 만큼 압도적이었던 경제 사정 등을[13] 감안하면 납득하기 어렵다. 그럼에도 이 수치는 실제 사정을 반영한 것임에 틀림없다. 그렇게 판단하는 데에는 두 가지 근거가 있다.

하나는 교지의 동창회 명부를 통해 집계한 〈표 3-3〉과 유사한 수치를 보이는 점이다. 〈표 3-3〉에 따르면, 한·일 졸업생의 취업률은 각각 89.4퍼센트, 55.5퍼센트로, 〈표 3-3〉과 유사하게 민족 간 큰 격차를 보이고 있다. 다른 하나는 한·일 졸업생의 취업률 격차는 정도의 차이는 있었지만, 전국의 공립 상업학교에서도 일반적이었다는 것이다. 전국 공립 상업학교 한·일 졸업생의 취업률을 비교해보면, 1933년에는 각각 70.4퍼센트 대 59.7퍼센트, 1934년 73.9퍼센트 대 62.7퍼센트, 1936년에는 77.7퍼센트 대 61.4퍼센트였다.[14] 강상보다 민족 간 취업률의 격차는 훨씬 적었지만, 전국 상업학교 한·일 졸업생의 취업률 격차도 11.2~16.3퍼센트 포인트로, 강상의 그것과 유사한 양상을 보였다.

그러면 왜 한국인 졸업생의 취업률이 일본인 졸업생의 그것보다 높은 현상이 나타났을까. 지금까지 이를 주목한 연구는 거의 없다. 그 이유는 기존 연구가 대부분 조선총독부가 산출한 통계 수치에 의존했기 때문이다. 〈표 3-2〉에서 보듯, 이 통계 수치는 졸업생의 취업 비중이 가장 큰 은행·회사·상점을 하나의 범주로 묶어 집계한 탓에 취업의 구체적 실상과 민족적 차이를 보여주는 데 한계가 있다. 이 한계를 보완할 수 있는 자료가 바로 〈표 3-3〉을 작성할 때 이용한 교지의 동창회 명부이다. 이 명부를 이용하면, 취업자 대다수가 몰렸던 은행·회사·상점의 취업 실상을 세부적으로 살펴볼 수 있기 때문이다. 이런 의도에서 〈표 3-3〉의 '은행·회사·상점' 분야 취업현황만을 세분해 정리한 것이 아래 〈표 3-4〉이다.

이 표에 따르면, 한국인 졸업생과 일본인 졸업생의 취업률 격차를 초래한 최대 요인은 한국인 졸업생 가운데 무려 50.4퍼센트인 57명이 금융조합에[15] 취업했고 일반은행이나 금융신탁·보험회사 취업자도 8.8퍼센트인 10명에 달하였다. 그 반면 1933~38년간 이들 분야에 취업한

〈표 3-4〉 강상 학생의 졸업 연도별 은행·회사·상점 취업 실태

(단위: 명)

| 졸업 연도 | 한국인 | | | | | | | | 일본인 | | | | | |
|---|---|---|---|---|---|---|---|---|---|---|---|---|---|---|
| | 취업자 | | | | | | | 생존 졸업생 | 취업자 | | | | | 생존 졸업생 |
| | 금융계 | | | | | 동척 | 일반 회사·상점 | 합계 | | 식산 은행 | 동척 | 일반회사·상점 | | 합계 | |
| | 식산 은행 | 금융 조합 | 일반 은행 | 신탁 보험 | 소계 | | | | | | | 국내 | 국외 | | |
| 1933 | 1 | 13 | | 1 | 15 | | 3 | 18 | 23 | | | 5 | | 5 | 9 |
| 1934 | 1 | 12 | 1 | | 14 | | | 14 | 17 | | | 3 | 1 | 4 | 13 |
| 1936 | 1 | 9 | 3 | | 13 | 1 | 4 | 18 | 23 | 1 | | 8 | | 9 | 15 |
| 1937 | | 11 | 3 | | 14 | | 4 | 18 | 25 | 2 | | 8 | | 10 | 27 |
| 1938 | 1 | 12 | 2 | | 15 | 2 | 1 | 18 | 25 | | 1 | 5 | | 7 | 17 |
| 합계 | 4 | 57 | 9 | 1 | 71 | 3 | 12 | 86 | 113 | 4 | 1 | 29 | 1 | 35 | 81 |

출전: 〈표 3-3〉과 같음.
비고: ① '신탁 보험'은 무진無盡·신탁·보험 회사 등을 포괄한 것임.
　　② '식산은행'−조선식산은행, '동척'−동양척식주식회사의 줄임말임(이하 모든 〈표〉에서도 같음).

일본인 졸업생은 한 명도 없었다는 점이다. 본장의 〈표 3-11〉에서 보면 알 수 있듯이, 조사 대상 기간을 확대해보면, 일본인 졸업생 가운데 이들 분야에 취업한 경우도 없지는 않았으나 소수에 불과했으며, 금융조합의 경우는 특히 그러하였다.

따라서 한국인 졸업생의 높은 취업률을 떠받친 결정적 토대는 금융조합이라는 비경쟁적, 독점적 취업처의 존재였다. 금융조합이 한국인 졸업생의 독점적 취업처가 된 데는 금융조합의 성격과 연관이 있다. 주지하듯, 금융조합은 금융활동과 농촌 조직화 사업을 통해 일제의 식민농정을 보조하거나 수행하는 관제 정책금융기구인 동시에 일본 금융자본의 논리를 한국 농촌사회에 관철시키는 역할을 수행하였다.[16] 조선총독부는 이런 금융조합 본소本所를 전국 각지에 설립했고 1930년부터는 그 지소支所를 설립하기 시작하였다. 그리고 서울에는 조선금융조합연합회 본부, 그리고 각 도에는 동 지부가 설립돼 이들 조합을 관할하였다. 그 결과 본소와 지소를 합친 금융조합 수는 1910년 120개, 1920년 393개에서 1930년 689개, 1940년 938개로 급증하였다.[17] 그리고 일본인들은 대체로 이사·부이사, 참사·부참사와 같은 임원을 맡아 금융조합을 지휘 통솔하였다. 이들 밑에 1개 조합당 평균 7명 내외, 그리고 도지부마다 15~30명 내외의 한국인 직원(서기·고원雇員)을 배치해 현장 실무를 담당케 하였다. 그에 따라 1940년 현재 전국의 금융조합 직원은 6,660명에 달하였다.

그중 강상 졸업생들의 주된 취업지였던 충남과 전북에는 1940년 현재 85개 본소와 46개 지소, 총 131개의 금융조합과 2개의 금융조합연합회 도지부가 설치되었다. 여기에 소속된 직원 중 서기와 고원은 841명이었다.[18] 그중 고보와 상업·농업학교 졸업생들이 취업해 승진하기 전까지 맡았던 서기의[19] 수는 708명으로 추정된다.[20] 충남과 전북에는 1940년 현재 한국인 학생 위주의 중학교(개칭 이전의 고보) 3개교, 농업학교 5개교, 상업학교 1개인데, 그중 고보 졸업생은 상급학교 진학 경향을, 농업학교 졸업생은 관공서 취업 경향을 보였다는 점을 감안하면, 금융조합은 강상 졸업생의 손쉬운 취업처였다.[21] 요컨대, 일제는 식민지 지배기구인 금융조합의 하급 실무를 담당할 한국인을 필요로 했고, 강상 졸업생은 그런 정책적 필요에 따라 비경쟁적·독점적 취업선을 확보했기 때문에 일본인 졸업생보다 월등히 높은 취업률을 유지할 수 있었다고 하겠다.

전북 부안읍 소재 구舊 부안금융조합 건물
일제강점기 강경상업학교 졸업생의 주된 취업처는 충남·전북 일대의 지방금융조합이었다.
이 사진은 국가등록문화재 제177호로 등록되어 있는 일제강점기 부안금융조합 건물의 전경이다.
(사진 출처: 문화재청 국가문화유산포털).

일반은행이나 금융신탁·보험회사에 대한 한국인 졸업생 취업률이 일본인 졸업생 취업률보다 높았던 것도 한국인 소유 은행이 별도로 존재했던 점 외에는 금융조합의 경우와 유사한 맥락에서 이해될 수 있다.

둘째, 금융계와는 달리 일반회사·상점 취업률은 일본인 졸업생이 한국인보다 월등히 높았다. 앞의 〈표 3-4〉에서 보면, 회사·상점 취업률에서 일본인은 37.0퍼센트(졸업생 81명 중 30명)인 데 반해, 한국인은 10.6퍼센트(졸업생 113명 중 12명)에 불과했던 것이다. 물론 일부 한국인 졸업생이 한국인 고객 업무를 담당할 인력이 필요한 일본인 회사·상점에 취업한 경우도 있었으나 그 수는 일본인 졸업생에 비해 상대적으로 적었다. 게다가 한국인 회사·상점에 취업한 경우는 더욱 드물었다. 중등학력자를 필요로 할 만한 자본과 규모를 가진 회사·상점이 대다수 일본인 소유였기 때문이다. 이 점을 극명하게 보여주는 것이 학적부를 통해 제9기(1933년 졸업)와 제14기(1938년 졸업)까지 졸업생의 취업처 목록을 각각 정리한 다음 〈표 3-5〉이다.

이 표에 따르면, 한국인 졸업생이 취업한 일반회사·상점의 수는 1933년 10개소(한·일 공통 2개소와 한국인 8개소)로, 일본인 졸업생의 그것이 20개소(한·일 공통 2개소와 일본인 18개소)였던 것에 비해 현저히 적었다. 1938년에는 18개소(한·일 공통 2개소와 한국인 16개소)로 대폭 증가했으나 일본인의 그것이 23개소(한·일 공통 2개소와 일본인 21개소)였던 것에는 미치지 못하였다. 이들 한국인 졸업생의 취업처 10개소(1933), 18개소(1938) 가운데 한국인계 회사·상점은 1933년 3개, 1938년 4개에 불과했고, 한·일 합작계 회사·상점도 각각 1개밖에 되지 않았다. 한국인 졸업생의 취업처 수 자체가 일본인 졸업생의 그것에 비해 적었던 것이다.

한국인 취업처 수의 열세는 1923~33년간 졸업생 총수가 한국인 172명, 일본인 81명, 1923~38년간 졸업생 총수가 각각 284명, 168명이었던 점과[22] 비교해보면 더욱 분명하다. 이런 점을 종합해보면, 일본자본

<표 3-5> 강상 졸업생 전체의 취업처 변화

| 민족 | 취업처 | 1933년 조사 | 1938년 조사 |
|------|--------|------------|------------|
| 한·일 공통 | 관공서 | 전매국, 철도국, 치수공장 | 전매국, 철도국, 체신국, 군청 |
| | 금융계 | 조선식산은행 | 조선식산은행 |
| | 척식기구 | 동양척식주식회사 | 동양척식주식회사 |
| | 일반회사 상점 | 남선합동전기주식회사(1918), 조선운송주식회사(1930) | 남선합동전기주식회사, 조선운송주식회사 |
| 한국인 | 관공서 | 군청, 면사무소, 경찰서, 우편국 | 도청, 면사무소, 경찰서, 세무서, 연초국, 소학교 |
| | 금융계 | 〈국내-7개〉<br>금융조합, 조선저축은행(1929), 조선상업은행(1899), 한성은행(1905), 조선신탁주식회사(1932), 이리무진회사(1932), **동일은행** | 〈국내-6개〉<br>금융조합, 조선상업은행, 한성은행, 조선신탁주식회사, **동일은행, 호남은행**<br>〈국외-2개〉<br>만주금융회, 조선은행지점 |
| | 일반회사 상점 조합 | 〈국내-8개〉<br>㉠ 대판상선회사 대리점(군산)<br>㉡ 高橋정미소(강경), 中紫상사회사(군산), 미곡상조합(군산), 공화共和자동차상회(전주), **전주자동차부, 논산麴子조합** (1928), **충남저포紵布공동조합** | 〈국내-15개〉<br>㉠ 대판상선회사대리점<br>㉡ 호남 자동차부, 조선흥업회사, 호남농구주식회사(1919,군산), 군산미곡취인소, 남부경평(京平)상점(1935,대전), 山西상점(1918, 부산), 산업조합, 대양자전거점(군산), 소화정미소(논산), 강경어채시장, **논산국자판매조합, 호남산업주식회사**(1937,익산), **조선산업주식회사**(강경), **김종철상점**(대전)<br>〈국외-1개〉<br>丸入洗布所(만주) |
| | 기타 | | 장수의원 |

| | | | |
|---|---|---|---|
| 관공서 | 도청, 지방법원<br>〈국외-1개〉<br>경찰서(하얼빈) | 府廳, 법원<br>〈국외-3개〉<br>福岡병공창, 만주국柞蠶검사소,<br>昌縣公署(열하) | |
| 금융·계 | 十八은행지점, 제1징병보험주식회사 지점 | 〈국외-2개〉<br>동척(천진), 금융조합합작사(길림) | |
| 일본인 | 일반회사<br>상점 조합 | 〈국내-15개〉<br>㉠ 조선미곡창고주식회사(1936), 衫原상점(합명회사, 대구), 荒卷양조장(강경), 三中井백화점(경성), 三富상회(이리), 田中상점(군산), 웅본농장 지장(전북)<br>㉡ 대전전기주식회사, 논산주조 회사(논산), 丁子屋(경성), 豊川양행, 대전어채시장, ツルヤ상회(군산), 공진상회(군산), 鹽屋상점(광주),<br>〈해외-3곳〉<br>만선전기합자회사(대련), 봉천항공회사, 豊川양행지점(동경) | 〈국내-16개〉<br>㉠ 조선미곡창고주식회사, 衫原합자회사, 황권양조장(강경), 三中井지점, 삼부상회, 田中상점, 熊本농장<br>㉡ 조선화약총포주식회사(1921), 충남자동차운수주식회사(1929, 논산), 中柴상사회사, 평남목재주식회사(1934, 평양), 중선일보사 영업부, 길천식료품점(경성), 平戸상점(경성), 右近농장, 赤木농장<br>〈국외-5개〉<br>만주전기토목합자회사, 만철소비조합지소, 原田상사회사(만주), 平瀬상점(대판), 河原アルバム제조소(대판) |

출전: ① 강경공립상업학교 교우회·동창회, 1933 《금강》 10호, 113~119쪽; 1938 《금강》 15호, 56~67쪽.

② 中村資良, 《조선은행회사요록》 각 연도판(1935, 1937, 1939, 1942), 동아경제시보사.

비고: ① 공통은 한·일 졸업생이 모두 취업한 경우임.

② 〈일반회사·상점·조합〉란에서 ㉠은 두 해(1933, 38) 모두 취업자가 있는 경우이며, ㉡은 해당 연도에만 취업자가 있는 경우임.

③ 진한 고딕체인 것은 한국인 소유이고 밑줄이 그어진 것은 한·일 합작계이며, 기울임체인 것은 소유자의 민족을 확인하지 못한 것이며, 나머지는 모두 일본인 소유임.

이 지배하고 있던 식민지 경제 현실로 인해, 한국인 졸업생의 취업 기회는 대단히 제약되었다. 설령 한국인 졸업생들이 일반회사나 상점에 취업하더라도 한국인 자본보다는 일본인 자본을 위해 일할 수밖에 없었다. 반면, 일본인 졸업생은 상대적으로 손쉽게 회사·상점에 취업할 수 있는 혜택을 누렸다.

셋째, 가사 종사율에서 일본인 졸업생이 25.0퍼센트로, 한국인 졸업생 2.6퍼센트(〈표 3-2〉)보다 월등히 많았다. 1920, 30년대 가사 종사율에서 중학교 졸업생이 13.8퍼센트로, 고보 졸업생 28.4퍼센트의 절반도 되지 않았던 것과는 대조적인 수치이다.[23] 주목할 점은 강상 일본인 졸업생의 가사 종사율이 높은 데에는 중학교나 고보의 졸업생처럼 취업이나 진학에 실패한 요인보다 부모·형제의 가업을 보조하거나 계승하게 되는 요인이 크게 작용하였다. 이 점은 대체로 부모·형제였던 정正보증인(이하 '보증인'으로 줄임)의 직업을 조사한 아래 〈표 3-6〉에서 단적으로 드러난다.

이 표는 졸업 직후 진로가 학적부에 충실하게 기재된 학년도의 졸업생 가운데 '가사 종사' 또는 '가업 보조'의 사례만을 모은 것이다. 이에

〈표 3-6〉 해방 이전 강상 졸업 직후 가사 종사자 보증인의 직업

(단위: 명, 퍼센트)

| 민족 | 농업 | 광공업 | 상업 | 교통업 | 불명 | 합계 |
|------|------|--------|------|--------|------|------|
| 한국인 | 2 | | | | | 2 |
| 일본인 | 3 | 2(장유 양조1, 절구통 제조1) | 8(상업5, 철물상2, 전당포1) | 1(철도원) | 3 | 17 |

출전: 강경상업학교, 〈학적부〉(졸업생).

비고: ① 졸업 직후 진로가 명기된 학년도 가운데 가사 종사자가 있는 1924~25, 1927, 31~32, 34, 37, 43학년도 학적부 자료에서 집계했음.

② 일본인 불명 3명 중 2명은 '평민', 1명은 '가업 보조'로 명기돼 있음. 이 중 가업 보조 1명의 보증인도 상공업 종사자로 추정됨.

따르면, 한국인 학생의 보증인 2명은 모두 전통 산업인 농업 종사자였던 데 반해, 일본인 학생의 보증인은 총 17명 중 10명이 광공업, 상업을 자영하던 자들이었다. 이 점은 한국인 졸업생보다 일본인 졸업생이 가사 종사를 더욱 선호한 배경이 됐을 것이다. 예외적인 것이지만, 1934년 전체 수석 졸업한 일본인조차 좋은 직장에 취업하는 대신 가사 종사(상업)를 선택한 사례가 있다. 이런 점을 종합해보면, 일본인 가사 종사자 가운데는 취업에 실패해서가 아니라 자발적으로 가업을 보조, 계승했던 자들이 적지 않았을 것이다.

보증인의 직종 차이로 인해 일본인 졸업생의 가사 종사율이 더 높았을 것이란 추정을 뒷받침해주는 자료가 더 있다. 학적부를 통해 확인 가능한 졸업생의 보증인의 직종을 조사, 정리한 다음 〈표 3-7〉이다.

이 표에서 보면, 한·일 보증인의 직종은 대조적이다. 한국인의 농업 종사자 비중은 62.0퍼센트로, 일본인의 그것에 비해 3배나 되었다. 반면 일본인 보증인의 상업·광공업·교통업 자영자 비율은 43.7퍼센트로, 한국인 보증인의 자영자 비율 17.8퍼센트에 비해 2.5배나 많았다. 이로써 미루어보면, 일본인 졸업생이 학부모나 형제의 회사(농장)·상점에서 가업을 보조하거나 계승할 수 있는 여건이 한국인 졸업생의 그것보다 훨씬 좋았다고 할 수 있다.

넷째, 〈표 3-2〉에서 보듯, 일본인 졸업생의 진학률은 한국인 졸업생의 그것보다 높았다. 진학률의 민족 간 격차는 학업성적이나 조행평가 상·하위군에서 더욱 컸다. 학업성적 상위군과 하위군에서 일본인 졸업생의 진학률은 각각 21.7퍼센트, 10.4퍼센트로, 한국인 졸업생의 진학률 5.1퍼센트, 0.0퍼센트보다 월등히 높았다(다음 〈표 3-9〉 참조). 또한 조행평가 등급 상위군과 하위군에서도 일본인 졸업생의 진학률이 각각 30.0퍼센트, 18.2퍼센트로, 한국인의 10.0퍼센트, 0.0퍼센트에 비해 월등히 높았다(다음 〈표 3-10〉 참조).

이상 살펴본 바에 따르면, 한국인 졸업생 대다수의 진로는 '취업'으로 단순한 데 반해, 일본인 졸업생의 진로는 '취업, 가업 종사, 진학'으로 분산되었다. 특히 취업 분야만 국한해보면, 한국인 졸업생이 금융조합으로 몰렸던 반면, 일본인 졸업생은 상대적으로 회사·상점을 선호하는 대조적 경향을 보였다. 한마디로 진로에서 민족 간 대칭성이 뚜렷하였다. 결국 치열한 경쟁을 거쳤고 관행적 민족차별을 이겨낸 한국인 졸업생 가운데 극히 소수만이 한국인 자본의 성장과 한국사회의 발전을 위해 일할 수 있었다. 반면 그 대부분은 일제의 식민지배와 일본자본의 성장에 필요한 실무인력으로 활동할 수밖에 없었다. 이와 같이 졸업생

〈표 3-7〉 해방 이전 강상 졸업생 보증인의 직종

(단위: 명, 퍼센트)

| 민족 | 농림업 | 광공업 | | 상업 | | 교통업 | | 공무자유업 | | 회사원 | 기타 | 불명 | 무직 | 합계 |
| | | 자영 | 피고용 | 자영 | 피고용 | 자영 | 피고용 | 관공리 | 자유업 | | | | | |
|---|---|---|---|---|---|---|---|---|---|---|---|---|---|---|
| 한국인 | 361 | 13 | 1 | 89 | 2 | 2 | 5 | 48 | 32 | 8 | - | 18 | 3 | 582 |
| (비율) | 62.0 | 2.2 | 0.2 | 15.3 | 0.3 | 0.3 | 0.9 | 8.3 | 5.5 | 1.4 | - | 3.1 | 0.5 | 100 |
| 일본인 | 72 | 28 | 2 | 117 | 5 | 7 | 15 | 46 | 12 | 21 | 2 | 13 | 8 | 348 |
| (비율) | 20.7 | 8.1 | 0.6 | 33.6 | 1.4 | 2.0 | 4.3 | 13.2 | 3.5 | 6.0 | 0.6 | 3.7 | 2.3 | 100 |

출전: 강경상업학교, 〈학적부〉(졸업생).
비고: ① 1923, 24년도 졸업생의 경우 보증인 직종이 명시되지 않은 관계로 제외했음.
　　　② 농어업은 농업에, 농광업은 관공업에, 농상업은 상업에 포함시켰고, 회사원은 직종이 분명치 않아 별도로 분류했음.

진로에서 보인 민족 간 차이는 관행적 민족차별의 결과라기보다는 식민지사회의 불평등한 경제구조와 학부모의 경제적 격차에 기인한 구조적 민족차별을 반영한 것이라 하겠다.


## 취업경쟁과 관행적·구조적 민족차별

### | 취업 선호 분야와 취업경쟁 |

앞서 본 것처럼, 강상 졸업생의 취업 양상에는 뚜렷한 민족 간 차이가 존재하였다. 그러면 지배민족이 자신의 특권과 공격을 정당화하기 위해 민족 간 차이를 위계화하거나 제도화하는 과정에서 등장하는 민족차별은 강상 졸업생의 취업과정에서 어떻게 나타났을까? 관리·교사·사원의 대우나 승진상의 민족차별에 대해서는 이미 많이 밝혀졌거니와, 여기서는 중등학생의 취업과정에 가해진 민족차별을 중심으로 살펴보고자 한다. 그러나 대우나 승진상의 민족차별과는 달리 취업과정상의 관행적 민족차별을 밝혀내는 것은 쉽지 않다. 일제와 일본인 자본이 식민정책이나 회사·상점 운영상 필요에 따라 한국인과 일본인을 선택적으로 채용한 경우가 적지 않았기 때문이다.

반면 선호도가 높은 직종이나 직장처럼 민족 간 취업경쟁이 예상된 분야에서는 민족차별이 개입될 여지가 컸다. 한국인 졸업생의 증언 등을 통해 종합해보면, 취업 선호도 1위 직장은 조선은행, 조선식산은행, 조선저축은행이었다. 이 세 은행은 대우가 가장 좋은 것으로 평가됐기 때문이다. 그런 만큼 취업경쟁도 치열해 우수한 졸업생들이 주로 지망

하는 곳이었다.[24]

이들 은행 다음으로 선호도 높은 분야는 민족 간 차이가 컸다. 이 점을 살펴보기 위해 만든 것이 아래 〈표 3-8〉로서, 강상 재학생들의 실습지를 조사한 것이다.

실습은 졸업학년도 7, 8월이나 12월에 한 달가량 시행됐으나 실습지 선정과정이나 절차는 분명치 않다. 그러기에 실습지만을 갖고 강상 학생의 선호 직종·직장을 판단하기에는 무리가 있다. 다만, 실습지를 통해 학생들의 선호 분야를 간접 추론해볼 수 있다. 이런 관점에서 〈표 3-8〉

〈표 3-8〉 강상 학생의 민족별 실습지와 취업처

(단위: 명)

| 민족 | 연도 | 구분 | 일반 관공서 | | | 금융계 | | | | 동척 | 일반회사·상점 | 가사 | 진학 | 합계 |
|---|---|---|---|---|---|---|---|---|---|---|---|---|---|---|
| | | | 우편 | 철도 | 전매 | 식은 | 금융조합 | 일반은행 | 소계 | | | | | |
| 한국인 | 1933 | 실습지 | 2 | | | 1 | 9 | 1 | 11 | | 6 | | | 19 |
| | | 취업처 | | 2 | 1 | 1 | 13 | 1 | 15 | | | | | 18 |
| | 1934 | 실습지 | | | | | 8 | 2 | 10 | 2 | 7 | | | 19 |
| | | 취업처 | 1 | | | 1 | 10 | 1 | 12 | | 3 | 1 | 2 | 19 |
| | 실습지 소계 | | 2 | 0 | 0 | 1 | 17 | 3 | 21 | 2 | 13 | 0 | 0 | 38 |
| | 취업처 소계 | | 0 | 3 | 1 | 2 | 23 | 2 | 27 | 0 | 3 | 1 | 2 | 37 |
| 일본인 | 1933 | 실습지 | | | | | | | | | 11 | | | 11 |
| | | 취업처 | 1 | | | | | | | | 5 | 5 | | 11 |
| | 1934 | 실습지 | | | | | | | | 1 | 8 | | | 9 |
| | | 취업처 | 1 | | | | | | | | 6 | 2 | | 9 |
| | 실습지 소계 | | 0 | 0 | 0 | 0 | 0 | 0 | 0 | 1 | 19 | 0 | 0 | 20 |
| | 취업처 소계 | | 0 | 2 | 0 | 0 | 0 | 0 | 0 | 0 | 11 | 7 | 0 | 20 |

출전: 강경공립상업학교 교우회·동창회, 1933·34·36 《금강》 10, 11, 13호.
비고: '식은'−조선식산은행의 줄임말(이하 〈표〉에서도 같음).

을 보면, 유의미한 시사를 얻을 수 있다. 먼저 눈에 띄는 것은 실습지에서도 취업처와 마찬가지로 민족 간 대칭성이 뚜렷하다는 점이다. 한국인 학생의 실습지가 금융조합, 은행 등 금융계에 집중되었다면, 일본인 학생의 그것은 거의 전부가 일반회사·상점이었다. 실습지가 실제 취업처를 예상하고 진행될 수밖에 없는 사정을 엿보게 하는 대목이다. 그런데, 이런 대칭성 속에서도 주목할 점이 있다. 그것은 한국인 학생의 34.2퍼센트인 13명이 일반회사·상점에서 실습하였다는 사실이다. 이는 실제 일반회사·상점 취업자가 3명뿐이었던 결과와 대비되나 한국인 학생들의 회사·상점 선호도를 반영한 것으로 보인다.

실습지와 달리 학생들의 취업 선호 분야를 직접 보여주는 자료가 있다. 그것은 담임교사가 재학 중 수차례 조사해 학적부에 기록한 제18회(1941년 12월) 졸업생의 재학 중 마지막 희망 진로 내역이다(다음 〈표 3-14〉 참조). 이에 따르면, 한국인 학생의 희망 진로는 일반회사·상점 14명, 진학 11명, 일반은행 4명, 식산은행과 철도 각 1명이었다. 이 중 진학을 제외하고 보면, 소수의 우수 졸업생은 은행과 관공서(철도국)를 선호했다. 반면, 다수는 회사·상점 취업에 뜻을 두고 있었다. 다음 〈일제 말기 한국인 졸업생의 성장과 식민지적 위계구조〉에서 후술하겠지만, 일제의 전쟁 총동원정책 등의 영향으로 금융조합 업무는 과중하게 된 데에다가 금융조합 지소 수도 감소한 까닭에 금융조합보다 대우가 좋은 회사·상점 취업 희망자가 늘어난 결과였다. 이와 같은 지망의 양상은 일제 말기 취업 선호도의 순서가 조선·식산·저축은행, 일반은행, 백화점·회사, 금융조합 순이었다는 증언과 일치하는 것으로,[25] 소수의 우수한 학생과 나머지 다수 학생의 현실적인 선택 결과로 보인다.

반면 일본인은 전체 학생(21명)의 47.6퍼센트이자 취업 희망 학생(11명)의 90.9퍼센트인 10명이 회사·상점을 지망할 만큼 회사·상점 선호가 압도적이었다. 높은 진학 희망률(일본인 23.8퍼센트, 한국인 22.0퍼센트)에서는 한국인 학생과 같았지만, 취업 선호 분야로 국한해보면, 한국인 학생과는 딴판이었다. 일본인 학생에게는 한국인 학생의 취업 선호 2순위였던 일반은행조차 실습지로나 취업 희망 직종·직장으로 선택되지 않았을 만큼 회사·상점 선호는 절대적이었다.

　이상 살펴본 바에 따르면, 강상 졸업생의 민족 간 취업경쟁은 소수 우수 졸업생 사이에서는 조선·식산·저축은행 입사를 둘러싸고 전개되었다고 하겠다. 나머지 대다수 졸업생 사이에서는 일반회사·상점 취업을 둘러싸고 전개됐을 것으로 추측된다. 그리고 일반은행은 일부 일본인 학생도 선호하기는 했으나 주로 성적 중상위군의 한국인 학생들이 민족 내에서 취업경쟁을 벌이는 대상인 것으로 보인다. 반면 금융조합은 앞에서 본 바와 같이 거의 한국인 졸업생의 독점적 취업처였다.

### | 민족차별 |

문제는 민족 간 취업경쟁이 일어났을 가능성이 큰 두 분야, 즉 조선·식산·저축은행과 회사·상점 분야 취업과정에서 민족차별이 있었는가이다. 이 점을 분석하려면, 중등학생의 취업이나 진학을 좌우한 학교장의 소견표나 추천서에 관해 짚고 넘어가야 한다. 학교장의 추천과 면접에 의해 신규 인력을 채용하는 것이 당시 관행이었고, 소견표는 상급학교 입학과 취업 지원 때 제출돼 핵심 사정자료로 활용됐기 때문이다. 바로 이런 소견표나 추천서의 작성에서 주요 근거자료로 활용된 것은 학적부에 기재된 학업성적과 조행평가 등급이었다.[26] 따라서 민족 간 취업 경쟁에서 민족차별의 개입 여부를 판단하기 위해서는, 학업성적과 조행평가 등급이 선발 사정자료로 공정하게 활용됐는지를 검토하는 것이 필요하다. 이를 위해 학적부를 토대로 작성한 것이 다음 〈표 3-9〉와 〈표 3-10〉이다.[27]

〈표 3-9〉는 졸업년도 학업성적 상하위 10퍼센트군 및 10~30퍼센트군과 중위군별로[28] 취업상황을 정리한 것이다. 이에 의하면, 상위군 사이에서 민족 간 취업경쟁이 예상된 조선·식산·저축은행 취업자는 상위 10퍼센트군 7명, 10~30퍼센트군 3명이다. 그중 일본인 졸업생 취업자 수는 5명이다. 상위 30퍼센트 성적군의 한·일 졸업생 전체 가운데 일본인 졸업생의 비율이 겨우 28.0퍼센트(82명 중 23명)에 불과했음에도 한국인 취업자 수와 같은 것이다. 심지어 중위군에서도 일본인 졸업생 1명이 조선은행 본점에 입사하였다.

한편 취업경쟁이 예상됐던 일반회사·상점 취업률에서는 일본인 졸업생이 월등히 높았다. 〈표 3-9〉에서 일반회사·상점 취업률을 보면, 일본인 졸업생은 학업성적 상위군에서는 17.4퍼센트(23명 중 4명)로, 한국인 졸업생 6.8퍼센트(59명 중 4명)에 비해 10.6퍼센트 포인트 높았다. 그 반면 중위군에서는 35.2퍼센트(54명 중 19명)로, 한국인 졸업생 11.0퍼센트(73명 중 8명)보다 24.2퍼센트 포인트 높았다. 하위군에서도 한국인보다 훨씬 높았다. 특히 하위 10퍼센트군에서는 61.5퍼센트(13명 중 8명)로, 한국인 14.3퍼센트(14명 중 2명)에 비해 무려 47.2퍼센트 포인트의 격차를 보였다. 즉 일반회사·상점 취업률에서는 일본인의 우세가 하위 성적군으로 내려갈수록 더욱 컸다. 한국인 졸업생 가운데 금융조합 취

〈표 3-9〉 해방 이전 학업 성적군별群別 강상 학생의 졸업 직후 진로

(단위: 명, 퍼센트)

| 학업 성적 | 민족 | 일반 관공서 | | 금융계 | | | | 동척 | 일반회사·상점 | 사립교원 | 진학·편입 | 자영·가사 | 직종불명 | 합계 | 취업률 | 금조 취업률 | 진학률 |
|---|---|---|---|---|---|---|---|---|---|---|---|---|---|---|---|---|---|
| | | 전매·세무 | 철도 | 선은·식은·저축 | 금융조합 | 일반은행 | 소계 | | | | | | | | | | |
| 상위군 10% 이하 | 한 | | 3 | 4 | 7 | 3 | 14 | | 1 | | 1 | | 1 | 20 | 90.0 | 35.0 | 5.0 |
| | 일 | | | 3 | 1 | | 4 | | 1 | | | 1 | | 6 | 83.3 | 16.7 | 0.0 |
| 상위군 10~30% | 한 | | 2 | 1 | 23 | 2 | 26 | 2 | 3 | | 2 | | 4 | 39 | 84.6 | 59.0 | 5.1 |
| | 일 | | 1 | 2 | 1 | | 3 | 1 | 3 | | 5 | 1 | 3 | 17 | 47.1 | 5.9 | 29.4 |
| 상위군 소계 | 한 | 0 | 5 | 5 | 30 | 5 | 40 | 2 | 4 | 0 | 3 | 0 | 5 | 59 | 86.4 | 50.8 | 5.1 |
| | 일 | 0 | 1 | 5 | 2 | 0 | 7 | 1 | 4 | 0 | 5 | 2 | 3 | 23 | 56.5 | 8.7 | 21.7 |
| 중위군 | 한 | 3 | 3 | | 35 | 4 | 39 | | 8 | 1 | 2 | 1 | 16 | 73 | 74.0 | 47.9 | 2.7 |
| | 일 | 4 | 1 | 1 | 2 | 2 | 5 | | 19 | | 7 | 11 | 7 | 54 | 53.7 | 3.7 | 13.0 |
| 하위군 30~10% | 한 | | | | 11 | | 11 | | 5 | | | | 5 | 21 | 76.2 | 52.4 | 0.0 |
| | 일 | 1 | 1 | | | | | | 17 | | 4 | 5 | 7 | 35 | 54.3 | 0.0 | 11.4 |
| 하위군 10% 이하 | 한 | | | | 6 | 1 | 7 | | 2 | | | 1 | 4 | 14 | 64.3 | 42.9 | 0.0 |
| | 일 | | | | | | | | 8 | 1 | 3 | | 1 | 13 | 61.5 | 0.0 | 7.7 |
| 하위군 소계 | 한 | 0 | 0 | 0 | 17 | 1 | 18 | 0 | 7 | 0 | 0 | 1 | 9 | 35 | 71.4 | 48.6 | 0.0 |
| | 일 | 1 | 1 | 0 | 0 | 0 | 0 | 0 | 25 | 0 | 5 | 8 | 8 | 48 | 56.3 | 0.0 | 10.4 |

출전: 강경상업학교, 〈학적부〉(졸업생).

비고: ① 졸업학년도 성적을 기준으로 상·중·하위군을 분류했음.

② 졸업생 진로가 충실히 기록된 1924~26, 1930~32, 1934·37·39년 졸업생의 학적부에 의거했음.[29]

③ '선은'은 조선은행, '식은'은 조선식산은행, '저축'은 조선지축은행의 줄임말임.

④ '금조 취업률'은 금융조합 취업률의 줄임말임(이하 〈표〉에서도 같음).

업자가 많았던 점을 감안한다 해도 그 비율의 격차는 매우 큰 편이다.

이처럼 일본인 졸업생은 상위군의 조선·식산·저축은행 취업률과 하위군의 일반회사·상점 취업률에서 한국인 졸업생보다 압도적 우세를 보였다. 민족 간 취업경쟁에서 추천서 등 학업성적 외적 변수가 취업 여부에 영향을 미쳤을 가능성을 보여주는 대목이다.

한편 학업성적과 함께 검토가 필요한 것은 선발 사정자료로 중시됐던 조행평가操行評價 등급의 영향이다.[30] 조행평가는 성적과 성행, 근태 상황, 학사징계 여부 등을 종합 평가한 담임교사에 의해 이뤄졌고, 학교 조행사정회의와 교장의 결재를 거쳐 그 등급이 결정되었다. 그중 강상의 조행평가는 갑·을·병의 3등급제가 기본이었지만, '을' 등급이 을상乙上, 을, 을하乙下로 세분화된 까닭에 사실상 5등급제였다.

그런데, 제1장의 〈학생평가와 묵시적 민족차별〉에서 언급하였거니와, 조행평가에서는 학업성적 평가와 비교할 때 주관적 판단의 여지가 컸던 만큼 민족차별이 묵시적으로 자행되었다. 그 결과 학업성적 평균에서는 제2기(1924년 졸업) 3학년과 제15기(1939년 졸업) 5학년을 제외한 모든 학년도의 모든 학년에서 한국인 학생이 일본인 학생보다 훨씬 우월했음에도 조행평가 등급 평균에서는 일본인 학생이 한국인 학생보다 우월했던 학년도의 수가 오히려 더 많았다. 다음 〈표 3-10〉은 이처럼 민족차별성이 컸던 조행평가의 결과가 강상 졸업생의 취업에 미친 영향을 보기 위해 작성한 것이다.

이 표에 따르면, 조행평가 등급 상·중·하위군별 조선·식산·저축은행과 일반회사·상점 취업경쟁에서 일본인 졸업생의 우세가 두드러지게 나타났다. 조행평가 상위군에서는 일본인 졸업생은 20명으로, 한국

인 졸업생 30명보다 월등히 적었음에도 조선·식산·저축은행 입사자는
1명 적은 3명이었다. 그리고 한·일 졸업생 수가 비슷했던 중위군 내에
서 세 은행 입사자 수는 각각 1, 3명으로 일본인 졸업생이 오히려 우세
를 보였다. 이런 우세는 학업성적군별 추세와 유사했다.

한편 일본인 졸업생의 일반회사·상점 취업률은 상위군보다 하위군
에서 훨씬 높았다. 한국인 졸업생의 일반회사·상점 취업률과의 격차도
상위군에서는 21.7퍼센트 포인트이던 것이 중위군에서는 31.0퍼센트
포인트, 그리고 하위군에서는 43.0퍼센트 포인트로 크게 증가하였다.
학업평가의 경우와 마찬가지로 조행평가 등급도 하위군으로 갈수록 일

〈표 3-10〉 해방 이전 조행평가 등급군별 강상 학생의 졸업 직후 진로

(단위: 명, 퍼센트)

| 조행평가 결과 | 민족 | 일반관공서 | | 금융계 | | | | 동척 | 일반회사·상점 | 진학 | 자영·가사 | 직종불명 | 합계 | 취업률 | 금조취업률 | 진학률 |
| | | 전매·세무 | 철도 | 선은·식은·저축 | 금융조합 | 일반은행 | 소계 | | | | | | | | | |
| 상위군 (50명) | 한 | | 2 | 4 | 15 | 3 | 22 | | 1 | 3 | | 2 | 30 | 83.3 | 50.0 | 10.0 |
| | 일 | | 1 | 3 | | | 3 | | 5 | 6 | 2 | 3 | 20 | 45.0 | 0.0 | 30.0 |
| 중위군 (172명) | 한 | 2 | 4 | 1 | 40 | 5 | 46 | 1 | 10 | 2 | 3 | 21 | 89 | 70.8 | 44.9 | 2.2 |
| | 일 | 5 | 2 | 3 | 3 | 1 | 7 | | 35 | 6 | 14 | 14 | 83 | 59.0 | 3.6 | 7.2 |
| 하위군 (37명) | 한 | 1 | 1 | | 13 | 2 | 15 | 1 | 3 | | | 5 | 26 | 80.8 | 50.0 | 0.0 |
| | 일 | | | | | | | | 6 | 2 | 1 | 2 | 11 | 54.5 | 0.0 | 18.2 |

출전: 강경상업학교, 〈학적부〉(졸업생).
비고: 졸업생 진로와 조행평가 등급이 충실하게 기록된 1925~26, 30~32, 34, 37, 39년 졸업생의
학적부에 의거하여 분류했음.[31]

반회사·상점 취업률의 민족 간 격차는 더 커졌다. 이런 격차는 금융조합 취업이란 변수를 감안해도 너무 심한 편이다. 조행평가 하위군에 속한 한국인 졸업생일수록 조행평가 외적인 변수에 의해 일반회사·상점 취업 여부가 좌우됐을 가능성이 컸음을 보여준다.

지금까지 검토한 바를 요약하면, ① 먼저 채용기관이 학교별로 추천인원을 사전에 배정하고, ② 학교(장)는 추천서·소견표를 작성해 지원자를 추천하면, ③ 마지막으로 채용기관이 서류·면접전형을 통해 신규인력을 선발하는 관행이 일반적이었다. 이런 상황에서 민족 간 학업평가 결과나 조행평가 등급과 배치되는 선발 결과가 나왔다면, 다른 외적변수의 작용을 배제하고는 납득하기 어렵다는 것이다.

바로 이 외적인 변수는 우선 일제권력의 식민지배, 일본자본의 압도적 비중과 근대적인 회사·상점 부문 장악, 일본인 교장·교사의 학교통제와 학생 평가·추천이라는 삼중三重의 민족 간 불평등 구조와 위계관계이다. 바로 이런 구조와 관계가 구축된 식민지 현실에서는 설령 법적(제도적) 차별이 명시적으로 규정돼 있지 않았더라도 구조적이면서도 관행적 민족차별이 작동할 수밖에 없다. 이런 점에서 외적 변수는 다름 아닌 구조적·관행적 민족차별이라 하겠다.

| 연줄 특혜 |

한편, 취업경쟁에서는 민족차별과 함께 졸업생의 집안 배경 등에 따른 특혜도 작용했을 것으로 본다. 이 점을 증명할 직접적인 근거는 찾지 못했지만, 설득력 있는 방증 사례는 학적부에서 산견된다. 그중에서 한국인 졸업생과 관련된 상징적인 사례 두 가지만 들면 다음과 같다.

하나는 하위 수준의 학업성적과 중위 수준의 조행평가 등급을 받은 제5회(3년제, 1927년 졸업) 한국인 졸업생 A가 제1순위 선망 직장이던 조선식산은행에 입사한 것이다. 이 학생의 학업성적은 1학년 49명 중 27등, 2학년 40명 중 27등, 3학년에는 36명 중 26등을 했고, 조행평가 등급은 3년간 모두 중간 등급인 '을'을 받았을 뿐이다. 참고로 학적부상 A의 동기 졸업생은 28명인데, 그중 졸업 후 진로가 확인된 자는 졸업생 A를 제외하면 16명이었다. 이들 가운데 4명은 졸업생 A보다 학업성적이 월등히 우수하고 조행평가 등급도 높았는데, 모두 금융조합에 입사했을 뿐이다. 나머지 12명도 졸업생 A보다 학업성적이 우수하였으며, 그중 7명은 졸업생 A와 모든 학년의 조행평가 등급이 동일했는데, 모두 금융조합에 입사하였다. 이런 사정을 종합해볼 때 집안의 영향력이나 연줄 등과 같은 외적 변수를 고려하지 않고는 졸업생 A의 식산은행 취업 성공 요인을 설명하기 어렵다.

다른 하나는 학업성적, 조행평가 등급, 성행평가의[32] 기술내용이 모두 거의 최악이었던 제10기(5년제, 1934년 졸업) 졸업생 B가 제2순위 선망 직종이던 은행(동일은행 강경지점)에 입사한 것이다. 이 학생은 학업성적이 1학년 65명 중 48등, 2학년 50명 중 43등, 3학년 꼴찌, 4학년 32명 중 29등, 5학년 꼴찌였다. 심지어 4학년 때에는 시험 태도 등이 불량해 10일간 정학 처분을 받았다. 게다가 담임교사가 평소 관찰한 결과를 토대로 작성한 성행평가에 따르면, 2학년 때에는 '표리가 부동'하고, 4학년 때에는 '품행이 일탈한 편이고, 감성에 치우치기 쉽고', 5학년 때에는 '쾌활 의지는 강하나 소행이 다소 조야粗野하다'는 등 줄곧 매우 부정적 평가만 받았다. 그 결과 이 학생의 조행평가 등급은 1, 2, 4학년

'을하乙下', 3, 5학년 '을'이었다. 그야말로 학업성적·성행평가·조행평가 등급이 거의 최하 수준이라 할 수 있다. 이런 사정을 감안하면, 졸업생 A의 사례와 마찬가지로 집안의 영향력이나 연줄 등을 통해 한국계 은행인 동일은행에 입사하였다고 볼 수밖에 없다.

결국 한국인 졸업생 A, B의 취업은 이들 입장에서는 집안의 영향력이나 연줄 등을 활용한 성공 사례이겠지만, 다른 한국인 졸업생의 시각에서 보면 특혜라 하겠다. 이런 특혜의 두드러진 사례는 태평양전쟁 이후 일본의 전세가 악화되면서 더욱 빈번하게 발견된다.[33] 이처럼 연줄

**충남 강경읍 소재 구舊 동일은행 강경지점 건물**
한국인이 설립한 한일은행의 강경지점(1911)으로 1913년에 신축된 붉은 벽돌조 건물이다.
은행의 연이은 합병에 따라 동일은행 지점(1930), 조흥은행 지점(1943)으로 바뀌었던 강경지점은
강경상업학교 졸업생들의 취업처 중 하나였다(사진 출처: 문화재청 국가문화유산포털).

을 이용한 특혜야말로 민족차별과 함께 학업성적이나 조행평가 등급 못지않게 일제강점기 한국인 중등학생의 취업 성공 여부에 영향을 미친 주요 변수의 하나였다. 이런 점에서 연줄 특혜는 민족차별과는 또 다른 차별, 달리 말하면 계층차별의 일종이라 할 수 있다. 그러나 간과해서는 안 될 점은 민족차별의 양상, 작동 방식이 연줄 특혜의 그것과 거의 유사하다는 점이다. 이런 점에서 민족차별이란 민족 내 계층 사이가 아니라 식민 지배민족과 피지배민족 사이에 이뤄진, 또 다른 연줄 특혜라 하겠다.

## 일제 말기 한국인 졸업생의 성장과 식민지적 위계구조

### | 일제의 전쟁 총동원과 직종의 변화 |

지금까지 강상 학생의 졸업 직후 진로에서 보이는 민족적 차이, 취업과정에서 드러난 민족차별과 연줄 특혜에 대해 살펴봤다. 지금부터는 취업경쟁을 거쳐 사회로 진출한 강상 출신 한국인의 직종·직위에 어떤 변화가 일어났는지를 검토하고자 한다. 이때 고려할 것은 현재로서는 자료의 제약 때문에 직종·직위의 변화를 확인할 수 있는 기간이 1933~43년 사이라는 점이다. 부연하면, 직종·직위의 변화상을 확인할 수 있는 기간이 일제가 전쟁 총동원정책을 시행하고 일본자본이 침략 전쟁에 가세해 적극적으로 대륙 진출에 나섰던 시기가 될 수밖에 없다는 것이다. 이 시기에는 인적·물적 자원이 전쟁 수행·지원과 대륙 진출에 우선 배분됐던 만큼 후방인 식민지 한국에서는 인력 부족사태가 나타날 수밖에 없었다. 이런 정세는 당연히 강상 출신 한국인의 직종·직위 변화에 상당한 영향을 미쳤을 것으로 본다.

이런 점을 감안하면서 1930년대 중후반 이후 강상 출신의 직종·직위 변화를 살펴보고자 작성한 것이 다음 〈표 3-11〉, 〈표 3-12〉, 〈표 3-13〉이다. 그중 〈표 3-11〉은 1923~33년 졸업생을 대상으로 1933~1943년까지의 신상을 주기적으로 조사한 결과이다. 따라서 이 표는 취업 이후의 변화상을 살펴보는 데 유용하다.

그리고 〈표 3-12〉와 〈표 3-13〉은 일제강점기의 마지막 동창회 명부를 이용해 작성한 것으로, 1923~41년 3월 졸업생 총 584명(한국인 373명, 일본인 211명)의 1943년 현재 신상을 엿보는 데 유용하다. 이들 3개의 표를 주된 근거로 삼아 일제의 전쟁 총동원정책과 일본자본의 대륙 진출에 따라 나타난 강상 졸업생의 직종 변화를 정리하면 다음과 같다.

첫째, 침략전쟁의 여파로 사망자와 주소 불명자의 비율이 증가하였다. 〈표 3-11〉에서 1923~33년 졸업생 가운데 한국인 및 일본인 졸업생의 사망자·주소 불명자 비율은 1936년 각각 8.0퍼센트(9+5, 전자는 사망자 수이고 후자는 주소 불명자 수임. 이하 같음), 17.3퍼센트(12+2)에서 1943년 각각 21.8퍼센트(15+23), 40.7퍼센트(17+16)로 급증하였다. 주목할 점은 일본인의 비율이 월등히 더 높다는 것이다.[34] 여기에는 여러 요인이 작용했겠지만, 징병제가 식민지 한국에서 시행되기 시작한 1944년 이전부터 일본인 졸업생이 전쟁터에 동원된 사정이 영향을 미쳤다고 본다. 실제로 1938년 현재 강상의 일본인 졸업생들 가운데 12명이 입대한 상태였으며, 입대자 가운데 사망자가 연이어 발생하였다. 그 결과 강상 교지《금강》에는 중국 전선에 출정하였다가 사망한 졸업생의 사진과 조사弔辭가 연이어 게재되었다.[35] 이로써 미루어보면, 사망자는 물론 행방불명자 가운데 징집된 일본인 졸업생이 적지 않게 포함된 것으로 판단된다.

이 대목에서 짚고 넘어갈 점이 있다. 학교 당국과 교사의 지원병 권유나 입대 권유에 대한, 한·일 학생의 반응차가 컸다는 사실이다. 이를

〈표 3-11〉 1923~33년 강상 졸업생의 연도별 직종 변화

(단위: 명)

| 민족 | 조사연도 | 일반 관공서 | | | | | 금융계 | | | | | 동척 | 일반 회사·상점 | | 진학 | 입대 | 기타 | 사망 | 주소불명36 | 직종불명 | 합계 |
|---|---|---|---|---|---|---|---|---|---|---|---|---|---|---|---|---|---|---|---|---|---|
| | | 군·면등 | 세무·전매·우편 | 철도 | 기타 | 소계 | 선은·식은 | 금융조합 | 일반은행 | 보험·신탁등 | 소계 | | 국내 | 국외 | | | | | | | |
| 한국인 | 1933 | 5 | 6 | 9 | | 20 | 3 | 81 | 4 | 2 | 91 | 1 | 14 | 1 | 4 | | | 6 | | 38 | 174 |
| | 1936 | 4 | 10 | 8 | | 22 | 3 | 75 | 1 | 3 | 82 | | 16 | 1 | 1 | | 2 | 9 | 5 | 37 | 174 |
| | 1938 | 4 | 9 | 7 | | 20 | 3 | 69 | 1 | 1 | 74 | | 22 | 2 | | | | 12 | 10 | 34 | 174 |
| | 1943 | 7 | 7 | 5 | 1 | 18 | 3 | 42 | 5 | 3 | 56 | 3 | 21 | 5 | | | 1 | 15 | 23 | 35 | 174 |
| 일본인 | 1933 | 1 | 3 | 2 | 1 | 7 | 1 | 2 | 1 | 1 | 6 | 1 | 26 | 1 | 5 | | | 7 | | 29 | 81 |
| | 1936 | 1 | 1 | 4 | 1 | 7 | 1 | 1 | | | 4 | 1 | 15 | 2 | 5 | | 2 | 12 | 2 | 32 | 81 |
| | 1938 | 1 | 2 | 6 | | 9 | 1 | | 1 | | 2 | 1 | 9 | 4 | 2 | 12 | | 1 | 12 | 5 | 23 | 81 |
| | 1943 | 1 | 1 | 2 | 1 | 5 | 1 | | 2 | | 4 | 1 | 9 | 7 | | | 2 | 17 | 16 | 21 | 81 |

출전: 강경공립상업학교 교우회·동창회, 1933·36·38 《금강》 10, 13, 15호; 강경공립상업학교 동창회, 1943 〈동창회 명부〉.

비고: ① 한국인→'일반 관공서→기타'에서 1943년 1명은 육군 공창 근무자이고 '기타'에서 1936년 2명은 자영업, 1943년 1명은 언론계 종사자임.

② 일본인→'일반 관공서→기타'에서 1933, 36, 43년의 1명은 법원 종사자이고, '기타'에서 1936년 2명은 교원, 언론계 종사자가 각 1명, 1938년 1명은 언론계 종사자, 1943년 2명은 교원, 언론계 종사자 각 1명임.

〈표 3-12〉 1923~41년 강상 한국인 졸업생의 직종(1943년 현재)

(단위 : 명)

| 졸업연도 | 일반 관공서 | | | | | | 금융계 | | | | | 동척 | 일반회사·상점 | | 진학 | 기타 | 사망 | 주소불명 | 직종불명 | 합계 |
|---|---|---|---|---|---|---|---|---|---|---|---|---|---|---|---|---|---|---|---|---|
| | 총독부 | 도·군·면 | 세무·전매·경찰 | 철도 | 기타 | 소계 | 선은·식은·저축 | 금융조합 | 일반은행 | 보험·신탁등 | 소계 | | 국내 | 국외 | | | | | | |
| 1923 | | 1 | 2 | 2 | | 5 | | 3 | | | 3 | | 1 | | | | 3 | 6 | 4 | 22 |
| 1924 | | 2 | 1 | 1 | | 4 | 1 | 1 | | | 2 | | 1 | | | | 2 | 3 | 6 | 18 |
| 1925 | | | | | | 0 | 1 | 4 | 1 | | 6 | | 2 | | | | 1 | | 4 | 13 |
| 1926 | | | 2 | 1 | 1 | 4 | | 5 | | | 5 | | | | | | 2 | 3 | 8 | 22 |
| 1927 | | 2 | 1 | | | 3 | | 6 | | | 6 | | 2 | 1 | | 1 | 1 | 7 | 7 | 28 |
| 1930 | | | | | | 0 | | 4 | 1 | | 5 | | 1 | | | | 2 | 1 | 2 | 11 |
| 1931 | | | | | | 0 | | 6 | 2 | | 8 | | 3 | | | | | 1 | 1 | 13 |
| 1932 | 1 | | | 1 | | 2 | | 8 | | 1 | 9 | | 4 | 2 | | | 4 | | 3 | 24 |
| 1933 | | 1 | | | | 1 | 1 | 7 | | | 8 | 2 | 7 | 2 | | | | 1 | 2 | 23 |
| 1934 | | | 1 | 1 | | 2 | 2 | 9 | 1 | 1 | 13 | | | | 1 | | | 1 | 1 | 18 |
| 1935 | 1 | | | | | 1 | 2 | 4 | 3 | | 9 | | 7 | 1 | | | 4 | | 2 | 24 |
| 1936 | | | 1 | 1 | | 2 | 1 | 5 | 2 | 1 | 9 | | 6 | | | | 3 | 2 | 2 | 24 |
| 1937 | 1 | | | 1 | | 2 | | 6 | 1 | | 7 | | 2 | 1 | 3 | 1 | 2 | 2 | 6 | 26 |
| 1938 | | | | 3 | | 3 | 1 | 6 | 2 | | 9 | 1 | 2 | | | | 3 | | 6 | 24 |
| 1939 | | 1 | | | | 1 | 2 | 5 | 4 | | 11 | 1 | 1 | 1 | 1 | 1 | | 7 | 2 | 26 |
| 1940 | | 1 | | 2 | | 3 | 3 | 5 | 4 | | 12 | | 6 | 1 | 5 | | 1 | 1 | 3 | 32 |
| 1941 | | | | | | 0 | 3 | 1 | 2 | | 6 | 1 | 6 | 4 | | | 2 | | 6 | 25 |
| 합계 | 3 | 8 | 8 | 13 | 1 | 33 | 17 | 85 | 23 | 3 | 128 | 5 | 51 | 13 | 10 | 3 | 30 | 35 | 65 | 373 |

출전: 강경공립상업학교 동창회, 1943 〈동창회보〉.

비고: ① '기타'에서 1927, 39년의 각 1명은 언론계 종사자이고, 1937년의 1명은 교원임.

　　　② 철도주식회사는 회사로 분류했음.

　　　③ 1941년 졸업생은 제17기임(3월 졸업).

<표 3-13> 1923~41년 강상 일본인 졸업생의 직종(1943년 현재)

(단위 : 명)

| 졸업연도 | 일반 관공서 | | | | | | 금융계 | | | | | 동척 | 일반회사·상점 | | 진학 | 기타 | 사망 | 주소불명 | 직종불명 | 합계 |
|---|---|---|---|---|---|---|---|---|---|---|---|---|---|---|---|---|---|---|---|---|
| | 총독부 | 도·군·면 | 세무·전매·경찰 | 철도 | 기타 | 소계 | 선은·식은 | 금융조합 | 일반은행 | 보험·신탁등 | 소계 | | 국내 | 국외 | | | | | | |
| 1923 | | | | | 1 | 1 | | | | | 0 | | | | | | | 1 | 2 |
| 1924 | | | | | | 0 | | | | | 0 | | 1 | | | | | 4 | 1 | 6 |
| 1925 | | 1 | | | | 1 | | | | | 0 | | 2 | | | | 2 | 2 | 3 | 10 |
| 1926 | | | | 1 | | 1 | | | 1 | | 1 | 1 | 1 | | | | 3 | 1 | 3 | 11 |
| 1927 | | 1 | | | | 1 | | | | | 0 | | 1 | | | | 1 | 1 | 3 | 7 |
| 1930 | | 1 | | | 1 | 2 | | | | | 0 | | | | | 1 | 4 | 2 | 2 | 11 |
| 1931 | | | | | | 0 | 1 | | 1 | | 2 | | 2 | 2 | | | 6 | 3 | 1 | 16 |
| 1932 | | | | | | 0 | | | | | 0 | | 2 | 1 | | 1 | 1 | 1 | 3 | 9 |
| 1933 | | | | | | 0 | | | | | 0 | | 1 | 2 | | | | 4 | 2 | 9 |
| 1934 | | | | 1 | | 1 | | | | 2 | 2 | | | | | | 1 | 3 | 5 | 12 |
| 1935 | | | | | | 0 | | | | | 0 | | 2 | 1 | | | 2 | 9 | | 14 |
| 1936 | | 1 | | 1 | 1 | 3 | | | | | 0 | | 3 | 1 | | | 2 | 4 | 2 | 15 |
| 1937 | | | | 1 | | 1 | | | | | 0 | | 3 | 1 | | | 4 | 12 | 5 | 26 |
| 1938 | | | | 1 | | 1 | 1 | | | | 1 | | 1 | | | | | 2 | 7 | 2 | 14 |
| 1939 | | | | | | 0 | | | | | 0 | | 1 | | | | 1 | 15 | 3 | 20 |
| 1940 | | | | | | 0 | 1 | | | | 1 | 1 | 1 | | 1 | 1 | | 5 | | 10 |
| 1941 | | | 1 | 3 | | 4 | 2 | | | | 2 | | | | 4 | | 1 | 7 | 1 | 19 |
| 합계 | 0 | 4 | 1 | 8 | 3 | 16 | 5 | 0 | 2 | 2 | 9 | 2 | 21 | 8 | 5 | 3 | 30 | 80 | 37 | 211 |

출전: 〈표 3-12〉와 같음.

비고: ① '관공서-기타'에서 1923년 1명은 법원, 1930, 36년 각 1명은 만주국 관리, '기타'에서 1930, 1940년 1명은 언론계, 1932년 1명은 교원임.

② 1941년 졸업생은 제17기임(3월 졸업).

단적으로 보여주는 자료가 1941~43년 졸업생을 대상으로 재학 중에 희망 진로를 조사한 결과이다(〈표 3-14〉).

아래 〈표 3-14〉에 따르면, 일본인 학생은 전체 85명 중 11명이 군인이 되기를 희망한 반면, 한국인 학생은 155명 중 단 1명만이 군인이 되고자 희망한 것이다. 그리고 식민지 한국에서도 징병제가 시행된 이듬해인 1945년 3월 졸업생 가운데 일본인은 26명 중 8명이 입대한 반면, 한국인 졸업생은 58명 중 1명만이 입대했을 뿐이다.[37] 이런 차이는 한국인 졸업생들이 생존을 위해서든 출세를 위해서든 일제의 식민지배와

〈표 3-14〉 일제 말기 강상 재학생의 희망 진로

(단위: 명)

| 민족 | 졸업연도 | 취업 | | | | | | | | | | | 진학 | 자영·가사 | 군인 | 불명 | 합계 |
|------|----------|------|----|----|----|----|----|------|----|----|------|----|------|----------|------|------|------|
| | | 철도·전매 | 금융계 | | | | | 일반회사·상점 | 교사 | 기타 | 취업일반 | 소계 | | | | | |
| | | | 식은 | 금융조합 | 일반은행 | 금융일반 | 소계 | | | | | | | | | | |
| 한국인 | 1941 | 1 | 1 | | 4 | | 5 | 14 | | 1 | | 21 | 11 | | | 18 | 50 |
| | 1942 | 2 | | | | | 0 | | | 2 | 10 | 14 | 10 | 7 | 1 | 15 | 47 |
| | 1943 | | | | | 6 | 6 | 1 | | | 23 | 30 | 8 | 2 | | 18 | 58 |
| 일본인 | 1941 | 1 | | | | | 0 | 10 | | | | 11 | 5 | 1 | | 4 | 21 |
| | 1942 | | | | | | 0 | | 1 | | 3 | 4 | 7 | 2 | 6 | 11 | 30 |
| | 1943 | 2 | | | | | 1 | | | 1 | 8 | 12 | 9 | 2 | 5 | 6 | 34 |

출전: 강경상업학교, 〈학적부〉(졸업생).
비고: ① 한국인 – 1941년의 '기타' 1명은 음악가이고, 1942년의 '희망-기타' 2명은 대륙 개척 희망자.
② 일본인 – 1943년에서 '기타' 1명은 해외 진출 희망자.
③ 학생이나 졸업 연도마다 조사 시기와 기준이 다르고 중복 조사된 경우도 있으나 마지막 조사 학년도의 최종 희망에 의거하여 분류했음.
④ 1941~43년은 해당 연도 12월 말 졸업임.

일본자본의 성장에 필요한 실무 역할을 담당하면서도 극히 일부를 제외한 대다수는 일제에 비협조적·비판적이었거나 염전厭戰·반일 정서를 내면에 갖고 있었던 데 기인한 것으로 보인다.[38]

둘째, 강상 졸업생의 해외, 특히 만주 진출이 증가하였다. 중일전쟁 이후 일본자본의 중국 진출이 증가함에 따라 졸업 후 해외 진출을 꿈꾸는 분위기가 학생들 사이에서 생겨났고, 일본인 회사 중국지점 등에 취업한 강상 졸업생이 늘어났던 것이다. 그 결과 만주, 중국 등지에 거주하고 있던 졸업생은 1943년 현재 한국인 13명, 일본인 8명이었다(〈표 3-12〉·〈표 3-13〉).

셋째, 금융조합 취업자의 감소 추세가 1938~43년 사이에 심해졌다(〈표 3-11〉). 그리하여 1923~33년 졸업생 174명 중 금융조합 취업자가 1933년 81명에서 1938년 42명으로 격감하였다. 여기에는 두 가지 이유가 있다. 하나는 한국인 졸업생들이 금융조합보다는 대우가 좋은 은행이나 회사 취업을 선호하는 경향을 보였다는 점이다.[39] 이런 경향은 1933~38년 사이에 금융조합 취업자의 전직轉職을 자극하는 데 영향을 미쳤을 것이다. 다른 하나는 일제의 전쟁 총동원정책에 따라 금융조합의 업무는 과중한 반면 그 대우는 열악해진 데다가 금융조합 지소支所 수 또한 1943년부터 감소세로 들어간 점이다. 그에 따라 전국적으로 1939년 4월에는 1,086명, 1940년에는 1,659명이 퇴직하는 등 이직자離職者가 속출하였다.[40] 이런 연유로 1938~43년 사이에 금융조합 취업자는 급격히 감소하였다.

## | 한국인 졸업생의 직위 승진과 식민지적 위계구조 |

일제의 전쟁 총동원정책과 일본자본의 대륙 팽창을 계기로 한국인 졸업생은 취업과 승진에서 이전보다 유리한 환경을 맞이하였다. 재한 일본인 인력이 전쟁에 동원되거나 중국 등지로 빠져나가면서 한국인에게는 취업과 승진의 기회가 늘어났기 때문이다.

강상의 한국인 졸업생은 이런 기회를 적절히 활용해 선호도 높은 취업처로 더 많이 진출해갔다. 이 점은 일제 말기 강상 학생의 졸업 직후 취업 실태를 정리한 다음 〈표 3-15〉에서 잘 드러난다.

이 표에서 주목할 점은 학생들 사이에 선호도가 높았던 은행 분야에서 한국인 졸업생의 취업이 급증한 것이다. 그중 선호도 1순위였던 조선은행, 식산은행, 저축은행 취업자가 4년간 무려 17명이나 되었다. 1930년대까지만 해도 한국인 졸업생의 연평균 취업이 1명도 채 되지 않았던 이들 은행에 연평균 4명 이상이 취업한 것이다. 또한 선호도 2순위였던 일반은행 취업 또한 4년간 15명이 되어 그 이전에 비해 늘어났다. 반면 한국인의 독점적 취업처나 마찬가지면서도 선호도 측면에서는 점차 떨어지던 금융조합에서 한국인 취업률은 1930년대 평균 50퍼센트(〈표 3-4〉)에서 10퍼센트대로 크게 줄어들었다.

강상의 한국인 졸업생의 취업처 또한 다변화해갔다. 이는 일반회사·상점 분야 취업에서 1930년대부터 두드러지게 나타났다. 그 단적인 예를 보여주는 자료가 앞서 제시한 〈표 3-5〉이다. 이에 따르면, 한국인 졸업생이 취업했던 일반회사·상점의 수는 1933년 10개에서 1938년 18개로 증가하였다. 같은 기간에 일본인 졸업생의 취업처가 20개에서 23개로 증가한 데 그친 것과는 다른 현상이다. 이는 한국인 졸업생이

1930년대까지만 해도 일본인의 주된 취업처였던 일반회사·상점 분야로 적극 진출한 결과였다. 그에 따라 한국인 졸업생의 일반회사·상점 취업률은 크게 증가하였다. 〈표 3-15〉에서 보듯, 1940년대 전반 일반회사·상점 취업률에서 한국인은 25.0퍼센트로, 일본인 14.8퍼센트를 압도하였다. 이는 1930년대 이 분야 취업률이 일본인 37.0퍼센트와 한

〈표 3-15〉 일제 말기 강상 한국인 졸업생의 취업 실태

(단위: 명)

| 졸업연도 | 민족 | 일반 관공서 | | | 금융계 | | | | | 동척 | 일반 회사·상점 | | 진학 | 기타 | 사망 | 주소불명 | 직종불명 | 합계 |
|---|---|---|---|---|---|---|---|---|---|---|---|---|---|---|---|---|---|---|
| | | 총독부·도·군·면 | 세무·전매·경찰 | 철도 | 선은·식은·저축 | 금융조합 | 일반은행 | 보험·신탁·기타 | 소계 | | 국내 | 국외 | | | | | | |
| 1940 | 한 | 1 | | 2 | 3 | 5 | 4 | | 12 | | 6 | 1 | 5 | | 1 | 1 | 3 | 32 |
| | 일 | | | | 1 | | | | 1 | 1 | 1 | | 1 | 1 | | 5 | | 10 |
| 1941 | 한 | | | | 3 | 1 | 2 | | 6 | 1 | 6 | 4 | | | 2 | | 6 | 25 |
| | 일 | 1 | | 3 | 2 | | | | 2 | | | | 4 | | 1 | 7 | 1 | 19 |
| 1942a | 한 | | 2 | | 7 | | 6 | 3 | 16 | | 9 | | 4 | | | 15 | 1 | 47 |
| | 일 | | 3 | 1 | 2 | | 1 | | 3 | | 6 | 1 | 2 | | | 12 | 2 | 30 |
| 1945 | 한 | | 3 | | 4 | 7 | 3 | | 14 | | 8 | 1 | | | | 13 | | 39 |
| | 일 | | 1 | | 1 | 1 | | | 2 | | 4 | | | 2 | | 14 | | 23 |
| 합계 | 한 | 1 | 5 | 2 | 17 | 13 | 15 | 3 | 48 | 1 | 29 | 6 | 9 | 0 | 3 | 29 | 10 | 143 |
| | 일 | 1 | 4 | 4 | 6 | 1 | 1 | 0 | 8 | 1 | 11 | 1 | 7 | 3 | 1 | 38 | 3 | 82 |

출전: ① 강경상업학교 동창회, 1943 〈동창회보〉; 강경상업학교, 〈학적부〉(졸업생).
　　② 졸업 연도에서 1940, 1941년 통계는 1943년에 발행된 〈회원명부〉의 조사 결과이며, 1942a, 1945년 통계는 학적부 기록에 의거했음.
비고: ① '기타'에서 1940년 1명은 언론계, 1945년 2명은 입대자임.
　　② 1942a는 당해 연도 12월 졸업이고, 나머지 연도는 모두 3월 졸업임.

국인 10.6퍼센트(〈표 3-4〉)였던 것을 역전시킨 것이다.

한편 강상 출신 한국인 가운데 일부는 중·상위 관리자급 직위로 승진하였다. 이런 양상은 한국인 졸업생이 일반 관공서 가운데 상대적으로 많이 진출했던 철도국이나 금융조합에서 잘 나타났다. 이 점을 보기 위해 금융조합과 철도국에 취업했던 강상 출신 한국인의 승진 사례를 모은 것이 다음 〈표 3-16〉이다.

이 표에 따르면, 강상 출신 한국인으로 금융조합의 관리자급인 참사參事, 부이사副理事, 이사로 확인된 자는 10명이다. 이 가운데 4명은 강상 졸업 후 6~10년 사이에 서기에서 지소장급支所長級인 부이사로 승진하였다. 그리고 1명은 졸업 후 12~17년 사이에 서기에서 금융조합연합회의 과장급인 지부의 참사로 승진하였다. 이들 5명은 모두 서기로부터 출발한 점을 미뤄볼 때 강상 졸업 이후 곧바로 금융조합에 취업한 것으로 보인다.[41]

반면 강상 출신 5명은 자료상 직위 확인이 가능한 1933년부터 부이사 자리에 있었다. 그중 1명은 이사로까지 승진하였다. 그러나 이들 5명이 서기로 취업한 이후 승진을 통해 부이사가 된 것인지, 아니면 강상 졸업 후 상급학교로 진학해 고등교육을 마치고 곧바로 이사견습으로 취업한 것인지는 분명치 않다.[42] 이와 관련해 고려할 점은 두 가지이다. 하나는 이들 5명이 모두 1923~26년 졸업생으로서, 부이사 직위가 확인된 1933년이 졸업 후 7~10년째 된 해라는 점이다. 다른 하나는 앞에서 봤거니와, 서기에서 부이사로 승진하는 데 소요된 시간이 6~10년이었다는 사실이다. 이 두 가지를 동시에 고려하면, 이들 부이사 5명도 강상 졸업 후 서기로 입사해 부이사로 승진했을 가능성이 오히려 크다

| 직종 | 졸업 연도 | 성명 | 일제강점기 | | 해방 후 직위·직종 변화 | |
|---|---|---|---|---|---|---|
| | | | 최초 확인 직위 | 직위 변화(승진) | 1954년 | 1958년 |
| 금융조합 | 1923 | 이학주 | 지소女所 부이사 (1933~38) | 직위 불명 (1943) | 사무이사 | 재직 불명 |
| | 1923 | 김재진 | 부이사(1933~34) | 재직 불명(1943) | 재직 불명 | 재직 불명 |
| | 1924 | 유경식 | 지소 부이사 (1933~38) | 직위 불명 (1938, 43) | 전무이사 | 재직 불명 |
| | 1925 | 정완철 | 지소 부이사 (1933~37) | 이사(1938~39) 직위 불명(1943) | 연합회지부 지부장 대리 겸 전무이사 | 농업은행 지점장 |
| | 1926 | 김경묵 | 지소 부이사 (1933~38) | 직위 불명(1943) | 전무이사 | 농업은행 지점장 |
| | 1926 | 이진하 | 지소 서기 (1933~34) | 지소 부이사 (1936~39) | 직위 불명 | 농업창고(대천) |
| | 1926 | 방한필 | 서기(1933~37) 연합회 지부 (1938) | 연합회 지부 참사(1943) | 사망 | |
| | 1930 | 김종규 | 서기(1933~38) | 지소 부이사 (1943) | 지소 이사 | 재직 불명 |
| | 1930 | 백재현 | 서기(1933~38) | 지소 부이사 (1943) | 상무이사 | 한국무진회사 (논산) |
| | 1932 | 김시중 | 서기(1933~38) | 지소 부이사 (1943) | 공주사범대학 | 공주사범대학 |
| 철도국 | 1926 | 이정대 | 고원雇員 (1933~38) | 역장 (아화阿火, 1943) | 역장(전주) | 역장(군산) |
| | 1932 | 박로신 | 고원(1933~38) | 역장(1943) | 재직 불명 | 대전상업고등학교 |
| | 1934 | 이정하 | 고원(1934~38) | 조역助役 (1943) | 대전철도국 관리과 담임관 | 연탄공장(대전) |
| | 1936 | 최상식 | 고원(1936~38) | 조역(1943) | 대전열차사무소 주임 | 대전역 여객주임 |

출전: 강경공립상업학교 교우회·동창회, 1933·34·36·38·39《금강》10·11·13·14·15·16; 강경상업학교 동창회, 1943〈동창회보〉; 강경상업고등학교 동창회, 1954·58〈회원명부〉.

비고: ① '최초 확인 직위'는 확보된 자료에서 확인한 최초 직위임.
　　② '직위 불명'은 재직하고 있으나 기존 직위의 지속 여부가 불분명한 경우이고, '재직 불명'은 거주지는 확인되나 취업 여부가 확인되지 않은 경우임.
　　③ '금융조합'에서 '지소'란 표기가 없는 경우는 본소本所를 가리킴.

고 하겠다. 그렇다면, 〈표 3-16〉의 강상 출신 금융조합 참사·부이사·이사 10명 모두가 강상 졸업 후 금융조합에서 하급 실무자로 출발해 관리자로 승진한 것으로 볼 수 있다. 특별히 주목할 점은 승진 시점이 확인되는 6명은 모두 일제의 전쟁 총동원시기인 1938년 이후에 참사, 부이사, 이사로 승진하였다는 것이다.

한편 조선총독부 철도국 현장에서 중급 종사원이던 고원雇員에서 현장의 상급 직원이자 중·하급 관리자인 조역助役이나 역장으로 승진한 졸업생은 4명이었다.[43] 이들의 승진 시점도 전쟁 말기였다는 점에서 금융조합의 경우와 유사하다.

이 같은 금융조합과 철도국의 승진 사례는 두 가지 점을 시사해준다. 하나는 한국인은 일제의 전쟁 총동원시기에 실무자급에서 관리자급으로 성장할 기회를 가졌다는 점이다. 침략전쟁의 확대와 전쟁 동원의 증대로 인력 부족 현상이 나타나면서 한국인에게 성장 기회가 생겼다는 기존 연구의 결과와 대체로 일치하는 양상이다. 다른 하나는 일부 한국인의 승진에도 '상위 관리자급=일본인, 하위 실무자급=한국인'이라는 식민지적 위계구조는 여전히 강고하였다는 점이다. 금융조합만 하더라도 한국인은 1935년 현재 전체 이사 가운데 20.5퍼센트를 차지하는 데 불과하였다.[44] 이후 한국인 이사가 증가했음에도 1941년 현재 전국 금융조합 총수 723개 가운데 한국인 이사는 201명에 지나지 않았다.[45]

요컨대, 일제 말기에 나타난 강상 졸업생의 성장도 그 이전 시기와 비교한 상대적 성장에 불과했고, 식민지사회 전체를 놓고 볼 때는 미세한 것이었다. 강상 출신 한국인의 성장도 식민지적 위계구조에서 벗어난 것은 아니었던 것이다.

# 한국인 졸업생의 해방 후 직종 변화와 지위 상승

일제강점기 한국인 인력의 성장에 대한 기존 연구에 의하면,[1] 일제가 패망하는 순간까지 '고급 기술자=일본인, 하급 노동자=한국인'이라는 식민지적 고용구조는 지속되었다. 그러나 자기 성장을 추구한 한국인의 주체적 노력에다가 1930년대 이후의 식민지 공업화, 일제 말기의 전쟁 총동원이라는 시대적 상황과 맞물려 한국인 기술 인력은 성장 계기를 맞이하였다. 이런 견해에 동의하는 연구자들이 늘어가고 있다.

그러나 한국인의 기술 인력이 어느 정도 성장했는지, 그리고 해방 후 한국경제의 재건과 발전과정에서 어느 정도 역할을 수행했는지에 대해서는 의견이 갈리고 있다. 한편에서는 해방 이전 한국인의 성장은 주목할 만한 것으로, 해방 이후 경제성장에 주요 역할을 수행하였다고 보고 있다. 다른 한편에서는 이러한 주장은 사실을 실제 이상으로 대단히 과장한 것이라고 반박하고 있다. 이는 식민지 근대화 논쟁의 충돌 지점이기도 하다.[2]

앞의 제3장에서 살펴봤거니와, 강상 출신 한국인들도 일제 말기에 실무자급에서 관리자급으로 성장할 기회를 가졌다. 그럼에도 이런 성장은 '상위 관리자급=일본인, 하위 실무자급=한국인'이라는 식민지적 위계구조의 틀에서 벗어난 것은 아니었다. 이런 점에서 일제강점기 한국인의 성장은 민족차별이 자행된 시대적 제약을 벗어나지 못한 것으로, 그 한계는 명백하였다.

그렇다면, 식민지배로부터의 해방은 한국인에게 어떤 성장의 계기가 됐는가? 달리 말하면, 한국인들이 해방을 계기로 식민지적 고용·위계 구조로부터 탈피해 자기 성장을 지속할 수 있었는가? 식민지 근대화 논쟁의 충돌 지점이기도 한 이런 궁금증을 풀기 위한 시도의 하나로, 해방 이전에 강상을 졸업한 한국인들이 해방 후 분단과 전쟁이란 역사의 소용돌이를 거치면서 어떻게 변모하고 성장했는지, 그리고 한국사회의 재건과 발전과정에서 어떤 역할을 했는지를 살펴보고자 한다.

## | 직종의 변화 |

1954년 발간된 강상동창회 〈회원명부〉에 따르면, 해방 이전에 강상을 졸업한 한국인은 618명이다.[3] 해방 전후 이들의 진로 변화를 파악하는 것은 해방이 졸업생의 변모와 성장에 어떤 계기로 작용했는지, 그리고 이들의 역량은 해방 후 한국사회의 재건과 발전과정에서 어떤 역할을 했는지를 규명하는 데 필수적이다.

그런데 이 점의 해명에 앞서 본인의 시각을 먼저 밝히는 것이 필요할 듯하다. 단도직입적으로 말하자면, 본인은 식민교육의 유산과 일제강점기 교육의 유산을 구분해보자는 견해에 찬동한다. 이 견해에 따르면,

일제강점기 교육의 유산 속에는 식민교육의 요소뿐 아니라 근대적·전통적 교육의 요소가 중첩돼 있다. 또한 일제강점기 학교는 일제에게는 한국인을 황국신민으로 양성하는 '식민교육의 장'이었으나 한국인에게는 자기 성장을 도모한 '근대교육의 장'이었다는 점에서, 사실상 '동상이몽의 장'이었다.[4] 필자는 이런 관점을 수용한다. 그러나 한 가지 점이 보완되어야 한다고 생각한다. 그것은 강상 졸업생의 역량이 일제강점기 교육의 유산이면서도 졸업 후 사회경제 활동을 통해 축적한 지식·경험의 유산이라는 성격을 동시에 띠고 있다는 것이다. 부언하면, 강상 출신 한국인의 역량은 일제강점기 교육의 유산(식민교육의 유산과 근대적·전통적 교육의 유산)에다가 스스로 축적한 지식·경험의 유산이 누적된 결과라는 것이다.

이런 관점에서 해방 전후 강상 졸업생의 진로 변화를 살펴보기 위해 분석한 것이 다음 두 가지 자료이다. 하나는 1943년 시점에서 1923~41년간 졸업생 373명의 신상 조사자료이다. 이를 통계화한 것이 바로 제3장의 〈표 3-12〉이다. 다른 하나는 해방 이후 졸업생의 신상 정보를 전해주는 자료이다. 이런 자료로는 강상동창회에서 1954년과 1958년에 발행한 〈회원명부〉가 있다. 이들 명부는 비록 해방 이후 10여 년이 지난 것이지만, 앞의 1943년 자료와 비교하면 의미 있는 사실을 추출해낼 수 있다. 이 중 해방과 가까운 1954년 자료를 토대로 해방 이전에 강상을 졸업한 한국인의 해방 후 종사 분야를 정리한 것이 다음 〈표 3-보-1〉이다.

먼저 〈표 3-보-1〉의 졸업생 전체 618명과 제3장의 〈표 3-12〉의 졸업생의[5] 신상을 비교해보면 두드러진 변화는 세 가지이다. 첫째, 사망

〈표 3-보-1〉 해방 이전 강상 한국인 졸업생의 해방 후(1954) 취업 실태

(단위: 명)

| 졸업연도 | 일반 관공서 | | | | | | 금융계 | | | | 일반회사·상점 | 교육계 | 언론계 | 자영업 | 군인 | 사망 | 주소불명6 | 직종불명 | 합계 |
|---|---|---|---|---|---|---|---|---|---|---|---|---|---|---|---|---|---|---|---|
| | 중앙정부 | 도·시·군·면 | 세무·세관·전매·경찰 | 철도 | 기타 | 소계 | 한은·식은 | 금융조합 | 일반은행 | 소계 | | | | | | | | | |
| 1923 | | | 1 | 2 | | 3 | 1 | 1 | | 2 | | 1 | 1 | | | 7 | | 8 | 22 |
| 1924 | | | | | | | 1 | 1 | | 2 | 2 | | | | | 4 | 4 | 6 | 18 |
| 1925 | | | | | | | 3 | 1 | | 4 | 1 | | | | | 3 | 1 | 3 | 12 |
| 1926 | | | 2 | 1 | | 3 | | 3 | | 3 | 1 | | | | | 5 | 1 | 9 | 22 |
| 1927 | | 1 | 1 | | | 2 | | 6 | 1 | 7 | 3 | | | | | 3 | 7 | 7 | 29 |
| 1930 | | | | | | | | 2 | | 2 | | | 1 | 1 | | 3 | 2 | 2 | 11 |
| 1931 | | | | | | | | 2 | | 2 | | | | 1 | | 1 | 5 | 3 | 13 |
| 1932 | | 1 | 1 | | | 2 | | 4 | 1 | 5 | 1 | 1 | | | | 6 | 4 | 4 | 23 |
| 1933 | | 1 | | | 2 | 3 | | 3 | 2 | 5 | 1 | | | | | 2 | 2 | 10 | 23 |
| 1934 | | | | 1 | | 1 | 2 | 7 | 2 | 11 | | | | | | 2 | 2 | 3 | 18 |
| 1935 | | 1 | | | | 1 | | 2 | 1 | 3 | 5 | | | | | 7 | 4 | 3 | 24 |
| 1936 | | | 1 | 1 | | 2 | 1 | 4 | | 5 | 1 | 2 | | 1 | | 8 | 2 | 3 | 24 |
| 1937 | | | 1 | | | 1 | | 3 | 2 | 5 | 2 | 1 | | | | 3 | 7 | 5 | 24 |
| 1938 | 1 | | | 1 | | 2 | | 3 | 2 | 5 | 3 | | | | | 5 | 5 | 4 | 25 |
| 1939 | 1 | | | 1 | | 2 | | 3 | 4 | 7 | 2 | | | 2 | | 1 | 4 | 5 | 25 |
| 1940 | | 2 | | 1 | | 3 | | 1 | | 1 | 8 | | | | | 8 | 8 | 5 | 32 |
| 1941 | 1 | | | 2 | 1 | 4 | 3 | 1 | 1 | 5 | 1 | | | 1 | 1 | 3 | 6 | 4 | 25 |
| 소계 | 3 | 6 | 8 | 9 | 4 | 30 | 10 | 52 | 20 | 82 | 22 | 9 | 3 | 5 | 1 | 71 | 63 | 84 | 370 |
| 1941a | | 2 | 3 | 1 | | 6 | 5 | 5 | 3 | 13 | 5 | 6 | | | 8 | 4 | 3 | 6 | 51 |
| 1942a | 1 | 1 | 3 | | | 5 | 2 | 4 | | 6 | 7 | 4 | | 1 | 1 | 3 | 15 | 3 | 45 |
| 1943a | | | 1 | 1 | 1 | 3 | 6 | 1 | 5 | 12 | 3 | 6 | | | | 6 | 18 | 7 | 56 |
| 1944a | | | 2 | 2 | | 4 | | 4 | | 4 | 2 | 2 | | | | 5 | 12 | 5 | 40 |
| 1945 | | 1 | | 3 | | 4 | 2 | 3 | 4 | 9 | 4 | 5 | 1 | | 5 | 2 | 23 | 3 | 56 |
| 소계 | 1 | 4 | 9 | 7 | 1 | 22 | 13 | 18 | 18 | 49 | 25 | 19 | 1 | 1 | 19 | 17 | 71 | 24 | 248 |
| 총계 | 4 | 10 | 17 | 16 | 5 | 52 | 23 | 70 | 38 | 131 | 47 | 28 | 4 | 6 | 20 | 88 | 134 | 108 | 618 |

출전: 강경상업고등학교 동창회, 1954 〈회원명부〉.

비고: ① 졸업생 수가 학적부와 다소 차이가 나는 경우에는 출전에 의거했음.

② 1945년 일본명 졸업생 3명은 창씨개명자로 하여 분류했음.

③ 1941a~1943a는 해당 연도 12월 졸업인 반면, 나머지는 모두 3월 졸업임.

자나 연락이 되지 않는 주소 불명자의 비율이 급증하였다. 1954년 현재 해방 이전 졸업생 618명 가운데 사망자는 14.2퍼센트(88명), 주소 불명자는 21.7퍼센트(134명)로, 둘을 합치면 35.9퍼센트였다. 1943년 당시의 전체 졸업생 중 사망자 8.0퍼센트, 주소 불명자 9.4퍼센트, 합계 17.4퍼센트에 비해 두 배 이상 높아진 것이다.

둘째, 취업률(생존 졸업생 대비 취업률. 이하 같음)이 하락하였다. 제3장의 〈표 3-12〉에서 진학자, 주소 불명자, 직종職種 불명자를 제외하고 직종이 확실한 졸업생(자영업, 군인 포함)의 수를 구하면 233명이 된다. 이 수치로 구한 1943년의 취업률은 67.9퍼센트이다.[7] 같은 방식으로 1954년 생존자 530명의 취업률을 구하면 54.3퍼센트이다. 10년 사이에 취업률이 13.6퍼센트 포인트나 떨어진 것으로 나온다.

취업률이 이처럼 급락한 요인으로는, 우선 주소 불명자의 비율이 급증한 것을 들 수 있다. 1943년 조사(제3장의 〈표 3-12〉)에서 주소 불명자는 35명으로, 전체 졸업생 가운데 9.4퍼센트였다. 그런데, 1954년의 그것은 134명으로, 전체 졸업생 618명 중 21.7퍼센트에 달하였다. 1943년에 비해 두 배 이상 증가한 것이다. 문제는 주소 불명자가 모두 미취업자로 단정할 수는 없다는 점이다. 주소 불명이던 졸업생 가운데 가업을 보조하고 있었거나 사회 혼란으로 인해 소재처가 미처 파악되지 못한 경우도 있었을 것이기 때문이다.[8] 그런 만큼 앞서 언급한 13.6퍼센트 포인트란 취업률 급락치도 실제보다 과장된 것이라 할 수 있다. 이런 점을 감안해 1954년의 취업률을 새롭게 추산해보면, 61.5퍼센트가량이 된다.[9] 그렇다면, 1954년의 취업률은 1943년(67.9퍼센트)에 비해 6.4퍼센트 포인트 정도 하락했다고 할 수 있다.

그렇다면 왜 이렇게 취업률이 떨어진 것일까? 이런 취업률 하락의 진앙지는 금융조합과 일반회사·상점이었다. 금융조합 취업률은 24.8 퍼센트에서 13.2퍼센트로, 일반회사·상점 취업률은 18.7퍼센트에서 8.9퍼센트로 떨어진 것이다.

이상 두 가지 변화를 초래한 것은 말할 나위도 없이 해방 전후 정치, 경제, 사회의 엄청난 소용돌이였다. 일제의 전쟁 총동원, 해방 후 일본 자본의 퇴각, 그리고 남북분단과 전쟁으로 인해 사망자와 주소 불명자 는 증가했고 산업은 교란, 파괴됐던 것이다.

셋째, 취업률이 감소하는 가운데서도 교육계 종사자는 1명에서 28명 으로 급증하였다. 이는 해방 전후 교육계의 급변한 환경과 연관이 있 다. 먼저 해방 직후 일본인 교사는 모두 철수한 점이다. 반면 일제강점 기에 충족되지 못했던 한국사회의 높은 교육열이 해방을 계기로 학교 교육의 급팽창을 가져왔다는 점이다. 단기간에 나타난 이런 교육 환경 의 변화로 인해 해방 직후 교사敎師 수가 급증할 수밖에 없었다. 초등학 교 교사는 1945년 19,729명에서 1954년 38,935명으로 2배가량 증가하 였으며, 중학교 교사는 같은 기간에 1,200여 명에서 8,200여 명으로 6.8 배나 폭증하였다. 그리고 1949~51년 학제 개편으로 기존의 5년제 중 학교가 중학교와 고등학교로 분리됐는데,[10] 이렇게 분리된 고등학교의 교사도 1950년 2,300여 명에서 1954년 6,300명으로 2.7배 증가하였 다.[11] 이 같은 교사 수요의 폭증에 따라 강상 졸업생의 교육계 진출 기 회가 크게 증대하였다. 그 외에도 한편으로 한국전쟁과 무관치 않은 것 으로 보이는데, 군입대자가 늘어났고, 다른 한편으로 자영업과 언론계 종사자가 새롭게 등장한 것도 해방 후 취업률의 하락 폭을 줄이는 데

⟨표 3-보-2⟩ 1923~41년 강상 졸업생 중 생존자(1943년 현재)의 해방 후(1954) 신상 변화

(단위: 명)

| 1943 실태 | 유직자 | | | | | 직종 전환 | 주소 불명자 | | | | 직종 불명자 | | | | 계 |
|---|---|---|---|---|---|---|---|---|---|---|---|---|---|---|---|
| 1954년 변화 / 졸업연도 | 사망 | 주소 불명 | 직종 불명 | 직종 지속 동일계통 | 직종 지속 유사계통 | | 사망 | 주소 불명 | 직종 불명 | 취업 | 사망 | 주소 불명 | 직종 불명 | 취업 | |
| 1923 | 3 | | 3 | 3 | | | 1 | | 3 | 4 | | | 2 | | 19 |
| 1924 | | | 4 | 2 | | 1 | | 3 | | | 2 | 1 | 2 | 1 | 16 |
| 1925 | | 1 | 2 | 5 | | | | | | | 2 | 1 | | | 11 |
| 1926 | 1 | 1 | 1 | 5 | | 1 | | 1 | 2 | | 2 | | 6 | | 20 |
| 1927 | | 2 | 4 | 5 | 1 | 2 | 1 | 4 | 1 | 1 | 1 | 3 | 1 | 2 | 28 |
| 1930 | | 1 | 1 | 2 | | 1 | | 1 | | | 1 | | 1 | 1 | 9 |
| 1931 | | 4 | 3 | 2 | 1 | 1 | | | | | | | | | 12 |
| 1932 | 2 | 2 | 3 | 8 | | 2 | | | | | | | 2 | | 19 |
| 1933 | 2 | 2 | 8 | 5 | | 3 | | | 1 | | | | 1 | 1 | 23 |
| 1934 | 2 | | 2 | 11 | 1 | | | | 1 | | | 1 | | | 18 |
| 1935 | 3 | 1 | 3 | 3 | 3 | 4 | | | | | | 2 | | | 19 |
| 1936 | 2 | 3 | 2 | 7 | | 3 | 1 | | | 1 | 1 | 1 | | | 21 |
| 1937 | 1 | 7 | 1 | 5 | 1 | 1 | | | | | 2 | 1 | 3 | 1 | 23 |
| 1938 | 2 | | 4 | 8 | | 1 | | | 2 | | 2 | 4 | 1 | | 24 |
| 1939 | | 3 | 1 | 7 | 1 | 4 | | 1 | 1 | 1 | | | 3 | 2 | 24 |
| 1940 | 6 | 7 | 4 | 5 | | 4 | 1 | | | | | 1 | 1 | 1 | 31 |
| 1941 | 1 | 4 | 2 | 5 | | 6 | | | | | | 3 | 1 | 1 | 23 |
| 소계 | 25 | 38 | 48 | 88 | 10 | 35 | 4 | 11 | 9 | 9 | 12 | 17 | 24 | 10 | 340 |

출전: 강경상업학교 동창회, 1943 ⟨동창회보⟩; 강경상업고등학교 동창회, 1954 ⟨회원명부⟩.

비고: '1954년 변화' 행의 '사망, 주소 불명, 직종 불명, 직종 지속, 직종 전환' 등은 생존 졸업생의 1943년 실태와 대비한 1954년의 신상 변화를 가리킴.

영향을 미쳤다.

그러나 이상과 같은 변화는 통계적인 것으로, 강상 출신 한국인의 개별적 변화를 파악하는 데는 한계가 있다. 이 점을 보완하기 위해 만든 것이 앞의 〈표 3-보-2〉이다. 이 표는 1943년 현재 유직자, 주소 불명자, 직종 불명자였던 1923~41년 졸업생이 해방 후 1954년에 맞이한 신상 변화의 양상을 분류, 집계한 것이다.

이 표에 따르면, 1943년 현재 생존해 있던 강상 출신 한국인의 해방 후 진로 변화에서는 두 가지 주목할 만한 특징이 발견된다. 첫째, 졸업생의 상당수가 사망, 실업 등으로 자신의 기능을 제대로 발휘하지 못하게 된 반면, 해방을 계기로 경제활동을 새롭게 시작한 졸업생은 소수에 불과하였다. 예컨대, 1943년 유직자有職者 245명 가운데 27명은 1954년 현재 사망했고, 37명은 주소 불명이었으며, 48명은 소재가 확인되나 직종이 파악되지 않은 직종 불명자였다. 반면 해방 이전에 주소 불명이나 직종 불명이던 졸업생이 1954년에 취업자로 새롭게 파악된 자는 겨우 19명에 불과하였다. 그리하여 1954년 총 취업자는 152명으로, 1943년 3월까지의 졸업생 전체 370명 가운데 41.1퍼센트, 당시 생존자 340명 중 44.7퍼센트,[12] 1954년 현재 생존자 299명 중 50.8퍼센트에 지나지 않았다. 이런 사정은 1958년에도 마찬가지였다.[13] 달리 말하면, 해방 후에도 생존해 사회경제 활동에 종사하던 해방 이전 졸업생은 동시기에 강상이 배출한 졸업생 가운데 절반도 안 됐다는 것이다.

둘째, 해방 이후에도 해방 이전과 같거나 유사한 영역에서 자신의 역량을 발휘했던 졸업생의 비중은 적었다. 1943년 유직자 가운데 1954년에도 동일하거나 유사한 계통의 직종에 종사하는 졸업생은 98명에 불과하였다. 이는 1943년 졸업생 전체의 26.5퍼센트, 당시 생존 졸업생의 28.8퍼센트에 지나지 않은 수치이다. 반면 해방 이전에 종사하던 직종을 떠나 전직한 졸업생은 1954년에 35명이었다. 이들 중에는 앞의 〈표 3-보-1〉에서 봤듯이, 해방 이후 취업 기회가 증가한 교육계, 언론계 등으로 진출한 자들이 적지 않았다.

요약하면, 강상에서 일제강점기 교육과 경제활동 경험을 통해 축적된 인적 유산 가운데 40퍼센트가량만이 해방 이후에 사회경제 활동을 하고 있었고, 그중 일부는 해방 이전과는 다른 분야로 전직해 활동하였다. 이런 점에서 일제강점기 교육과 경험을 통해 축적된 인적 유산은 해방 후 한국사회의 재건과 발전에 일정한 역할을 수행했지만, 그 정도는 제한적이라 하겠다.

### | 지위 상승과 직위 승진 |

제3장의 〈일제 말기 한국인 졸업생의 성장과 식민지적 위계구조〉에서 살펴봤듯이, 강상의 한국인 졸업생은 일제 말기에 성장 계기를 맞이한 듯했다. 그러나 그 성장은 식민지적 차별구조를 벗어나지 못한 제한된 성장에 불과하였다. 그러면 민족해방은 강상 졸업생의 성장에 어떤 계기로 작용했을까. 이 점을 밝히기 위해 1943년 현재 생존한 1923~41년 졸업생 가운데 해방 후 1954년에 이르러 1943년 당시의 직위나 지위보다 승진, 상승한 경우를 조사하였다. 그 결과를 정리한 것이 다음 〈표 3-보-3〉이다.

이 표에 따르면, 1923~43년 3월 졸업생 가운데 1943년과 1954년 사이에 동일 직종·직장에 재직하면서 직위가 승진한 자(직위 승진자)와

〈표 3-보-3〉 1923~41년 강상 졸업생 중 생존자의 해방 후(1954) 직위·지위 상승

(단위: 명)

| 졸업연도 | 직위 승진 | | | | | | | 지위 상승 (취업, 직종 전환) | | | | 합계 | 생존 졸업생 |
| --- | --- | --- | --- | --- | --- | --- | --- | --- | --- | --- | --- | --- | --- |
| | 일반 관공서 | | | 금융계 | | | | | | | | | |
| | 세무서 | 철도청 | 전매청 | 한국은행 | 식산은행 | 금융조합 | 민간은행 | 관공서 | 금융계 | 회사 | 협회 | | |
| 1923 | 1 | 1 | | | | 1 | | 1(1) | 1(1) | 1(1) | | 6(3) | 15 |
| 1924 | | | | | 1 | 1 | | | | | | 2 | 14 |
| 1925 | | | | | 1 | 1 | | | | | | 2 | 9 |
| 1926 | 1 | 1 | 1 | | | 2 | | | | | | 5 | 17 |
| 1927 | | | | | | 3 | 1 | | 1 | 2(1) | | 7(1) | 26 |
| 1930 | | | | | | 2 | | | | | | 2 | 8 |
| 1931 | | | | | | | | | | 1 | | 1 | 12 |
| 1932 | | 1 | | | | 3 | | 1 | | | | 5 | 17 |
| 1933 | | | | | | 3 | 2 | | | | | 5 | 21 |
| 1934 | | 1 | | | 2 | 7 | 1 | | | | | 11 | 16 |
| 1935 | | | | | | 1 | 1 | 2 | | | | 4 | 17 |
| 1936 | | 1 | 1 | | | 1 | | | | | | 3 | 16 |
| 1937 | | | | | | 2 | | | 1(1) | | | 3(1) | 21 |
| 1938 | | | 1 | 1 | | 1 | 1 | | | | | 4 | 20 |
| 1939 | | | | 1 | | 1 | 1 | 1 | | | 1(1) | 5(1) | 24 |
| 1940 | | | | 1 | | | 2 | | | | | 3 | 24 |
| 1941 | | | | | | | | 1(1) | 1(1) | | | 2(2) | 22 |
| 합계 | 2 | 5 | 3 | 3 | 4 | 29 | 9 | 6(2) | 4(3) | 4(2) | 1(1) | 70(8) | 299 |

출전: 강경상업학교 동창회, 1943 〈동창회보〉; 강경상업고등학교 동창회, 1954 〈회원명부〉; 김정렴, 1995 《한국경제정책30년사》, 중앙일보사, 12~13쪽.

비고: ① 생존 졸업생의 1943년 실태와 대비한 1954년 직위·지위의 변화를 가리킴.

② 직위 상승은 동일 직종 내 상승한 경우이고, 지위 상승은 직종 전환해 상승한 경우임.

③ 괄호 속은 해방 이전 직업 불명이나 해방 이후 동일 직종 내 직위 상승이 명료한 경우임. 단, 괄호 밖의 수는 괄호 안의 수를 포함함.

④ 유사계통 직종으로 이직한 경우라도 직급 상승이 명료한 경우는 포함시켰으며, 다른 계통 직종으로 단순 이직하거나 지점에서 본점으로 전근하거나 고등교육기관 졸업 후 취업한 경우 등은 제외했음.

⑤ 1941년은 3월 졸업생(제17기)을 가리킴.

새롭게 취업하거나 전직해 승진한 자(지위 상승자)는 총 70명이었다. 이는 졸업생 전체 370명 가운데 18.9퍼센트, 1954년 현재 생존 졸업생 299명 중 23.4퍼센트에 이르렀다. 특히, 1943~54년 사이에 직위 승진율을 구해보면, 이보다 더 높게 나온다. 1943년 당시의 취업 실태(제3장의 〈표 3-12〉)와 1954년의 직위 승진 실태(〈표 3-보-3〉)를 비교해보면, 직위 승진율은 일반 관공서 종사자 30.3퍼센트, 금융조합 종사자

〈표 3-보-4〉 1923~41년 3월 강상 졸업생 중 생존자의 해방 후(1954) 승진 직위·지위

(단위: 명)

| 직종 | | 직급 | 소계 |
|---|---|---|---|
| 중앙<br>정부<br>부처 | 중앙관서 | 재무부 계장 1, 체신부 계장 1,<br>교통부 담임관 1 | 3 |
| | 철도국 | 지방철도국 담임관 1, 역장 3,<br>철도사무소 주임 1 | 5 |
| | 세무서 | 서장 1, 지서장 1 | 2 |
| | 전매청 | 지청장 1, 지방전매국 과장 1,<br>지방전매청 인쇄공장장 1 | 3 |
| | 심계원 | 지방심계원 검사관 1 | 1 |
| 지방정부 부처 | | 도지사 1, 도청과장 1 | 2 |
| 금융<br>조합 | 연합회 | 지부장대리 1, 참사 2, 부참사 3,<br>주재사무소장 1 | 7 |
| | 지방금융조합 | 이사 17, 부이사 6 | 23 |
| 은행 | 본점 | 과장 4, 대리 2, 검사역 2 | 8 |
| | 지점 | 지점장 5, 이사 1, 차장 1, 대리 4 | 11 |
| 회사 | | 공장장 1, 지점장 1, 출장소장 1 | 3 |
| 협회 | | 이사 1 | 1 |
| 신문사 | | 중앙일간지 부장 1 | 1 |
| 합계 | | | 70 |

출전: 강경상업고등학교 동창회, 1954 〈회원명부〉.

34.1퍼센트, 그리고 금융조합 이외 금융계 종사자 37.2퍼센트로, 모두 30퍼센트를 넘어섰다.[14]

이런 승진율은 일제 말기와 비교하면 더욱 돋보인다. 그 단적인 사례가 금융조합 종사자의 승진이다. 제3장의 〈표 3-16〉과 비교하면, 1954년의 관리자급 승진이 두드러지게 보인다. 금융조합에서 관리자급인 부참사, 참사, 부이사, 이사가 1943년 총 재직자 85명 중 최대 10명에 불과했다면, 1954년에는 총 재직자 70명(〈표 3-보-1〉) 가운데 30명(직위 승진 29명, 지위 승진 1명)으로 급증한 것이다.

그리고 승진하거나 상승한 지위 또한 일제 말기와 비교가 안 될 만큼 높아졌다. 강상 졸업생은 일제 말기에 기껏해야 금융조합 이사와 철도 역장이 되는 데 불과했다면, 앞의 〈표 3-보-4〉에서 보듯, 1954년에는 중앙 및 지방 관공서의 도지사·도청과장·지청장·서장·과장·계장, 은행 본점과 지점의 과장·지점장·차장·대리·검사역, 회사의 공장장·지점장으로 승진한 자들이 속속 생겨났다. 이는 1923~43년 3월까지 강상을 졸업하고 1954년 현재 생존한 자 가운데 23.4퍼센트가 각 직종·직장의 중상급 관리자로 성장했음을 말해준다. 이런 성장 추세는 1958년에도 계속되었다. 게다가 회사 사장(4명)과 중역(5명), 그리고 이익단체 협회장(1명)이 된 졸업생들도 출현하기 시작하였다.[15]

요컨대, 일제 말기 제한적 성장에 그쳤던 강상 졸업생은 해방을 계기로 중상급 관리자로 본격 성장하고 사회경제적으로 높은 지위를 차지하기 시작하였다.[16] 민족해방이야말로 강상 졸업생이 식민지적 차별 구조의 틀에서 벗어나 비약적으로 성장할 수 있는 결정적 계기였던 셈이다.

**4**

교사의
민족차별 언행과
동맹휴학

## 동맹휴학과 학생들의 문제의식

1920, 30년대는 소작쟁의, 노동쟁의와 함께 동맹휴학이 유행병처럼 번진 시대였다.[1] 동맹휴학은 학생과 교사, 학생과 학교 당국, 학생과 식민권력 사이에 다양한 시선·이해·지향의 충돌과 갈등이 표출된 사건이었다.

학생들이 동맹휴학(이하 '맹휴'로 줄임)을 통해 제기한 문제는 크게 세 가지였다.[2] 첫째, 민족차별·말살의 문제이다. 한국어·한국역사 교육 등 한국인 본위 교육 실시, 한국인 교사 채용, 민족차별 교육과 행태의 철폐 등을 요구하는 것으로, 학생의 민족의식이 발현된 것이다. 둘째, 전제적·독선적·억압적·폭력적 학생지도의 문제이다. 학생자치 실시, 교내 언론·집회 자유 보장, 인격적 대우, 경찰과의 야합 반대 등을 요구한 것으로, 학생의 자치·자유·인권 의식이 표출된 것이다. 셋째, 열악한 교육시설과 조건의 문제이다. 교육설비 개선, 무자격 교사 퇴출, 교수법 개선, 학교 승격, 기숙사 설치 등 학습권 보장을[3] 요구한 것으로, 학생의 권리의식이 투영된 것이다. 이러한 세 가지 문제와 이들 문제에 대응한 학생의 의식들(민족의식, 자치의식, 자유의식, 인권의식, 권리의식)은 서로 연계되기도 하고 영향을 주기도 하면서 맹휴를 유행병처럼 분출시켰다.

그런데, 맹휴 가운데 다수가 교장과 교사를[4] 대상으로 한 것이었다는 사실을 유의할 필요가 있다.[5] 교사의 언행, 자격 소지 유무, 교수법, 학생에 대한 대우와 지도 방식 등을 문제시 해 특정 교사들을 배척한 것이 원인 중 하나로 포함된 맹휴가 지배적이었던 것이다. 그리고 교사 배척 문제는 앞서 언급한 민족차별·말살의 문제, 전제적·독선적·억압적·폭력적 학생지도의 문제, 열악한 교육 조건과 시설의 문제 등과 복합적으로 연관된 경우가 많았다. 이런 점에서 '교사 배척 요구가 포함된 맹휴'(이하 '교사 배척 맹휴'로 줄임)는 일제강점기 맹휴의 성격을 규명하는 데 대단히 중요한 작업이라 할 수 있다. 그런 까닭인지 모르나 교사 배척 맹휴가 최근 연구자의 관심을 끌기 시작하였다.[6]

그러나 관행적 민족차별을 주목하는 관점에서 보면, 교사 배척 맹휴 연구에는 두 가지 유의할 점이 있다. 첫째, 교사 배척 원인을 분석할 때 의존하는 자료와 분류하는 방식의 문제이다. 다수 연구에서는 조선총독부 경무국의 자료와 통계 분류에[7] 의존해 맹휴의 원인을 분석하는 경향이 있다. 여기에서는 교사 배척의 원인 가운데 민족 갈등과 민족차별의 문제를 축소하는 반면, 교사의 개인적 문제를 부각하려는 식민 통치자의 의도가 일제 측 자료 자체에 반영됐을 가능성이 간과되고 있다.[8]

둘째, 민족차별이라는 사실을 추상적으로 지적하거나 구체적 양상을 열거하는 데 그치지 않도록 하는 것이다. 그렇게 하지 않으면, 민족차별의 논리, 기제와 배경 등을 제대로 밝힐 수 없게 된다.

본장은 이에 다음과 같은 순서로 문제에 접근하였다. 첫 번째, 전체 맹휴 가운데 교사 배척 맹휴를 추려냈다. 두 번째, 맹휴에서 교사 배척의 구체적 사유를 조사해, 분류하였다. 세 번째, 교사 배척 관련 여러 사유 중에서 '관행적 민족차별'(이하 '민족차별'로 줄임) 사유를 특별히 주목해, 민족차별의 양상과 논리, 그리고 그러한 차별이 일상적, 반복적, 지속적으로 자행된 배경을 분석하였다.

이를 위해 특별히 모색하는 시각과 방법은 다음과 같다. 첫째, 민족차별의 주체를 일본인 교사로 한정하지 않고 거의 대다수가 선교사 출신이던 서양인 교사나[9] 한국인 교사까지 포함해 검토하였다. 둘째, 민족차별의 실태를 제대로 밝힐 수 있도록 교사 배척 맹휴의 원인을 새롭게 분류해 통계화하였다. 이를 위해 1920~38년간 신문기사를 주요 대상으로 조사했고, 학교사學校史, 조선총독부측 자료도 보조자료로 참고하였다.[10] 셋째, 교사 배척 관련 여러 사유 가운데 민족차별 사유의 비중이나 특성을 다각도로 밝히기 위해 교사 배척 맹휴의 원인을 설립주체별, 계열별로 구분 조사, 분석하였다.[11]

# 교사 배척 동맹휴학의 원인별 양상

## | 전반적 양상 |

먼저 1920~38년간 발생한 교사 배척 맹휴의 전반적 추세부터 조사하였다. 전체 맹휴 가운데 교사 배척 요구가 포함된 맹휴, 즉 교사 배척 맹휴를 모두 조사한 것이다. 이 조사 대상에 포함시킨 학교는 인문계 중등학교인 고등보통학교(이하 '고보'로 통칭)·여자고등보통학교(이하 '여고보'로 줄임), 실업계 중등학교인 농업학교·상업학교·수산학교·농잠학교·공업학교(이하 '실업학교'로 줄임), 그리고 조선총독부의 인가를 받지 못한 중등 수준의 각종학교(이하 '각종학교'로 줄임)[12] 등이다.

조사 결과 확인된 교사 배척 맹휴는 총 204건이다. 이 같은 조사 수치는 맹휴의 발생 건수를 비교적 충실하게 반영한 것으로 보인다. 이는 기존 연구의 결과와 비교하면 쉽게 확인된다. 1920~40년간 《동아일보》의 기사를 이용한 기존 연구에서 맹휴 전체의 건수는 총 268건이었다.[13] 그렇다면 본장에서 확인한 204건의 교사 배척 맹휴는 전체 맹휴 건수 268건의 76.1퍼센트에 달한 것이 된다. 그리고 이 수치는 《동아일보》 기사를 토대로 고보의 전체 맹휴 가운데 교사 배척 맹휴의 비율이 70.6퍼센트이었다는 기존 연구의 결과보다 높은 수치를 보인 것이다.[14]

그러면 이 같은 교사 배척 맹휴 수치를 당시 중등학교 숫자와 비교해 보면 어떨까? 참고로 1930년 현재(각종학교는 1933년 현재) 사실상 일본인 전용 중등학교를 제외한 중등학교의 총수는 127개교였다.[15] 그렇다면, 1920~38년간 중등학교 1개 학교당 교사 배척 맹휴는 평균 1.6회

<표 4-1> 중등학교 교사 배척 동맹휴학의 발생 추이[16]

| 연도 | 건수 | 연도 | 건수 | 연도 | 건수 |
|------|------|------|------|------|------|
| 1920 | 5 | 1926 | 16 | 1932 | 2 |
| 1921 | 9 | 1927 | 30 | 1933 | 6 |
| 1922 | 6 | 1928 | 30 | 1934 | 3 |
| 1923 | 12 | 1929 | 14 | 1935 | 5 |
| 1924 | 12 | 1930 | 28 | 1936 | 0 |
| 1925 | 9 | 1931 | 14 | 1937~38 | 3 |
| 소계 | 53 | 소계 | 132 | 소계 | 19 |
| 합계 | | | 204 | | |

비고: 교장·교사 유임 요구 건수는 제외했음.

<표 4-2> 중등학교 교사 배척 동맹휴학 원인의 분류 기준

| 대분류 | 소분류 | 세부 내용 | 학생의식 |
|--------|--------|-----------|----------|
| 관행적 민족차별 | 민족(인종) 모욕·차별 | 민족·인종을 모욕하거나 차별하는 언행 반대, 한·일 학생 차별지도 철폐 요구 등 | 민족의식 |
| 교사 자격·역량 | 자격문제 | 무자격 교사나 역량 부족 교사 배척 등 | 권리의식 |
| | 교수법문제 | 교수법 불량 교사 배척, 교수 불친절에 대한 반발 등 | |
| 학생지도 | 비인격적 대우 | 인격적 대우 요구, 인격 모멸적 언행에 대한 불만 등 | 인권의식 |
| | 전제적·폭력적 지도 | 전제적·독선적·억압적·폭력적 학생지도에 대한 반발, 불합리한 처벌 반대, 신앙 강제 반대, 경찰과의 야합에 의한 학생 감시·탄압 반대 등 | |
| 기타 | | 품행 불량 교사나 행정 무능력 교장 교체 요구, 빈부·우열 차별 반대, 교사 간 갈등 등 | – |
| 불명 | | 배척 사유 불명 | – |

꼴로 발생한 셈이 된다. 그리고 같은 기간의 교사 배척 맹휴는 공립 중등학교 44개교, 사립 중등학교 17개교, 각종학교 24개교 등 총 85개교에서 발생한 것으로 조사되었다. 이는 당시 학교 총수 127개의 66.9퍼센트에 해당하는 수치이다. 전체 중등학교 가운데 3분의 2에서 최소 1회 이상 교사 배척 맹휴가 발생한 것이다.

그러면 교사 배척 맹휴의 연도별 추이는 어떨까? 이를 알기 위해 정리한 것이 앞의 〈표 4-1〉이다.

교사 배척 맹휴의 추이는 조선총독부 경무국이 파악한 맹휴 전체의 추이와 비교하면, 일부 연도에서 차이를 보였다. 예컨대 교사 배척 맹휴 건수가 1922, 1925, 1929년에는 상대적으로 적은 반면, 1924년에는 상대적으로 많은 것으로 나타난 것이다.[17] 그러나 이들 연도를 제외하면, 교사 배척 맹휴의 추이는 맹휴 전체의 추이와 유사한 경향을 보였다. 6·10만세운동과 신간회 결성을 계기로 고조되다가 광주학생운동의 종료와 만주사변 이후 급격히 감소한 것이다.[18] 그 결과 교사 배척 맹휴는 1926~31년 사이에 132건으로, 1920~38년간 발생 총수 204건의 64.7퍼센트에 달할 만큼 집중 발생한 것이다.

그렇다면, 교사 배척 맹휴의 전반적 양상에서 가장 핵심적인 내용인 원인별 추이는 어떠한가? 이를 보기 위해 교사 배척 맹휴의 원인을 총 7가지 범주로 분류(소분류)하였다. 그 분류 기준을 소개하면, 앞의 〈표 4-2〉와 같다.

그리고 이 분류 기준에 의거해 중등학교 전체에서 발생한 교사 배척 맹휴 204건의 원인별 건수를 정리하였다. 그 결과는 다음 〈표 4-3〉과 같다.

이 표에 따르면, 교사 배척 맹휴 204건의 원인별 건수는 총 302개이다. 교사 배척 맹휴에는 1건당 1.5개의 교사 배척 원인이 작용한 셈이다. 이는 교사 배척이 복합적 원인에 의해 발생했음을 보여준다. 여러 원인 가운데 원인 불명인 맹휴를 제외하면, 가장 높은 빈도를 보인 것은 교사 자격·역량의 문제로 30.5퍼센트를 차지하였다. 교사 자격·역량의 문제는 무자격, 교수 역량 부족, 교수법 불량, 교수 불친절 등과 관련된 것이었다. 이 문제로 인한 교사 배척 맹휴의 비율은 《조선총독

〈표 4-3〉 중등학교 동맹휴학 중 교사 배척 원인별 건수(1920~38)

| 원인 | | 관행적 민족차별 | 교사 자격·역량 | | 학생지도 | | 기타 | 불명 | 계 |
|---|---|---|---|---|---|---|---|---|---|
| | | | 자격 문제 | 교수법 문제 | 비인격적 대우 | 전제적· 폭력적 지도 | | | |
| 건수 | | 49 | 44 | 48 | 48 | 36 | 36 | 41 | 302 |
| 소계 (비율) | | 49 (16.2) | 92 (30.5) | | 84 (27.8) | | 36 (11.9) | 41 (13.6) | 302 (100) |
| 교사 관련 건수 | 한국인 | 2 | 15 | 21 | 8 | 10 | 17 | 28 | 101 (29.6) |
| | 일본인 | 43 | 28 | 30 | 34 | 17 | 12 | 15 | 179 (52.5) |
| | 서양인 | 5 | 3 | 1 | 6 | 5 | 1 | 1 | 22 (6.5) |
| | 불명 | 0 | 7 | 4 | 3 | 5 | 7 | 13 | 39 (11.4) |
| | 소계 | 50 | 53 | 56 | 51 | 37 | 37 | 57 | 341 (100) |

비고: ① 본 통계는 관공사립의[19] 고보, 여고보, 실업학교, 중등 수준 각종학교의 교사 배척 맹휴 204건을 대상으로 원인을 정리, 분류하여 그 건수를 집계한 것임.
② 1건의 맹휴에서 교사별 배척 원인이 다른 경우에는 중복 계산하나, 2명 이상의 교사 배척 사유가 동일한 경우에는 1건으로 계산하고, 동일 교사의 배척 원인이 복수일 경우에는 중복 계산했음.
③ 교장도 교사에 포함해 계산했음.

부 맹휴 통계(1929)》에서도 48.2퍼센트로[20] 가장 높았는데, 비록 수치상 차이는 크나 본 조사에서도 최고의 비중을 보였다. 교사 자격·역량 관련 맹휴는 자신의 학습권 보장을 요구하는 학생의 권리의식이 성장한 결과의 반영이란 점에서 주목된다.

그다음으로 빈도가 높은 것은 학생지도 관련 교사 배척이었다. 이런 유형의 교사 배척은 전제적·독선적·억압적·폭력적 지도, 불합리한 처벌, 기독교 신앙 강제, 비인격적인 대우에 대한 불만 등으로 인해 발생하였다. 특히 학생들의 처지와 의사를 무시한 교장의 전제적·독선적 학교 행정은 학생들의 불만을 누적시켰다. 그 결과는 교장 배척으로 나타났다. 204건의 교사 배척 맹휴 가운데 교장 배척 맹휴가 50건으로(다음 〈표 4-4〉), 24.5퍼센트를 차지하였다. 이러한 맹휴는 3·1운동 이후 학생들의 인권의식이 성장하면서 교육현장에서 전제적·독선적·억압적·폭력적 학생지도와 비인격적 대우에 순종하지 않고 저항하면서 자신들의 인권을 지키려는 의지와 노력의 결과라는 점에서 역시 주목할 가치가 있다.

민족차별 관련 교사 배척 맹휴의 비율은 원인별 전체 건수 중 16.2퍼센트로, 교사 자격·역량이나 학생지도 문제 관련 맹휴에 비해 상당히 낮았다. 그러나 내막을 들여다보면 반드시 그렇지는 않다. 〈표 4-3〉의 민족(인종)차별 관련 맹휴는 교사 개개인이 교육현장에서 일상적, 관행적으로 자행한 민족(인종)차별·모욕 언행에 대한, 학생들의 반발만을 대상으로 한 것이기 때문이다. 부연하면, 당시 법적 민족차별을 반대하며 빈번하게 발생했던 맹휴, 예컨대, 일본어·일본역사 위주의 차별교육, 일본인 위주의 교사 채용 등에 대한 반대 맹휴는 〈표 4-3〉의 조사대상에서 제외한 반면, 오로지 교사 개개인의 언행에 나타난 관행적 민족차별만을 조사 대상으로 삼았기 때문이다. 그럼에도 민족차별 관련 맹휴의 비율이 16.2퍼센트에 달하였다는 것은 대단히 주목할 만한 사실이다. 《조선총독부 맹휴 통계(1929)》에서 교사 배척 맹휴 가운데 민족의식에 기인한 맹휴가 겨우 2.8퍼센트에 불과한 것으로 집계된 점과 비교하면 특히 그렇다. 민족 갈등과 민족차별의 문제를 통계적으로 축소하려는 식민 통치자의 의도가 드러나기 때문이다.

어쨌든 이때 배척의 주 대상은 일본인 교사였다. 민족차별 관련 맹휴에서 교사 배척 건수 총 50건 가운데 86퍼센트인 43건이 일본인 교사가 관련된 것이었다. 그러나 한국인 교사와 서양인 교사의 관련 건수가 각각 2건, 5건이었음도 간과돼서는 안 된다. 다음 〈배척 대상 교사의 민족차별 언행〉에서 후술하거니와, 민족차별 관련 맹휴는 기본적으로 한·일 간 민족문제였지만, 그 이상의 성격을 지닌 문제였음을 시사하는 것이기 때문이다.

마지막으로 맹휴과정에서 교사 관련 건수의 민족별 구성을 살펴볼 필요가 있다. 〈표 4-3〉을 보면, 교사 관련 건수는 총 341건이다. 이 가운데 확인 불가능한 39건을 제외하면, 한국인 교사 101건, 일본인 교사 179건, 서양인 교사 22건으로, 확인 가능한 것은 302건이다. 여기서 보듯, 맹휴 관련 교사의 다수는 일본인 교사였다. 교사 관련 건수의 민족별 구성비(302건 대비)를 보면, 한국인 교사는 33.4퍼센트, 일본인 교사는 59.3퍼센트, 서양인은 7.3퍼센트였던 것이다.[21]

당시 교직원의 민족별 구성비가 대략 한국인 37.2퍼센트, 일본인 59.7퍼센트, 서양인 3.1퍼센트였던[22] 점을 감안해 교사의 맹휴 관련성을 민족별로 비교하면, 다음과 같다. 한국인 교사의 관련성은 교직원의 민족별 구성비보다 낮았던 반면, 일본인 교사의 관련성은 그것과 비슷했고, 서양인 교사의 관련성은 그것보다 배 이상 높았다. 그러나 이런 결과는 교사 배척 사유가 동일한 경우에는 관련 교사가 2명 이상이라도 관련 건수를 1건으로 계산한 집계 방식(〈표 4-3〉의 비고 ②)에 의해 야기된 착시란 점에서 주의를 요한다. 서양인 교사는 대체로 맹휴 1건당 1명이 연루된 반면, 일본인 교사는 2명 이상 연관된 경우가 상당수였고, 심지어 7명까지 연관됐음에도[23] 〈표 4-3〉에서는 모두 1건으로 집계하였다. 한국인 교사도 2명 이상 복수로 연관된 사례가 제법 있었으나 일본인 교사에 비해 훨씬 적었다. 이런 점을 고려하면, 맹휴에서 교사가 배척 대상이 될 가능성은 한국인 교사에 비해 일본인 교사가 훨씬 더 컸다고 할 수 있다.

| 설립주체별·계열별 양상 |

교사 배척 맹휴의 양상은 중등학교라도 공립이냐 사립이냐, 인문계냐 실업계냐에 따라 차이를 보였다. 그 대강을 정리하면, 다음 〈표 4-4〉와 같다.

이 표에서 교사 배척 맹휴를 설립주체별로 보면, 관공립학교 91회, 사립학교 113회로, 사립학교 교사 배척 맹휴의 발생 횟수가 더 많았다. 학교 수를 감안한 맹휴 발생률을 봐도 사립학교가 1개교당 1.79회로, 관공립학교 1.42회보다 높았다. 계열별 교사 배척 맹휴의 발생률은 관공·사립 불문하고 인문계가 실업계보다 월등히 높았다. 교장 배척 맹휴의 횟수나 발생률도 유사한 경향을 보였다. 이렇게 보면, 교사 배척 맹휴는 공립학교보다 사립학교에서, 실업계 학교보다 인문계 학교에서

더 활발하게 일어났다고 하겠다.[24]

그렇다면, 사립학교에서 발생한 교사 배척 맹휴의 성격은 어떤 것들이었을까? 이 점을 이해하기 위해 교사 배척 원인별 건수를 세밀하게 분석할 필요가 있다. 이 분석을 위해 작성한 것이 다음 〈표 4-5〉이다.

이 표에서 주목할 점은 두 가지이다. 하나는 사립학교 맹휴 가운데 서양인 교사 배척 관련 건수가 22건에 이를 만큼 많았다는 점이다. 그 비중은 교사 배척 관련 건수 전체 181건 중 12.2퍼센트, 원인 '불명'인 27건을 제외한 154건 중 14.3퍼센트나 되었다. 이런 수치는 사립학교 교직원 수의 민족별 연평균 구성비가 한국인 65.4퍼센트, 일본인 29.0퍼센트, 서양인 5.6퍼센트(제5장의 〈표 5-5〉)이었던 점을 감안하면, 서양인 교사가 맹휴에서 배척 대상이 될 가능성은 상대적으로 높은 편이라 하겠다.

〈표 4-4〉 설립주체별·계열별 중등학교 교사 배척 동맹휴학의 횟수와 발생률(1920~38)

| 설립주체·계열별 | | 관공립 | | | 사립 | | | | 계 |
|---|---|---|---|---|---|---|---|---|---|
| | | 인문계 | 실업계 | 소계 | 인문계 | 실업계 | 각종학교 | 소계 | |
| 교사 (교장 포함) 배척 | 횟수 | 38 | 53 | 91 | 49 | 12 | 52 | 113 | 204 |
| | 맹휴 발생률 | 1:1.81 | 1:1.23 | 1:1.42 | 1:2.58 | 1:2.0 | 1:1.37 | 1:1.79 | 1:1.61 |
| 교장 배척 | 횟수 | 14 | 13 | 27 | 17 | 3 | 13 | 33 | 50 |
| | 맹휴 발생률 | 1:0.67 | 1:0.3 | 1:0.42 | 1:0.89 | 1:0.5 | 1:0.34 | 1:0.52 | 1:0.39 |
| 학교 총수 | | 21 | 43 | 64 | 19 | 6 | 38 | 63 | 127 |

출전: 학교 수 - 조선총독부, 《조선총독부 통계연보》, 1930년도판; 조선총독부 학무국, 《조선제학교일람》 1933년도판(《식민지조선 교육정책사료집성》 제58권, 고려서림, 1990 수록).

비고: ① 〈표 4-3〉의 비고와 동일.
② 인문계는 고보와 여고보이고, 실업계는 농업·상업·수산·공업 등 각종 실업학교임.
③ 관공·사립 학교 수는 1930년 현재 사실상 일본인 전용학교를 제외한 학교 수임.
④ 각종학교의 학교 수는 1933년부터 중등 수준의 학교 통계를 구할 수 있는 점을 감안해 1933년 현재의 학교 수임.

〈표 4-5〉 사립 중등학교 동맹휴학 중 교사 배척 원인별 건수(1920~38)

| 원인 | | | 관행적 민족차별 | 교사 자격·역량 | | 학생지도 | | 기타 | 불명 | 계 |
|---|---|---|---|---|---|---|---|---|---|---|
| | | | | 자격 문제 | 교수법 문제 | 비인격적 대우 | 전제적· 폭력적 지도 | | | |
| 인문계 | 건수 | | 6 | 10 | 14 | 7 | 11 | 10 | 15 | 73 |
| | 소계 (비율) | | 6 (8.2) | 24 (32.9) | | 18 (24.7) | | 10 (13.7) | 15 (20.5) | 73 (100) |
| | 배척 관련 건수 | 한국인 | 0 | 5 | 8 | 2 | 5 | 7 | 12 | 39 |
| | | 일본인 | 3 | 4 | 8 | 1 | 0 | 1 | 2 | 19 |
| | | 서양인 | 3 | 0 | 0 | 3 | 4 | 0 | 0 | 10 |
| | | 불명 | 0 | 3 | 1 | 1 | 3 | 2 | 7 | 17 |
| 실업계 | 건수 | | 3 | 2 | 1 | 1 | 1 | 3 | 2 | 13 |
| | 소계 (비율) | | 3 (23.1) | 3 (23.1) | | 2 (15.4) | | 3 (23.1) | 2 (15.4) | 13 (100.1) |
| | 배척 관련 건수 | 한국인 | 0 | 1 | 0 | 0 | 0 | 0 | 2 | 3 |
| | | 일본인 | 3 | 1 | 1 | 1 | 1 | 1 | 1 | 9 |
| | | 불명 | 0 | 1 | 0 | 0 | 0 | 2 | 0 | 3 |
| 각종학교 | 건수 | | 2 | 9 | 13 | 8 | 8 | 13 | 13 | 66 |
| | 소계 (비율) | | 2 (3.0) | 22 (33.3) | | 16 (24.2) | | 13 (19.7) | 13 (19.7) | 66 (99.9) |
| | 배척 관련 건수 | 한국인 | 1 | 7 | 12 | 6 | 5 | 8 | 10 | 49 |
| | | 일본인 | 0 | 2 | 2 | 2 | 0 | 3 | 4 | 13 |
| | | 서양인 | 2 | 3 | 1 | 3 | 1 | 1 | 1 | 12 |
| | | 불명 | 0 | 1 | 1 | 0 | 1 | 2 | 2 | 7 |
| 계 | 건수 | | 11 | 21 | 28 | 16 | 20 | 26 | 30 | 152 |
| | 소계 (비율) | | 11 (7.2) | 49 (32.2) | | 36 (23.7) | | 26 (17.1) | 30 (19.8) | 152 (100) |
| | 배척 관련 건수 | 한국인 | 1 | 13 | 20 | 8 | 10 | 15 | 24 | 91 |
| | | 일본인 | 6 | 7 | 11 | 4 | 1 | 5 | 7 | 41 |
| | | 서양인 | 5 | 3 | 1 | 6 | 5 | 1 | 1 | 22 |
| | | 불명 | 0 | 5 | 2 | 1 | 4 | 6 | 9 | 27 |
| | | 소계 | 12 | 28 | 34 | 19 | 20 | 27 | 41 | 181 |

비고 : 〈표 4-4〉의 비고와 동일.

반면, 한국인 교사가 교사 배척 맹휴에 연루됐을 가능성은 낮은 편이었다. 한국인 교사 관련 건수 91건의 비율은 원인 '불명' 건수를 제외한 154건 중 59.1퍼센트로, 교사 수의 민족별 구성비에 비해 낮았던 것이다.

다른 하나는 사립학교의 교사 배척 맹휴 가운데서도 민족차별과 관련된 것이 있다는 점이다. 사립학교 교사 배척 맹휴 113건 가운데 11건이 민족차별 문제와 관련된 것이다. 그 가운데 7건이 기독교계 사립학교에서 일어났다. 나머지 2건도 일본인이 설립한 선린상업학교에서 발생하였다. 선린상업학교는 한·일 공학 사립학교였으나, 교직원은 일본인이 거의 대다수였기 때문에 한국인 학생들이 보기에 교육환경이 공립학교와 유사하였다.[25] 그리고 민족차별 사유의 교사 배척은 한국인 교사에서는 1건밖에 없는 반면, 일본인 교사와 서양인 교사에서는 각각 6건, 5건이나 발견된다. 이런 점을 종합적으로 고려하면, 사립학교에서 발생한 교사 배척 맹휴의 일부에서도 민족적 성격을 발견할 수 있다.

그럼에도 사립학교에서는 교사 배척 맹휴의 민족적 성격은 상대적으로 약하였다고 하겠다. 〈표 4-5〉에서 나오듯, 민족차별 관련 교사 배척 맹휴의 비율이 전체 가운데 7.2퍼센트를 차지하는 데 불과했기 때문이다. 반면 교사 자격·역량이나 교사 지도 관련 맹휴는 각각 32.2, 23.7퍼센트나 되었다. 민족차별 관련 맹휴의 비율보다 3~4배 이상 높은 것이다. 이렇게 본다면, 사립학교의 교사 배척 맹휴는 민족적 성격도 일부 띠지만, 그보다는 학습권과 인권 보장을 요구하는 기본권 차원의 성격을 더 강하게 보였다고 하겠다.

그러면 사립학교와 달리 공립학교의 양상은 어떠했을까? 이를 살펴보기 위한 자료로 정리한 것이 아래 〈표 4-6〉이다.

교사 배척 맹휴에서 공립학교의 가장 두드러진 특징은 두 가지이다. 하나는 민족차별 관련 교사 배척 맹휴가 큰 비중을 차지하였다는 점이다. 이런 성격의 맹휴는 38건으로, 전체 150건 중 25.3퍼센트를 차지하였다. 이런 맹휴가 사립학교에서는 겨우 7.2퍼센트였던 점과는 대조적이다. 그리고 민족별 교사 배척 건수에서도 일본인 교사가 한국인 교사

〈표 4-6〉 관공립 중등학교 동맹휴학 중 교사 배척 원인별 건수(1920~38)

| 원인 | | 관행적 민족차별 | 교사 자격·역량 | | 학생지도 | | 기타 | 불명 | 계 |
|---|---|---|---|---|---|---|---|---|---|
| | | | 자격 문제 | 교수법 문제 | 비인격적 대우 | 전제적· 폭력적 지도 | | | |
| 인문계 | 건수 | 16 | 10 | 9 | 15 | 5 | 6 | 5 | 66 |
| | 소계 (비율) | 16 (24.2) | 19 (28.8) | | 20 (30.3) | | 6 (9.1) | 5 (7.6) | 66 (100) |
| | 배척 관련 건수 한국인 | 0 | 1 | 1 | 0 | 0 | 2 | 2 | 6 |
| | 일본인 | 15 | 10 | 10 | 15 | 5 | 4 | 4 | 63 |
| | 불명 | 0 | 0 | 0 | 0 | 1 | 1 | 1 | 3 |
| 실업계 | 건수 | 22 | 13 | 11 | 17 | 11 | 4 | 6 | 84 |
| | 소계 (비율) | 22 (26.2) | 24 (18.6) | | 28 (33.3) | | 4 (4.8) | 6 (7.1) | 84 (100) |
| | 배척 관련 건수 한국인 | 1 | 1 | 0 | 0 | 0 | 0 | 2 | 4 |
| | 일본인 | 22 | 11 | 9 | 15 | 11 | 3 | 4 | 75 |
| | 불명 | 0 | 2 | 2 | 2 | 0 | 0 | 3 | 9 |
| 계 | 건수 | 38 | 23 | 20 | 32 | 16 | 10 | 10 | 149 |
| | 소계 (비율) | 38 (25.3) | 43 (28.7) | | 48 (32.0) | | 10 (6.7) | 11 (7.3) | 150 (100) |
| | 배척 관련 건수 한국인 | 1 | 2 | 1 | 0 | 0 | 2 | 4 | 10 |
| | 일본인 | 37 | 21 | 19 | 30 | 16 | 7 | 8 | 138 |
| | 불명 | 0 | 2 | 2 | 2 | 1 | 1 | 4 | 12 |
| | 소계 | 38 | 25 | 22 | 32 | 17 | 10 | 16 | 160 |

비고 : 〈표 4-4〉의 비고와 동일.

에 비해 월등히 많았다. 원인 '불명' 12건을 제외한 교사 관련 148건 중에서, 한국인 교사는 6.8퍼센트인 10건에 불과한 반면, 일본인 교사는 93.2퍼센트인 138건이나 되었다. 1935년 공립학교 교사 수의 민족별 구성비가 한국인 11.9퍼센트, 일본인 88.0퍼센트, 서양인 0.1퍼센트(제5장의 〈표 5-3〉)였던 점과 비교하면, 학생으로부터 배척될 가능성에서 일본인 교사가 한국인 교사보다 현저히 컸던 것이다. 그만큼 공립학교의 교사 배척 맹휴는 민족적 성격을 강하게 띠었다고 하겠다.

다른 하나는 사립학교에 비해 교사의 자격과 역량을 문제시 한 맹휴의 비중이 적은 반면, '비인격적 대우와 전제적·폭력적 지도' 반대 관련 맹휴가 상대적으로 더 높은 비중을 차지한다는 사실이다. 이런 성격의 맹휴는 48건으로, 전체 가운데 32.0퍼센트를 차지하였다. 이는 사립학교에서 23.7퍼센트(〈표 4-5〉)였던 것에 비해 8.3퍼센트 포인트 높은 수치이다. 이는 공립학교가 사립학교에 비해 학생지도에서 더 전제적·독선적·억압적·폭력적이었을 가능성을 보여준다. 이 대목에서 주목할 것은 일본 내 중학교를 다니다가 해주고보로 전학해온 후 교사의 독선적인 행동에 불만을 품고 한국인 학생과 맹휴를 주도했던 일본인 학생의 진술이다.[26] 이에 따르면, 식민지 한국에서 중등학교 교사와 학생의 관계가 일본에 비해 너무 차별적이었다. 그래서 교사들이 일제 본국 교사와 달리 학생들에게 불친절하고 인격을 전적으로 무시하는 경우가 많았다.

요컨대, 사립학교에서는 전제적·독선적·억압적·비인격적 교육에 대한 반발 이상으로 교사의 자격·역량·교수법을 문제시 한 맹휴가 더 빈번하게 발생하였다. 반면 공립학교에서는 사립학교에 비해 민족차별적이고 전제적·독선적·억압적·폭력적 교육에 대항한 맹휴가 더 강하게 분출되었다.

## 배척 대상 교사의 민족차별 언행과 폭력성

지금까지 교사 배척 맹휴에서 민족차별 반대라는 민족적 성격을 확인하였다. 그러나 이것은 계량적 수치를 통해 확인한 데 불과하다. 그 민족적 성격을 제대로 이해하기 위해서는 민족차별의 구체적 양상과 논리를 이해할 필요가 있다고 본다.

먼저 그 구체적 양상을 보여줄 수 있는 대표적 사례를 공립학교와 사립학교로 구분해 정리하면, 다음 〈표 4-7〉과 같다.

앞 절에서도 살펴봤거니와, 민족차별 행위에는 일본인 교사, 서양인 교사, 한국인 교사 모두 가담하였다. 그 가운데 일본인 교사가 민족차별을 주도했지만, 서양인 교사나 한국인 교사도 민족차별 대열에 가담하였다. 심지어 미국인 교장은 민족·인종 차별을 '극심히' 하였다는 평가를 받았다(사례 13). 드문 경우이지만, 공립학교의 한국인 교사도 한국인 학생과 일본인 학생을 구분, 취급해 학생들의 반발을 샀다(사례 10). 이러한 양상은 민족차별 문제가 한·일 간의 단순한 민족문제 이상이었음을 보여준다.

교사들, 특히 일본인 교사들의 민족차별은 일상적으로 자행되었다. 그중에서도 수업시간에 민족차별이 가해지는 경우가 많았다(사례 2, 4, 9, 11). 그러나 학교 부임 직후 첫인사(사례 8), 운동장 대여와 같이 일상

<표 4-7> 중등학교 교사의 관행적 민족차별 주요 사례[27]

| 구분 | 사례 | 발생 연월 | 발생 학교 | 민족차별의 구체적 내용 | 출전 |
|---|---|---|---|---|---|
| 공립학교 | 1 | 1922.1 | 목포 상업학교 | 교장은 우리 조선인 생도에 대한 **매우 심한 압박주의와 치욕적 행위**를 하였다.…… 특히 우리들에게 자극을 준 발언은 다음과 같다. 1) 수업증서 수여식 날 주판을 지참하지 않은 생도에게 **"망국민은 할 수 없다."** 2) **"허언虛言을** 함은 조선인의 **민족성이라."** 3) 생도 이순영에게 다음과 같은 말을 하였다. ① 입학시험에 **조선인은 가급적 소수로 선발**할 것. ⑦ 조선인 학생은 변소에 악설惡舌을 **낙서**한다. ⑧ 조선인 학생이 독립운동을 하면 자신이 목을 끊어 죽이겠다. ⑫ 자신은 어디까지든지 조선인 생도를 **압박**하겠다. ⑬ **정급장은 일본인으로 함이 당연**하다. 4) **1회 졸업생의 경우 1, 2, 3등은 일본인으로** 하겠다. 5) 조선인 학생이 담임선생의 허가를 얻어 흰 가죽신을 신었는데도 교장이 **뺨을 쳤다.** 6) 교장은 자기 유아幼兒의 말을 듣고 선善·불선不善도 말하지 않고 조선인 생도를 **난타**하였다. | 《동아일보》 1922.1.26. |
| | 2 | 1923.1 | 광주고등보통학교 | 영어담임선생 오사카大阪悟治가 조선인 생도 2명을 구타하였다. 자신을 공격하는 무기명 투서가 오자 혐의자 한 명을 지정해 무수히 **난타**하였다.…… 교수시간 외에 질문하자 시간 외에는 질문하지 말라고 하면서 생도를 질책하였다. 이에 그 생도가 불평한 기색으로 돌아서자 더욱 분노하여 생도의 **뺨을 쳤다.** 진정서의 일부 내용: 교수시간에 한·일 차별적 기분을 포함한 언사를 폐지할 것 | 《매일신보》 1923.1.30. |
| | 3 | 1924.4 | 전주고등보통학교 | 요구 조건 중 일부: 1. 교장에 대한 것 – 운동장을 대여할 때 일선인日鮮人 차별을 없게 할 것 | 《동아일보》 1924.4.10. |
| | 4 | 1926.6 | 진주 농업학교 | 교유敎諭 일본인 모某는 교수시간에 흔히 **조선 사람을 비웃고** 언제는 "내 목이 떨어졌으면 떨어졌지 조선은 **하지 못한다"는 말을 하는 등 말 같지 않은 소리를 **흔히** 하였다. 그는 **틈만 있으면 조선인을 비웃고 모욕**하는 말과 행동을 일삼아왔고 학생들을 **노예 대하듯** 하였다. | 《동아일보》 1927.6.14.; 《100년사》,[28] 96쪽. |

| 5 | 1926.7 | 제주 농업학교 | 교장 사무 취급으로 있는 야나기타柳田彦二 선생이 학생을 **고압적으로** 대하며, **걸핏하면** 조선인 차별의 언사를 많이 한다.<br>배척 사유의 일부: 2) 교육가의 근본 정신을 망각한 것(……③ **노예적 정신을 주입**시켜 학생을 무조건으로 굴종시키려는 것). 3) 민족적 차별이 심한 것(① **일본인의 장점**을 말할 때는 반드시 **조선인의 단점**을 들어 비교하는 것. ② 세계 무비의 일본인이라고 말마다 자랑하는 것. ③ 조선인은 **교활**하기가 야만에 가깝다 하여 **항다반**恒茶飯으로 **야만**이라는 극단의 비사誹辭를 사용하는 것). | 《동아일보》 1926.7.1. |
| 6 | 1927.6 | 함흥 농업학교 | 이노우에井上, 이나稻光 두 교유가 **항상** 민족적 감정을 가지고 학생을 대하였다. **항상 욕설과 모욕적 언사를 예사**로 하여 일반 생도들은 항상 반감과 울분을 이기지 못하였다. 교사들은 학문을 가르치지 않고 **일본의 우월**을 말하고 **조선인의 필연적 멸망**을 설파함으로써 노예근성을 주입하려 한다. 요컨대, **학교는 요새지**이고 **선생은 헌병이고 밀정**인 것 같다. | 《동아일보》 1927.6.27., 6.28.; 《중외일보》 1927.6.30.; 《동맹휴교》, 52~53쪽.[29] |
| 7 | 1927.7 | 공주고등 보통학교 | 일본인 교장은 **항상** 학생들에게 조선 사람을 **무시하는 차별적** 언사를 하였다. 이에 학생 일동은 교장의 언행을 비난하여오던 중에 4학년 학생 이철가 참다못해 반성문을 작성해 교장에게 보냈다. 교장은 이를 혐의로 삼아 그 학생을 **무수히 난타한 후 퇴학**까지 시켰다. | 《조선일보》 1927.7.3. |
| 8 | 1927.9 | 춘천 농업학교 | 오가와大川 교무주임이 부임 후 처음 학생들에게 한 초初인사 중에 '식민지 교육의 취지' 운운하는 차별적 언사를 주의했는데, 지금도 차별적 행동을 회개치 않고 학생들에게 조그만 과실이 있으면 "**조선인은 할 수 없다! 그런 야만인의 행위를.**……"라고 민족적 차별을 말하였다. 그리고 **전제적 구속과 압박**이 심하였다. 맹휴가 확대하자 그 교사는 '**조선인**'이나 '**식민지교육**'이라 한 말은 **오랫동안 일본에서 듣고 본 바를 무심코 사용한 어구**인데, 그 말이 그렇게 생도들의 감정을 상하게 할 줄은 몰랐다고 말하였다. | 《매일신보》 1927.9.15., 9.16.; 《동아일보》 1927.9.16. |

| | | | | |
|---|---|---|---|---|
| 9 | 1927.12 | 청주고등<br>보통학교 | 교장이 교수시간에 "조선인은 **야만성**이 있다 혹은 야만 인종이었다"는 등의 민족 모욕 언사를 감행하였다. 이에 동교에 근무하던 주朱 교유도 교장의 **민족적 모욕에 분개해 부임 후 3개월 만에 사표**를 제출하고 돌아갔다. 또다시 동교의 세키모투關本 교유가《문교의 조선》이라는 잡지 9월호에 쓴 글이 전부 조선인을 모욕한 것이다. | 《동아일보》<br>1927.12.1. |
| 10 | 1928.6 | 전주<br>농업학교 | 마츠모토松本 선생은 생도에게 욕을 잘하며, 마토馬渡 선생은 취직을 무기로 삼아 생도에게 **전제적**으로 하며, **강용구 선생은 일본인 생도와 조선인 생도를 구분하여 취급**하였다. | 《동아일보》<br>1928.6.29. |
| 11 | 1922.7 | 소의<br>상업학교 | 학생들이 영어교사 오다무라小田村梯洋의 발음 불완전과 교수 방법 미숙에 항상 불평하게 여기던 중 교실에서 그 교사를 조롱하고 교사의 말에 순종치 않는 모습을 보였다. 그러자 그 교사는 덕德과 위력이란 두 가지 글자를 써놓고 "너희 조선 사람들은 아직도 **야만을 면치 못한 인종임으로 위력으로써 하지 않으면 도 야陶冶키 불능하다**"고 조선 사람들을 모욕하는 의미의 말로 생도들을 꾸지람하고 교실에서 나가라고 명령하였다. | 《매일신보》<br>1922.7.16. |
| 12 | 1927.5 | 숙명<br>여학교 | 사이토齋藤 교무주임의 **일상적 언동**은 인종적 **편견**을 가지고 왕왕 경모輕侮하는 태도를 가짐으로, 생도 사이에 불평 불복은 날로 높아갔다. 간간히 조선 민족에 대한 모욕적 행사를 하였다. 더군다나 학생들은 "**조선인이 어떠니, 야만이 어떠니**" 하는 무례한 말을 들을 때는 불과 같은 분노를 이기지 못하였다. | 《동아일보》<br>1927.5.27.; 5.30. |
| 13 | 1927.12 | 호수돈<br>여학교 | (남감리교회) **교장**은 자격이 없으니 사직할 것. ① 종교가로서 **민족적 차별을 극심**히 한다. ② 독단적이고 **전제적**으로 몰상식한 지도를 행하였다. ④ 학생의 심리를 이해치 못하고 인격을 무시하였다. | 《동아일보》<br>1927.12.11. |
| 14 | 1928.11 | 신명<br>여학교 | **미국 여자 방해례方海禮 교장**은 가끔 **인종을 차별**하는 일이 있고 또 생도를 벌주는 데 **걸핏하면 감금**을 시킨다. | 《동아일보》<br>1928.11.24.;<br>《중외일보》<br>1928.11.22. |

사립학교

적 사안(사례 3)에서는 물론 신입생 선발, 학급 반장 임명, 수업증서 수여와 졸업생 포상 등과 같이 학교의 주요 행사나 사안(사례 1)에서도 민족차별 행위가 자행됐거나 예상됐다. 〈표 4-7〉의 사례를 보면, 민족차별의 일상화를 암시하는 표현을 찾아낼 수 있다. 예컨대, '걸핏하면', '항다반恒茶飯'으로 '야만'과 같은, 극단적으로 상스런 말을 사용한다든지(사례 5), '항상' 민족적 감정을 가지고 욕설과 모욕적 언사를 '예사'로 한다든지(사례 6), '일상적' 언동 자체가 인종적 편견을 드러냈다든지(사례 12), '흔히' '틈만 있으면' '항상' 한국인을 비웃고 무시하고 모욕한다는(사례 4, 7) 것이다. 이에 한국인 교사가 교장의 민족적 모욕에 분개해 부임 3개월 만에 사표를 제출한다거나(사례 9), 맹휴 학생들도 '일상적인 조일朝日 생도 차별을 철폐하라'고 요구하기에 이르렀다.[30]

민족차별의 방식은 몇 가지로 유형화할 수 있다. 첫째, 한국 민족과 한국인을 일방적으로 모욕하는 방식이다. 주로 '망국민' '야만인(종)'이라 부르거나 민족성 운운하면서 한국 민족과 한국인 일반을 비하하는 언사를 남발하였다(사례 1, 5, 8, 9, 11, 12). 그리고 조그만 과실만 있으면, '망국민, 한국인은 할 수 없다'고 민족 전체를 매도하였다(사례 1, 8). 심지어 한국인 학생을 '야만'이니 '도야지'로 부르면서 모욕하기도 하였다.[31] 둘째, 한국과 일본의 비교를 통해 한국 민족과 한국인을 비하하는 식이다. 예컨대, 일본인의 장점을 말할 때는 항상 한국인의 단점을 들어 비교하거나(사례 5), 일본은 우월한 반면 한국인은 필연적으로 멸망한다는 점을 설파하였다(사례 6). 이를 통해 한국인 학생들로 하여금 민족적 자기비하의 관념에 빠지게 하고 민족차별을 정당화하였다.[32] 셋째, 한국인과 일본인 학생을 차별 대우하는 식이다. 운동장 대여, 신입생 선발, 학급반장 임명, 졸업생 포상 등의 과정에서 민족차별을 한다거나(사례 1, 3), 민족을 구분하여 한국인 학생에게 매우 불친절하게 대하는 것(사례 10) 등이다.[33]

여기서 주목할 점은 민족차별은 민족문제만이 아니라 인권문제이기도 하였다는 것이다. 일본인 교사들은 민족차별을 통해 한국인 학생들에게 노예정신·근성을 주입시켜 무조건 굴종시키고 학생들을 노예 대하듯 하였다(사례 4, 5, 6). 이 과정에서 교사의 전제·독선·억압·폭력이 수반되는 경우가 적지 않았다. 민족차별을 자행하는 교사들은 학생들에 대해 전제적 압박과 구속을 매우 심하게 했고(사례 1, 5, 8, 10), 구타하고 심지어 무수히 난타하기까지 하였다(사례 1, 2, 7).[34] 학생들을 야만인(종)으로 보고 노예로 여기는 교사들에게 인격적 교육을 기대하는 것은 애당초 무리였던 것이다.[35] 교사사회를 포함한 식민자사회는 식민국가의 군사주의에 의해 지배된 사회였던 만큼 물리적·신체적·언어적 폭력은 물론 시선, 차별, 배제의 몸짓과 분위기, 모욕적 어투와 포즈와 같은 일상의 폭력성을 배제할 수 없기 때문이다.[36]

이런 까닭에 공립학교 교사 배척 맹휴의 원인별 건수에서 '관행적 민족차별'과 '비인격적 대우와 전제적·폭력적 지도' 관련 맹휴의 비중이 각각 25.3퍼센트, 32.0퍼센트로(〈표 4-6〉), 서로 비슷하게 나온 것은 우연이라 보기 어렵다. 민족차별과 전제적·독선적·억압적·폭력적 학생지도가 상관성이 컸던 만큼 각각에 대한 반발과 저항도 연관성이 컸을 것이기 때문이다. 그렇다면, 민족차별에 저항하는 학생들의 민족의식과, 전제적·독선적·억압적·폭력적 교육에 대항한 학생들의 인권의식은 별개로 작동하는 것이 아니라 서로 연결돼 교사 배척 맹휴를 추동하는 복합적 에너지로 작용하였다고 볼 수 있다.

인종차별을 가하던 서양인 교사도 학생의 인권을 무시하기는 마찬가지였다. 예컨대, 독단적이고 전제적인 방식으로 학생을 지도하거나, 벌줄 때 걸핏하면 학생을 감금하는 모습을 보였다(사례 13, 14). 기독교계 학교에서 상상 이상의 전제적이고 독선적인 학교운영과 학생지도가 이뤄졌던 것이다.[37] 이런 과정에서 한국인 학생의 인권은 철저히 무시되고 유린되었다. 그 결과 사립학교 교사 배척 맹휴의 원인별 건수에서 '관행적 민족차별' 관련 맹휴의 비중은 7.2퍼센트에 불과했던 반면, '비인격적 대우와 전제적·폭력적 지도' 관련 그것은 23.7퍼센트나 되었다 (〈표 4-5〉).


## 민족차별 언행의 논리

교사 배척 맹휴, 특히 공립학교의 그것에서 민족차별이 일상적으로 자행되고 그 과정에서 한국인 학생의 인권이 무시되고 유린되는 경향을 보였다. 그렇다면, 이러한 민족차별과 인권유린을 자행하던 교사들의 언행을 관통한 논리, 관념은 어떤 것이었을까?

앞의 〈표 4-7〉에는 특히 일본인 교사의 민족차별 언사에 빈번하게 등장하는 핵심 용어가 있다. 야만인(종), 민족성, 망국민이 그것이다.[38] 일본인 교사들은 이 용어들 중 주로 하나만 사용한 것으로 기사화됐지만, 복수의 용어를 사용한 경우(사례 1)나 문맥상 복수의 함의를 드러낸 경우(사례 5, 12)도 나타난다. 후술하겠거니와, 세 용어는 상호 연관된 개념이기에 어느 한 용어만 사용한 것으로 보도됐다고 하더라도 민족 차별 언행을 한 교사의 의식세계에는 나머지 다른 용어들의 개념이 잠 재되어 있다고 보는 것이 타당할 듯하다. 어쨌든, 이 세 용어는 배척 대 상 교사가 민족차별을 거리낌 없이 자행하도록 뒷받침하는 논리의 핵 심이기에 주목하지 않으면 안 된다.

야만인(종)론은 서구로부터 차용한 문명 대 야만의 이분법적 구도로 한·일관계를 바라보는 데서 출발하였다. 즉, '서양·일본=문명국'과 '한 국=야만국'으로 본 것이다. 그러나 야만인(종)론은 그 이상으로 한국 민 족을 비하하는 의미를 내포하고 있다. 문명 대 야만을 문명의 발달 수 준으로 구분하는 것이 아니라 거의 인종론적 관점에서 구분한 것이다. 부언하면, 한국 민족을 야만인종으로 낙인찍은 것이다.[39]

민족성론(조선인론)은 한국인의 온갖 결함과 부정성을 조합해 왜곡, 과장한 것이었다. 배척 대상 일본인 교사들은 '허언虛言을 함은 조선인 의 민족성'(사례 1)이라고 하거나, '조선인은 교활하기가 야만에 가깝다' (사례 5)고 하였다. 그리고 이러한 민족성론은 야만인(종)론과 함께 주목 되었다. 대표적인 사례가 〈표 4-7〉의 사례 9번에서 지목된 일본인 교 사가 《문교의 조선》에 발표한 글이다. 그는 이 글에서 불결, 미신, 조 혼, 기식寄食, 백의白衣·의관 착용 습관 등을 지목하며 낙후된 한국의 각종 관습과 풍속을 개선해야 한다고 주장하였다. 동시에 그는 한국인 의 민족성을 이렇게 비판하였다. "역사상 사대사상을 이어온 조선인은 의뢰심이 강하고 자립 자영의 생각이 결핍되었다"는[40] 것이다. 한국인 의 민족성을 역사적 문맥에서 규정하고 비하한 것이다.

어쨌든 배척 대상 교사들은 야만인(종)론과 민족성론의 시각으로 식민지 한국사회를 인식했기 때문에 한국인 학생을 '위력으로 하지 않으면 도야陶冶키 불능하다'는(사례 11) 판단을 내렸다. 그러했기에 앞 절에서 살펴봤듯이, 배척 대상 일본인 교사들의 학생지도 방식은 전제적·독선적·억압적·폭력적이었다. 배척 대상이 됐던 서양인 교사나 한국인 교사도 정도의 차이는 있었지만, 유사하였다.[41] 특히 서양인 교사들은 문명과 야만의 구도로 한국인과 한국 민족을 바라보고 야만으로 낙인찍고 있었기에 이들의 학교운영과 학생지도 방식도 독단적·전제적인 경향을 보였다.

한편 야만인(종)론, 민족성론과 함께 배척 대상 교사들의 의식 속에는 망국민론이 자리 잡고 있었다. 그러하기에 이들 교사는 매사에 '망국민은 할 수 없다'는(사례 1) 식으로 한국인 학생들을 무시, 매도하는 언사를 꺼리지 않았다. 그리고 '일본의 우월을 말하고 조선인의 필연적 멸망을 설파함으로써 노예근성을 주입'(사례 6)하는 데 주저하지 않았다.

주목할 점은 망국민론도 야만인(종)론, 민족성론과 논리적으로 결합돼 있다는 것이다. 한편으로, 문명에 이르지 못한 야만성과 타락한 민족성이 조선 망국의 원인이라는 논리가 됐기 때문이다. 그리고 망국이라는 현실은 역으로 한국사회가 야만적이고 민족성은 타락하였다는 주장을 정당화하는 가장 명백하고 확실한 근거로 활용됐기 때문이다.

요컨대, 야만인(종)론, 민족성론, 그리고 망국민론은 서로 중첩되거나 유기적으로 결합하여 민족차별의 논리를 증폭시켰다. 그 과정에서, 알베르 멤미의 논법을 응용해 표현하면,[42] 일부 집단에서 발견되는 문제점, 심지어 날조되기조차 하는 문제점은 민족 전체의 문제점인 것처럼, 한 시기의 문제점은 시대를 초월한 보편적 문제점인 것처럼, 한 부분의 개별적 문제점은 사회, 문화, 역사 등을 포괄한 일반적인 문제점인 것처럼 비약돼 강조되었다. 이런 과정을 통해 한·일 민족 간 차이는 지배민족 일본의 우수성, 긍정성과 피지배민족 한국의 열등성, 부정성 간의 위계적 차이로 전체화, 보편화, 일반화되었다. 야만인(종)론, 민족성론(조선인론), 그리고 망국민론은 바로 이와 같은 한·일 민족 간의 위계적 차이를 구성하고 표상하는 핵심 논리였다. 배척 대상 교사들의 내면의식 세계를 지배했던 것도 바로 이들 핵심 논리였다. 이런 점에서 배척 대상 교사들이 학생지도와 교육과정에서 '틈만 나면' '항상' 민족(인종)차별 언행을 했던 것은 그런 내면의식의 자연스런 표출이었다고 하겠다.

그렇다면, 배척 대상 교사들은 어떤 계기로 이런 내면의식을 갖게 됐고 일상적으로 표출하게 됐을까? 이 점은 다음 제5장에서 구명하고자 한다.

# 5

## 관행적 민족차별과
## 법·구조·의식의 문제

## 관행적 민족차별의 일상화 기제

일제는 3·1운동을 계기로 한국인의 민족적 저항을 무마하고 점진적인 민족동화를 꾀하기 위해 내지內地(일본) 연장주의를 새로운 식민통치 방침으로 채택하였다. 그에 따라 종래까지 '시세와 민도'에 적합한 교육을 한다는 미명하에 민족차별 교육을 정당화했던 식민교육정책도 일부 수정을 가하였다. 그 내용은 1922년에 공포된 제2차 조선교육령에 담겨져 있다. 이에 따르면, 수업 연한은 일본과 동일하게 보통학교는 4년에서 6년으로, 고등보통학교와 여자고등보통학교는 각각 4년, 3년에서 5년, 4년으로 연장되고, 민족 간 공학이 허용되며, 사범학교와 대학의 신설이 허용되었다. 이러한 새로운 교육방침은 조선총독부 관료에 의해 "일시동인의 뜻에 따라 차별 철폐를 기하고 내지와 동일한 제도에 의하는 주의", 즉 '내지 준거주의'로 평가되고 "학제상의 신기원을 연

것"으로 선전되었다.[1]

'일시동인의 뜻에 따라 차별을 철폐한다'고 했음에도 식민교육에서 법적(제도적) 민족차별성이 해소된 것은 아니었다. 예컨대, 보통학교의 학제를 4년제에서 6년제로 바꾸는 조치는 제대로 실행되지 않았다. 제3차 조선교육령의 공포(1938)로 보통학교, 고등보통학교(이하 '고보'로 줄임), 여자고등보통학교(이하 '여고보'로 줄임)의 명칭을 일본인 학교와 동일하게 소학교, 중학교, 고등여학교(이하 '고녀'로 줄임)로 변경할 때까지도 상당수의 보통학교는 4년제로 운영되고 있었던 것이다. 1937년 전국의 보통학교 2,503개 학교, 11,912개 학급 가운데 1,089개 학교, 2,422개 학급이 여전히 4년제 학제에서 벗어나지 못하고 있었다.[2]

그럼에도 제2차 조선교육령의 시행으로 고보, 여고보의 학제가 모두 일본인 중학교, 고등여학교의 학제와 같은 것으로 변경된 점은 법적 민족차별의 해소란 측면에서 중요한 조치였다. 특히 실업학교에서는 민족 간 공학이 확대돼 한·일 학생들은 동일한 교육제도·환경·시설에서 교육을 받을 수 있게 되었다. 예컨대, 제1차 조선교육령 시기에는 인문계 중등학교와 유사하게 한국인 대상의 '실업학교'와 일본인 대상의 '실업전수학교'가 구분, 운영되기도 했는데, 모두 한·일 공학인 실업학교로 통합된 것이다.[3] 그로 인해 한일 공학인 실업학교에서 민족차별이 자행될 여지는 줄어들 것으로 기대되었다.

이 같은 기대에도, 제1~4장까지 살펴봤거니와, 민족 간 별학別學이던 고보, 여고보는 물론 민족 간 공학이던 상업학교에서도 관행적 민족차별은 일상적으로 자행되었다. 한국인 학생들은 학교 당국과 교사의 학생 선발·지도·평가·처벌 과정이나 취업과정 등 매 과정마다 관행적 민족차별과 부딪쳐야 했던 것이다. 그렇다면 법적 민족차별의 여지가 줄었음에도 관행적 민족차별은 왜 지속되고 일상화됐을까?

관행적 민족차별이 일상화되는 배경이나 요인을 구체적으로 검토하기 위해서는 민족차별이 표출되는 기제mechanism부터 확인할 필요가 있다. 이를 위해 도식화한 것이 아래 〈그림 5-1〉이다.

〈들어가며〉에서 밝혔거니와, 민족차별은 법적 민족차별, 구조적 민족차별, 관행적 민족차별로 대별할 수 있다. 법적 민족차별은 피식민 민족에게 일률적, 의도적으로 가하는 명시적·제도적 차별이다. 이런 점에서 세 가지 범주의 민족차별 가운데 그 대상은 광범위하고 그 강도는 강력한 것이다. 그리고 구조적 민족차별은 식민지사회의 정치경제적 불평등성과 위계관계에 의해 발생하는 것이다. 부연하면, 법적·관

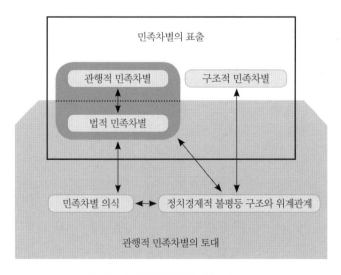

〈그림 5-1〉 민족차별의 표출 기제mechanism

행적 민족차별과는 달리 행위주체의 의지와 무관하게 불평등한 사회구조와 위계관계에 의해 결과적으로 나타나는 것이다. 마지막으로 관행적 민족차별은 사회적·문화적 편견이나 혐오에 의해 일상적·무의식적으로 발생하는 정서적·사회적 차별이다. 이런 점에서 세 가지 차별 가운데 가장 다양하고 비정형적인 양상을 띤다. 이처럼 세 범주의 차별은 작동 기제, 양상, 성격은 다르다.

그러나 〈그림 5-1〉의 '민족차별의 표출' 박스에 그려놓았듯이, 법적 민족차별, 구조적 민족차별과 관행적 민족차별은 상호관계를 맺고 영향을 미친다. 법적 민족차별은 특정 개인, 집단, 조직의 관행적 민족차별을 촉발하고 확산, 강화하는 토대 구실을 한다. 그리고 관행적 민족차별은 민족차별적인 법제의 지속을 지지하는 역할을 한다. 반면 구조적 민족차별은 정치경제적 불평등 구조와 위계관계를 매개로 법적 민족차별, 관행적 민족차별과 간접적인 관계를 맺고 상호 영향을 미친다.

이 삼자의 관계보다 더 주목할 점은 이 세 범주의 민족차별의 표출, 양상과 성격 등에 영향을 미치는 토대이다. 〈그림 5-1〉에서 도식화했듯이, 그 토대가 바로 식민지사회의 민족 간 정치경제적 불평등 구조·위계관계와 민족차별 의식이다. 한편으로는 법적 민족차별, 관행적 민족차별, 다른 한편으로는 민족차별 의식, 정치경제적 불평등 구조와 위계관계는 서로를 지지하고 강화한다. 구조적 민족차별과 정치경제적 불평등 구조·위계관계의 사이도 마찬가지이다.

민족차별이 법적 차원에서 다소 완화되더라도 관행적 민족차별의 풍토가 쉽사리 개선되지 않는 이유는 바로 이 토대의 공고함에 있다. 정치경제적 불평등 구조·위계관계와 민족차별 의식은 쉽게 개선되지 않는 것이기 때문이다. 오늘날 구미사회에서 인종차별이 법적으로 금지된 지 오래됐음에도 끊임없이 사회적 문제나 갈등으로 비화되는 것은 이런 맥락에서 이해될 수 있다.

따라서 관행적 민족차별이 지속되고 일상화된 배경이나 이유를 밝히려면 법적 민족차별의 문제뿐 아니라 모든 민족차별의 토대 구실을 하는 민족 간 정치경제적 불평등 구조·위계관계와 민족차별 의식의 문제를 해부하지 않으면 안 된다고 본다. 이런 관점에서 본장에서는 민족차별적인 교육제도(법)와 교육환경(구조), 그리고 교사의 의식세계를 차례로 검토해보고자 한다.

## 민족차별적 교육제도와 구조

### | 교과과정 및 학교설립의 민족차별성 |

제2차 조선교육령에 의한 학제 개편으로 민족차별 법제는 많이 개선되었다. 그럼에도 중등학교의 교육제도(법)와 환경(구조)에서 민족차별적인 요소는 여전히 남아 있었고, 경우에 따라서는 강화되었다. 첫째, 잇따른 조선교육령의 공포로 식민동화교육이 강화될 때마다 교과과정의 민족차별성은 더 심해졌다. 예컨대, 중등학교의 교과과정을 보면, 한국어 교육의 비중은 점차 축소돼갔다. 고보에서 한국어 수업시수時數의 비중은 1911년(제1차 조선교육령) 11.7퍼센트에서 1922년(제2차 조선교육령) 7.5퍼센트로 축소되었다. 그리고 전쟁 총동원기인 1938년(제3차 조선교육령)에 이르면, 4.0퍼센트로 더 축소됐고, 그조차 학교의 선택에 따라 한국어 대신 다른 과목을 가르칠 수 있는 수의隨意(선택) 과목으로 전락해버렸다. 마침내 1943년(제4차 조선교육령)에는 한국어 과목 자체가 교과과정에서 사라졌다. 반면 일본의 도덕·역사·지리를 주로 다루는 수신·역사·지리 교육과 일본어 교육은 계속 중시되었다. 그리고 "황국신민이 될 기백을 함양"하려는[4] 목적에서 만들어진 체조·교련·무도武道의 수업시수는 1938년에는 매주 3시간에서 5시간으로, 1943년에는 다시 7시간으로 증가하였다.[5]

둘째, 관공립학교의 설립에서 민족차별성은 여전하였다. 먼저, 진학을 목표로 한 일반계 공립학교는 일본인 위주로 설립되었다. 다음 〈표 5-1〉에서 보듯, 1934년 현재 일본인 대상의 중학교 11개교 모두와 고등여학교(이하 '고녀'로 줄임) 27개 중 26개가 공립학교였다.[6] 반면 한국인 대상의 고보는 26개 중 15개, 여고보는 17개 중 7개만이 공립학교였다. 그 결과 한·일 학생이 일반계 공립학교에 진학할 기회는 차별적일 수밖에 없었다. 예컨대, 1934년 현재 인구 1만 명당 일본인 중학생은 186.7명인 데 반해, 한국인 고보 재학생은 6.8명에 지나지 않았다. 인구 1만 명당 한국인 여고보생과 일본인 고녀생의 격차는 더 심해, 전자는 1.9명인 데 반해 후자는 314.7명이나 되었다.[7] 관공립학교를 통한 중등 인문교육 기회의 심각한 민족차별성을 상징적으로 보여주는 비교 수치인 것이다.

일반계 중등학교와는 달리 농업·상업·공업·수산학교와 같은 실업학교는 상업학교 5개교를 제외하고 모두 관공립학교였다. 그것도 일본인 학생의 지원이 별로 없는 농업·수산 학교는 거의 한국인 학생들로 채워져 한국인 대상 학교처럼 보였다. 반면 일본인 학생들의 지원이 많았던 공업학교와 상업학교의 대다수는 실제로 한·일 공학의 모습을 띠었다.[8] 이런 점에서 관공립 실업학교 입학 기회가 민족차별적일 가능성은 일반계 중등학교의 그것에 비해 현저히 적은 것처럼 보인다. 그러나 반드시 그렇지도 않았다.

특히 일본인 학생에게 선호도가 높았던 공업학교와 상업학교에서는 한·일 지원자의 입학기회는 차별적이었다. 제1장의 〈신입생 선발과 관행적 민족차별〉에서 밝혔거니와, 민족별 입학정원 할당제를 적용해 일본인 지원자를 우대했기 때문이다. 그 결과 한국인 학생들은 한·일 공학 실업학교에 입학하기 위해 일본인 학생에 비해 치열한 입학경쟁을 치러야 했다. 아래 〈표 5-1〉에서 1934년 실업학교 전체의 입학 경쟁률

〈표 5-1〉 관공립 중등학교의 민족별 교육 실태 비교(1934)

| | | 일반계 | | | | 실업계 | |
|---|---|---|---|---|---|---|---|
| | | 남학교 | | 여학교 | | 남자 실업학교 | |
| | | 고보 | 중학교 | 여고보 | 고녀 | 한국인 | 일본인 |
| 학교 수 | | 15 | 11 | 7 | 26 | 48 | |
| 재학생 총수 | | 7,664 | 6,225 | 2,057 | 8,988 | 8,211 | 3,842 |
| 인구 1만 명당 학생 수 | | 6.8 | 186.7 | 1.9 | 314.7 | 7.3 | 115.2 |
| 입학 시험 | 지원자 수 | 5,984 | 2,487 | 1,874 | 3,373 | 3,379 | 1,423 |
| | 합격자 수 | 1,680 | 1,352 | 1,093 | 2,314 | 519 | 612 |
| | 경쟁률 | 3.56 | 1.84 | 1.71 | 1.46 | 6.51 | 2.33 |

출전: 조선총독부 학무국, 1934 《조선제학교일람》, 1~4쪽; 조선총독부학무국 학무과, 1937 《학사참고자료》, 83, 84, 97, 105~111, 115~119쪽; 조선총독부, 《조선국세조사보고(전선편)》(1935년), 156~157쪽

비고: ① 학생 수에서 고보 재학 일본인 학생 119명과 중학교·고녀 재학 한국인 학생 각각 324명, 517명은 제외했음.
② 실업계 학교는 직업학교, 실업보습학교를 제외한 3년제, 5년제 실업학교의 수치임.
③ 인구수는 1935년 인구조사 결과임.

을 보면, 일본인이 2.33대 1에 불과한 반면, 한국인이 6.51대 1이나 됐던 것이다. 그 결과 인구 1만 명당 실업학교 재학생 수의 민족 간 격차는 일반계보다는 덜하나 마찬가지로 컸다. 한국인 학생 수가 7.3명인데 반해 일본인 학생 수는 115.2명이었던 것이다.

| 학교행정 및 교사 구성의 민족차별성 |

〈조선공립학교관제〉에 따르면, 중등학교의 교장은 도지사의 명을 받들어 교무를 맡아서 처리하는 권한을 가졌다.[9] 구체적으로 보면, 직무 범위 내에서 학교의 각종 규정을 정할 수 있었다.[10] 그리고 임시휴교, 퇴학, 휴학, 진급, 졸업, 징계, 시험 등 학교운영에 대한 전권과 교직원 감독권을 가졌다. 게다가 교장은 교직원과 재학생들로 구성된 교우회의 회장을 맡아 학생들의 과외활동을 감독 통제하였다. 동창회에서도 회장을 맡아 그 움직임을 통제하였다.[11] 교장은 이런 권한을 토대로 교사와 학생의 일상을 지배, 감시, 통제할 수 있었다.[12] 그리고 학교에 따라서는 직접 수신 과목을 담당하여 학생들에게 천황제라는 국체관념과 신민의 도리를 내면화시키는[13] 역할도 수행하였다.

특히, 공립학교의 교장은 일반 교사들과 함께 일반 관리와 같은 문관의 지위를 부여받았다. 독자적인 교원 자격제도를 확립해 교원(교장·교사)과 일반관리를 구분해 대우했던 일제 본국과는 차이가 났던 것이다. 이리하여 교장과 일반 교사는 관료의 지위체계 속에 편입돼 상급자의 명령에 복종하는 관리로 취급되었다. 이는 교육행정을 일반 행정체계의 한 부분으로 편입해 학교 통제를 용이하도록 하려는 일제의 의도가 반영된 것이었다.[14] 이런 까닭에 중등학교 교장은 '조선총독-정무총감-학무국장–(조선총독부 시학관)–도지사–학무과장–(도 시학관)–교장'이라는 식민지 교육행정의 위계구조에 의해 통제와 간섭을 받았다.[15] 그러면서도 일선 교육 현장에서는 막강한 권한을 토대로 일반 교사와 직원들을 지휘 통솔해 식민교육시책을 충실히 실행하는 역할을 맡았다.

주목할 점은 식민교육 행정체계의 거의 대부분이 일본인 관료와 교장에 의해 장악되었다는 사실이다. 학무국장, 조선총독부 시학관, 학무과장 등은 일부 한국인을 제외하고는 대부분 일본인으로 채워졌다.[16] 일선 관공립 중등학교의 행정 책임자인 교장은 모두 일본인으로 임명되었다. 1934년 현재 관공립 중등학교(고보, 중학교, 여고보, 고녀, 농업·상업·수산·공업·직업 학교) 107개교의 교장은 모두 일본인이었던 것이다.[17] 그만큼 관공립 중등학교의 교육행정 자체가 민족차별적으로 집행될 가능성은 컸다.

한편 사립 중등학교의 절반가량은 기독교계 학교였는데, 대부분 선교사 등 서양인이 교장을 맡았다.[18] 그런 만큼 이들 사립학교에서도 민족(인종)차별적 행정이 펼쳐질 가능성이 있었다. 제4장에서 살펴봤거니와, 사립학교의 민족차별 관련 교사 배척 동맹휴학(이하 '맹휴'로 줄임) 113건 가운데 11건이 민족(인종)차별 문제와 관련된 것인데, 그중 7건이 기독교계 학교에서 발생한 데서 알 수 있는 대목이다.

민족차별적인 교육구조는 교장을 매개로 한 식민교육 행정체계에서만 찾을 수 있는 것은 아니었다. 학생들과 일상적으로 접촉하면서 교육·지도·평가를 담당했던 교사들의 구성에서도 확인할 수 있다. 먼저 관공립 중등학교의 교사 수를 확인하는 방법은 두 가지이다. 하나는 《조선총독부 통계연보》에 나온 교직원 수를 통해 접근하는 것이다. 그 결과를 정리한 것이 아래 〈표 5-2〉이다.

이 표에 따르면, 관공립 중등학교에서 1922~38년간 한국인 교직원의 평균 인원은 200.9명으로, 일본인 교직원의 평균 인원 974.5명에 비

〈표 5-2〉 관공립 중등학교 교직원의 민족별 구성

(단위: 명, 퍼센트)

| 연도 | 고등보통학교 | | | 여자 고등보통학교 | | 실업학교 | | | 소계 | | |
|---|---|---|---|---|---|---|---|---|---|---|---|
| | 한국인 | 일본인 | 외국인 | 한국인 | 일본인 | 한국인 | 일본인 | 외국인 | 한국인 | 일본인 | 외국인 |
| 1922 | 32 | 179 | − | 11 | 34 | 55 | 263 | 2 | 131 | 555 | 2 |
| 1923 | 31 | 227 | 1 | 10 | 36 | 61 | 325 | 2 | 129 | 674 | 3 |
| 1924 | 36 | 260 | 2 | 9 | 32 | 64 | 350 | 3 | 135 | 730 | 5 |
| 1925 | 35 | 257 | − | 8 | 32 | 68 | 390 | 4 | 142 | 774 | 4 |
| 1926 | 37 | 264 | − | 9 | 40 | 62 | 376 | 3 | 131 | 724 | 3 |
| 1927 | 39 | 285 | − | 12 | 47 | 65 | 410 | 2 | 151 | 807 | 2 |
| 1928 | 41 | 290 | − | 16 | 55 | 67 | 433 | 3 | 169 | 878 | 3 |
| 1929 | 48 | 306 | − | 17 | 63 | 70 | 464 | 4 | 178 | 956 | 4 |
| 1930 | 52 | 300 | − | 19 | 63 | 74 | 482 | 4 | 211 | 987 | 4 |
| 1931 | 48 | 308 | − | 18 | 63 | 76 | 514 | 4 | 201 | 1,047 | 4 |
| 1932 | 51 | 292 | − | 19 | 61 | 81 | 540 | 4 | 218 | 1,050 | 4 |
| 1933 | 50 | 288 | − | 18 | 72 | 81 | 547 | 3 | 214 | 1,063 | 3 |
| 1934 | 49 | 279 | − | 22 | 69 | 91 | 596 | 2 | 234 | 1,104 | 2 |
| 1935 | 55 | 315 | − | 27 | 75 | 88 | 610 | 1 | 248 | 1,150 | 1 |
| 1936 | 55 | 322 | − | 29 | 88 | 91 | 647 | − | 257 | 1,252 | − |
| 1937 | 56 | 333 | − | 31 | 95 | 110 | 703 | 1 | 320 | 1,367 | 1 |
| 1938 | 66 | 344 | − | 37 | 103 | 111 | 765 | 1 | 346 | 1,449 | 1 |
| 평균 인원 | 45.9 | 285.2 | 0.2 | 18.4 | 60.5 | 77.4 | 495.0 | 2.5 | 200.9 | 974.5 | 2.7 |
| 백분비 | 13.8 | 86.1 | 0.1 | 23.3 | 76.7 | 13.5 | 86.1 | 0.4 | 17.1 | 82.7 | 0.2 |
| 비율 합 | 100 | | | 100 | | 100 | | | 100 | | |

출전: 조선총독부, 《조선총독부 통계연보》 각 연도판(1926, 1935, 1938).
비고: ① 1926년 통계 수치가 《조선총독부 통계연보》 1926년판과 1935년판에서 서로 다르나, 본 표는 1935년판의 수치에 의거해 작성했음.
　　② 실업학교의 수치는 농업·상업·수산·직업학교와 관립 경성공업학교의 수치를 합산한 것임.

해 현저히 적었다. 그래서 교직원 수의 민족 간 비율은 17.1대 82.7이었다. 그중에서도 고보와 실업학교에서 일본인 교직원의 비중은 86.1퍼센트에 달할 만큼 압도적이었다.

그러나 〈표 5-2〉의 수치는 교사(교장, 교유敎諭, 강사, 촉탁교원)는[19] 물론 서기, 사무촉탁, 고원의 통계를 포함한 교직원 수 전체를 가리키는 것으로, 교사 수와는 다소 차이가 있다. 이런 점에서 직위별 교직원 수를 조사한 《조선총독부 조사월보》를 확인할 필요가 있다. 다만, 이 자료는 1934년과 1935년, 두 해의 공립학교 교직원 수만을 보여주고 있다. 그 가운데서도 계열별 공립학교의 직위별 교직원 수를 보여주는 것은 1935년 자료이다. 이를 정리한 것이 다음 〈표 5-3〉이다.

이 표에 따르면, 직원을 제외한 교사의 민족별 구성을 보면, 한·일 교원 수의 비율은 11.9대 88.0이다. 〈표 5-2〉의 민족 간 교직원 수의 비율이 17.1대 82.7인 점이나 〈표 5-3〉의 민족 간 직원의 비율이 32.2대 67.8인 점과 비교해보면, 민족 간 교사 수의 비율 격차가 더욱 컸음을 알 수 있다. 그래서 관공립 중등학교에서는 1개교당 평균 교사 수가 일본인은 11.6명인 데 반해, 한국인은 1.5명에 불과하였다. 직원도 포함시킨 한국인 교직원 수는 1개교당 평균 2명에 지나지 않았다. 그래서 각 학교에서 한국어·한문 과목을 담당하는 한국인 교사 1명을 제외하면, 나머지 교사는 거의 모두 일본인이었다.[20]

공립 중등학교 교직원 구성의 민족차별성은 개별 학교의 사례에서 조금 더 분명하게 드러난다. 그 사례를 1920년 설립 이래 해방 이전까지 강경상업학교에 재직했던 교직원의 실태를 통해 살펴보면, 다음 〈표 5-4〉와 같다.

〈표 5-3〉 관공립 중등학교의 직위별 교직원의 민족별 구성(1935)

(단위: 명, 퍼센트)

| 직위 | | 고등보통학교 (15개) 한국인 | 일본인 | 여자고등보통학교(9개) 한국인 | 일본인 | 실업학교 (53개) 한국인 | 일본인 | 외국인 | 소계 (77개) 한국인 | 일본인 | 외국인 |
|---|---|---|---|---|---|---|---|---|---|---|---|
| 교사 | 교장 | | 15 | | 9 | | 53 | | | 77 | |
| | 교유 | 42 | 235 | 7 | 42 | 52 | 436 | | 101 | 713 | |
| | 촉탁교원 | 3 | 22 | 1 | 4 | 3 | 39 | | 7 | 65 | |
| | 강사 | 4 | 10 | | | 9 | 32 | 1 | 13 | 42 | 1 |
| | 계 | 49 | 282 | 8 | 55 | 64 | 560 | 1 | 121 | 897 | 1 |
| | 학교당 평균 | 3.2 | 18.8 | 0.8 | 6.1 | 1.2 | 10.5 | 0.1 | 1.5 | 11.6 | 0.1 |
| | 민족 간 비율 | 14.8 | 85.2 | 12.7 | 87.3 | 10.2 | 89.6 | 0.1 | 11.9 | 88.0 | 0.1 |
| 직원 | 직원 | 8 | 28 | 2 | 7 | 28 | 45 | | 38 | 80 | |
| | 민족 간 비율 | 22.2 | 77.8 | 22.2 | 77.8 | 38.4 | 61.6 | 0.0 | 32.2 | 67.8 | 0.0 |
| 교직원 | 합계 | 57 | 310 | 10 | 62 | 92 | 605 | 1 | 159 | 977 | 1 |
| | 학교당 평균 | 3.8 | 20.7 | 1.0 | 6.9 | 1.7 | 11.4 | 0.2 | 2.1 | 12.6 | 0.1 |

출전: 조선총독부, 〈昭和十年度末に於ける公立學校職員調〉《조선총독부 조사월보》 8-22, 1937, 133~140쪽.
비고: 직원은 서기, 사무촉탁, 고원의 합계임.

〈표 5-4〉 해방 이전 강상 근무 교직원 실태

(단위: 명, 퍼센트)

| | 교사 교장 | 교유 | 촉탁 교사 | 강사 | 배속장교 | 소계 | 직원 (서기) | 합계 |
|---|---|---|---|---|---|---|---|---|
| 한국인 | | 6 | | 2[21] | | 8 (7.8) | 4 | 12 (10.9) |
| 일본인 | 10 | 50 | 13 | 18[22] | 3 | 94 (92.2) | 4 | 98 (89.1) |
| 합계 | 10 | 56 | 13 | 20 | 3 | 102 (100) | 8 | 110 (100) |

출전: 강경상업고등학교, 1990 《강상칠십년사》, 고려서적주식회사의 82, 110쪽과 575~581쪽(〈역대 교장 명단〉, 〈역대 서무과장 명단〉, 〈구직원 명단〉).[23]
비고: ① 출전의 577쪽 〈역대 서무과장 명단〉에 나온 '서무과장' 중 〈구직원 명단〉에 누락된 인물은 전후 기록을 비교한 결과 '서기'로 분류했음.[24]
② 배속장교 2명은 출전의 〈구직원 명단〉에 누락돼 있었으나 출전의 82, 110쪽에서 확인해 가산했음.[25]
③ 1944년 3월~해방 이전에 근무했던 교유 2명과 서기 1명은 창씨개명자로 판단하여 한국인으로 분류했음.[26]

강상의 교직원 구성은 〈표 5-2〉에서 살펴본 실업학교 전체의 양상과 유사하나 일본인 편중성이 더 심하였다. 〈표 5-4〉에 따르면, 해방 이전까지 강상에서 근무한 것으로 확인된 전체 교직원은 교사(교장·교유·촉탁교사·강사·배속장교) 102명,[27] 직원(서기) 8명이었다. 이 가운데 한국인 교직원 총수는 12명으로, 전체 교직원 가운데 10.9퍼센트에 불과하였다. 그중 한국인 교사는 교유 6명을 포함해 8명으로, 교사 가운데 7.8퍼센트를 차지하는 데 지나지 않았다. 그조차 교유 1명은 개교 초에 1년 남짓 근무했고, 다른 4명은 일제 말기에 징집된 일본인 교사를 대신해[28] 1943년부터 잠시 재직했을 뿐이다. 서기 4명 중 3명도 1943년 이후 부임해 잠시 근무한 데 불과하였다.

그러면 사립 중등학교 교사의 민족별 구성비는 어떠할까? 아쉽게도 공립학교와는 달리 사립학교의 교사 수를 정확히 보여주는 자료는 찾지 못하였다. 대신 앞서 살펴본 것처럼 《조선총독부 조사월보》에 나온 교사(교원)·직원의 비율 통계를 통해 추산할 수밖에 없다.[29]

다음 〈표 5-5〉에 따르면, 사립학교 교직원의 민족별 구성비는 한국인 65.4퍼센트, 일본인 29.0퍼센트로, 공립학교의 그것과는 거의 정반대라 할 수 있다. 특히 사립 고보의 한국인 비율이 79.4퍼센트이기에 특히 그렇게 보인다. 동시에 사립학교 교직원의 민족별 구성비에서 주목할 점은 두 가지이다. 하나는 실업학교와 각종학교 교직원의 민족별 비율이다. 실업학교에서는 한국인 교직원과 일본인 교직원의 비중이 각각 49.1퍼센트, 47.7퍼센트로 거의 같았고, 각종학교에서도 각각 55.2퍼센트, 37.8퍼센트로, 인문계의 경우에 비해 민족 간 격차가 크지 않았다. 다른 하나는 서양인 교직원이 일정한 비율을 차지한다는 점이

(단위: 명, 퍼센트)

### 〈표 5-5〉 사립 중등학교 교직원의 민족별 구성

| 연도 | 고등보통학교 | | | 여자고등보통학교 | | | 실업학교 | | | 각종학교 | | | 소계 | | |
|---|---|---|---|---|---|---|---|---|---|---|---|---|---|---|---|
| | 한국인 | 일본인 | 외국인 | 한국인 | 일본인 | 외국인 | 한국인 | 일본인 | 외국인 | 한국인 | 일본인 | 외국인 | 한국인 | 일본인 | 외국인 |
| 1922 | 101 | 25 | 6 | 36 | 20 | 2 | 13 | 30 | 3 | – | – | – | 150 | 75 | 11 |
| 1923 | 127 | 36 | 10 | 36 | 28 | 10 | 10 | 27 | 5 | – | – | – | 173 | 91 | 25 |
| 1924 | 132 | 39 | 9 | 37 | 27 | 11 | 10 | 29 | 4 | – | – | – | 179 | 95 | 24 |
| 1925 | 129 | 40 | 9 | 59 | 38 | 13 | 9 | 30 | 5 | – | – | – | 197 | 108 | 27 |
| 1926 | 125 | 42 | 7 | 57 | 30 | 13 | 13 | 30 | 3 | – | – | – | 195 | 102 | 23 |
| 1927 | 136 | 38 | 7 | 71 | 36 | 9 | 16 | 30 | 2 | – | – | – | 223 | 104 | 18 |
| 1928 | 135 | 33 | 6 | 82 | 32 | 9 | 18 | 44 | 2 | – | – | – | 235 | 109 | 17 |
| 1929 | 146 | 32 | 5 | 87 | 28 | 13 | 27 | 32 | 2 | – | – | – | 260 | 92 | 20 |
| 1930 | 146 | 29 | 7 | 109 | 30 | 11 | 44 | 33 | 2 | – | – | – | 299 | 92 | 20 |
| 1931 | 164 | 29 | 6 | 118 | 30 | 11 | 47 | 31 | 2 | – | – | – | 329 | 90 | 19 |
| 1932 | 169 | 30 | 8 | 118 | 29 | 13 | 48 | 41 | 2 | – | – | – | 335 | 100 | 23 |
| 1933 | 164 | 32 | 7 | 124 | 28 | 13 | 52 | 49 | 3 | 263 | 136 | 38 | 603 | 245 | 63 |
| 1934 | 170 | 32 | 5 | 125 | 30 | 12 | 69 | 53 | 4 | 255 | 139 | 35 | 623 | 254 | 58 |
| 1935 | 182 | 33 | 5 | 131 | 32 | 12 | 81 | 59 | 3 | 268 | 180 | 32 | 662 | 304 | 52 |
| 1936 | 195 | 35 | 4 | 131 | 33 | 12 | 101 | 66 | 3 | 293 | 197 | 45 | 720 | 331 | 67 |
| 1937 | 201 | 34 | 3 | 141 | 33 | 12 | 97 | 77 | 3 | 285 | 230 | 34 | 724 | 374 | 55 |
| 1938 | 231 | 46 | 2 | 146 | 34 | 14 | 99 | 71 | 2 | 238 | 214 | 19 | 714 | 365 | 40 |
| 평균 | 156.1 | 34.4 | 6.2 | 94.6 | 30.5 | 11.2 | 44.4 | 43.1 | 2.9 | 267.0 | 182.7 | 33.8 | 389.5 | 172.4 | 33.1 |
| 백분비 | 79.4 | 17.5 | 3.1 | 69.4 | 22.4 | 8.2 | 49.1 | 47.7 | 3.2 | 55.2 | 37.8 | 7.0 | 65.4 | 29.0 | 5.6 |
| 비율함 | 100 | | | 100 | | | 100 | | | 100 | | | 100 | | |

출전: 〈표 5-2〉와 동일.

비고: ① 〈표 5-2〉의 ①과 동일.
② 각종학교를 중등 수준과 중등 수준 이하 수준으로 구분한 통계가 1933년부터 나오기 때문에 각종학교의 평균과 백분비는 1933~38년의 평균값으로 대체했음.

다. 서양인 교직원의 비율은 특히 여고보와 각종학교에서 높아, 각각 8.2퍼센트, 7.0퍼센트를 차지하였다.

사립 중등학교의 교직원에서조차 일본인이 적지 않았던 데에는 이유가 있었다. 그 이유는 대략 두 가지이다. 하나는 식민지 한국에서는 중등교사를 양성하기 위한 고등사범학교가 설립되지 않았기 때문이다. 그리고 1923년부터 1938년에 이르기까지 무시험 전형을 통해 관공립 전문학교, 고등상업·공업·농림학교, 경성제국대학, 사립 전문학교 졸업생에게 사립 중등학교 교사 자격을 부여하기 시작했기 때문이다.[30] 다른 하나는 조선총독부가 사립학교를 통제하기 위해 일본인 교사 임명을 강요했기 때문이다. 예컨대, 사립학교를 고보나 여고보로 인가해주는 조건으로 일본인 교사를 채용해 수석 교사로 임명하도록 요구한다거나 동화교육과 직접 관련이 있는 수신·일본어·지리·역사 교과의 경우에는 일본인 유자격자를 채용해 담당하도록 하였다.[31]

사립 중등학교에 서양인 교직원이 제법 있었던 것도 사정이 있었다. 기독교계 학교가 많았기 때문이다. 지금까지 확인한 기독교계 사립 중등학교로는, 개신교계에서 1934년 현재 고보 4개교, 여고보 6개교, 1933년 현재 각종학교 14개교 등, 총 24개교가량을 운영했고, 천주교계에서는 1922년 이후 상업학교 1개교를 운영하였다.[32] 이들 기독교계 학교에서는 당연히 서양인 선교사 등이 교장이나 교사로 임용되는 경우가 많았다.

이와 같은 교원 구성의 민족차별성은 학생지도에도 영향을 미쳤다. 이 점은 제4장에서 분석했던 교사 배척 맹휴의 수치를 통해 확인할 수 있다. 제4장의 〈표 4–5〉와 〈표 4–6〉을 보면, 교사 배척 맹휴의 원인별 건수 가운데 '관행적 민족차별' 건수의 비중이 공사립 간 차이가 컸다. 민족차별 관련 교사 배척 맹휴의 비중은 사립학교 7.2퍼센트였던 데 반해, 공립학교 25.3퍼센트로, 양자 간 18.1퍼센트 포인트나 차이 난 것이다. 제4장의 〈교사 배척 동맹휴학의 원인별 양상〉에서 이미 밝혔거니와, 사립학교에서 발생한 민족차별 관련 맹휴도 교사의 민족별 구성비와 연관성이 컸다. 사립학교의 민족차별 관련 맹휴 총 11건 가운데서 7건이 기독교계 학교에서, 2건이 일본인 설립 학교에서 발생하였다. 그리고 이들 맹휴에서 교사 배척 관련 건수 총 12건 가운데 일본인 교사 관련은 6건, 서양인 교사 관련은 5건이었다.

요컨대, 민족차별에 반발한 교사 배척 맹휴는 사립학교에 비해 일본인 교사의 비율이 압도적으로 높았던 공립학교에서 빈발하였다. 그리고 사립학교에서 발생한 민족차별 관련 교사 배척 맹휴도 대부분 서양인이나 일본인 교사의 영향력과 비중이 컸던 기독교계 학교와 일본인 설립 학교에서 일어났다.

| 교사사회의 민족차별 풍토와 강상의 사례 |

민족차별 관련 교사 배척 맹휴가 많이 발생했던 공립학교의 일본인 교사나 교장 모두가 민족차별적이었던 것은 아니었다. 공립학교 교사 가운데는 교육자의 역할과 임무를 성실히 수행했던 일본인 교사들이나, 심지어 한국인 학생과 식민지 한국의 현실을 동정하는 일본인 교사들도 있었다. 그래서 일제강점기 한국인 학생들은 학교 발전이나 진학, 취업에 열성을 다했던 일본인 교사에 대해서는 존경심을 표하고, 유임운동을 벌이기도 하였다.[33] 해방 후 한국인 졸업생들은 이들 교사에 대

해 민족차별을 느끼지 못하였다고 회고하고,[34] 심지어 해방 후 지하실 구석에 치워뒀던 일본인 교장 송덕비의 재건을 추진하기도 하였다.[35]

공립학교 교사사회의 민족차별 풍토를 주도한 일본인 교사들은 따로 있었다. 일본국가 지상주의 이념으로 무장해 한국인 학생을 통제, 차별하는 데 앞장섰던 교사들이나, 훌륭한 교육자이지만 식민교육정책도 충실히 수행했던 교사들이 그들이다. 이 점을 강경상업학교(이하 '강상'으로 줄임)의 사례를 통해 살펴보도록 하겠다.

강상 교사사회의 민족차별 풍토는 교장을 포함한 교사(배속장교 포함)의 의식, 성향을 통해 엿볼 수 있다. 이를 위해 불완전하나마 졸업생의 회고를 통해 강상 재직 일본인 교사들의 의식, 성향을 유형별로 정리한 것이 다음 〈표 5-6〉이다.

이 표는 교사의 의식, 성향을 네 가지로 분류, 정리한 것이다. 그중 Ⅰ유형은 일제의 식민교육정책의 실행에 충실한 것은 물론 일본국가 지상주의와 제국주의 이념으로 무장해 한국인 학생을 통제, 차별하는 데 앞장섰던 자들이다. 이들은 주로 교장, 교련 담당 교사와 배속장교[36] 등으로, 교사사회의 주류라 할 수 있다.

Ⅱ유형은 훌륭한 교원으로 기억되고 있으나 일제의 식민교육정책을 충실히 수행했던 자들이다. 10번의 다가(多賀善介) 교장이 대표적인 사례이다. 그는 민족을 차별하지 않는 유교적 인품과 덕망의 소지자이자 학생의 취업을 위해 노력한 훌륭한 교육자로 기억되고 있다. 하지만 1923년에 맹휴가 발생하자마자 참가 학생 40명 전원에 대해 무기정학 처분을 내리고, 우여곡절 끝에 주도 학생 8명을 징계 퇴학, 5명을 정학 처분하는[37] 등 한국인 학생을 성행性行 불량 명목으로 대거 처벌했던 장

| 유형 | 번호 | 성명 | 직책/과목 | 재직 기간 | 졸업생의 기억과 평가 |
|---|---|---|---|---|---|
| I<br>유형 | 1 | 矛原耕治 | 교유<br>수학 | 1922.5~1924.3 | 민족차별 대우와 학대. 한국인 모욕, 폭언 |
| | 2 | 竹原國雄 | 교유<br>국어 | 1922.4~1930.4 | 문학적 정취. 벚꽃 소재 일본 국민성 설명 |
| | 3 | 岡村俊道 | 교유<br>영어 | 1928.1~1945.8 | 일본국가 지상주의자. 일왕 맹신. 일본혼<br>주입. 한국인 학생 감시와 처벌 남발 |
| | 4 | 寺東秀雄 | 교유/한문 | 1928.3~1932.3 | 예비역 대위 교관. 경축일 군복차림 근무 |
| | 5 | 瀧正善 | 교장 | 1930.5~1933.4 | 사상불온 명목 한국인 학생 4명 퇴학.<br>이봉창 비난 감상문 강요 |
| | 6 | 荒木藤利 | 교련 | 1932.4~1934.7 | 배속장교(현역 대위). 기백 |
| | 7 | 堀田勳人 | 촉탁교사<br>교련 | 1933.6~1945.8 | 전형적인 일본군인(특무상사)의 모습.<br>일본혼 주입 |
| | 8 | 天明正三 | 교련 | 1936~1938 | 배속장교. 의기 양양 |
| | 9 | 白石辰己 | 교유/국어 | 1941.10~1942.11 | 일본국수주의자. 많은 한국인 학생 처벌 |
| II<br>유형 | 10 | 多賀善介 | 교장/수신 | 1922.5.~1930.5 | 민족차별 없는 훌륭한 교육자. 동맹휴학<br>주모자 등 한국인 학생 다수 처벌 |
| | 11 | 津田藤一 | 교유<br>법제대의 | 1928.3.~1931.7 | 전가 근로全家勤勞와 자력갱생 강조 |
| III<br>유형 | 12 | 小森壽美太 | 교유/지리 | 1921.6~1938.3 | 지역 실지조사 선호. 자연 도취 |
| | 13 | 茂田嘉種 | 교유<br>상업영어 | 1924.4~1939.10 | 유정有情 온화, 인간미 |
| | 14 | 十河元八 | 교유/박물 | 1926.4~1928.4 | 유머, 박물 공부 필요성 강조 |
| | 15 | 來島龜雄 | 교유/영어 | 1927.1~1945.8 | 쾌활, 명랑, 열심 지도 |
| | 16 | 難波康二郎 | 교유 | 1929.3~1930.6 | 자연풍경, 인간 정서 설명 |
| | 17 | 岡久 | 교유<br>법제대의 | 1931.11~1935.4 | 심사숙고형. 정직과 진실, 열성 강조 |
| IV<br>유형 | 18 | 林照雄 | | 1928.6~1936.5 | 한국인 조상론 주장. 한국인 학생과 친밀 |
| | 19 | 吉成茂 | 교유 | 1931.11~1935.7 | 길씨 조상 조선인론 피력 |
| | 20 | 小原豊治 | 교유 | 1941.4 ~ 1942.9 | 담임교사로 사상범으로 몰린<br>한국인 학생 변호. 학생 수감 후 사직 |
| | 21 | 沖正弘 | 촉탁교사<br>중국어 | 1944.11~1945.8 | 박애주의자. 세계동포주의자. 한국인 격려 |

출전: 강경상업고등학교, 1990《강상칠십년사》, 고려서적주식회사, 55~56, 76~77, 80~82, 110, 124~126
쪽; 小原豊治, 〈韓國を訪れて〉《楡ケ丘通信》(1980. 10. 20), 금강회 관서지부, 4~6쪽; 구상회, 1994 〈강
상, 그 시절을 돌아보며〉《강상동창회보》 33, 16쪽; 학교 배속장교에 관한 서류(1928), 〈昭和三年度ヨ
リ新二敎鍊ヲ實施スル官公立學校ノ調〉(국가기록원, 조선총독부기록물, 문서번호 88-47);《조선일보》
1923.7.7. ;《동아일보》 1923.7.11.
비고: 강경상업고등학교, 위의 책에 정리된 일본인 교사 이름, 재직 기간의 일부 오류는 위의 다른 출전을
통해 수정했음.

본인이기도 하였다.[38]

Ⅲ유형은 식민통치와 식민지의 현실에 대해 무관심한 채 교육자의 역할과 임무를 성실히 수행했던 교사들이다. 이들은 민족차별적인 언행을 별로 한 것 같지 않았지만, 그렇다고 차별 당하는 한국인 제자를 특별히 배려하거나 동정한 것 같지도 않았다.

Ⅳ유형은 한국인 학생에게 친근감을 보이거나 식민지 한국의 현실을 동정하는 교사들이었으나 극히 소수였다. 그 가운데는 제2장의 〈성행 사유 중퇴와 민족차별〉에서 이미 언급하였거니와, 억울하게 사상범으로 몰린 한국인 학생에 대해 처분 경감과 경찰 고발 중지를 요청하다가 실패하고 그 학생이 투옥되자 충격을 받아 사직한 담임교사도 있었다.[39] 이처럼 강상의 교사들의 의식과 성향은 다양하였다. 그런 만큼 일본인 교사 전체가 민족차별적이었다고 단정하는 것은 적절치 않은 것 같다.

문제는 학생교육과 지도과정에서 Ⅰ, Ⅱ유형의 교사들이 자신들의 이념적 성향이나 식민정책 등의 요인에 의해 민족차별적인 행태를 주도한 반면, 나머지 교사 대다수는 이에 소극적으로 대처하거나 방관했을 가능성이 컸다는 점이다. 그 대표적 사례는 두 가지이다. 하나는 일본인 교사가 1939년 입학한 수 명의 한국인 학생에 대해 일왕 내외의 사진을 게시한 강당에서 낮잠을 즐겼다는 죄목으로 '강력범이나 사상범'을 대하듯 '야만적이고 비인간적인' 체벌을 가한 사건이다. 이때 다른 일본인 교사들은 수수방관하였다. 그리하여 강상 졸업생은 그 사건을 회고하면서 '일본인 학생에게 이러한 체벌을 하려고 발상인들 했겠는가?' '일본인 학생이 이러한 체벌을 당한다고 하면 그들은 방관만 했

을까? 라고 분노하였다.[40]

다른 하나는 바로 위에서 언급하였거니와, 일본인 담임교사의 처분 경감과 경찰 고발 중지를 요청했음에도 일본국수주의자이자 한국인 학생 사이에 악명 높았던 일본인 교사(〈표 5-7〉의 9번)가 주도해 해당 학생을 경찰에 고발하였다. 그러자 그 학생은 교복 복장을 한 채 쇠고랑을 차고 학교에서 곧바로 연행돼 수감되었다. 주목할 점은 경찰 고발은 직원회의에서 결정되었다는 사실이다. 이런 정황을 미뤄볼 때 대다수 교사들은 학교 당국과 악명 높은 교사의 처사에 침묵을 지켰거나 동조한 것으로 보인다.[41]

이 두 사례는 일제 말기에 일어난 사건이었지만, I, II 유형의 교사들이 강경한 분위기를 주도하고, 극히 일부를 제외한 대다수 교사들은 이에 소극적으로 대처하거나 방관 내지 동조했던 교사사회의 풍토를 잘 보여준다.[42] 이와 같은 강상 교사사회의 민족차별적 풍토는, 제2장의 〈성행 사유 중퇴와 민족차별〉에서 밝혔거니와, 성행 불량 사유로 학생들을 징계 처분하는 과정에서도 드러났다.

일제강점기 공립 중등학교 일본인 교사의 이념적·정치적 성향도 강상의 경우와 유사했을 것으로 보인다. 한편에는 일본국가 지상주의와 제국주의 이념으로 무장하여 민족차별에 앞장섰던 교사들, 그리고 훌륭한 교육자이나 식민교육정책도 충실히 수행했던 교사들이 있었다. 다른 한편에는 교육자의 역할과 임무만 성실히 수행했던 교사들, 식민지 한국의 현실과 한국인 학생을 동정했던 교사들이 있었다. 이 중 교사사회의 분위기를 주도한 것은 전자였다. 그 결과 학생교육과 지도과정에서 민족차별이 자행될 소지는 사립학교보다 공립학교에서 컸다.

지금까지 일제강점기 중등학교에서 관행적 민족차별이 지속되고 일상화된 배경에는 교과과정, 관공립학교 설립, 학교행정, 교사사회 구성 등의 민족차별성, 달리 말하면, 민족차별적인 법제, 권력상의 민족 간 불평등 구조와 위계관계가 자리하고 있었다는 점을 밝혔다. 이를 토대로 본다면, 공립 중등학교의 한국인 학생들은 민족차별적인 교육제도는 물론 민족차별적인 교육행정 구조, 일본인 위주의 교사사회 구성, 지배족 출신 교사와 피지배족 출신 학생의 위계관계 등 민족 간 정치적 불평등 구조와 위계관계에 속박될 수밖에 없었다. 그리고 바로 이러한 민족차별적인 제도, 민족 간 불평등 구조와 위계관계야말로 일제강점기 중등학교에서 관행적 민족차별이 일상적, 반복적으로 자행될 수 있었던 주요한 토대 중 하나가 되었다.

　한편 사립 중등학교, 특히 기독계 사립학교에서도 강도와 내용에서는 차이가 있었지만, 공립학교와 유사한 민족(인종)차별적인 제도와 구조가 작동하였다. 특히, 선교사 등이 운영하는 기독교계 학교에서는 한국인을 구원하겠다는 종교적 사명감과 오리엔탈리즘적 인종 우월의식에서 종교교육을 강화하고, 기독교 신앙을 학생들에게 강요하는 풍토가 강하였다. 그런 까닭에 제4장의 〈표 4-7〉 중 사례 13, 14에서 보듯, 공립학교의 일본인 교장 못지않게 전제적이고 독선적인 방식으로 학교행정을 펼치는 서양인 교장들도 적지 않았다. 이런 점들이 사립학교 가운데서도 주로 기독교계 학교에서 민족·인종 차별 언행이 반복되는 주요 토대가 되었다.

# 민족차별 의식: 한국 멸시·차별관과 인종론적 문명론·민족성론

지금까지 관행적 민족차별의 지속과 일상화를 지탱한 주요한 토대 중 하나로 식민지 교육행정·환경의 법적·구조적 민족차별성에 대해 살펴 봤다. 남는 것은 두 가지이다. 먼저 경제적 불평등 구조이다. 구조적 민족차별성 가운데 식민지 교육행정과 교사사회 구성의 차별성에 대해서는 앞서 살펴봤지만, 그에 못지않게 중요한 경제적 불평등 구조는 특별히 검토하지 않은 것이다. 그러나 이 점은 기존 연구에서 충분히 밝혀진 부분이라 생각했기 때문에 재론하지 않겠다. 다른 하나는 민족차별 의식, 특히 일선교육 현장에서 식민지교육을 담당했던 교사들의 민족차별 의식이다. 이 점은 대단히 중요함에도 기존 연구에서는 당연한 것이라고 전제한 탓인지 모르나 별로 주목되지 않았다. 따라서 본절에서 교사들의 민족차별 의식을 집중 검토하고자 한다.

먼저 일본인 교사들의 민족차별 의식을 보고자 할 때 주목할 만한 기사가 하나 있다. 제4장의 〈표 4-7〉의 8번 기사가 그것이다. 이 기사에 따르면, 일본인 교사가 춘천농업학교에 부임한 후 학생을 처음 만나 인사하던 중 식민지교육의 취지를 말하면서 민족차별적 언사를 하였다. 이에 대해 학생들은 주의를 줬으나 그 교사는 '조선인은 할 수 없다'고 하면서 '야만인' 운운하였다. 이에 격분한 학생들이 맹휴를 일으켰고, 사태가 악화되자 그 교사는 변명했는데, 바로 이 변명이야말로 특별히 주목할 가치가 있다. "'조선인' '식민지교육'이라고 한 말은 오랫동안 일본에서 듣고 본 바를 무심코 사용한 어구인데, 그 말이 그렇게 생도들의 감정을 상하게 할 줄은 몰랐다"는 것이다. 이 교사의 변명을 보면,

'조선인은 할 수 없다', '야만인'이란 말도 같은 맥락에서 자연스럽게 사용한 표현이었던 것으로 보인다.[43] 여기서 주목할 점은 이러한 민족차별적 언사가 '오랫동안'에 걸쳐 '일본에서 듣고 본 바'였기에 한국에 와서도 자연스럽게 '무심코' 사용하였다고 고백한 사실이다. 이는 변명 과정에서 나온 말이기는 하지만, 일본인과 일본사회의 한국관과, 그런 한국관의 세례를 받은 일본인의 내면 의식세계를 단적으로 보여주는 것이다.

근대 일본의 지배적인 한국관은 멸시·차별관이었다. 한국 멸시관은 근대 이전부터 일본사회에서 전해 내려오고 있었다. 그 출발은 후대에 날조된 진구神功왕후의 삼한정벌설이었다. 진구왕후가 신라를 정벌하고 임나일본부를 설치해 한반도 남부인 삼한을 200여 년간 지배했고, 고구려, 백제도 일본에 복속해 조공을 바쳤다는 것이다. 한국 멸시관의 출발이라 할 수 있는 한반도 조공국사관은 이런 날조된 역사를 토대로 형성됐고, 그 반대로 일본 우월관의 상징인 신국神國사관이 등장하였다.[44] 이 같은 한국 멸시관은 임진왜란 이후 확대됐고, 일본의 전통극인 조루리淨瑠璃나 가부키歌舞伎를 통해 민중 속으로 파고들어 일본인의 사고를 지배하였다.[45]

메이지유신 이후 일본에서는 한·일 간 정치적 갈등과 맞물려 무례, 완고, 흉폭, 야만 등의 한국인상韓國人像이 등장하였다. 그리고 여행견문기, 지리서에서 태만, 불결, 게으름, 문란 등의 이미지가 추가되었다.[46] 이 과정에서 부정적 한국인상을 형성하는 데 영향을 미친 것은 일본판 오리엔탈리즘인 문명론이었다. 일본의 문명론은 문명화의 정도에 따라 세계를 문명, 반개半開, 야만으로 구분하는 것은 물론 인종의 우열도 구분하였다. 달리 말하면, 문명의 발전단계와 인종의 우열이 서로 연관된 것으로 이해한 것이다. 이런 점에서 일본의 문명론은 인종론적 성격을 띠었다고 할 수 있다.[47]

문명론의 관점에서 일본의 인종적 우열의식에 대전환을 초래한 것은 청일전쟁이었다. 일본은 후쿠자와福澤諭吉가 문명과 야만의 의로운 전쟁(義戰)이라고 불렀던 청일전쟁의 승리를 통해 문명국의 반열에 오르게 되었다고 자부하게 되었다.[48] 그 후 일본사회에서는 독립심, 진취 기상, 무혼武魂의 일본인상과 의뢰심, 무기력, 문약文弱의 한국인상이 형성되었다. 그리고 일본의 문명성과 대비되는 '뒤떨어진 조선', '불결한 조선'이라는 이미지가 급속하게 유포, 정착되어갔다.[49] '한반도=조공국'과 대비된 '일본=신국'이라는 전통적 우월의식에 더하여 동아시아에서 '문명의 우두머리 일본'과 대비되는 '야만 미개 조선'이라는[50] 인식이 더해진 한국 멸시·차별관이 자리 잡게 된 것이다.

한국 멸시·차별관은 청일전쟁 이후 확산되고 러일전쟁 이후 체계화된 일본 국민성론(일본인론)의 영향을 받아 강화되었다. 특히, 러일전쟁의 승리로 아시아의 일등국을 자처한 일본은 서양의 국민성을 잣대로 일본인의 국민성 비판에 몰두하던 열등의식에서 벗어나기 시작하였다.[51] 그 과정에서 온갖 미덕과 장점을 구비한 우수한 일본인상을 구성하는 동시에 온갖 악덕과 단점으로 채워진 열등한 한국인상도 창출했다.[52] 부연하면, 일본인의 우수한 민족성과 대비되는 방탕, 도박, 절도, 사위詐僞, 기만, 허언, 부패, 허영, 타락, 음모, 완고, 고루, 나태, 비굴, 불결, 의뢰심, 애국심 부족 등 후진사회의 온갖 열등성과 부정성이 한국인의 민족성인 것처럼 여기는 언설이 부각, 유포되었다.[53] 마침내 대한제국이 멸망하자, 일본사회는 한국인의 열등한 민족성(조선인론)이 현실에서 입증된 것으로 여겼다.[54] 이러한 일본의 국민성론은 서구의 사회진화론이나 우생학과 긴밀히 제휴한 심리학 담론의 영향을 받았던 만큼,[55] 문명론과 마찬가지로 인종론적 성격을 띠었다.

일본의 문명론과 국민성론에서 보듯, 19세기 말 일본사회에서는 일본인의 인종적·민족적 위치와 특성에 대한 관심이 증대했다. 이에 인종은 일본과 나머지 세계의 관계를 측정하는 표준자가 되었다.[56] 그 과정에서 일본사회 일각에서는 한국인 등에 대해 인종주의적 차별의식을 드러내 보이기조차 하였다. 다음 두 사례는 그 단적인 예이다.

하나는 일본 정치인들의 한국인에 대해 인종주의적 시각을 드러낸 것이다. 이 점은 일본 중의원 의원인 에바라 소로쿠江原素六가 러일전쟁

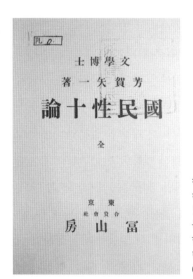

하가 야이치芳賀矢一의 《국민성십론》(1921년판) 표지
하가는 1907년 처음 발행한 이 책에서 '충군애국', '조상숭배와 가문 명예 중시' 등 10가지를 일본인의 국민성으로 정의하였다. 일본인론의 원형을 체계화한 저작으로 평가받는 이 책은 1921년 현재 21판이나 발행될 만큼 일본사회에 상당한 영향을 미쳤다. (자료 사진 출처 : 국립중앙도서관).

종전 직후인 1905년 9월호 잡지에 투고한 논설에서 상징적으로 보인다. 에바라는 이 논설에서 다음과 같이 말했다. "정사가政事家의 관찰이라고 신문잡지에 게재된 글에 따르면, 한국인은 인류라기보다는 직립 보행하는 동물이라고 할 수 있다.…… 오직 노동자, 소작인으로 사역하기에 매우 적당한 동물이다." 그 역시 이러한 관찰이 타당한 것이라 평가하고 그에 찬동하였다.[57]

다른 하나는 러일전쟁 전후의 박람회에 한국인을 포함한 이민족 인간 전시회를 연 것이다. 1903년 오사카 박람회장에는 서구제국의 박람회를 모방하여 '학술 인류관'을 만들고 거기에 한국인을 비롯한 타이완인, 중국인, 류큐인, 인도인, 아프리카인 등 32명의 이민족 인간을 전시하였다. 그리고 1907년 도쿄 우에노 만국박람회에서도 동일한 이민족 인간 전시회를 열었다. 러일전쟁 전후 일본사회의 인종주의적 분위기를 물씬 풍기는 사례들이라 하겠다.[58]

한편 에도시대 국학의 전통을 이은 일선동조론日鮮同祖論이 한국병합 즈음에 한일관계 인식의 주류로 부상하자 한국인의 민족성을 새롭게 보는 시각이 등장하였다. 즉, 한국인의 열등한 민족성이 선천적인 것이라기보다는 조선왕조 500년간 악정과 실정이라는 역사적 산물로 간주하는 시각이다. 일선동조론에서는 일본인과 한국인은 일본의 신대神代부터 일가일족一家一族의 피로 맺어진 근친관계이고, 일본민족도 한국인의 피가 섞여 있는 혼합민족이라고 봤다.[59] 그렇기 때문에 한국인의 열등한 민족성이 선천적인 것이라는 주장을 받아들이기 어려웠다. 부연하면, 한국인의 열등한 민족성이 선천적인 것이라 한다면, 근친관계인 일본인의 민족성도 선천적으로 열등한 것이라고 인정할 수밖에 없는 상황이 발생할 수 있기 때문이다. 이런 당혹스런 상황의 발생을 막기 위해 한국인의 열등한 민족성은 조선왕조 500년간 악정과 실정의 탓, 즉 역사의 후천적인 산물이라는 논리가 개발된 것이다. 그 가운데 한국인의 민족성을 왜곡한 것으로, 양반정치의 부패, 궁정정치의 문란, 사상과 당쟁의 폐단 등이 강조되었다.[60]

한국 멸시·차별관은 일본의 역사교육에도 반영돼 더욱 확산되었다. 예컨대, 일본 소학교의 국정 역사교과서에서 고대의 한·일 관계사는 일본의 임나 지배설, 진구왕후의 신라 정벌설, 고구려·백제의 대일 조공설로 채색되었다. 그리고 근대사는 한국의 열등성과 일본의 진보성을 증명하는 서술 형식을 취하였다.[61] 이와 같은 류의 한국 멸시·차별관은 소학교 의무교육제의 실시로 메이지 말기에 이르면 학령기 아동의 거의 대부분이 소학교 교육을 받는 상황을 통해 일본인의 한국인식을 지배하게 되었다.[62]

이상 살펴본 것처럼 일본은 일본판 오리엔탈리즘과 인종론의 특성을 지닌 문명론, 국민성론을 통해 동아시아 내에서도 한국·중국·일본 민족을 서열화하였다. 특히, 한·일 관계에서는 근대 일본의 문명론과 국민성론이 고대의 신화와 날조된 역사에서 출발한 한반도 조공국사관 등 전통적인 한국 멸시관과 결합해 민족 서열화를 체계화하고 더욱 공고히 하는 역할을 수행하였다. 그 결과 '일본의 우수한 민족성 대 조선의 열등한 민족성'과 같이 인종론적 성격을 지닌 민족차별적 구도가 민족 구성원 개개인에게는 물론, 역사 전 기간에 걸쳐, 그리고 정치·경제·사회·문화 등 모든 부분으로까지 확장돼 만들어졌다.

재한 일본인들은 내한來韓 이전부터 학교를 비롯한 일본사회에 확산돼 있고 각종 한국 사정事情·이주 안내서를 장식하고 있던 한국 멸시·차별관의 세례를 받았다. 내한 이후에는 한편으로 상대적으로 낙후된 식민지 한국의 현실을 보고, 다른 한편으로 한국과 관련하여 더욱 풍부해진 각종 부정적 지식 정보를 접하면서,[63] 재한 일본인의 한국 멸시·차별관은 내면화돼갔다. 그에 비례해 재한 일본인은 한국인에 비해 우월하다는 착각을 더욱 강하게 갖게 되었다.

고모리 요이치에 따르면, 이런 착각은 식민자들에게 전형적으로 나타난다. 식민자들은 종주국 출신이라는 단 하나의 이유만으로 원리적으로 존재하지 않는 자기 우월성을 찾아내고 과시하는 경향이 있다.[64] 그리하여 "아무리 쓸모없고 무식하고 지적 수준도 낮고 본국에서는 사회적으로 열등한 지위에 놓여 있던 불쌍한 존재라도 일단 식민지에 들어오기만 하면, 부유하고 사회적 지위도 높고 용모도 뛰어난 피식민지 사람들보다 식민자인 자신이 우월하다고 믿어 의심치 않게" 된다.[65]

재한 일본인 역시 그러하였다. 한국인에 대한 우월의식은 특권적인 식민관료는 말할 것도 없고 재한 일본인사회의 저변에게까지 확산돼 있었다.[66] 재한 일본인은 "오랫동안 숨죽이며 살아온 소심한 아무개라도 식민지에만 가면 자신의 위광을 의식할 수 있는"[67] 식민자였기 때문이다. 더군다나 주로 관공리, 군인, 상인으로, 도시에 거주하면서, 정치적으로나 경제적으로나 거주지역상으로나 한국인보다 우월한 지위를 차지하였다.[68] 개중에는 쾌감을 느끼고 위세를 과시하기 위해 한국인 하녀를 거느리는 자들도 적지 않았다.[69] 그렇기에 본국의 일본인보다 한국인에 대한 차별의식과 특권의식이 재한 일본인들 사이에서 더 강렬하였다.[70]

한국강점 초기와 말기의 다음 사례는 이 점을 잘 보여준다. 먼저 강점 초기의 사례이다. 조선총독부가 한반도 내 치외법권 지역인 외국인 거류지를 폐지하기 위해 재한 일본인 거류민단을 해체하고자 하자 서울의 일본인 거류민단은 반대 청원서를 제출하였다. 이때 이들은 "우월한 백성에게는 우월한 제도를 요하며, 미개한 백성에게는 미개한 제도를 요한다"고 주장하면서 자신들에 대한 특별 대우를 요구하였다.[71] 다음은 강점 말기의 사례이다. 일본 사법성 형사국의 〈조선에 대한 징병제 시행에 관한 각의 결정 공표에 관한 반향 조사〉에 따르면, 식민지한국에서 징병제 실시가 결정되자, 재한 일본인들은 본국 일본인보다더 강하게 반대하였다. 징병제가 시행되면, 한국인들은 더욱 불손한 태도를 보이고, 의무교육 실시, 봉급 인상, 참정권 허용 등 반대급부를 요구하고 나서는 등 일본인의 특권과 생활을 압박하게 될 것으로 판단했기 때문이다. 이처럼 한국인을 그들에게 복종해야 할 존재로밖에 보지않았다.[72]

재한 일본인들이 한국 멸시·차별관을 내면화하고 식민자로서 우월한 지위를 누렸던 까닭에 민족차별적 행태를 보이는 것은 어쩌면 당연한 것인지도 모른다. 인종주의란 이념이 지배자가 피지배자를 폭력적으로 지배할 때 수반되는 죄책감을 소거 혹은 망각시키고 스스로를 계속 정당화하는 데 기여하듯,[73] 재한 일본인 사이에 내면된 한국 멸시·차별관도 그런 기능을 수행했기 때문이다.

3·1운동 당시 조선총독부 헌병대 경무부장 회의자료 중 한국인의 불평과 희망 사항을 연구한 바에 따르면,[74] 민족차별·모욕 문제는 조선 13도 어디에서나 한국인들의 불만을 산 것이었다. 이는 재한 일본인들

이 관리나 일반인을 막론하고 지배자로 군림하여 한국인들에 대해 오만하고 모욕적이고 모멸적 자세를 취하고 한국인을 노예시한 결과로 판단되었다.

3·1운동 이후에도 재한 일본인들의 민족차별적 행태는 지속되었다. 1930년대 전반에 식민 당국자가 보기에도 이들의 행태는 식민통치 기조인 내선융화內鮮融和를 파괴할 만큼 심각하였다. 예컨대, 조선헌병대사령부는 "일본인이 작은 우월감에 사로잡혀 평소 말과 행동으로 조선인을 얕보는 행위가 많다"고[75] 보고, 재한 일본인의 민족 모욕적, 차별적 언행에 대해 다음과 같이 비판하였다.

허무한 우월감에 사로잡혀 이천만 동포에게 불쾌감을 안겨주는 짓은 송구스럽게도 천황의 생각에 어긋나는 것이고, 일본과 조선의 화평을 해치는 행위라 말할 수 있다. 조선을 통치함에 있어 그 평안함을 깨고 조선인의 마음을 어지럽히는 것은, 소위 공산주의 사상도 사회주의 조직도 독립사상도 아니다. 사려와 분별없는 일본인의 경솔한 말과 행동 탓이라 말해도 지나친 이야기가 아니라고 생각한다.[76]

그리하여 재한 일본인의 '깊은 반성'을 촉구하기 위해 민족차별의 사례들을 조사한 책자를 편찬하기에 이르렀다고 한다. 그 사례 가운데 일부만 소개하면, 다음과 같다: ① 일본인이라 생각해 공손히 이발해준 후 한국인이란 사실을 알고는 모욕하였다. ② '한국인 머리는 개와 다르지 않다'며 모욕을 줬다. ③ '요보 부인이 될 바에야 차라리 창녀가 되는 게 낫다'는 모욕적인 말을 하였다. ④ 영화관에서 일본인과 한국인을 차별하여 한국인은 영화 보기 힘든 자리로 안내하였다. ⑤ 의사는 한국인이라는 사실을 알자 바쁘다고 진찰을 거절하였다. ⑥ 일본인이 목욕을 마치지 않았다며 목욕탕에 들어가지 못하게 하였다. ⑦ 자기 부주의로 넘어져 놓고는 상대(한국인: 저자)가 사과했는데도 때리고 걷어 찼다. ⑧ 한국인 손님을 모욕하고 뺨을 때리고 내쫓았다. ⑨ 병원 수금인(한국인: 저자)에게 돈이 없다며 수년간 지불하지 않고는 오히려 때려 부상을 입혔다.[77] 여기서 보듯, 재한 일본인의 민족차별은 모욕적 언사(① ② ③), 차별적 대우(④ ⑤ ⑥)에 그치지 않고, 부당한 폭력(⑦ ⑧ ⑨)까지 다양한 방식으로 가해졌다.

일본인 교사들도 정도의 차이는 있겠지만, 재한 일본인과 유사한 경로와 방식을 통해 한국 멸시·차별관의 세례를 받았다. 그 결과 일본인 교사들 가운데는 다른 재한 일본인과 크게 다르지 않은 민족차별 의식을 지닌 자들이 적지 않았을 것으로 판단한다. 맹휴의 배척 대상 교사들이 바로 그런 자들이었다. 제1장~4장에서 살펴봤던, 온갖 형태의 민족차별적 언행은 그런 교사들의 민족차별 의식이 표출된 결과였다.

제4장에서 살펴봤거니와, 배척 대상 교사들의 민족차별 언사를 관류했던 '민족성론(조선인론)', '야만인(종)론', '망국민론'은 근대 일본의 한국 멸시·차별관의 핵심 논리이거나 파생물이었다. 〈표 4–7〉의 8번 기사에서 일본인 교사가 자신의 민족차별적 언사에 대해 '오랫동안 일본에서 듣고 본 바를 무심코 사용한 어구'였다고 변명한 것은 바로 이런 내면화된 민족차별 의식의 자연스런 표출이라 하겠다. 이런 까닭에 배척 대상 일본인 교사의 민족차별적 행태가 '틈만 나면' '항상' 일상적으로 반복될 수밖에 없었던 것이다. 일본인 교사들의 민족차별 의식이 법

적·구조적 민족차별은 물론 자신들의 관행적 민족차별에 대해 그 부당성을 인식하지 못하게 했을 뿐 아니라 오히려 정당하다거나 적어도 나쁘지 않다고 여기게 해줬기 때문이다.[78]

요컨대 관행적 민족차별의 지속과 일상화는 법적·구조적 민족차별이나 민족 간 정치경제적 불평등 구조 못지않게 내면세계의 심연에 터 잡고 있던 민족차별 의식의 의식적·무의식적 표출과 밀접한 관련성이 있다고 하겠다.

한편 서양인 교사들의 한국관을 지배하던 것은 '문명 서양 대 야만 한국'이라는 오리엔탈리즘적·기독교적 세계관이었다. 서양 선교사들은 한국인과 한국사회의 특성으로, '나태, 빈곤, 기생성, 무능력, 부정부패, 정체, 비위생성(불결한 환경과 생활)'과 무종교성(미신과 우상숭배)을 꼽았다. 이런 특성은 서양문명과 대비되는 것으로, 한국사회의 야만성을 드러낸 단골 표상으로 인식되었다.[79] 그리고 이런 인식을 토대로 한국과 한국사회를 문명화하고 한국인을 구원하겠다는 사명감과 인종우월의식에서 교육선교 사업을 전개하였다. 이때 이들에게 문명의 핵심은 기독교와 그 가치였음은 말할 나위도 없다. 제4장에서 살펴보았던 배척 대상 서양인 교사의 인종차별적 언행과 전제적이고 독선적인 학교운영과 학생지도는 바로 이 같은 인식과 의식의 표현이었다.[80]

## 나오며
# 차별문제의 성찰과 일상의 민주화

1

이 책에서 민족차별 문제를 특별히 천착한 이유는 두 가지였다.

하나는 학술적 관심이다. 과문한 소치인지는 모르나 식민지 근대화 논쟁에 참여하면서 의외로 민족차별의 문제를 전면적·본격적으로 연구한 성과가 별로 없다는 점을 발견하고 놀랐다. 이에 식민지성의 핵심 4대 지표 중 하나인 민족차별의 양상, 구조, 특징을 밝혀 민족문제를 객관적이고 균형 있게 바라볼 수 있는 역사적 안목을 얻고 싶었다.

다른 하나는 현실적 관심이다. 현재 한국사회는 정치적 민주화를 넘어 사회적 민주화를, 그리고 제도적 민주화를 넘어 일상의 민주화를 지향하고 있다. 이 과정에서 주목할 점은 다문화 사회화에 따른 차별문제, 특히 조선족 동포, 탈북민, 이주 노동자 및 결혼 이민자(특히 비서구 출신) 등에 대한 편견과 차별의 문제이다. 이들에게 법적 차별, 구조적 차별과 관행적 차별이라는 삼중의 차별이 가해지고 있다. 특히 법적 차별은 더디나마 조금씩 개선되고 있지만, 구조적 차별과 관행적 차별은 여전한 것 같다. 한편으로는 정치경제적 불평등 구조와 위계관계에 기초한 차별이 가해지고 있고, 다른 한편으로는 사회 저변에 퍼져 있는 편견과 차별의식이 극복되지 못하고 있기 때문이다.

이러한 학술적 바람과 현실적 관심은 서로 연결되는 것이었다. 학술적 바람이 민족차별성과 민족 정체성의 문제에 두어진 것이라 한다면, 현실적 관심은 인권문제와 시민적 보편성의 문제를 향한 것이라 할 수 있다. 긴 역사적 안목, 특히 필자가 일찍이 화두로 제시했던 장기근대사론의 관점에서 본다면,[1] 일제강점기 민족차별의 문제는 동전의 양면과 같이 상관적相關的 문제요 상보적相補的 주제라 할 수 있다. 달리 말하면, 민족적 정체성과 시민적 보편성이라는 복안複眼의 균형 잡힌 시각을 통해서만 제대로 그 실체를 밝힐 수 있는 주제요, 한국근대사 연구의 지평을 민족사에서 시민사, 보편사로 확장해가도록 자극을 주는 주제라 할 수 있다.

이런 관심과 판단에서 현재의 '가해자=한국인·사회·민족'이란 구도가 '한국인·사회·민족=피해자'란 구도로 역전돼 작동했던 일제강점기의 민족차별 문제를 규명하려 시도하였다. 이때 그 실체가 비교적 쉽게 확인할 수 있고 기존 연구를 통해 상당 부분 밝혀진 법적·구조적 민족차별의 문제보다는 일상적으로 자행됐으나 별로 조명되지 않은 관행적 민족차별의 문제를 특히 주목해 검토하였다. 그 결과 밝혀진 바는 다음과 같다.

일제와 중등학교 당국과 일본인 교사들은 학생 선발과정부터 시작해 학생 지도과정, 학생 평가과정, 퇴학 처분과정, 그리고 학생의 취업과정에 이르기까지 민족을 차별하였다. 이 점을 충남 강경 소재 중등 실업학교인 강경상업학교(이하 '강상'으로 줄임)의 사례에 대한 미시적 분석을 통해 밝혔다.

학생 선발과정에서는 일본인 지원 규모에 맞추어 민족별 모집인원을 할당해, 일본인에게 노골적으로 특혜를 줬다. 그 결과 한국인은 일본인에 비해 치열한 입시경쟁을 치러야 했다. 그리고 선발시험, 자격 검정시험은 모두 일본어로 진행되어 한국인 학생은 원천적으로 불리하였다. 게다가 초등학교장의 소견표와 구두시험을 통해 사상검열도 진행함으로써 불온한 한국인 지원자를 원천 배제하였다. 이런 선발 방식은 일제 말까지 지속됐을 뿐 아니라 다른 한·일 공학교에서도 일반적으로 시행되었다. 그러면서 일제와 강상 당국은 학생 선발의 노골적인 차별 관행조차 정당화하려 하였다. 민족 간 합격률의 현저한 격차가 마치 경제력의 차이나 자유경쟁의 결과인 것처럼 변호해 학생 선발의 민족차별성을 호도한 것이다.

학생 지도과정에서도 민족을 차별하였다. 학생지도의 민족차별성은 학사징계에서 잘 드러난다. 강상은 학칙과 규율을 통해 학교생활은 물론 학생 개인의 사생활 전반을 통제하였는데, 이러한 학칙과 규율을 위반한 자에 대해 학사징계를 하였다. 한국인 학생은 치열한 입시경쟁을 거쳐 입학한 탓에 일본인 학생보다 우수했음에도 빈도상으로 보면, 일본인 학생보다 거의 두 배에 달하는 학사징계(성적 사유 징계 제외)를 받았다. 민족차별적 처분을 상정하지 않고는 이해하기 힘든 양상이라 하겠다. 강상 당국은 이렇게 민족차별적인 지도를 하면서도 한국인 학생들의 반발과 저항을 완화하기 위해 형식적인 민족 균형 조치를 통해 민족 무차별의 인상을 심어주려 하였다. 예컨대, 학생 임원이나 교지 필자의 배분에서 민족별로 균형을 맞춘 것이다.

학생 평가과정에서도 민족차별이 이뤄졌다. 강상의 학생평가는 크게 학업평가와 조행평가로 구분되었다. 학업평가에서 한국인 학생의 평균 점수는 거의 모든 학년도에서 일본인을 압도하였다. 그럼에도 교련, 체조·무도(검도와 유도) 등 일부 과목의 성적에서는 일본인 학생의 평균점수가 더 높았다. 한국인 학생이 일본인 학생에 비해 체격도 컸고 검도와 유도대회에서도 더 좋은 입상 성적을 거뒀던 점을 감안하면 납득하기 어려운 결과이다.

학업성적과 함께 졸업이나 진학, 그리고 취업에서 중시됐던 사정자료는 조행평가 등급이었다. 조행평가는 대체로 학업성적, 학사징계 여부, 근태상황, 성행평가 등을 종합 평가한 담임교사에 의해 이루어졌고, 사정회의와 교장의 결재를 거쳐 그 등급이 결정되었다. 그런데 조행평가에서 일본인 학생의 평균 등급이 한국인 학생의 그것보다 높았던 경우가 절반 이상이었던 점은 이해하기 어렵다. 한국인 학생이 학업성적에서는 일본인 학생을 압도했고, 근태상황(정근·개근 실적 등)에서도 월등히 더 좋았던 점을 감안하면 의문이 드는 현상이다. 이런 현상이 발생한 것은 조행평가와의 상관성이 높았던 성행평가에서 민족차별적인 평가가 내려졌다는 점과 무관치 않은 것으로 보인다.

한편 학생의 중퇴에서도 학교 당국이나 교사의 의식적·무의식적 민족차별 관행이 영향을 미쳤다. 이 점은 강상의 성적 및 성행 사유 징계 퇴학 처분과정에서 잘 드러났다.

강상의 일본인 학생은 한국인 학생에 비해 성적 불량으로 인해 퇴학당하는 빈도가 높았다. 한국인 학생이 일본인 학생보다 월등히 우수한 학업 역량을 가졌기 때문에 당연한 결과였다. 여기서 유의할 점은 특진제가 없었더라면 실제보다 더 많은 일본인 학생이 성적 때문에 퇴학될 뻔했다는 사실이다. 특진제는 유급 사유에 해당하더라도 교사의 판단과 의견에 따라 구제해 진급시킬 수 있는 제도였다. 일본인 학생은 한국인 학생보다 이런 특진제의 혜택을 더 많이 누렸다. 이 역시 민족차별성을 엿볼 수 있는 양상이다.

중퇴 양상에서 민족 간 가장 뚜렷한 대조를 보인 것은 성행, 그중에서도 '불온' 사상·운동 사유 중퇴였다. 일제강점기 내내 이 범주에 속한 일본인 학생이 단 1명도 나오지 않았던 반면, 한국인 학생은 24명이나 이 사유로 징계 퇴학당하였다. 이렇게 된 데에는 한국인 학생의 민족의식과 체제 비판의식 등이 어느 정도 영향을 미쳤다고 본다. 그러나 그에 못지않게 강상 당국과 일본인 교사사회의 억압적이고 민족차별적인 사태 처리가 징계 퇴학의 격차를 초래하는 데 영향을 미쳤다.

반면 경제 사유 중퇴는 성적이나 성행 사유 중퇴와는 그 성격이 달랐다. 경제 사유 중퇴는 한·일 학생 모두에서 다수를 차지했지만, 그 비중에서 한국인 학생이 훨씬 높았다. 이는 개인적 차원에서는 보호자인 정正보증인의 직업과 경제력 차이, 구조적 차원에서는 농업 중심의 한국인사회와 상업, 공무자유업 중심의 재한 일본인사회의 정치경제적 격차를 반영한 결과이다. 이런 점에서 경제 사유 중퇴 양상의 민족 간 차이는 관행적 민족차별과는 관련성이 별로 없다. 그보다는 한·일 민족 간 정치경제적 불평등 구조에 의해 초래된 '결과의 차별', 즉 구조적 민족차별의 성격을 지닌다 하겠다.

민족차별은 학생 선발·지도·평가·퇴학 처분 과정에서만 이뤄진 것은 아니었다. 강상 학생들이 졸업과 동시에 진로를 모색하고 취업하는 과정에서도 민족차별이 있었다.

먼저 강상의 한·일 학생은 졸업 후의 진로를 찾아가는 데 차이를 보였다. 한국인 졸업생 대다수의 진로는 '취업'으로 단순한 데 반해, 일본인 졸업생의 진로는 '취업, 가업 종사, 진학'으로 분산되었다. 특히, 취업 분야로 국한해보면, 한국인 졸업생은 금융조합으로 몰렸던 반면, 일본인 졸업생 대부분은 회사·상점을 선호하는 대조적 양상을 보였다. 이와 같이 졸업생 진로에서 보인 민족 간 차이는 관행적 민족차별의 결과라기보다는 식민지사회의 경제구조와 학부모의 경제적 격차에 기인한 구조적 민족차별을 반영한 것이라 하겠다.

취업과정에서도 민족차별이 자행되었다. 당시 신입직원 채용의 주요 사정자료는 학교장의 소견표나 추천서였다. 그런데 선발 사정이 이들 소견표나 추천서 작성의 주요 근거자료인 학업(지력)평가와 조행평가의 결과에 따라 공정하게 이뤄지지 않았다. 이 점은 민족 간 취업경쟁이 심했던 조선·식산·저축은행 분야와 일반회사·상점 분야의 채용 결과에서 드러났다. 하나는 일본인 졸업생이 한국인 졸업생과 비교할 때, 학업평가 결과에서는 월등히 더 나빴음에도 두 분야의 취업률에서는 더 좋았다. 조행평가에서도 유사한 경향을 보였다. 학업·조행평가 이외의 다른 변수를 배제하고는 납득하기 어려운 양상이다. 바로 그 외적인 변수란 다름 아니라 일제권력의 식민지배, 일본자본의 압도적 우세, 일본인 교장·교사의 학생 평가·추천이라는 삼중三重의 민족적 위계구조가 구축된 식민지 현실과 연관된 것이다. 이런 점에서 취업과정의 차별은 관행적 민족차별인 동시에 구조적 민족차별의 성격을 동시에 띤다고 하겠다.

여기서 짚고 넘어갈 점은 취업과정에서 민족차별이 자행되는 가운데서도 일제 말기 강상의 한국인 졸업생 가운데 일부는 성장하는 모습을 보였다는 사실이다. 한국인 졸업생 중 일부는 일제의 전쟁 총동원정책과 일본자본의 대륙 팽창이란 전시상황을 활용해 성장해나간 것이다. 선호도 높은 분야에 취업하는 한국인 졸업생이 증가하고, 그 취업처도 다변화하고, 하급 실무자에서 중간 관리자로 승진하는 한국인 졸업생이 나타나기 시작한 것은 그 단적인 예이다.

그러나 한국인 졸업생 가운데 직위 승진자는 극히 일부에 불과하였다는 점도 간과돼서는 안 된다. 일제 말기 한국인 졸업생의 성장도 그 이전 시기와 비교한 상대적 성장에 불과하였고, 식민지사회 전체를 놓고 보면 미약한 것이었다. 그런 까닭에 한국인 졸업생의 성장이란 것도 '일본인=상급 관리자, 한국인=하급 실무자'라는 식민지적 위계구조에서 벗어난 것은 아니었다. 이처럼 일제 말기에 제한적 성장에 그쳤던 강상 졸업생이 해방을 계기로 하급 실무자에서 중상급 관리자로 본격 성장하였다. 이런 점에서 본다면, 민족해방이야말로 강상 졸업생이 식민지적 위계구조에서 벗어나 비약적으로 성장할 수 있는 결정적 계기였다고 할 수 있다.

이상은 일제강점기 한국인 학생들이 입학부터 취업 이후까지 각 과정마다 겪었던 관행적 민족차별의 양상에 대해 강상의 사례를 가지고 미시적으로 분석한 결과이다. 지금부터는 식민지 한국사회, 특히 학교사회에서 이 같은 관행적 민족차별의 양상이 일상적·반복적·지속적으로 나타나도록 만든 요인이 무엇이었는지를 밝힌 결과이다. 이때 관행적 민족차별의 요인으로 주목한 것은 민족차별적 법, 구조, 논리, 의식의 문제였다. 그리고 그런 문제의 실마리를 일제강점기 중등학교 전반의 동맹휴학에 대한 거시적 분석을 통해 찾아 나섰다.

일제강점기 중등학생들이 동맹휴학(이하 '맹휴'로 줄임) 과정에서 제기한 문제는 세 가지였다. 민족차별·말살의 문제, 전제적·독선적·억압적·폭력적 학생지도의 문제, 열악한 교육시설과 조건의 문제가 그것이다. 그리고 이런 문제를 개선하거나 해결하고자 하는 맹휴과정에서 민족의식과 근대적 시민의식(자치의식, 자유의식, 인권의식, 권리의식)을 유감없이 보여주었다. 그 가운데 '교사 배척 요구가 포함된 맹휴'(이하 '교사 배척 맹휴'로 줄임)는 대체로 전제적·독선적·억압적·폭력적 교육에 대항한 학생들의 인권의식, 무자격·무능력 교사 배척으로 학습권을 지키려는 학생들의 권리의식, 민족(인종)차별에 저항하는 민족의식이 복합적, 중층적으로 표출된 결과였다.

그러나 같은 중등학교라 해도 설립주체별, 계열별로 교사 배척 맹휴의 양상은 차이를 보였다. 교사 배척 맹휴의 발생률은 공립학교보다 사립학교에서, 실업계 학교보다 인문계 학교에서 더 높았다. 사립학교의 맹휴에서는 학습권 보장 요구가 가장 빈번하게 제기됐으나 관행적 민족차별을 반대하는 목소리는 약한 편이었다. 반면 공립학교의 맹휴에서는 관행적 민족차별과 전제적·독선적·억압적·폭력적 교육에 대한 반발이 사립학교에 비해 강하게 표출되었다. 이는 공립학교가 사립학교에 비해 학생교육과 지도에서 더욱더 민족차별적이고 전제적·독선적·억압적·폭력적이었을 가능성을 보여준다.

교사 배척 맹휴에서 드러난 관행적 민족차별의 방식은 대체로 세 가지였다. 한국 민족과 한국인을 일방적으로 모욕하는 방식, 한국과 일본의 비교를 통해 한국 민족과 한국인을 비하하는 방식, 한국인 학생과 일본인 학생을 차별 대우하는 방식이 그것이었다. 여기서 유의할 점이 있다. 관행적 민족차별에는 교사의 전제와 독선과 억압과 폭력이 수반되는 경향을 보였다는 사실이다.

관행적 민족차별과 인권유린을 자행한 교사들의 언행을 관통하는 논리는 세 가지였다. 문명 대 야만의 이분법에 기초한 야만인(종)론, 한국인의 결함과 부정성을 드러내기 위한 민족성론, 망국의 현실을 인정하고 자책케 하는 망국민론이 그것이다. 이 세 논리는 서로 중첩되거나 유기적으로 결합해 민족차별 논리를 증폭시키고 배척 대상 교사들의 내면의식을 지배하였다. 그러한 내면의식이 학생교육과 지도과정에서 표출돼 관행적 민족차별을 부추기거나 정당화하는 역할을 하였다.

관행적 민족차별이 일상적·반복적·지속적으로 자행된 배경에도 세 가지 요인이 크게 작용하였다.

첫째, 법적 차원의 요인으로, 교과과정과 중등학교 설립이 민족차별적이었다는 것이다. 동화교육이 강화될 때마다 교과과정의 민족차별성이 심해졌음은 기존 연구에서 충분히 밝혀진 바이다. 그리고 일반계 공립 중등학교는 일본인 위주로 설립되었고, 관공립 실업학교의 입학기회는 민족차별적이었다. 그러나 법적 민족차별은 한국인의 저항이나 반발에 의해서든, 일제의 식민정책적 의도에 의해서든 완화되는 추세였다. 제2차 조선교육령에서 초중등학교 학제 개편은 그 상징적인 조치였다. 그렇기에 법적 민족차별이 관행적 민족차별을 지속시킨 핵심 요인은 아니었다고 하겠다.

둘째, 구조적 차원의 요인으로, 식민지배라는 정치경제적 현실에 기초한 민족차별적인 교육·행정 구조와 위계관계가 작동하였다는 것이다. 특히, 그런 구조와 관계는 전체 교사 가운데 일본인 교사의 비율이 압도적이었고, 교장이 모두 일본인이었던 공립학교에서 가장 강하게 작동하였다. 게다가 다양한 유형의 일본인 교사들 가운데서도 일본국가 지상주의, 제국주의 이념으로 무장하거나 식민교육 정책의 실행에 충실하던 교사들이 교사사회의 민족차별적인 분위기를 주도하였다. 그리고 식민교육 행정체계의 거의 대부분은 일본인 관료들이 장악했음은 말할 나위도 없다.

그 결과 공립학교의 한국인 학생은 사제관계라는 교육적 위계관계, 식민지배족 출신 교사 대 피지배족 출신 학생이라는 민족적 위계관계, 그리고 교장을 매개로 한 차별적인 식민교육 행정체계 등 삼중의 민족적 불평등 구조와 위계관계에 갇힐 수밖에 없었다. 사립학교 가운데서는 기독교 선교회 등이 설립하여 종교교육을 강화하던 학교나 일본인이 설립한 학교에서 민족차별적인 구조와 위계관계가 두드러지게 나타났다.

셋째, 의식적 차원의 요인으로, 배척 대상 교사들의 내면세계에 뿌리 깊이 터 잡고 있던 민족차별 의식이 민족차별 언행에 활화산 구실을 하였다는 것이다. 일본인 교사들은 내한來韓 이전부터 근대 일본사회에 풍미한 한국 멸시·차별관의 세례를 받아왔다. 일본의 한국 멸시관은 신화와 날조된 역사에 기반한 한반도 조공국사관에서 출발하였다. 그리고 청일·러일전쟁 이후 일본판 오리엔탈리즘인 인종론적 문명론, 마찬가지로 인종론적 성격을 띤 국민성론, 일선동조론과 결합하거나 관계를 맺으면서 발전하였다. 그 결과 '문명 일본 대 야만 한국', '일본인의 우수한 민족성 대 한국인의 열등한 민족성'이란 민족 서열화 구도의 한국 멸시·차별관이 체계화, 심화되었다. 근대 일본의 이러한 한국 멸시·차별관은 일본사회와 재한 일본인사회에 확산되었다. 동맹휴학 당시 배척 대상이 된 일본인 교사들도 바로 이러한 한국 멸시·차별관을 내면화하였다. 그리하여 '틈만 나면' '항상' 일상적으로 민족차별 언행을 표출하였다. 이들의 내면화된 민족차별 의식이 그런 언행의 부당성을 인식하지 못하게 했을 뿐 아니라 그런 언행이 오히려 정당하다거나 적어도 나쁘지 않다고 여기게 해줬기 때문이다.

한편 서양인 교사들은 대부분 선교사로서 오리엔탈리즘적·기독교적 세계관의 소지자였다. 부언하자면, 한국사회를 문명화하고 기독교를 통해 한국인을 구원하겠다는 선교 사명감과 인종 우월의식을 가졌다. 이런 의식에서 인종차별적 언행을 자행하거나 독선적·전제적 방식으로 학생지도와 학교운영을 하였다. 그리고 이러한 문명담론이나 민족성론의 세례를 받은 극히 일부의 한국인 교사들도 민족 비하적 언행과 독선적 학생지도 대열에 가담하였다.

지금까지 중등학교 입학부터 취업 이후까지 한국인들이 부딪쳤던 민족차별의 양상, 구조, 논리, 특징에 대한 분석 결과를 정리해봤다. 다만, 이때 간과해서는 안 될 점은 두 가지이다.

하나는 중퇴를 포함해 중등학교에서 발생한 모든 현상을 민족차별과 연관시켜 이해하는 것은 적절치 않다는 것이다. 부언하면, 민족 간 단순한 차이에 따른 현상을 민족차별의 산물로 간주해서는 안 된다는 것이다. 이 점을 보여주는 사례가 건강·입대 사유 중퇴 양상에서 보인 민족 간 차이였다.

강상은 물론 일반계 중등학교, 전체 상업학교에서 건강 사유 중퇴의 비중이 한국인 학생보다 일본인 학생에게서 더 높게 나타났다. 생활수준, 영양상태, 보건의료 접근성 등 모든 측면에서 일본인 학생이 한국인 학생보다 우월했을 것으로 추정되는 상황에 비추어볼 때 납득하기 어려운 결과이다. 그럼에도 일본인 학생의 건강 사유 중퇴의 비율이 더 높았던 것은 한·일 학생 간 '청년성의 질환'인 결핵 저항력과 면역력의 차이에 기인하는 바가 컸다. 그리고 체격이나 체력 측면에서 한국인 학생이 일본인 학생보다 더 우수했던 요인도 건강 사유 중퇴 비율의 민족 간 차이에 영향을 미친 것으로 보인다.

한편 입대 사유 중퇴의 거의 대다수는 일본인 학생들에게서 발생하였다. 일제와 학교 당국, 교사들의 각종 입대 지원 독려에도 한국인 학생의 호응도는 현저히 낮았다. 이는 한·일 학생의 내면 정신세계, 특히 민족 정체성과 체제인식의 차이를 보여주는 상징이라 하겠다. 요컨대, 건강·입대 사유 중퇴 양상의 민족 간 차이를 보여줄 뿐 민족차별과는 무관한 현상이라 하겠다.

다른 하나는 이 책이 민족차별의 문제를 주목한 나머지 빈부(계층)차별·성차별·학력차별 등의 문제를 주된 분석 대상에서 제외했을 뿐이지, 이런 차별문제들을 간과해서는 안 된다는 점이다. 예컨대, 학업·조행 평가 결과 모두 하위수준이었던 강상의 한국인 졸업생들이 선호도 높은 직장에 취업한 경우들도 발견되었다. 졸업생 집안의 영향력이나 연줄에 의한 특혜 변수를 제외하고는 이해하기 어려운 결과이다. 이런 점에서 연줄 특혜야말로 졸업생의 취업 성공 여부에 영향을 미친 주요 변수 중 하나였다고 하겠다.

3

이상과 같은 연구의 결과는 일제강점기 민족차별 문제를 이해하고 오늘날 한국사회의 사회적 소수자·약자 차별문제를 풀어나가는 데 다음과 같은 시사점을 준다.

첫째, 차별적 법제의 개혁은 차별문제의 해결에 대단히 중요한 조치이기는 하나 그것만으로는 차별 현상을 해소할 수 없다는 점이다. 정치경제적 불평등 구조와 위계관계에다가 차별적 문화와 의식이 존재하는 한 관행적·구조적 차별은 지속될 수밖에 없기 때문이다. 일제강점기에 제2차 조선교육령의 시행으로 차별적인 학제가 개선됐음에도 한·일 공학 중등학교에서조차 학생 선발·교육·처벌 과정, 그리고 학생의 취업과정에 이르기까지 관행적 민족차별이 일상적으로 자행되고 구조적 민족차별이 전개됐던 역사는 이 점을 잘 보여준다.

둘째, 차별적인 법제의 개혁은 차별문제 해결의 첫걸음에 불과하기 때문에 구조적·관행적 차별을 제어할 수 있는 민족적 또는 시민적 역량을 키워나가지 않으면 안 된다는 점이다. 어느 사회, 어느 시대나 정도의 차이는 있지만, 정치경제적 불평등 구조와 위계관계는 존재한다. 그리고 그러한 구조와 관계 속에서 자기의 특권과 이익을 도모하기 위해 차별을 정당화하려는 가해자(개인, 집단, 민족, 국가 등)도 있게 마련이다. 이때 피차별자나 차별 비판자에게 일차적으로 필요한 것은 정치경제적 불평등 구조와 위계관계가 불공정하고 불합리하고 불의하게 작동되는 것을 견제할 수 있는 사회적 역량을 갖추는 것이다. 이런 점에서 이민족의 폭압적 전제專制로 정치적·시민적 권리를 갖지 못했던 일제강점기 한국인 학생들이 동맹휴학을 통해 민족차별적 제도나 언행을 비판하고 그 개선을 요구하고 나섰던 역사는 많은 시사를 준다.

셋째, 차별문제를 근원적으로 극복하기 위해서는 차별자의 내면세계와 생활세계에 뿌리 깊이 자리 잡고 있는 차별적인 의식과 문화를 청산하지 않으면 안 된다는 점이다. 법이 바뀌더라도 의식과 문화는 쉽게 변화하지 않기 때문이다.

그러나 차별적인 의식과 문화는 역사적 현실과 필요에 따라 소환되고 재구성되고, 심지어 날조, 전파되기도 하는 역사적 구성물이라는 사실을 주목할 필요가 있다.

일제가 청일·러일전쟁 승리라는 역사적 현실을 배경으로 한국을 침략하고 식민지화하려는 정치적 필요에 의해 한국 멸시·차별관을 체계화한 것은 그런 일면을 잘 보여준다. 부연하면, 신화와 날조된 역사에 기반한 한반도 조공국사관 등을 소환하고 '문명 일본 대 야만 한국', '일본인의 우수한 민족성 대 한국인의 열등한 민족성'의 민족 서열화 구도를 체계화한 것은 일본의 역사적 현실과 정치적 필요를 반영한 결과라는 것이다.

그리고 1990년대 이래 일본의 우익세력이 장기 침체와 한국의 부상에 따른 위기의 현실과, 한·일 영토·역사 갈등을 이용해 자신들의 세력을 유지, 확장할 정치적 필요에서 혐한嫌韓 정서나 언동을 주도하고 부추기고 있다. 바로 이 과정에서 한국인을 열등시했던 인종론적 민족성론을 재소환하여 확산시키고 있는 것도 같은 맥락에서 이해될 수 있다.[2]

역사적 현실과 정치적 필요에 따라 차별적인 의식과 문화를 재구성하려는 끊임없는 시도는 구미사회에서도 마찬가지였다. 18세기 후반부터 확산된 생물학적(과학적) 인종주의 풍조는 그 대표적인 역사 현상이었다. 생물학적 인종주의는 피부색, 두개골과 얼굴(코·입·눈 등)의 모양, 모발 형태 등 쉽게 확인할 수 있는 신체적 차이나 심지어 외부로 드러나지 않은 피(혈액형) 등 형질을 준거로 인종의 우열과 위계를 정하였다. 그리고 이를 통해 백인의 유색인에 대한 지배와 차별, 특히 식민주의와 노예제를 정당화하는 구실을 하였다.[3] 이러한 생물학적 인종주의는 집단학살이라는 참극을 초래하고 과학적 근거도 없다는 것이 밝혀지자 제2차 세계대전 이후에 영향력을 상실하였다.

그러다가 1980년대 이후 유럽 경제의 침체라는 위기의 현실과 정치적 영향력을 확대하려는 극우세력의 정치적 필요에 의해 새로운 모습으로 변장한 인종주의가 구성되고 확산되기 시작하였다. 그것이 바로 신인종주의이다. 신인종주의는 신체적 특징 대신에 종교 등 문화 정체성을 준거로 한다는 점에서 문화적 인종주의, 인종 없는 인종주의라 불리고 있다. 그렇기에 신인종주의를 인종주의 범주에 포함시킬 수 있느냐에 대해서는 논란이 되고 있다.[4] 그러나 백인 위주의 극우세력이 구식민지 출신 이주민을 포함한 외국인 이주 노동자, 특히 유색인 노동자

를 배척하고, 이슬람문화에 대해 적대감을 부추기는 이데올로기인 것은 분명하다.[5]

이와 같은 역사 경험을 토대로 봤을 때, 차별적인 의식과 문화의 청산은 사회 현실을 개혁하는 작업과 병행하지 않으면 달성하기 쉽지 않은 과제라고 판단한다. 교육과 계몽과 같은 방식만으로 해결하기 어려운 과제라는 것이다. 바로 이런 점에서 정치경제적 불평등 구조와 위계관계가 불공정하고 불합리하고 불의하게 작동하는 것을 통제하는 것은 물론, 한걸음 더 나아가 생활세계와 활동영역에서 일상적으로 가해지는 차별적 언행 자체를 제어할 수 있는 법적·제도적 장치를 마련하는 작업부터 하지 않으면 안 된다. 인종주의 역사를 꿰뚫어 본 크리스티앙 들라캉파뉴는 "집단적 환상이나 대중적 거짓말을 낳은 그 악행을 허용했던 조건들을 제거할 수 있는 효과적 수단들을 우리가 갖지 못한다면 악행을 규탄해봐야 아무 소용도 없다"고 했다.[6] 그러한 법적·제도적 통제장치를 갖지 못한다면, 차별적인 의식과 문화를 아무리 비판해도 변화의 계기를 마련하기란 쉽지 않을 것이기 때문이다.

4

최근 일련의 경험은 한국사회가 외부로부터 근대적 제도, 시스템, 문화 등을 수용하는 사회에서 새로운 제도, 시스템, 문화 등을 외부로 발신하는 사회로 대전환하는 분기점에 들어서고 있는지도 모른다는 기대를 갖게 한다. 그 성취는 바로 2016년 촛불시민혁명, K-컬처의 세계적 유행, 아직은 진행 중이지만 2020년 코로나바이러스 감염증-19 방역의

잠정적 성공이다.

한국사회가 지금까지 서구의 민주주의를 수용하고 변용해왔다면, 촛불시민혁명은 독일의 유력 일간지《프랑크푸르터 알게마이네 차이퉁》으로 하여금 "한국에서 수준 높은 시위와 민주주의를 보여줬다. 오히려 민주주의 역사가 긴 유럽과 미국이 배워야 하겠다"고 고백하게 만들었다.[7] 한국문화(K-컬처)는 아시아를 넘어, 아메리카, 유럽, 아프리카 등 세계 각지에서 유행하고 있으며, 그 장르도 노래(K-팝)에서 시작해 드라마(K-드라마), 영화(K-무비), 미용(K-뷰티), 음식(K-푸드), 게임(K-게임) 등으로 확산되고 있다. 그리고 세계 각국은 한국이 코로나바이러스 감염증-19 방역과정에서 보여주고 있는 수준 높은 시민의식과 공동체 의식, 개방적이고 창의적인 대응, 뛰어난 의료·방역 체계, 우수한 인터넷 환경과 ICT기술 등에 감탄하고 있다. 그리고 검사Test·추적Trace·치료Treat로 이어지는 K-방역 모델은 개인 정보 침해 논란에도 봉쇄 없이 코로나 19의 확산을 막고 있는 성공적인 방역 모델로 높이 평가받고 있다.[8]

그러나 이러한 일련의 성취에 도취해서는 곤란하다. 한국사회의 안정을 위협하고 대전환을 가로막는 장애물들이 여전히 도처에 깔려 있기 때문이다. 남북갈등과 전쟁 위험성은 논외로 치더라도, 사회 불평등, 상호 불신과 소모적인 이념 갈등, 생태환경의 위기 등이 사회의 안정과 구성원의 생존 자체를 위협하고 있는 것이 한국의 현실이다. OECD 국가 중 자살률·산재사망률 1위, 세계 최고 수준의 연평균 노동시간·비정규직 비율·초미세먼지 오염, 기후 악당국가라는 오명, 세계 최저 수준의 출산율, 그리고 광장의 분열과 심각한 갈등 등은 한국사회의 어둡고 부끄러운 자화상이라 하겠다.

이상과 같은 장애물에다가 한 가지 더 꼽고 싶은 것은 불공정하고 불합리하고 불의한 각종 차별의 문제이다. 〈들어가며: 한국 근대사와 식민지 민족차별〉에서도 언급했거니와, 일제강점기 한국사회에서는 전통사회로부터 내려온 신분차별, 성차별, 빈부(계층)차별뿐 아니라 근대 이후 새롭게 등장한 학력차별, 민족차별이 횡행하였다. 그리고 1970년대 이후에는 지역차별이 기승을 부렸는가 하면, 1990년대 이후에는 조선족 동포, 탈북민, 이주 노동자 및 결혼 이민자(특히 비서구 출신) 등을 차별하고, 심지어 배척하려는 움직임조차 나타났다. 알베르 멤미Albert Memmi에 따르면, 이런 모든 종류의 차별은 차별자가 자기의 특권이나 공격을 정당화하고 자기의 이익을 도모하기 위해 고안하고 행하는 것이다. 이런 점에서 차별을 지지하는 차별주의 이데올로기는 '억압을 정당화하는 최고의 이데올로기 중 하나'이며, '억압의 최고 상징 가운데 하나'라 할 수 있다.[9]

한국사회가 새로운 근대성을 발신하는 선진사회로 대전환하기를 희망한다면, 무엇보다 우선 한국사회의 안정, 건강성, 그리고 활력을 해치고 있는, 불공정하고 불합리하고 불의한 각종 차별문제부터 성찰하고 극복하지 않으면 안 된다. 이를 통해 한국사회가 정치적 민주화를 넘어 사회적 민주화를, 그리고 제도적 민주화를 넘어 일상의 민주화를 성취해가야 한다.

# 일제강점기 중등학교 규율의 사례

## 1. 사례 1: 강경상업학교의 〈생도 주의(心得)사항〉 중 일부[1]

**제2장 세칙細則**

제1관款 풍기風紀

제1조 규칙 명령 및 훈유訓諭를 준수할 것.

제2조 음주·흡연을 금할 것.

제3조 수양상 유해무익한 장소에 출입하지 말 것.

제4조 허가 없이 집회하지 말 것.

제5조 금품의 대차 교환을 금할 것.

제6조 허가 없이 금전을 걷지 말 것.

제7조 소지품에 반드시 이름을 명기할 것.

제8조 휘파람, 속가俗歌 등 저속한 노래를 부르지 말 것.

제9조 불량한 서화書畫를 열람하지 말 것.

제10조 기타 행동에 관해 의혹이 있을 때 교관의 지시를 받을 것.

제2관 등교와 사고事故

제2조 수업 시작(始業) 10~30분 전에 등교할 것.

제3조 등교 후 즉시 휴대품을 소정의 장소에 놓을 것.

제4조 3대절,[2] 기타 본교의 의식에 필히 등교할 것. 단, 신년 하례식(新年拜賀) 참석 대신에 귀성을 위해 등교를 지연 받고자 할 때는 학교장에게 신년 축하 글(學校長宛賀表)을 제출할 것

제5조 결석, 지각, 결과缺課, 조퇴, 간편 복장(略裝)을 할 때에는 그날부터 3일 이내에 사유를 갖추어 보증인에게 신고하도록 할 것. 질병으로 7일 이상 결석할 때는 의사의 진단서를 첨부할 것.


제3관 실내

제2조 교사가 교단에 임하면 급장은 호령을 붙여 그 자리에서 기립하여 일제히 경례할 것. 종업시終業時의 경례도 같음.

제3조 허가 없이 자리를 이탈하지 말 것.

제4조 지각자는 입구에 정지해서 교관의 허가를 받을 것.

제5조 발언 시에는 먼저 오른손을 들어 교관의 허가를 받을 것.

제6조 응답에는 기립할 것.


제4관 휴게시간(休憩時)

제1조 허가 없이 소정의 지역을 출입하지 말 것.

제2조 게시揭示는 항상 주의하고 구두의 고시告示도 똑같이 주의할 것(心得).

제4조 복장과 용모(容儀)를 단정하게 할 것.

제5조 난폭하고(粗暴) 야비한 거동과, 시끄럽게 지껄이며 떠드는(喧噪) 행위를 하지 말 것.


제5관 복장

제5조 교외에서는 보통의 정식 복장(禮裝)을 할 것.

제6조 교외에서 허락하지 않는 복장은 입지 말 것.

제9조 가사家事 때문에 정규복을 착용하지 못할 경우에는 사유를 구비해서 보증인
　　으로 하여금 교외 간편 복장 허가원(略裝許可願)을 학교장에게 제출케 할 것.
제11조 시계를 소지할 때는 미리 학교장의 허가를 받을 것.
제12조 안경을 쓸 때는 미리 학교장의 허가를 받을 것.


제6관 복장

제5조 직원실에 출입할 때는 입구에서 정지해 경례할 것.
제8조 교외에서 직원, 옛 스승, 기타 윗사람에게는 거리를 불문하고 즉시 경례할 것.


제7관 숙소

제1조 소정의 표찰을 숙소 입구에 걸어 놓을 것.
제2조 숙소를 변경하고자 할 때는 3일 이내에 숙소 주인(舍主) 연서로 학교장에게 신
　　고할 것.
제3조 자택 외에서 통학하는 자로서 휴가, 기타의 사유로 귀성하려는 자는 미리 학
　　교장에게 신고할 것.
제4조 우편물 등 학교 명의를 이용할 때는 미리 허가를 받을 것.


제9관 통학생

제1조 통학생은 특히 외부의 영향을 유의留意하여 반성하고 항상 생도다운 본분을
　　잃지 말 것. 그리고 장점을 취하고 단점을 보완하여(採長補短) 수양하기를 게을
　　리 하지 말 것.

## 2. 사례 2: 해주고등보통학교의 〈훈련과 정육精育〉 중 일부[3]

### 제1절 적극적 시설

#### 7. 생도 일지日誌

항상 자기를 반성하고 자기가 나아갈 방향을 의식하여 충실한 하루를 보낼 수 있도록 일지 기입을 장려한다. 특히 여름방학 등 장기 휴가 이후에는 일지를 제출케 하여 학급주임이 검열한다. 이때 생도의 상황과 개성을 관찰하여 생도를 선도하도록 노력한다.

### 제2절 감독에 관한 시설

#### 2. 복장 검사

- 복장은 매일 학급주임이 검열하여 주의를 준다.
- 특별검사는 매학기 2회 이상 행한다. 불합격할 경우에는 다음 날이나 날짜를 정하여 재검사를 받게 한다.
- 특별검사는 모자, 셔츠, 상의, 바지, 신발에 대해 행한다. 감독계監督係는 학급주임과 함께 검열한다. 특별검사는 그 성적을 조사하여 감독주임이 강평講評하고 반성을 촉구하도록 한다.

#### 5. 생도의 가정 숙소

- 학기마다 학급주임은 정시에 가정과 숙소를 방문하고, 감독계는 수시로 가정과 숙소를 방문하여 가정과 숙소의 책임자와 연락을 취하고 생도의 일상생활 상태와 독서물의 상황 등을 관찰한다.
- 1학년생 중 가정 이외에서 통학하는 자의 경우 입학 당초에는 숙소를 학교에서 정하고, 학교생활에 익숙해진 이후에는 본인 및 부형의 희망에 따라 변경하는 것을 허락한다.
- 숙소 변경은 학급주임과 감독계의 합의에 의하여 허락 여부를 결정한다.
- 매 학년 초에 생도의 신상조사부를 조제하고 학급주임 감독계는 각 1부씩을 보관한다. 숙소 변경을 허락한 경우는 개서改書한 후 정리 보관한다.

6. 교과서 검사와 독서물 조사
- 1학기 초에 전체 학과의 교과서를 검사하고, 그 외에 임시로도 검사한다.
- 교과서는 형제에 한하여 헌 책(古本) 사용을 허가하고, 그 외의 자의 경우에는 전부 새 교과서를 사용하고 교과서에 기명記名하도록 한다.
- 교과서 이외의 독서물에 대해서도 정기 및 임시 조사를 행한다.
- 검사일과 계원係員 등은 그때마다 감독계에서 정한다.
- 각 학급별로 검사표를 사용하여 그 상황을 기록한다.

7. 우편물 취급
- 생도 앞으로 온 등기우편은 감독계에서 우편물 장부에 기입하고, 환증서(爲替券)는 증명 도장을 찍은 후 본인에게 건네준다. 생도나 교우회校友會나 학급 앞으로 온 우편물은 일단 각 계各係에서 검열한 후 교부한다.

12. 야간 외출 단속
- 특별한 용무가 없는 한, 야간 외출은 하지 않는 것으로 한다. 평상시 야간 외출은 오후 10시까지를 한도로 한다.
- 평상시 야간 외출 단속은 학급주임 및 감독계에서 한다.
- 매월 1회 내지 2회 전체 직원이 야간 순시를 하여 그 상황을 조사한다.
- 특별한 경우는 연속하여 매일 밤 순시, 단속한다.

13. 연극·영화 등(興業物) 관람 단속
- 교육상 참고 되는 것에 대해서는 수시로 특별히 허가하여 관람하도록 하고, 그럴 경우에는 감독계가 출장 감독한다.
- 허가 없이 연극·영화 등을 관람하는 것은 엄금한다. 수시로 감독계가 극장에 가서 생도 출입의 유무를 조사하고 입장자는 퇴장하게 한 후 처치한다.

14. 생도 집회의 단속
- 생도가 집회를 하고자 할 때는 미리 학급주임과 감독계에 신청하여 학교장의 허가를

받아야 한다.

- 생도회生徒會 또는 단체를 만들고자 할 때에도 역시 똑같이 취급한다.
- 교외에 있는 모든 종류의 모임과 사회단체 등에 생도가 가입하는 것을 엄금한다.
- 교외에서 모든 종류의 회합이 있는 경우에 감독계는 생도의 출입에 대하여 특별히 주의하고 단속한다.

15. 기고·투서投書 단속

- 신문 잡지 등에 기고, 투서하는 것은 학교를 대표하는 것과 같이 인식되기 쉽기 때문에 미리 학교주임에게 신청하여 학교장의 허락을 받아야 한다.

# 원전 목록

다음은 본서에 수록된 글의 장별 원전의 목록이다. 본서의 글은 아래 4편의 원전을 토대로 하되, 구성은 대폭 바꾸고, 각 장의 내용도 상당 부분 수정하거나 새롭게 추가하였다.

제1장: 1) 〈일제강점기 한·일 공학 중등학교의 관행적 민족차별: 충남 강경상업학교의 사례〉《한국사연구》 159, 2012의 대부분.

　　　 2) 〈일제강점기 중등학생 중퇴양상을 통해 본 민족 간 차이와 민족차별: 강경상업학교(江商) 학적부 분석을 토대로〉《한국문화》 84, 2018의 극히 일부.

제2장: 〈일제강점기 중등학생 중퇴양상을 통해 본 민족 간 차이와 민족차별: 강경상업학교(江商) 학적부 분석을 토대로〉《한국문화》 84, 2018.

제3장: 〈한·일 공학 중등학교 졸업생의 일제하 진로와 해방후 변화: 충남 강경상업학교의 사례〉《한국문화》 60, 2012.

제4장: 〈일제강점기 중등학생의 교사 배척 동맹휴학을 통해 본 관행적 민족차별〉《동방학지》 189, 2019의 일부.

제5장: 1) 〈일제강점기 한·일 공학 중등학교의 관행적 민족차별: 충남 강경상업학교의 사례〉《한국사연구》 159, 2012의 극히 일부.

　　　 2) 〈일제강점기 중등학생의 교사 배척 동맹휴학을 통해 본 관행적 민족차별〉《동방학지》 189, 2019의 일부.

# 참고문헌

## 1. 자료

### 1) 연속간행물: 신문·잡지·관보·연보 등

《동아일보》《매일신보》《조선일보》《조선중앙일보》《중외일보》등 신문자료[한국역사정
　　보통합시스템(http://www.koreanhistory.or.kr/)]
조선일보아카이브(http://srchdb1.chosun.com/pdf/i_archive/index.jsp)

琴秉洞 편, 1999,《資料雜誌にみる近代日本の朝鮮認識》1, 綠蔭書房
《文敎の朝鮮》《殖銀調査月報》《조선총독부관보》《조선총독부 조사월보》《조선총독부
　　통계연보》

조선총독부 학무국, 1923, 1926, 1934, 1937, 1942《조선제학교일람》(《식민지조선 교육
　　정책사료집성》54, 59, 60, 62, 고려서림, 1990 수록)
中村資良,《조선은행회사요록》각 연도판, 동아경제시보사

## 2) 조선총독부·관공서·관변단체 단행본 자료

令成政男·高杉藤吾, 1938《金融組合を語る》, 研文社

조선총독부,《소화오년 조선국세조사보고(제2권)》(1930년)

조선총독부,《소화십년 조선국세조사보고(全鮮編)》(1935년)

조선총독부, 1926《간이국세조사결과표》,

조선총독부, 1927《朝鮮の人口現象》

조선총독부, 1945《인구조사결과보고》(其ノ二)

조선총독부 경무국, 1929《朝鮮に於ける同盟休校の考察》

조선총독부 경무국,《朝鮮の治安狀況》(1930년도판)

조선총독부 기획부 제1과, 1941《朝鮮人口ニ關スル資料》(其一)

조선총독부 학무국, 1921《조선인》

조선총독부 학무국 학무과, 1932《조선학사예규》(全) (《식민지조선 교육정책사료집성》5,
고려서림, 1990 수록)

조선총독부 학무국 학무과, 1937《학사참고자료》(《식민지조선 교육정책사료집성》60,
고려서림, 1990에 재수록)

조선총독부 학무국 학무과, 1938《조선학사예규》(全二) (《식민지조선 교육정책사료집성》
7, 고려서림, 1990 수록)

조선헌병대사령부, 1933《朝鮮同胞に對する內地人反省資料》(조선헌병대사령부 편, 이
정욱·변주승 역, 2017《조센징에게 그러지마!》, 흐름)

충남학 제56호(1929.1.31.), 〈學則一部變更認可申請ノ件〉(국가기록원, 조선총독부기록물,
문서번호 88-57)

학교배속장교에 관한 서류(1928), 〈昭和三年度ヨリ新ニ敎錬ヲ實施スル官公立學校ノ調〉
(국가기록원, 조선총독부기록물, 문서번호 88-47)

해주고등보통학교, 1932《海州公立高等普通學校 學校經營竝學校槪覽》

## 3) 일본인 편찬 자료 등

大野謙一, 1936《朝鮮教育問題管見》, 조선교육회

山本四郎 編, 1984《寺內正毅關係文書(首相以前)》, 동경여자대학

石川武美, 1940《가정의학》, 主婦之友社

## 4) 강경상업학교 관계 자료 등

강경상업고등학교, 〈학교연혁사〉

강경상업고등학교, 1990《강상칠십년사》, 고려서적주식회사

강경상업고등학교 동창회, 1954, 1958《회원명부》

강경상업고등학교 동창회, 1994《강상동창회보》33

강경공립상업학교 교우회·동창회, 1933~34, 1936~1939《금강》10~11, 13~16

강경상업학교, 〈연혁지〉

강경상업학교, 《학적부》(졸업생) (중퇴생)

강경상업학교 동창회, 1943《동창회명부》

錦江會關西支部,《楡ケ丘通信》(1980 10. 20)

김덕영, 1939·1940《新訂學生日記》

## 5) 기타 실업학교 교사校史 등

경기상업고등학교 동창회, 1973《경기상교50년》, 동아출판사

김정렴, 1995《한국경제정책30년사》, 중앙일보사

대구상고50년사편찬회, 1973《대상오십년사》

마산상고70년사편찬위원회, 1992《마산상업70년사》

부산상업고등학교80년사편찬위원회, 1975《부상30년사》, 제당정판사

선린80년사편찬회, 1978《선린팔십년사》

이리농림고등학교50주년기념사업추진위원회, 1972《이리농림50년사》

진농·진산대100년사편찬위원회, 2010 《진농·진산대100년사: 역사편》, 국립진주산업
　　대학교

농업협동조합중앙회, 1963 《한국농업금융사》
통계청, 〈인구총조사〉〈교육기본통계〉 (국가통계포털, http://kosis.kr/index/index.do)
통계청, 1995 《통계로 본 한국의 발자취》

**6) 강경상업학교 졸업생의 증언**

제17기 小笠原康雄 (78세, 2000. 12. 30., 동경)
제19기 윤원병 (88세, 2012. 6. 22., 서울)
제21기 김용문 (87세, 2012. 6. 9., 서울)
제22기 유재성 (84세, 2012. 10. 13., 서울)
제22기 윤두중 (86세, 2012. 6. 8., 서울)

## 2. 연구 성과

**1) 단행본**

강상중 지음, 임성모 옮김, 2004 《내셔널리즘》, 이산
고모리 요이치 지음, 배영미 옮김, 2015 《인종차별주의》, 푸른역사
권태억, 2014 《일제의 한국 식민지화와 문명화(1904~1919)》, 서울대학교출판문화원
김부태, 1995 《한국 학력사회론》, 내일을 여는 책
旗田巍 저, 이기동 역, 1983 《일본인의 한국관》, 일조각
김호일, 2005 《한국근대 학생운동사》, 선인
다카사키 소지 저, 이규수 옮김, 2006 《식민지 조선의 일본인들: 군인에서 상인, 그리고
　　게이샤까지》, 역사비평사

W. G. 비즐리 지음, 장인성 옮김, 2004 《일본 근현대사》(개정3판), 을유문화사

마츠다 도시히코 저, 김인덕 역, 2004 《일제시기 참정권문제와 조선인》, 국학자료원

마흐무드 맘다니 지음, 최대희 옮김, 2017 《규정과 지배》, 창비

문정창, 1942 《조선농촌단체사》, 일본평론사

미야케 히데토시 지음, 하우봉 옮김, 1990 《역사적으로 본 일본인의 한국관》, 풀빛

박경태, 2009 《인종주의》, 책세상

백순근, 2003 《일제강점기의 교육평가》, 교육과학사

변은진, 2013 《파시즘적 근대체험과 조선민중의 현실인식》, 선인

송규진, 2018 《통계로 보는 일제강점기 사회경제사》, 고려대학교출판문화원

알리 라탄시 지음, 구정은 옮김, 2011 《인종주의는 본성인가: 인종, 인종주의, 인종주의자에 대한 오랜 역사》, 한겨레출판

鈴木敬夫, 1989 《법을 통한 조선식민지 지배에 관한 연구》, 고려대학교 민족문화연구소

오성철, 2000 《식민지 초등교육의 형성》, 교육과학사

윤건차, 1990 《현대 일본의 역사의식》, 한길사

이경란, 2002 《일제하 금융조합 연구》, 혜안

이광호, 1996 《구한말 근대교육체제와 학력주의 연구》, 문음사

이성전 지음, 서정민·가미야마 미나코 옮김, 2007 《미국선교사와 한국근대교육: 미션스쿨의 설립과 일제하의 갈등》, 한국기독교 역사연구소

이승일, 2008 《조선총독부의 법제 정책: 일제의 식민통치와 조선민사령》, 역사비평사

이원호, 1996 《실업교육》, 도서출판 하우

이준일, 2007 《차별금지법》, 고려대학교출판부

이혜영 외, 1997 《한국근대 학교교육 100년사 연구(Ⅱ)》, 서울교육개발원

장규식, 2009 《1920년대 학생운동》, 경인문화사

정긍식, 2019 《한국 가계계승법제의 역사적 탐구: 유교적 제사승계의 식민지적 변용》, 흐름

정선이, 2002 《경성제국대학 연구》, 문음사

정연태, 2011 《한국근대와 식민지 근대화 논쟁: 장기근대사론을 제기하며》, 푸른역사

―――, 2014 《식민권력과 한국 농업: 일제 식민농정의 동역학》, 서울대학교출판문화원

정재철, 1985《일제의 대對한국 식민지 교육정책사》, 일지사

조너선 마크스 지음, 고현석 옮김, 2017《인종주의에 물든 과학》, 이음

조현범, 2002《문명과 야만: 타자의 시선으로 본 19세기 조선》, 책세상

최승철, 2011《차별금지법의 이해》, 한울

크리스티앙 들라캉파뉴 지음, 하정희 옮김, 2013《인종차별의 역사》, 예지

한국결핵협회, 1999《결핵사》(재판)

허수열, 2005《개발 없는 개발: 일제하 조선경제 개발의 현상과 본질》, 은행나무


국사대사전편찬위원회 편, 1995《국사대사전》, 3권, 14권(제1판2쇄), 吉川弘文館

南富鎭, 2002《近代日本と朝鮮人像の形成》, 東京:勉誠出版

梶村秀樹著作集간행위원회·편집위원회 편, 1992《朝鮮史と日本人》(梶村秀樹著作集 제1
　　권), 東京:明石書店

寺田近雄, 2011《完本 日本軍隊用語集》, 株式會社パブリッシング

山下達也, 2011《植民地朝鮮の學校教員: 初等教員集團と植民地支配》, 九州大學出版會

小熊英二, 1995《單一民族神話の起源》, 東京:新曜社

秦郁彦 편, 1991《日本陸海軍總合事典》, 東京:平文社

アルベール·メンミ 著, 白井成雄·菊地昌実 譯, 1971《差別の構造: 性·人種·身分·階
　　級》, 東京:合同出版

Robert Miles and Malcolm Brown, *Racism*(Second Edition), London and New York :
　　Routledge, 2003

## 2) 연구 논문

강명숙, 2004〈6-3-3-4제 단선형 학제 도입의 이념적 성격〉《한국교육사학》26-2

＿＿＿, 2013〈1910년대 사립고등보통학교의 설립인가와 운영〉《한국교육사학》35-1

강철구, 2002〈서론: 서양문명과 인종주의: 이론적 접근〉《서양문명과 인종주의》(한국
　　서양사학회 엮음), 지식산업사

권태억, 2001〈동화정책론〉《역사학보》172

_____, 2008 〈1910년대 일제의 조선동화론과 동화정책〉《한국문화》 44, 서울대학교 규장각 한국학연구원

김경미, 2005 〈식민지교육 경험 세대의 기억: 경기공립중학교 졸업생의 일제 파시즘 교육체제 하의 경험과 기억을 중심으로〉《한국교육사학》 27-1, 2005

김광규, 2013 〈일제강점기 조선인 초등교원 시책 연구〉, 서울대학교 대학원 사회교육과 박사학위 논문

_____, 2017 〈일제강점기 직원록과 신문자료를 통해 본 교원배척 동맹휴학의 양상: 1920년대 보통학교를 중심으로〉《역사교육》 143

김광열, 2017 〈21세기 일본의 '헤이트스피치'와 1923년 관동대지진 시 한인 학살범의 논리 고찰〉《한일민족문제연구》 33

김동환, 2009 〈일제강점기 충북 중등교육의 사례연구: 청주고등보통학교의 학생과 교사의 사회적 배경 및 진로를 중심으로〉《한국교육사학》 31-2

김명숙, 2011 〈일제강점기 고등여학교 학생들의 꿈과 이상, 그리고 현실: 1945년 동덕고등여학교 학적부를 중심으로〉《향토서울》 78

_____, 2014 〈1943~1945년 수원공립고등여학교 학적부 분석: 일제강점기 한일공학의 특징을 중심으로〉《한국사상과 문화》 73

_____, 2017 〈일제강점기 학적부 양식의 변화로 본 식민지 교육의 실상: 동덕여고 학적부(1914~1945)를 중심으로〉《한국사상과 문화》 87

김성은, 2011 〈1920년대 동맹휴학의 실태와 성격: 선교회 여학교를 중심으로〉《여성과 역사》 14

김용우, 2014 〈인종주의와 식민주의: 알베르 멤미Albert Memmi의 경우〉《프랑스사연구》 31

김자중, 2016 〈일제 식민지기 조선의 고등교육체제의 성격〉《한국교육사학》 38-3

나카바야시 히로카즈, 2014 〈조선총독부의 교육정책과 동화주의의 변천〉, 연세대학교 대학원 사학과 박사학위 논문

동선희, 2011 〈식민지기 재일 한국인의 참정권에 관하여: 지방선거를 중심으로〉《한일민족문제연구》 21

다와라기 하루미, 2015 〈일본 신문에 나타난 '혐한' 언설의 의미 고찰: 1992년부터 2015

년까지의 아시하신문(朝日新聞)과 산케이신문(産經新聞)을 중심으로〉《일본근대학연구》50

모리야마 시게노리, 2002 〈메이지시대 일본 지도자들의 한국 인식〉《근대 교류사와 상호인식》I, 아연출판부

문영주, 2007 〈금융조합 조선인 이사의 사회적 위상과 존재양태〉《역사와현실》63

_____, 2009 〈1920~1930년대 금융조합 유치운동과 지역사회〉《역사문제연구》21, 역사비평사

박윤재, 2008 〈조선총독부의 결핵 인식과 대책〉《한국근현대사연구》47

박찬승, 2017 〈1920년대 보통학교 학생들의 교원 배척 동맹휴학〉《역사와현실》104

박철희, 2002 〈식민지기 한국 중등교육 연구: 1920~30년대 고등보통학교를 중심으로〉, 서울대학교 대학원 교육학과 박사학위 논문

_____, 2003 〈일제강점기 인문중등학교 졸업생의 진로를 통해 본 식민교육의 차별성〉《교육사회학연구》13-1

_____, 2010 〈일제강점기 여자고등보통학교 교육기회분배와 졸업생 진로에 관한 연구〉《식민지 교육연구의 다변화》(강명숙 외), 교육과학사

_____, 2016 〈일제강점기 중등학생의 일기를 통해 본 식민교육〉《교육사회학연구》26-2

서호철, 2019 〈식민지기 인권의 제도화와 담론〉《사회와역사》124

손지연, 2011 〈1920년대 일본 국민성 담론의 유형과 전개 양상: 『일본국민성 연구』·『일본국민성 해부』를 중심으로〉《일본어문학》57

손종현, 1993 〈일제 제3차 조선교육령기하 학교교육의 식민지배 관행〉, 경북대학교 대학원 교육학과 박사학위 논문

안홍선, 2015 〈식민지시기 중등 실업교육 연구〉, 서울대학교 대학원 교육학과 박사학위 논문

_____, 2019 〈일제강점기 중등학교의 인물평가 연구: 이리농림학교 학적부 기록을 중심으로〉《한국교육사학》41-4

양현아, 1999 〈한국의 호주제도: 식민지 유산 속에 숨쉬는 가족제도〉《여성과사회》10

오성철, 1998 〈식민지기의 교육적 유산〉《교육사학연구》8

_____, 2004 〈중등 직업교육에 대한 사회적 선호·기피 현상의 역사적 변천〉《초등교육

연구》14, 청주교육대학교

_____, 2015 〈한국 학제 제정과정의 특질, 1945~1951〉《한국교육사학》 37-4

우정애, 2018 〈일제시기 사립고등보통학교 교원 집단의 특성〉《사학연구》 130

유봉호, 1981 〈일제통치시대 초·중등학교 교육과정 변천에 관한 연구〉《한국문화연구
　　원 논총》 39

_____, 1982 〈일제 말기(1930~1945)의 초·중등학교 교육과정연구〉《한국문화연구원
　　논총》 40

유선영, 2016 〈식민지 근대성과 일상 폭력〉《대동문화연구》 96, 성균관대학교 대동문화
　　연구원

윤소영, 2010 〈일제강점 초기 한·일 초등학교 교과서의 한국인식〉《한국독립운동사연
　　구》 36

이경숙, 2006 〈일제시대 시험의 사회사〉, 경북대학교 대학원 교육학과 박사학위 논문

_____, 2007 〈학적부 분석: 일제 말기 학교가 기록한 '국민학생'의 삶, 희망, 현실〉《교
　　육철학》 31

이계형, 2002 〈1920년대 함흥지역 학생운동의 전개와 성격〉《한국근현대사연구》 20

이기훈, 2002 〈일제하 식민지 사범교육: 대구사범학교를 중심으로〉《역사문제연구》 29

_____, 2007 〈식민지 학교 공간의 형성과 변화: 보통학교를 중심으로〉《역사문제연구》
　　17

_____, 2007 〈일제하 교원의 사회적 위상과 자기인식〉《역사와현실》 63

_____, 2008 〈식민지의 교육행정과 조선인 교육관료: 시학관(視學官)과 시학(視學)을 중
　　심으로〉《이화사학연구》 36

이성환, 2002 〈전전 일본의 외교와 인종주의〉《계명사학》 10

이수열, 2014 〈재조일본인 2세의 식민지 경험: 식민2세 출신 작가를 중심으로〉《한국민
　　족문화》 50

이임수, 2018 〈일제시기 고등보통학교 동맹휴학의 양상과 특질〉《청람사학》 27

이정은, 2010 〈일본의 강제병합과 문화적 인종주의〉《일본연구》 46

이종수, 2004 〈사회적 차별과 평등의 실현〉《연세법학연구》 10-2

이종일, 2009 〈문화인종주의의 형성 논리와 원인〉《초등교육연구논총》 25-2, 대구교육

대학교

이혜령, 2016 〈양반은 말해질 수 있는가: 식민지 사회적 상상의 임계, 신분제〉《민족문학사연구》 62

장규식·박현옥, 2010 〈제2차 조선교육령기 사립 중등학교의 정규학교 승격운동과 식민지 근대의 학교공간〉《중앙사론》 32

장인모, 2018 〈조선총독부의 초등교원 정책과 조선인 교원의 대응〉, 고려대학교 대학원 한국사학과 박사학위 논문

정병욱, 2013 〈조선식산은행과 한국산업은행의 직원 채용: 연속과 차이〉《한국사학보》 51

정상우, 2001 〈1910년대 일제의 지배논리와 지식인층의 인식〉《한국사론》 46

정연태, 2005 〈조선총독 데라우치(寺內正毅)의 한국관과 식민통치: 점진적 민족동화론과 민족차별 폭압정책의 이중성〉《한국 근대사회와 문화 Ⅱ》(권태억 외), 서울대출판부

_____, 2012 〈일제강점기 한·일 공학 중등학교의 관행적 민족차별: 충남 강경상업학교의 사례〉《한국사연구》 159

_____, 2012 〈한·일 공학 중등학교 졸업생의 일제하 진로와 해방후 변화: 충남 강경상업학교의 사례〉《한국문화》 60, 서울대 규장각한국학연구원

_____, 2015 〈일제의 한국 지배에 대한 인식의 갈등과 그 지양; 한국 근대사 인식의 정치성〉《역사문화연구》 53

_____, 2018 〈일제강점기 중등학생 중퇴양상을 통해 본 민족 간 차이와 민족차별: 강경상업학교(江商) 학적부 분석을 토대로〉《한국문화》 84, 서울대 규장각한국학연구원

_____, 2019 〈일제강점기 중등학생의 교사 배척 동맹휴학을 통해 본 관행적 민족차별〉《동방학지》 189

정재정, 1989 〈조선총독부 철도국의 고용구조〉《근대조선의 경제구조》(안병직 외 편), 비봉출판사

정태준·안병곤, 2005 〈일제강점기 식민지 한국교육 실태조사 연구(2): 청취조사를 중심으로〉《일본어교육》 31, 한국일본어교육학회

조관자, 2016 〈일본인의 혐한의식: 반일의 메아리로 울리는 혐한〉《아세아연구》 59-1

최은경, 2011 〈일제강점기 조선사회 결핵 유행과 대응에 관한 연구〉, 서울대학교 대학원 의학과 박사학위 논문

최재성, 2004 〈일제하 금융조합 활동과 인적구성〉, 성균관대학교 대학원 사학과 박사학위 논문

최혜주, 2005 〈일제강점기 조선연구회의 활동과 조선인식〉《한국민족운동사연구》42

_____, 2014 〈1910년대 일본인의 조선사정 안내서 간행과 조선인식〉《한국민족운동사연구》81

_____, 2012 〈개항 이후 일본인의 조선사정 조사와 안내서 간행〉《한국민족운동사연구》73

_____, 2013 〈1900년대 일본인의 조선 이주 안내서 간행과 조선인식〉《한국민족운동사연구》75

_____, 2014 〈식민지 시기 재조일본인의 출판활동과 조선인식〉《한국민족운동사연구》95

표영수, 2009 〈해군특별지원병제도와 조선인 강제동원〉《한국민족운동사연구》59

허수열, 2010 〈20세기 한국경제와 일제시대 경제변화〉《일제 강점 지배사의 재조명》(권태억 외), 동북아역사재단


須田努, 2011 〈江戸時代 民衆の朝鮮·朝鮮人觀−淨瑠璃·歌舞伎というメディアを通じて〉《韓國併合100年を問う》(趙景達 外), 東京:岩波書店

Caltung, J. "Cultural Violence", *Journal of Peace Research*, vol. 27, no.3, 1990

# 주석

## 들어가며: 한국근대사와 식민지 민족차별

[1] 1990년대 식민지 근대화 논쟁 이래 통용되고 있는 식민지 수탈론, 식민지 근대화론 이란 용어는 일제를 주체로, 한국과 한국사회를 객체로 보는 비주체적 역사인식을 조장할 우려가 있다. 이에 '식민지 수탈론'을 '주체적 근대화론', '식민지 근대화론' 을 '타율적 자본주의 근대화론'으로 바꾸는 방안을 고민한 바 있다(정연태, 2014《식 민권력과 한국농업: 일제 식민농정의 동역학》, 서울대학교출판부, 3~4쪽).

[2] 정연태, 2011《한국근대와 식민지 근대화 논쟁: 장기근대사론을 제기하며》, 푸른역 사; 2015 〈일제의 한국 지배에 대한 인식의 갈등과 그 지양: 한국 근대사 인식의 정 치성〉《역사문화연구》 53.

[3] 일제는 재일 한국인에 대해 속지주의 원칙에 따라 선거권은 1920년부터, 피선거권 은 1929년부터 허용하였다. 한국인의 '시세와 민도'를 거론해 한국인의 참정권을 허 용치 않던 일제가 재일 한국인에게 참정권을 허용한 이유는 분명치 않다. 다만, 1925년 일본 중의원에서 참정권문제가 논란될 때 일본정부가 재일 한국인과 대만 인은 "내지(일본)에서 모든 정치 관계와 접촉하고" "지식과 훈련을 거쳤"으므로 "조 선, 대만에 재주住하여 아직 충분히 내지의 정치 상태와 접촉하지 못한 자"와는 구 별해야 한다는 식의 궁색한 답변을 내놓았다고 한다. 이런 상황을 포함해 재일 한국

인의 참정권을 둘러싼 논의과정을 추적한 연구에 따르면, 일본정부에서는 이에 대한 확고한 정책구상이 존재하지 않았던 것으로 보인다. 재일 한국인의 참정권은 제2차 세계대전 종전 직후인 1945년 12월에 부정됐고 오늘날까지 허용되지 않고 있다 (마츠다 도시히코 저, 김인덕 역, 2004 《일제시기 참정권문제와 조선인》, 국학자료원, 15~27, 112~118쪽; 동선희, 2011 〈식민지기 재일 한국인의 참정권에 관하여: 지방선거를 중심으로〉《한일민족문제연구》21, 34~35쪽). 참고로 일제는 패전 이전까지는 본국 여성들에게, 그리고 패전 직전까지는 재한 일본인에게 참정권을 허용하지 않았다. 이 점은 민족차별 문제와 관련해 더 깊은 연구가 필요하다.

4 일제 본국과 대비되는 식민지 한국과 한국인의 법적 차별 일반에 대해 개략적으로 소개한 논문으로는 서호철, 2019 〈식민지기 인권의 제도화와 담론〉《사회와역사》124 참조.

5 민족차별 문제를 다룬 단행본으로는 손정목, 1992 《한국 지방제도·자치사연구 (상)》, 일지사; 허수열, 2005 《개발 없는 개발: 일제하 조선경제 개발의 현상과 본질》, 은행나무의 제5장 〈불평등과 차별〉; 김백영, 2009 《지배와 공간: 식민지 도시 경성과 일본 제국》, 문학과지성사; 山下達也, 2011 《植民地朝鮮の學校敎員: 初等敎員集團と植民地支配》, 九州大學出版會 등을, 논문으로는 김병관, 1996 〈일제하 조선인기술자의 형성과정과 존재양태〉, 충남대학교 경제학과 박사학위 논문; 김종한, 1998 〈1928년 조선에서의 민족별 임금차별: 토목건축관계 노동자의 임금격차 분해를 중심으로〉《경제사학》24; 전우용, 2001 〈종로와 본정: 식민도시 경성의 두 얼굴〉《역사와현실》40; 박철희, 2002 〈식민지기 한국 중등교육 연구: 1920~30년대 고등보통학교를 중심으로〉, 서울대학교 대학원 교육학과 박사학위 논문; 장신, 2003 〈1920·30년대 조선총독부의 인사정책 연구〉《동방학지》120; 김영근, 2004 〈도시계획과 도시공간의 변화〉《일제의 식민지배와 일상생활》(연세대학교 국학연구원 편), 혜안; 문영주, 2007 〈금융조합 조선인 이사의 사회적 위상과 존재양태〉《역사와현실》63; 오진석, 2010 〈1940년대 전반 경성전기의 인력구조와 인사관리〉《서울학연구》39; 정병욱, 2013 〈조선식산은행과 한국산업은행의 직원 채용: 연속과 차이〉《한국사학보》51; 안홍선, 2015 〈식민지기 중등 실업교육 연구〉, 서울대학교 대학원 교육학과 박사학위 논문; 서호철, 위의 논문; 장인모, 2018 〈조선총독부의 초등교원

정책과 조선인 교원의 대응〉, 고려대학교 대학원 한국사학과 박사학위 논문 등을 참조.

6  이혜령, 2016 〈양반은 말해질 수 있는가: 식민지 사회적 상상의 임계, 신분제〉《민족문학사연구》62.

7  양현아, 1999 〈한국의 호주제도: 식민지 유산 속에 숨쉬는 가족제도〉《여성과사회》10; 이승일, 208 《조선총독부의 법제 정책: 일제의 식민통치와 조선민사령》, 역사비평사; 정긍식, 2019 《한국 가계계승법제의 역사적 탐구: 유교적 제사승계의 식민지적 변용》, 흐름.

8  정연태, 2011 앞의 책 제3부 제3장 〈식민지적 근대의 굴절과 역동성〉.

9  학력사회와 관련해서는 김부태, 1995 《한국 학력사회론》, 내일을 여는 책; 이광호, 1996 《구한말 근대교육체제와 학력주의 연구》, 문음사 참조.

10  이하 멤미의 차별주의론은 주로 アルベール·メンミ 著, 白井成雄·菊地昌実 譯, 1971 《差別の構造: 性·人種·身分·階級》, 東京:合同出版의 〈差別主義定義試案〉에 의거해 이해한 것이다. 멤미의 식민적 인종주의를 소개한, 김용우, 2014 〈인종주의와 식민주의: 알베르 멤미(Albert Memmi)의 경우〉《프랑스사연구》31와, 멤미의 이론을 토대로 인종차별주의의 언어적·담론적 측면을 해부한 고모리 요이치 지음, 배영미 옮김, 2015 《인종차별주의》, 푸른역사도 참고하였다.

11  멤미의 차별주의론을 대체로 수용하면서도 그 한계는 벗어나고자 한 점에서 '준용'이란 용어를 사용하였다. 멤미는 차별자가 차이(이때의 차이는 주로 열등성과 부정성을 가리킴)를 피차별자의 내재적, 본질적, 영속적 속성으로 여기는 것을 차별주의의 핵심으로 봤다. 그러나 오리엔탈리즘과 같은 인종차별주의자들은 차이가 내재적, 본질적, 영속적인 것이 아니라 문명화를 통해 변화 가능하다고 주장하였다. 물론 이런 주장은 보편의 이름과 문명화란 명분을 내세워 비서구사회를 지배하고 그 개별성을 압살하였다는 점에서 명확한 한계가 있었다. 그럼에도 일부 학자는 멤미가 차이의 내재화, 본질화, 영속화를 인종차별주의의 핵심으로 본 것은 이론적 한계라고 지적했는데(김용우, 위의 논문, 184~185쪽), 주목할 만한 지적이다.

12  윤건차, 1990 《현대 일본의 역사의식》, 한길사, 30쪽.

13  민족차별의 세 가지 범주는 일반적 차별이론을 응용해 구분하였다. 일반적 차별이

론에 대해서는 이준일, 2007 《차별금지법》, 고려대학교출판부; 최승철, 2011 《차별
금지법의 이해》, 한울 참조.

14 이준일, 위의 책, 49~51쪽.

이때 현실적 조건과 상황은 흔히 경제적 측면만을 가리키는 경우가 있는데(위와 같
음), 정치적·사회적 측면도 함께 포함해야 한다고 본다. 그중 핵심은 정치경제적 불
평등 구조와 위계관계이다.

15 물론 구조적 민족차별을 초래하는 식민지사회의 정치경제적 불평등 구조와 위계관
계는 단순하지 않을 수 있다. 위계관계는 정치적 관계, 경제적 관계, 사회적 관계 등
에 의해 복합적으로 영향을 받는 데다가, 출신 민족(지배민족 또는 피지배민족)에 의
해 좌우되는 경우도 많기 때문이다.

16 예컨대, 지방관청에서 상급자 한국인 관리보다 하급자 일본인 관리가 일본인이라는
이유 하나만으로 실권을 쥐고 한국인 관리에 대해 모멸적 태도를 취하는 경우(권태
억, 2014 《일제의 한국 식민지화와 문명화(1904~1919)》, 서울대학교출판문화원, 159쪽)
가 종종 있었다.

17 1944년 현재 한국인의 학력을 보면, 고등학력자는 29,438명(전문학교졸 22,064명, 대
학교졸 7,374명), 중등학력자는 199,642명이었다. 따라서 당시 한국인 전체
(25,120,174명) 가운데 고등학력자의 비중은 0.1퍼센트에 불과했고, 중등학력자도 0.8
퍼센트에 지나지 않았다[조선총독부, 1945 《人口調査結果報告》(其ノ二), 3, 142, 143쪽].
한편 2015년 인구 총조사에 따르면, 2~4년제 고등학력자는 17,528,266명(2,3년제 대
학 5,864,950명, 4년제 이상 대학 11,663,316명), 대학원 석박사 과정 이상의 학력자는
2,026,031명이었다. 따라서 이들은 총인구 51,069,375명 가운데 각각 34.3퍼센트, 4.0
퍼센트에 달하였다[통계청, 《인구총조사》(국가통계포털, http://kosis.kr/statHtml/
statHtml.do?orgId=101&tblId=DT_1PM1507&vw_cd=MT_ZTITLE&list_
id=A11_2015_1_20_10&seqNo=&lang_mode=ko&language=kor&obj_var_id=&itm_
id=&conn_path=MT_ZTITLE)].

18 참고로 1934년 졸업생의 진로별 비율을 비교해보면 그 차이가 확연하게 나타난다.
보통학교 졸업생의 경우 가업종사가 66.4퍼센트, 진학이 26.1퍼센트였고, 취업은
5.9퍼센트에 불과하였다(오성철, 2000 《식민지 초등교육의 형성》, 교육과학사, 372쪽).

한·일韓日 공학이 대다수인 실업학교의 졸업생의 경우 가업종사가 18.3퍼센트, 진학이 8.9퍼센트에 지나지 않은 반면, 취업이 69.4퍼센트나 되었다. 한국인 고등보통학교 졸업생의 경우도 가업종사가 29.6퍼센트인 반면, 취업이 21.1퍼센트, 진학이 36.8퍼센트였다(안홍선, 2015 앞의 논문, 244쪽). 그리고 일본인 중학교 졸업생의 경우에는 가업종사가 3.8퍼센트, 취업이 10.1퍼센트인 반면, 진학이 47.8퍼센트에 달하였다.

[19] 제1차 조선교육령 시기에는 한국인을 대상으로 한 〈실업학교규칙〉과는 별도로 일본인을 대상으로 한 〈조선공립실업전수학교규칙 및 조선공립간이실업전수학교규칙〉이 시행되었다. 그리하여 한국인이 다니는 '실업학교' '간이실업학교'와 일본인이 다니는 '실업전수학교' '간이실업전수학교'가 구분, 운영되었다(안홍선, 위의 논문, 160~161쪽).

[20] 위의 논문, 85쪽.

[21] 강상 학적부에서 졸업생 학적부는 졸업 연도별로 철해져 있고, 중퇴생 학적부는 별도로 총 5권에 철해져 있다. 이처럼 학적부가 분리, 보관된 점을 고려해, 이 책에서는 편의상 각각의 학적부를 '졸업생 학적부 또는 학적부(졸업생)'와 '중퇴생 학적부 또는 학적부(중퇴생)'로 구분, 표기하였다.

[22] 면담을 통해 소중한 정보를 제공해주신 졸업생은 제17기 小笠原康雄[78세(면담 당시의 연세. 이하 같음), 2000.12.30., 동경], 제19기 윤원병(88세, 2012.6.22., 서울); 제21기 김용문(87세, 2012. 6. 9., 서울); 제22기 유재성(84세, 2012.10.13., 서울); 제22기 윤두중(86세, 2012.6.8., 서울)님이다.

## 1장 학생 선발·교육과 관행적 민족차별

[1] 권태억, 2001 〈동화정책론〉《역사학보》 172; 정연태, 2005 〈조선총독 데라우치(寺內正毅)의 한국관과 식민통치: 점진적 민족동화론과 민족차별 폭압정책의 이중성〉《한국 근대사회와 문화Ⅱ》(권태억 외), 서울대학교출판부.

[2] 정재철, 1985《일제의 대對한국 식민지교육정책사》, 일지사; 이혜영 외, 1997《한국

근대 학교교육 100년사 연구Ⅱ: 일제시대의 학교교육》, 한국교육개발원; 오성철, 2000 《식민지 초등교육의 형성》, 교육과학사; 박철희, 2002 〈식민지기 한국 중등교육 연구: 1920~30년대 고등보통학교를 중심으로〉, 서울대학교 대학원 교육학과 박사학위 논문; 안홍선, 2015 〈식민지시기 중등 실업교육 연구〉, 서울대학교 대학원 교육학과 박사학위 논문 등 참조.

3  한국인 교사는 태평양전쟁 이후 징집된 일본인 교사의 빈자리를 충원하는 과정에서 증가해, 실업계 중등학교의 경우 1943년 교사 전체 1,701명 중 22.1퍼센트인 376명에 달하였다(오성철, 위의 책, 409쪽). 그러나 그 이전까지 한국인 교사의 비중은 현저히 적었다.

4  박철희, 2003 〈일제강점기 인문중등학교 졸업생의 진로를 통해 본 식민교육의 차별성〉《교육사회학연구》13-1; 이경숙, 2006 〈일제시대 시험의 사회사〉, 경북대학교 대학원 교육학과 박사학위 논문; 정선이, 2002 《경성제국대학 연구》, 문음사; 정연태, 2012a 〈일제강점기 한·일 공학 중등학교의 관행적 민족차별: 충남 강경상업학교의 사례〉《한국사연구》159.

5  정연태, 위의 논문; 김명숙, 2014 〈1943~1945년 수원공립고등여학교 학적부 분석: 일제강점기 한일공학의 특징을 중심으로〉《한국사상과 문화》73; 안홍선, 2015 〈식민지기 중등 실업교육 연구〉, 서울대학교 대학원 교육학과 박사학위 논문; 안홍선, 2019 〈일제강점기 중등학교의 인물평가 연구: 이리농림학교 학적부 기록을 중심으로〉《한국교육사학》41-4. 그 외 한·일 공학교의 민족차별 문제를 본격적으로 다룬 연구로는 정연태, 2012b 〈한·일 공학 중등학교 졸업생의 일제하 진로와 해방 후 변화: 충남 강경상업학교의 사례〉《한국문화》60, 서울대학교 규장각한국학연구원; 정연태, 2018 〈일제강점기 중등학생 중퇴양상을 통해 본 민족 간 차이와 민족차별: 강경상업학교(江商) 학적부 분석을 토대로〉《한국문화》84, 서울대학교 규장각한국학연구원 참조.

6  김호일, 2005 《한국근대 학생운동사》, 선인; 장규식, 2009 《1920년대 학생운동》, 경인문화사; 이계형, 2002 〈1920년대 함흥지역 학생운동의 전개와 성격〉《한국근현대사연구》20; 김기주, 2010 〈광주학생운동 이전 동맹휴학의 성격〉《한국독립운동사연구》35; 김성은, 2011 〈1920년대 동맹휴학의 실태와 성격: 선교회 여학교를 중심

으로〉《여성과 역사》 14; 박찬승, 2017 〈1920년대 보통학교 학생들의 교원 배척 동맹휴학〉《역사와현실》 104; 김광규, 2017 〈일제강점기 직원록과 신문자료를 통해 본 교원배척 동맹휴학의 양상: 1920년대 보통학교를 중심으로〉《역사교육》 143; 이임수, 2018 〈일제시기 고등보통학교 동맹휴학의 양상과 특질〉《청람사학》 27; 정연태, 2019 〈일제강점기 중등학생의 교사 배척 동맹휴학을 통해 본 관행적 민족차별〉《동방학지》 189 등 참조.

7   그동안 일제강점기 한·일 공학교의 민족차별을 본격적으로 다룬 연구는 거의 없었다. 한·일 공학교에 대한 사례 연구로는 김성학, 1999 〈경성사범학교 학생 훈육의 성격〉《논문집》 15, 경희대 교육문제연구소; 이기훈, 2002 〈일제하 식민지 사범교육: 대구사범학교를 중심으로〉《역사문제연구》 29; 안홍선, 2007 〈식민지기 사범교육의 경험과 기억: 경성사범학교 졸업생들의 회고를 중심으로〉《한국교육사학》 29-1; 정인경, 1994 〈일제하 경성고등공업학교의 설립과 운영〉《한국과학사학회지》 16-1; 정선이, 2002 《경성제국대학 연구》, 문음사 등이 있으나, 이들 연구는 민족차별 문제를 주로 다룬 것이 아니다. 최근에 한·일 공학교의 민족차별 문제를 연구한 성과가 조금씩 나오고 있다[본장 주5)에 소개한 논문들].

8   조선총독부 학무국, 1927 《조선제학교일람》, 333~335쪽(《식민지기 조선교육정책사료집성》 54, 고려서림, 1990 재수록).

9   위와 같음.

10   강경지역에 대한 졸고로는 ① 〈조선말 일제하 자산가형 지방유지의 성장 추구와 이해관계의 중층성: 포구상업도시 강경지역 사례〉《한국문화》 31, 2003, ② 〈日帝の地域支配·開發と植民地的近代性: 浦口商業都市·江景地域の事例〉《近代交流史と相互認識 Ⅱ: 日帝支配期》(宮嶋博史·金容德 編), 慶應義塾大學出版會, 2005[일제의 지역지배·개발과 식민지적 근대성: 포구상업도시 강경지역 사례〉《근대교류사와 상호인식 Ⅱ:일제강점기》(김용덕·미야지마 히로시 엮음), 아연출판부, 2007에 수정 번역 재수록], ③ 〈조선후기~해방 이전 자산가형 지방 유력자와 사계(射契)〉《한국문화》 31, 2006 이 있음. 이 가운데 ①과 ②는 정연태, 2011 《한국근대와 식민지 근대화 논쟁: 장기 근대사론을 제기하며》, 푸른역사에 수정해 수록했음.

11   정연태, 2011 위의 책, 319~324쪽.

[12] 강경상업학교, 〈연혁지〉; 이원호, 1996 《실업교육》, 도서출판 하우, 80~89쪽.

[13] 강경의 지방유지에 대해서는 정연태, 2011 앞의 책의 제3부 1, 2장 참조. 전국 상업학교는 선린상업(1907), 부산제이상업(1909), 인천상업·인천남상업(1912), 개성상업(1919), 함흥상업(1920.3), 강경상업(1920.5), 목포상업·회령상업(1920.6) 순서로 설립되었다.

[14] 《동아일보》 1923.12.15., 1935.3.10.; 《조선중앙일보》 1934.3.30.

[15] 이후 강상은 1944년에 일제의 시책에 따라 일시 4년제 공업학교로 개편됐으나 해방후 1946년에 6년제 상업중학교로 복구되었다(《조선총독부관보》 259, 1913.6.12.; 강경상업학교, 〈연혁지〉; 강경상업고등학교, 〈학교연혁사〉). 그 후 1949년 교육법 제정에 따른 학제 개편으로 1950년에 4년제 상업중학교(1951년 2차 교육법 개정과 함께 3년제 강경중학교로 개편)와 3년제 상업고등학교로 분리되었다. 그중 후자의 교명은 1999년 강경상업정보고등학교로, 2011년 강상고등학교로, 2015년에 다시 강경상업고등학교로 개칭돼 상업학교의 명맥을 이어오고 있다(http://www.gangsang.cnehs. kr/sub/info.do?m=0102&s=gangsang).

[16] 최근 학적부를 분석해 일제강점기 학교교육의 실상을 밝히려는 연구가 나오고 있다. 정인경, 1994 〈일제하 경성고등공업학교의 설립과 운영〉《한국과학사학회지》 16-1; 박철희, 2004 〈1920~30년대 고등보통학생 집단의 사회적 특성에 관한 연구〉《한국교육사학》 26-2; 이경숙, 2007 〈학적부 분석: 일제 말기 학교가 기록한 '국민학생'의 삶, 희망, 현실〉《교육철학》 31; 이경숙, 2009 〈모범인간의 탄생과 유통: 일제시대 학적부 분석〉《한국교육》 34-2; 김동환, 2009 〈일제강점기 충북 중등교육의 사례연구: 청주고등보통학교의 학생과 교사의 사회적 배경 및 진로를 중심으로〉《한국교육사학》 31-2; 김명숙, 2011 〈일제강점기 고등여학교 학생들의 꿈과 이상, 그리고 현실: 1945년 동덕고등여학교 학적부를 중심으로〉《향토서울》 78; 김명숙, 2017 〈일제강점기 학적부 양식의 변화로 본 식민지 교육의 실상: 동덕여고 학적부(1914~1945)를 중심으로〉《한국사상과 문화》 87; 전병구, 2018 〈일제 말기 일본이 추구한 식민지 인간상: 해성심상소학교 학적부 '성행 개평' 분석을 통해〉《전북사학》 52 등이 그것의 일부이다. 그러나 이들 연구는 보통학교, 고등보통학교, 고등여학교의 학적부를 검토한 것으로 학생의 민족별 구성비가 비슷했던 한·일 공학교

의 민족차별 문제를 구명하려는 것은 아니다. 이런 점에서 정연태, 2012a, 2012b, 2018 앞의 논문; 김명숙, 2014 앞의 논문; 안홍선, 2019 앞의 논문은 학적부 분석을 통해 한·일 공학교의 민족차별 문제를 분석하고자 하였다는 점에서 주목된다.

[17] 손종준, 2006 〈'내신제' 도입의 사회적 성격에 관한 연구: 1930년대를 중심으로〉 《교육사회학연구》 16-3, 133~135쪽.

[18] 김명숙, 2017 앞의 논문, 133~135쪽.

[19] 예컨대, 동덕여고 학적부에는 자산(부동산, 동산), 학자금 지원자와 월 지원액을 기록하는 항목이 있었다(위의 논문, 131~133쪽).

[20] 1931년에 강상 학적부 양식의 변경 이유는 분명치 않다. 참고로 이리농림학교의 학적부 양식도 1931년, 1938년에 변경되었다. 그중 1931년의 학적부는 학생, 학부형, 보증인 관련 기본 정보의 기록 공간을 최소한으로 줄이는 대신 '인물고사표'와 '가정조사표'를 신설하였다(안홍선, 2019 앞의 논문, 6쪽). 두 학교의 사례만을 가지고 예단할 수는 없으나 변경 이유의 하나로 광주학생운동의 영향을 검토할 필요가 있다고 본다.

[21] 이경숙, 2006 앞의 논문, 260쪽; 김명숙, 2017 앞의 논문, 146~147쪽.

[22] 《동아일보》 1934.2.4., 1935.10.12.

[23] 손준종, 2006 앞의 논문, 134쪽; 이경숙, 2007 앞의 논문, 220쪽.

[24] 정선이, 2002 앞의 책, 91~93쪽.
실제로 한국인 예과 수료자의 비율도 1924~39년 사이에 거의 3분의 1의 비율을 유지하였다(같은 책, 96~97쪽).

[25] 대구상고오십년사편찬회, 1973 《대상오십년사》, 42쪽.

[26] 정인경, 1994 앞의 논문, 47~48쪽.

[27] 이경숙, 2006 앞의 논문, 217~220쪽.

[28] 매년 2월 중하순에 등장하는 '입학안내' 신문기사 참고. 1930년 경기상업학교의 입학안내 기사는 《동아일보》 1930. 2.14. 참조.

[29] 강상은 개교 초기에 입학 지원자로 하여금 입학원서, 이력서, 학업성적증명서, 호적등본 또는 민적등본, 재산증명서 등을 제출토록 했고(강경상업고등학교, 1990 《강상칠십년사》, 고려서적주식회사, 45쪽), 이후에는 이들 서류와 함께 지원자 출신학교장

이 소견표를 작성해 학교로 직송토록 하였다(《동아일보》1926.2.12.).

30  1939년에 학무국장 통첩으로 발표된 〈중등학교 입학자 선발에 관한 건〉에 따르면,
채점 표준은, ① 신체검사 300점(체격, 체질, 체능 각 100점), ② 구두시험 200점(언어,
상식, 지조, 성행 각 50점), ③ 필답시문 300점(읽기, 쓰기, 듣기 각 100점), ④ 초등학교
장의 소견 200점(건강, 근태, 학력, 인물 각 50점)이었다(손종현, 1993 〈일제 제3차 조선
교육령기하 학교교육의 식민지배관행〉, 경북대학교 대학원 교육학과 박사학위 논문, 219
쪽 재인용).

31  이경숙, 2006 앞의 논문, 243~245쪽.
경성제국대학 예과시험에서는 출신학교의 소견표에만 의지하지 않고 각 경찰서 고
등계에 의뢰해 수험자의 신분과 사상을 조사케 하였다. 그리하여 경성제국대학 예과
시험은 '사상 입학고사'라고 비판되었다(박철희, 2002 〈식민지기 한국 중등교육 연구〉,
서울대 대학원 교육학과 박사학위 논문, 245~246쪽; 이경숙, 같은 논문, 283~284쪽).

32  손종현, 1993 앞의 논문, 218~222쪽.
1945년 대구 공산중학교에서 구두시험의 예로 든 것을 보면, ① 국체관념에 대해,
② 황국신민의 도에 대해, ③ 어떻게 하면 훌륭한 황국신민이 될 수 있을까, ④ 대동
아전쟁의 의의에 대해, ⑤ 왜 대동아전쟁에서 승리하지 않으면 안 되는가, ⑥ 어떻
게 하면 이 전쟁에서 이길 수 있는가, ⑦ 현재의 격전지는 어느 곳인가, ⑧ 특공대는
어떤 것인가, ⑨ 특공정신이란 무엇인가, ⑩ 중학교 교육을 받고자 하는 목적 등이
었다(같은 논문, 220쪽).

33  조선총독부 학무국 학무과, 1937 《학사참고자료》, 67쪽.
개별 학교의 사례로는 대구상고50년사편찬회, 1973 앞의 책, 42, 225쪽; 경기상업고
등학교 동창회, 1973 《경기상교50년》, 동아출판사, 33쪽; 마산상고70년사편찬위원
회, 1992 《마산상업70년사》, 43쪽 등 참고.

34  《동아일보》1924.3.19., 1934.3.11., 3.13., 3.14., 1936.2.7., 2.24.; 《조선중앙일보》
1933.3.27., 4.7., 1935.3.10., 1936.3.20.; 이경숙, 2006 앞의 논문, 341~345쪽; 박
철희, 2003 앞의 논문, 126~128쪽.

35  1941년에 입학했던 제22기는 4년제 졸업생으로, 유급 없이 진급하면 해방 이전에
졸업이 가능하였다. 이 통계에서 제22기 졸업생까지만 집계한 것은 본장의 분석 대

상이 일제강점기에 졸업하였거나 졸업이 가능했던 학생이기 때문이다.

36  동창회 명부에 따르면, 강상의 졸업 기수를 매기는 방법은 2가지가 있다. 해방 이전의 동창회 명부에는 1923~27년간 3년제 졸업생은 구제舊制 1~5기로, 1930~45년간 5년제 졸업생은 신제新制 1~17기로 불렸다. 해방 이후의 동창회 명부에서는 구제와 신제를 하나로 합친 통합 기수와 서로 구분한 기수를 병용하였다. 이 책에서는 편의상 통합 기수를 사용한다.

37  학적부상의 졸업생 통계와 강경상업고등학교, 1990 앞의 책, 599~600쪽의 〈졸업생 현황〉에는 연도별로 약간 차이가 있으나, 본표는 졸업생 학적부를 토대로 작성하였다.

38  강경상업고등학교, 1990 앞의 책, 58~59쪽;《동아일보》1921.4.1.
    강상 졸업생의 회고에 따르면, 1921년 강상 지원자 150명 가운데 일본인 지원자 10명은 전원 합격했고, 한국인은 30명만 합격했다고 하였다. 그러나 실제 한국인 35명, 일본인 14명이 합격하였다(〈표 1-1〉 참조).

39  1929년 강상 입학생의 연령은 최대 17.3세, 최소 12.11세, 평균 15.04세였다(《조선총독부관보》1929.12.13~19; 안홍선, 2015 앞의 논문, 227쪽 재인용). 그리고 이 연령대가 포함된 10~19세 구간의 1925년 충남·전북 지방 남자 총수와 일본인 남자 수는 각각 288,489명, 3,770명이었다(조선총독부, 1926《간이국세조사결과표》, 492쪽). 이 수치를 가지고 해당 연령대 일본인 남자의 비율을 구하면, 13.1퍼센트이다.
    참고로 5년제 갑종학교 승격 이후 강상 입학 한국인의 출신지를 보면, 1925년에는 충남 17명, 전북 6명이었고, 1926년에는 충남 25명, 전북 7명, 미상 1명이었다. 충남 출신이 대다수였고 전북 출신이 일부를 차지한 것이다. 이런 추세는 그 이후에도 지속됐다[강경상업학교, 〈학적부〉(졸업생)].

40  1921, 1932, 1933, 1934년의 입학생 수는 '출전'의 신문자료 등보다 〈표 1-1〉에서 민족별로 1~3명가량 더 많게 나온다.《조선총독부 통계연보》에 나오는 〈표 1-1〉의 수치는 보결 합격 등도 포함해 최종 집계된 것이기에 당초 발표된 합격자 수보다 늘어날 수밖에 없었다. 따라서《조선총독부 통계연보》의 입학생 수를 기준으로 계산하면, 해당 연도의 입학경쟁률은 〈표 1-2〉의 수치보다 조금 떨어진다.

41  《조선일보》1925.4.21.

[42] 강상은 탈락 사유를 따지는 학부형의 재산상태를 조사해 가정형편이 좋은 경우 그 지원자를 보결 입학시켰다(《조선일보》 1925.4.21.).

[43] 재산상태 중시 방침은 기본적으로 계층차별성을 띠고 있다. 그리하여 1925년 입시 사정에서 강상 당국이 재산을 중시한 처사에 대해 무산자 학부형들은 학교가 노골적인 부르주아기관화하고 있다고 비난하는 등 격분을 토로했고, 일반시민과 각처 지방유지들도 선후책을 강구하고 나섰다(《조선일보》 1925.4.21.).

[44] 이경숙, 2006 앞의 논문, 341~345쪽.

[45] 조선총독부 학무국 학무과, 1932 《조선학사예규》(《식민지조선 교육정책사료집성》 5, 고려서림, 1990)의 〈실업학교규정〉, 549~550쪽.

[46] 강경상업고등학교, 1990 앞의 책, 43~47쪽의 〈강경상업학교학칙〉.

[47] 대구상고50년사편찬회, 1973 앞의 책, 40쪽.

[48] 1934~45년 강상 졸업생 학적부에 기재된 바를 토대로 유형별 징계 사유의 사례를 정리하면 다음과 같다. 동일한 규율 위반인데도 징계 수위가 다른 것은 학교 당국과 교사의 종합적, 주관적 판단, 그리고 시기별 사회정세와 학교 분위기가 영향을 미친 결과로 보인다.

| 징계 사유 | 징계 유형 |
|---|---|
| 다방, 카페, 영화관 출입 | 무기정학, 정학, 근신 |
| 야간 훈련 무단이탈, 근로보국 외출 | 무기정학, 무기 근신, 근신 |
| 야간 외출 | 무기정학, 시말서, 벌칙 |
| 끽연 | 정학, 시말서 |
| 싸움 | 정학 |
| 여학생 희롱 | 정학 |
| 동전 조작 전화 | 정학 |
| 하급생 폭행 | 정학, 근신 |
| 복장 불량 | 무기 근신 |
| 사상 불순, 성행 불량 | 근신 |
| 시험 부정 | 근신 |
| 시민대회 무단 출장, 연애 | 계칙 |

[49] 거의 모든 학교의 징계 유형은 세 가지였다. 그러나 명칭에서는 일부 차이가 보인다. '근신', '정학'이란 명칭은 공통적으로 사용됐으나 가장 가벼운 징계의 명칭은 학교마다 '훈계(대구상업학교)' '계칙(해주·고창고등보통학교)' '견책(양정고등보통학교)'

등과 같이 달랐다(해주고등보통학교, 1932《해주공립고등보통학교 學校經營竝學校槪覽》, 234쪽; 대구상고오십년사편찬회, 1973 앞의 책, 40쪽; 박철희, 2002 앞의 논문, 126쪽).

50   강경상업고등학교, 1990 앞의 책, 51~55쪽의 〈生徒心得事項〉.

51   당시 대표적인 유해 장소로 꼽혀 허가 없는 출입이 금지된 곳은 극장, 활동사진관, 요리집, 찻집 등이었다. 이들 장소에 대한 허가 없는 출입금지를 명시한 〈생도 주의 사항〉은 양정·해주고등보통학교의 사례에서 확인된다(해주고등보통학교, 1932 앞의 책, 293쪽; 박철희, 2002 앞의 논문, 118).

52   강경상업고등학교, 1990 앞의 책, 51쪽.

53   참고로 양정고등보통학교의 1929년 〈생도 주의(心得) 세칙〉은 ① 요강要綱, ② 교실 출입, ③ 교실 실내, ④ 예의 작법作法, ⑤ 의식儀式, ⑥ 면학, ⑦ 시험, ⑧ 운동, ⑨ 결과缺課·결석, ⑩ 청소, ⑪ 복장, ⑫ 위생, ⑬ 교외, ⑭ 장기휴가 중, ⑮ 비상시변非常時變, 상병傷病, ⑯ 수업료 기타, ⑰ 교사·교구校舍校具, ⑱ 주소 및 보증인, ⑲ 급장 및 정리계원, ⑳ 학용품 기타 등 20가지 항목을 설정하고 그 항목마다 세세한 주의사항을 열거하였다(박철희, 2002 앞의 논문, 114~120쪽). 항목의 구성은 다소 차이가 있지만, 해주고등보통학교의 〈생도 주의(心得)〉도 이와 유사하였다(해주고등보통학교, 1932 앞의 책, 272~303쪽). 해주고등보통학교는 바로 이 〈생도 주의〉를 학생들에게 교부하여 항상 소지케 하였다. 그리고 기회 있을 때마다 학급주임이나 수신교사가 부연 설명케 하여 철저히 준수하도록 하였다(해주고등보통학교, 1932 위의 책, 135쪽). 이하 강상이나 해주고등보통학교를 제외한 다른 중등학교의 세세한 규정은 박철희, 2002 앞의 논문, 114~123쪽에서 선별한 것임.

54   대구상고50년사편찬회, 1973 앞의 책, 40쪽.

55   〈표 1-3〉은 졸업생 가운데 학사징계 건수를 구한 것으로, 최고의 중징계에 해당하는 퇴학 건수는 제외하였다. 퇴학의 추이는 별도로 편철돼 있는 중퇴생 학적부를 토대로 제2장에서 정리, 분석하였다.

56   강경상업고등학교, 1990 앞의 책, 78, 106~107쪽.
      대구상업학교에서도 선후배 간 규율이 엄했고(대구상고50년사편찬회, 1973 앞의 책, 49쪽), 대구사범학교에서는 1930년대 후반 이후 선후배 관계가 폭력화하는 모습을 보였다(이기훈, 2002 〈일제하 식민지 사범교육: 대구사범학교를 중심으로〉《역사문제연구》29, 65~66쪽).

57 강경상업고등학교, 위의 책, 106~107쪽; 강상 제19기 윤원병님과 제21기 김용문님의 증언.

당시 관공립학교·실업학교 기숙사생은 이민족 하급생에게 더 심하게 대하였으며 (이혜영 외, 1997《한국근대 학교교육 100년사 연구(Ⅱ)》, 서울교육개발원, 311~314쪽), 1931년 2월 대구상업학교 동맹휴학의 원인 중 하나가 일본인 학생이 한국인 학생에게 가한 빈번한 구타 등이었음(대구상고50년사편찬회, 1973《대상오십년사》, 200쪽)을 미뤄볼 때, 강상과 같은 풍토는 한·일 공학교에서 일반적이었던 것 같다.

58 강경상업고등학교, 1990 앞의 책, 54쪽.

학급 임원을 민족별로 교대 선출하는 관행은 일제 말까지 지속되었다(제19기 윤원병, 제21기 김용문, 제22기 윤두중님의 증언). 이런 관행은 대구상업학교에서도 확인되는 (대구상고50년사편찬회, 1973 앞의 책, 47, 156쪽) 등 한·일 공학교에서 일반적이었던 것 같다.

그렇지 않은 사례도 물론 있다. 예컨대, 1941년에 가정여학교에서 승격한 수원고등여학교는 한·일 학생 수가 비슷했음에도 급장은 일본인 학생만이 입후보하도록 하고, 한국인 학생은 부급장만 할 수 있도록 미리 제한을 뒀다. 그 결과 1943~45년 졸업생의 경우 급장 역임자 16명 가운데 15명이 일본인이었던 반면, 부급장 10명 가운데 10명이 한국인이었다(김명숙, 2014 앞의 논문, 170, 179쪽).

59 강경공립상업학교 교우회·동창회, 1936~39,《금강》13~16.

60 손종현, 1993 앞의 논문, 282~295쪽; 이혜영 외, 1997 앞의 책, 315~319쪽.

61 학교 당국의 노력은 일정한 성과를 거뒀다.《강상칠십년사》는 "학교 당국에서도 차별적인 사례가 없었다"(78쪽)고 하였다. 대구상업학교 교사校史도 한·일 학생과 학급 임원을 혼합 편성한 것이 "한일 무차별의 원칙에 입각해 혼연 융합해서 서로가 애교愛校하는 교풍을 진작시키자는 것"으로 평가하였다(대구상고50년사편찬회, 1973 앞의 책, 43, 47, 156쪽).

62 학업성적은 학기성적, 학년성적, 졸업성적으로 기재되었다. 그중 학년성적은 1, 2, 3학기 성적의 평균으로 하였다. 그리고 졸업성적은 최종학년의 학업성적으로 갈음하였다(해주고등보통학교, 1932《해주공립고등보통학교 學校經營竝學校槪覽》, 260쪽). 본

장에서 학업 평균성적이란 3개 학기 전체 과목의 평균성적을 가리킨다. 참고로 1학기는 4월 1일~7월 20일, 2학기는 9월 1일~12월 25일, 3학기는 1월 8일~3월 25일이었다(같은 책, 237쪽).

63  강상에서는 고학년이 될수록 한국인 학생과 일본인 학생의 성적 격차가 줄어들었다(〈표 1-8〉·〈표 1-9〉). 그러나 그 이유는 분명치 않다. 다만, 다음 두 가지 가능성을 예상해볼 수 있다. 첫째, 제2장에서 후술하겠거니와, 일본인 학생의 성적 사유 중퇴 비율이 한국인 학생의 그것보다 컸던 요인이 영향을 미쳤을 수 있다. 부연하면, 하위 성적군의 일본인 학생이 더 많이 제적된 까닭에 일본인 재학생의 평균점수가 점차 상승했을 가능성이 있다. 둘째, 고학년이 될수록 취업 등을 고려한 민족차별적인 성적 평가가 이뤄졌을 가능성도 있다. 이리농림학교 사례 연구에 따르면, 고학년으로 갈수록 한·일 학생 간 성적이 축소되는 경향이 나타났다. 담당교사의 주관성이 영향을 미치는 실습 점수에서 민족차별적 평가가 이뤄진 결과로 판단되었다(안홍선, 2015 앞의 논문, 172~178쪽).

64  부산상업고등학교80년사편찬위원회, 1975 《부상80년사》, 제당정판사, 186쪽; 강경상업고등학교, 1990 앞의 책, 77쪽.

65  충남학제56호(1929.1.31.), 〈學則一部變更認可申請ノ件〉(국가기록원, 조선총독부기록물, 문서번호 88-57); 《조선총독부관보》 제1275호(1931.4.9.), 〈신의주공립학교학칙 개정〉; 제3549호(1938.11.16.), 〈대구공립상업학교학칙 개정〉.

66  제12기(1936년 졸업) 외에 제7기(1931년 졸업)와 제15기(1939년 졸업) 졸업생의 재학 중 과목별 성적도 구해봤으나 그 양상은 제12기와 유사하였다.

67  조선총독부 학무국 학무과, 1938 《조선학사예규(全)》, 203~204쪽(《식민지조선 교육정책사료집성》5, 고려서림, 1990 재수록).

68  〈학교배속 장교에 관한 서류〉(1928) 중 〈昭和三年度ヨリ新ニ敎鍊ヲ實施スル官公立學校ノ調〉(국가기록원, 조선총독부기록물, 문서번호 88-47).

69  대구상고오십년사편찬회, 1973 앞의 쪽, 161쪽; 이리농림고등학교50주년기념사업추진위원회, 1972 《이리농림50년사》, 34~35쪽. 《조선총독부관보》 제4134호(1926.6.1.), 〈교련교수요목〉.
   1931년 9월에 교련 교수요목이 다시 개정되어, 매주 수업 시수는 1~3학년 2시간씩,

4~5학년 3시간씩으로 늘어난 대신, 연간 야외 연습 일수는 1~2학년 4일씩, 3~5학년 각 5일씩, 총 23일로 줄어줄었다《조선총독부관보》제1419호(1931.9.26.), 〈교련교수요목 개정〉].

70 강경상업학교, 〈연혁지〉.

71 손종현, 1993 앞의 논문, 110~111쪽.

72 강경상업고등학교, 1990 앞의 책, 78쪽; 제21기 김용문님의 증언.

73 위의 책, 78, 101쪽.

74 강경공립상업학교 교우회·동창회, 1933《금강》10, 89~90쪽; 1939《금강》16, 42쪽; 제19기 윤원병, 제21기 김용문님의 증언.

75 교련과 체조·무도 이외의 과목에서도 민족차별적인 평가가 있었는지는 확인할 수 없었다.

76 이하 조행평가제에 대해서는 박철희, 2002 앞의 논문, 123~125쪽; 백순근, 2003 《일제강점기의 교육평가》, 교육과학사, 9, 51쪽; 이혜영 외, 1997 앞의 책, 93, 307쪽; 이경숙, 2006 앞의 논문, 178~180쪽 참조.

77 박철희, 위의 논문, 122쪽.
대구상업학교는 성적이 우수하고 품행이 방정한 학생에게 '갑', 그 반대인 학생에게 '병', 나머지 학생 모두에게 '을' 등급을 부여하였다(대구상고50년사편찬회, 1973 앞의 책, 48쪽).

78 이경숙, 2007 앞의 논문; 안홍선, 2019 앞의 논문, 13쪽.

79 하위 10퍼센트 성적군에서 조행평가 '갑'을 받은 학생은 해군 갑종비행학교에 입대한 일본인 학생이었다[강경상업학교, 〈학적부〉(졸업생)]. 이 비행학교 수료자들은 태평양전쟁 당시 특공대로 동원돼 상당수가 전사하였다(秦郁彦 편, 1991《日本陸海軍總合事典》, 東京:平文社, 735쪽; 寺田近雄, 2011《完本 日本軍隊用語集》, 株式會社パブリッシング, 248~250쪽).

80 1943년 수원고등여학교 제1회 졸업생의 3학년 학업 석차와 조행 등급의 상관관계를 조사한 연구에서도 민족차별적 조행평가가 이뤄졌다는 사실이 밝혀졌다. 참고로 〈표 1-16〉의 표 양식은 이 조사연구(김명숙, 2014 앞의 논문, 178쪽)에서 시사를 받아 구성했다.

〈성행평가 결과의 점수 환산 기준표〉

| 3점 | 기질 | 인내력, 인내심, 감수성, 승기勝氣, 지조志氣 |
|---|---|---|
| | 성격 | 온량, 종순從順, 온순, 순량, 성격 양호 |
| | 재간 | 판단력, 명석, 지혜 |
| | 거동 | 중후, 진면목, 호감, 품행 방정, 책임감, 예절, 사려, 표리 일치, 정직 |
| | 근태 | 노력가, 자기 개량, 성실, 착실, 실직實直 |
| | 언어 | 명랑, 활발, 쾌활, 과묵, 솔직, 진솔 |
| | 사상, 기타 | 효심, 봉사심 |
| 2점 | 기질 | 활기 없음, 지기志氣 부족, 감수성 결여 |
| | 성격 | 우유부단, 소극적, 정이 없음 |
| | 재간 | 의지력 약함, 판단력 부족, 명석하지 못함 |
| | 거동 | 기력 약함, 사려 부족, 민첩하지 못함, 둔중, 경솔, 경박, 가벼운 처신 |
| | 근태 | 독립심 약함, 노력 부족 |
| | 언어, 기타 | 명랑하지 않음 |
| 1점 | 기질 | 나쁜 것을 좋아하는 감정이 강함, 음기 |
| | 성격 | 온순하지 않음, 자기 중심적임, 종순하지 않음, 이기적임 |
| | 재간 | 어리석음 |
| | 거동 | 조야粗野, 음란, 나쁜 짓 하는 것을 즐김, 제멋대로임. 표리부동, 말을 듣지 않음 |
| | 근태 | 나태 |
| | 언어 | 솔직하지 않음, 아부 |
| | 사상, 기타 | 비판적 활동, 비판적이 되기 쉬움, 비판적 사고 강함, 불평불만, 학교 비판적 |

출전: 강경상업학교, 〈학적부〉(졸업생), 1925, 1933~36, 1936~37학년도.

비고: ① 한 개 항목만 기입됐을 때는 환산점수 부여.

② 2개 항목이 병기됐을 경우 평균을 구하고, 3개 이상 항목이 병기됐을 때는 주 항목을 기준으로 0.5점 내지 1점 가감(예컨대, 3점 주항목 2개 이상에 2점 항목 하나가 병기된 경우 0.5점 감점, 1점 항목 하나가 병기된 경우 1점 감점하여 각각 2.5, 2점 부여).

## 2장 학생의 중퇴와 민족차별

1   제1장의 〈표 1-1〉에 의거 계산.

2   기존 연구에서는 중퇴율을 특정 연도의 전체 재학생 수 가운데 중퇴자 수(일반 퇴학
    자와 사망자)의 비율로 계산하는 경향이 있는데, 이는 잘못된 계산 방식이다. 이런
    식의 계산법은 중퇴율과는 거리가 있으며 중퇴의 실상도 제대로 보여주지 못하기
    때문이다. 중퇴율은 특정 연도에 입학한 이후 졸업하지 못하고 중도에 학교를 떠난
    학생의 비율, 환언하면 입학생 수 대비 중퇴생 수의 비율을 가리킨다. 따라서 중퇴
    율의 계산 방식은 '[특정 연도 입학생(A) 중 중퇴생 수(일반 퇴학생 수 + 사망자 수)] ÷
    특정 연도 입학생(A)의 수×100'이다. 간혹 전입생 가운데도 중퇴하는 경우가 발생
    하는데, 이런 경우를 걸러내기란 쉽지 않기 때문에 중퇴율은 실제보다 약간 높게 나
    타나는 경향이 있다.

3   중퇴를 형식적으로는 두 가지 범주로 구분할 수 있다 하더라도 실질적으로는 구분
    하기 어려운 사례도 있다. 예컨대, 경제난으로 인해 장기 결석을 하였거나 학자금을
    납입하지 못한 사유로 징계 퇴학되는 경우이다. 이는 분명 징계 퇴학의 범주에 속하
    는 것이다. 그러나 경제난으로 인한 자퇴의 범주와 비교하면, 자퇴서를 제출했느냐
    의 차이일 뿐 실질적 차이는 거의 없다고 하겠다.

4   조선총독부 학무국 학무과, 1932 《조선학사예규》(《식민지조선 교육정책사료집성》 5,
    고려서림, 1990)의 〈실업학교규정〉, 549쪽.

5   해주공립고등보통학교, 1932 《해주공립고등보통학교 學校經營竝學校槪覽》, 263
    쪽; 대구상고50년사편찬회, 1973 《대상 오십년사》, 39, 48쪽. 대구상업학교는 낙제
    과목 3개 이상인 경우에 유급시켰으나 강경상업학교에서는 낙제과목이 1, 2개인 경
    우에도 낙제시킨 사례들이 발견된다.

6   대구상고50년사편찬회, 위의 책, 40쪽.

7   중등학교 가운데 유독 인문계 공립 고등보통학교와 공립 상업학교를 거시적 분석의
    대상으로 삼은 이유는 남녀 별학이자 공립학교인 강경상업학교를 대상으로 한 미시
    적 분석과의 상관성과 비교성을 높이기 위해서이다.

8   과문한 소치인지는 모르나 일제강점기 중퇴생 학적부를 활용한 연구는 접하지 못하

였다. 같은 맥락에서 중퇴생문제나 중퇴문제에 내장된 민족차별 문제 등을 다룬 연구도 보지 못하였다.

9  입대, 입교, 입단은 지원 부대에 따라 달리 붙여진 명칭으로, 통념상 입대를 가리킨다. 예컨대, 동일하게 해군에 들어갔더라도 해군 항공대에 갈 때는 입대, 해군 통신학교에 갈 때는 입교, 해군 해병단에 갈 때는 입단이라 표기되어 있다. 본장에서는 필요한 경우를 제외하고 '입대'란 용어로 통일해 표기한다.

10  제5권에 편철되어 있는 학적부 중 하나의 〈퇴학, 전학〉란에는 다음과 같은 내용이 부기되어 있다. "소화19년 5월 26일 해군주계병主計兵으로 입단하기 위해 퇴학. 소화 19년 8월 30일부 충남학忠南學 제90호 예규에 의해 퇴학 취소."

11  실업학교 교육 전반에 대한 연구로는 이원호, 1996 《실업교육》, 도서출판 하우; 안홍선, 2015 〈식민지시기 중등 실업교육 연구〉, 서울대학교 교육학과 박사학위 논문 참조.

12  〈표 2-1〉은 1920년에 개교하여 1925년에 5년제 갑종학교로 승격한 강경상업학교의 중퇴 추세와 비교 분석하기 위해 1920년부터 5년 단위로 시기 구분하였다. 다만, 5기는 《조선총독부 통계연보(이하 《통계연보》로 줄임)》가 1942년 통계까지만 보여주고 있기 때문에 어쩔 수 없이 1942년까지만 포함시켰다. 이하 〈표 2-2〉·〈표 2-3〉과 같이 《통계연보》를 이용한 경우는 모두 5기의 하한을 1942년으로 설정하였다.

13  제3차 조선교육령에 의거하여 1938년부터 고보가 중학교로 개칭됨에 따라 이후의 《통계연보》에서는 고보 재학 일본인 학생은 중학교의 수치에, 중학교 재학 한국인 학생은 고보의 수치에 합산한 결과만 제시되어 있다. 그 결과 〈표 2-1〉의 1938년 이후 수치는 그 이전에 비해 늘어났다.

14  1930년 3월 현재 광주학생운동 참가로 퇴학 처분된 학생은 532명, 유시諭示(권고) 퇴학 처분된 학생은 49명으로, 총 581명의 한국인 학생이 퇴학을 당하였다. 1929, 30년 동안 광주학생운동에 참여하거나 동요한 학교가 총 194개로, 그중 절대 다수인 136개교가 중등학교였던 점을 감안하면, 581명 중 다수가 중등학생인 것으로 추정된다[조선총독부경무국, 《朝鮮の治安狀況》(1930년도판), 101~103쪽].

15  사망 사유 중퇴생의 비중에서 일본인 학생측이 더 높은 이유는 쉽게 이해하기 어려운 현상이다. 이 이유는 〈보론 : 건강·입대 사유 중퇴와 민족 간 차이〉에서 밝혔다.

16 참고로, 1938년 현재 17개 공립 상업학교 가운데, 한·일 공학이 아닌 학교는 3개교였다. 이들 학교의 재학생 총수를 보면, 경성상업학교는 일본인 학생만 597명, 부산제일상업학교는 일본인 학생 541명, 한국인 학생 1명, 부산제이상업학교는 한국인 학생만 513명이었다(조선총독부, 1938《조선총독부 통계연보》, 275~276쪽).

17 다만, 한국인 학생의 연도별 중퇴생 비중 감소폭이 일본인 학생의 그것보다 더 가파르다든가, 한·일 간 연도별 중퇴생 비중의 역전 시기가 더 빨라졌다든가(4기에서 3기로) 하는 정도의 차이는 존재한다.

18 〈표 2-2〉는 제1기의 시작 연도를 〈표 2-1〉과 달리 1922년으로 하였다. 이는 통계상 체계를 통일하기 위한 것이다. 제2차 조선교육령이 시행되기 이전인 1921년까지는 공립 상업학교는 일본인 학생 대상의 상업전수학교와 한국인 대상의 상업학교로 구분됐는데, 이 양자 간《통계연보》의 집계 방식에 차이가 있었다. 전자는 일반 퇴학자 수치만을 제시하고 있고, 후자는 그 이후 연도와 동일하게 일반 퇴학자와 사망자 통계를 함께 보여주고 있는 것이다. 이에 1922년 이후 연도 통계와의 통일성을 기하기 위해 공립상업학교 통계에서 1920, 21년도는 조사 대상에서 제외하였다.

19 고보와 상업학교 학생의 중퇴 추세에 차이가 생긴 요인은 검토할 가치가 있으나 추후의 과제로 넘긴다. 다만, 그 차이를 초래한 요인으로 두 가지 점만 지적하고자 한다. 하나는 상업학교의 풍토이다. 졸업생의 증언에 따르면, 상업학교에서는 실수 방지를 위한 단순 실무교육과 규격화된 활동, 그리고 엄격한 규율 등을 중시하는 풍토가 있었다. 그래서 학생의 시야가 고보에 비해 제한된 측면이 없지 않았다(제19기 윤원병님의 증언). 다른 하나는 동맹휴학 발생 건수에서 상업학교가 고보에 비해 절대적으로나 상대적으로 적었던 점이다. 1925~28년간 2회 이상 동맹휴학이 발생한 학교 수와 건수를 비교해보면, 고보는 16개교 49건이었던 데 반해, 상업학교는 3개교 7건에 불과하였다. 1928년 현재 고보가 총 24개, 상업학교가 14개교(일본인 별학 2개교 제외)였던 점에 비춰보면, 동 기간 2회 이상 동맹휴학 발생 학교의 비율이 고보에서는 66.7퍼센트나 됐던 데 반해, 상업학교에서는 21.4퍼센트밖에 되지 않았다(조선총독부 경무국, 1929《朝鮮に於ける同盟休校の考察》, 13~14쪽; 조선총독부, 1928《조선총독부 통계연보》).

20 졸업률을 추산할 때 통계상 교정키 어려운 점에 대해 다음과 같이 가정하였다. 첫

째, 중도 전입생 가운데 중퇴생은 없다고 간주하였다. 그 사례를 일일이 확인하는 것은 사실상 불가능하기 때문이다. 둘째, 유급 등의 사정으로 인한 지각 졸업생의 수는 크게 문제되지 않을 것으로 봤다. 졸업률 추산 기간 이전(예: 〈표 2-3〉의 1925년도 이전)에 유급되어 할 수 없이 1925년 이후 졸업하는 경우가 있는가 하면, 반대로 유급으로 인해 어쩔 수 없이 추산 기간 종료 이후(예: 〈표 2-3〉의 1939년 이후)에 졸업하는 경우도 발생하여 가감된 졸업생 수가 서로 상쇄될 수 있기 때문이다.

21 원산상업학교, 회령상업학교, 부산제이상업학교는 오로지 해당 연도의 통계에서만 한국인 입학생이 최저 134명, 최대 180명 급증한 것으로 나오는데, 전후 연도의 재학생 수, 졸업생 수와 비교해보면 명백한 오류로 판명된다. 이에 이들 학교의 해당 연도 한국인 입학생 수는 전후 연도 입학생 수의 평균값으로 대체, 반영하였다.

22 일반계 중등학교는 1922년 이후 모두 5년제였다. 반면 상업학교는 1923년에 14개 가운데 9개가 3년제 상업(상공업)학교였으나 1926년에는 16개교 가운데 13개교가 5년제로 승격되었다[조선총독부 학무국, 《조선제학교일람》(《식민지조선 교육정책사료집성》 54, 고려서림, 1990), 1922, 1926년도판]. 그러나 통계의 일관성을 유지하기 위해 모두 5년제로 상정해 계산하였다. 그런 만큼 3년제 상업학교에서는 졸업생 수가 다소 낮게 추계되었다. 따라서 〈표 2-3〉의 졸업률은 실제보다 다소 낮게, 중퇴율은 실제보다 다소 높게 나왔다. 참고로 강경상업학교의 경우 3년제 시기(1920~24학년도)의 입학생과 졸업생도 모두 포함시켜 계산하면, 한국인 학생의 중퇴율은 31.7퍼센트, 일본인 학생의 그것은 44.9퍼센트였다. 후술하겠거니와 주목할 점은 전체 상업학교는 물론 강경상업학교의 한·일 학생 간 중퇴율 격차가 각각 8.8, 13.5퍼센트 포인트나 될 만큼 컸다는 것이다.

23 《동아일보》 1924.3.8., 1929.3.18., 1938.2.6., 10.3.

24 각 학교의 입학률은 조선총독부부 학무국 학무과, 1937 《학사참고자료》(《식민지조선 교육정책사료집성》 60, 고려서림, 1990), 83, 97~98, 109쪽에 의거하여 작성했음.

25 이외에도 중등학교의 연도별 중퇴생 비중이 모두 감소하고 있고, 그중에서도 한국인 중퇴생 비중의 감소폭이 더 가파른 점, 한·일 학생 사이에 연도별 중퇴생의 비중이 3, 4기를 획기로 역전된 점 등도 주목할 만한 양상이다. 이는 한국인 학생과 한국인사회의 역동적 대응과 관련이 있을 것으로 추측되나 추후 연구과제로 넘긴다.

26 〈표 2-4〉는 〈표 2-1〉~〈표 2-3〉과 달리 5기의 하한을 1945년(정확하게는 해방 이전) 으로 잡았다. 이는 《통계연보》에서는 1942년까지, 학적부에서는 1945년까지 관련 자료를 확인할 수 있는 점을 감안한 것이다. 같은 방식으로 이하 〈표 2-6〉·〈표 2-7〉·〈표 2-9〉·〈표 2-11〉과 같이 학적부에 의거한 경우는 5기의 하한을 1945년 으로 잡았다.

27 다만, 강상 한국인 학생의 중퇴율이 전체 상업학교 한국인 학생의 그것보다 4.3퍼센트 포인트나 높은 이유는 분명치 않다. 1927~37년 사이 강상 한국인 학생의 입학률은 겨우 7~14퍼센트로(제1장의 〈표 1-2〉에 의거 계산함), 같은 기간 전체 상업학교 한국인 학생의 입학률 13.8~18.8퍼센트보다 낮았던 점을 고려하면 더욱 그렇다.

28 이외에 강상의 1기 연도별 중퇴생 비중이 일반계 중등학교나 상업학교 일반에 비해 매우 높다는 점이 두드러지게 나타났다. 그러나 이는 본장의 〈성행 사유 중퇴와 민족차별〉에서 후술하겠거니와, 1923년 강상 학생들이 일으킨 동맹휴학의 여파와도 관련된 것이지만, 개교 초기의 특수한 사정도 영향을 미친 결과이다. 강상이 개교 초기인 데다가 학년제(2년제→3년제→5년제)도 연이어 늘어남에 따라 전체 학년의 학생이 충원되기 이전까지는 1기의 연도별 중퇴생 비중이 그만큼 높게 나올 수밖에 없었기 때문이다. 앞 절에서 검토한 일반계 공립 중등학교나 전체 상업학교의 연도별 중퇴생 비중이 1920년대에 상대적으로 높게 나온 것도 학교 신설, 학년제 연장, 학급 증설에 따른 영향과 무관치 않다고 본다.

29 다만, 앞의 〈중퇴의 사례와 강상〉에서도 언급했듯이, 강상의 중퇴생 학적부도 13명 분이나 망실되었다는 점에서 자료적 한계는 있다. 〈표 2-4〉에서 보면, 1920~42학년도 강상의 중퇴생 수는 차이가 있다. 학적부를 통해 집계한 수치가 《통계연보》의 수치에 비해 한국인 학생 46명, 일본인 학생 39명, 합계 85명이나 적다. 학적부 망실 건수보다 훨씬 상회하는 수치인 것이다. 더욱이 1943~45학년도 사이는 《통계연보》가 발행되지 않은 점을 감안하면, 망실된 중퇴생 학적부는 더 있을 것으로 판단된다. 그럼에도 중퇴생 학적부에는 《통계연보》를 통해 제기된 의문을 풀어줄 단서가 풍부하다는 점, 그리고 〈표 2-4〉에서 보듯, 학적부와 《통계연보》의 통계 수치가 유사한 경향성을 보여준다는 점 등을 고려하면 중퇴생 학적부는 중퇴문제를 파헤치는 데 유익한 자료라 하겠다.

30 소수이지만 '전학' '질병' 등을 명목상 사유로 기재한 경우도 있다.

31 예컨대, 1929년에 입학해 1932년에 퇴학당한 일본인 학생의 학적부 하단 '비고'란에는 "소화 7년(1932) 6월 30일부로 유지諭旨(권고) 퇴학을 명함(가정 사정에 의한다는 형식으로). 이유는 위의 기술과 같다"고 명기되어 있다. 그리고 학적부 상단 '상벌 성행'란에는 야간 외출계를 제출하지 않고 친구를 유혹하여 카페에 출입하는 등 수학 전망이 적어 유지 퇴학을 시켰다는 취지의 기술이 있다. 이는 실제로는 성행 사유로 퇴학 처분을 내리면서도 '가정 사정' 때문에 자퇴한 것처럼 기록한 것이다.

32 김광규, 2013 〈일제강점기 조선인 초등교원 시책 연구〉, 서울대학교 대학원 사회교육과 박사학위 논문, 66~70쪽.

1943년 4월에 개교한 대전사범학교는 심상과(수업 연한 5년, 모집인원 150명)와 강습과(수업 연한 1년, 모집인원 200명)를 두었다. 강습과 지원 자격은 중학교 졸업 내지 4학년 수료 이상 등이었다. 강상의 입학자 13명은 모두 1940년 강상에 입학해 1944년 3월 말에 4년을 수료한 자로서, 강습과에 입학하였다(《조선총독부관보》 호외, 1943.4.1.; 5073호, 1943.12.29.,1944.1.4.).

33 강상의 전학 사유 중퇴생은 1920~45년간 한국인 14명, 일본인 36명, 합계 50명이다. 그중 전학 학교를 알 수 있는 경우는 44명(한국인 9명, 일본인 35명)이다. 이중 한국인 학생은 일본 내 전학 2명, 국내 전학 7명이었던 반면, 일본인 학생은 국내 전학 18명, 일본 내 전학 17명이었다.

34 《동아일보》 1934.2.28., 3.1.

35 《동아일보》 1924.3.8.

36 《동아일보》 1938.6.9.

37 《동아일보》 1938.2.6.

38 납세액 200원은 1만 5천 원의 재산을 표준으로 삼은 것이다. 1929년 현미 1석(180.39리터 기준)이 23.53원이기 때문에(김낙년 편, 2006 《한국의 경제성장: 1910~1945》의 제2부 〈통계〉, 412쪽), 1만 5천 원의 재산은 현미 637석의 가치를 지닌다. 그리고 1929년 중등지 논 1단보(300평)의 가격이 107원(조선총독부 조사) 또는 135원(식산은행 조사)이기 때문에(角木傳一·加藤清吾, 1938 〈朝鮮の耕地價格と其の變遷に就いて〉《殖銀調査月報》 6, 5쪽), 1만 5천 원의 재산은 논 11.1정보(연 수확량 현미 100석 규모의 농지) 내지 14정

보(연 수확량 현미 130석 규모의 농지)의 가치를 지닌다. 이 정도 이상의 재산을 가졌다면, 농촌에서는 중소지주나 지주 겸 자작 부농 이상의 자산가였다고 할 수 있다.

39 《동아일보》 1930.2.7.(박철희, 2002 〈식민지기 한국 중등교육 연구: 1920~30년대 고등보통학교를 중심으로〉, 서울대학교 대학원 교육학과 박사학위 논문, 76쪽 재인용);《중외일보》 1930.2.7.(이경숙, 2006 〈일제시대 시험의 사회사〉, 경북대학교 대학원 교육학과 박사학위 논문, 328쪽 재인용).

40 《조선일보》 1925.4.21.; 강경상업고등학교, 1990 《강상칠십년사》, 고려서적주식회사, 45쪽.

41 이혜영 외, 1997 《한국 근대 학교교육 100년사 연구(Ⅱ)》, 한국교육개발원, 291쪽.

42 참고로 1936년 대구 고등보통학교의 5년간 학자금(하숙비 제외) 지출 상황을 보면, 수업료 165원, 교우회비 33원, 수학여행 적립금 55원, 교과서 및 사전 대금 82.91원, 학용품 대금 38원, 제복 대금 41.5원, 제모 대금 3.8원, 구두 대금 12원, 운동화 대금 3원, 운동복 및 각반 대금 7.6원, 무도武道 용구 대금 3.5원 내지 14원 등, 합계 445.31원 내지 455.81원이었다[경북중고등학교 동창회 60년사 편찬회, 1976 《경북중고등학교 60년사》, 115~116쪽; 손종현, 1993 〈일제 제3차 조선교육령기하 학교교육의 식민지배관행〉, 경북대학교 대학원 교육학과 박사학위 논문, 229쪽에서 재인용)].

43 박철희, 2002 앞의 논문, 74~80쪽; 안홍선, 2015 〈식민지시기 중등 실업교육 연구〉, 서울대학교 대학원 교육학과 박사학위 논문, 228~231쪽.
　　한편 읍 소재지에 있던 강상 학생의 경우도 1920년대 말에는 월 15원(공납금 5원, 하숙비 8원, 기타 경비), 1930년대 후반에는 월 20원(공납금 이외 기숙사비 10원 50전, 잡비 5원)이 필요하였다고 한다(강경상업고등학교, 1990 앞의 책, 78~79, 103쪽).

44 안홍선, 위의 논문, 230쪽.

45 1927, 1932, 1937, 1942년의 통계에 의하면, 중등학교 진학률은 8.4~11.9퍼센트 정도였다(위의 논문, 49쪽).

46 《동아일보》 1938.10.3.

47 일제강점기 직업현황을 비교적 정확히 보여주는 자료가 1930, 40년의 국세조사이다. 조선총독부, 《昭和五年朝鮮國勢調査報告》(제2권), 173쪽에 따르면, 1930년 현재 한국인과 일본인의 직업별 비율은 다음과 같다.

| 민족 | 농업 | 수산업 | 광업 | 공업 | 상업 | 교통업 | 공무<br>자유업 | 가사<br>사용인 | 기타 | 합 |
|---|---|---|---|---|---|---|---|---|---|---|
| 한국인(%) | 80.6 | 1.2 | 0.3 | 5.5 | 5.1 | 0.9 | 1.2 | 1.2 | 4.0 | 100 |
| 일본인(%) | 8.8 | 3.1 | 0.4 | 17.6 | 25.7 | 9.0 | 31.8 | 1.6 | 2.0 | 100 |

48 물론 경제 사유 중퇴 양상의 차이는 한·일 민족 간 격차 이상으로 한국인사회 내부의 경제적 격차의 산물이라 하겠다. 이런 점에서 구조적 민족차별인 동시에 계층차별의 성격을 띤다고 할 수 있다. 한·일 민족 간 경제적 불평등에 대해서는 허수열, 2005《개발 없는 개발: 일제하 조선경제 개발의 현상과 본질》, 은행나무 참조.

49 '졸업생'이란 1923, 24년 졸업생을 제외하고 1945년 3월 말 이전 졸업생 전체를 가리킨다. 그리고 〈표 3-7〉에서 광공업, 상업의 '피고용'의 수치는 '졸업생 보증인 직종'에서 '공무자유업' 가운데 '회사원' 수에 포함시켰다.

50 당시 학적부에는 유급은 주로 원급原級으로 표기했고, 간혹 현급現級, 낙落으로 표기하기도 하였다.

51 거의 대부분은 각 과목의 1년 평균성적을 기준으로 하나 극히 드물게는 각 과목의 학기 성적을 기준으로 하는 경우도 발견된다. 이는 극히 예외적인 경우이다.

52 강경상업고등학교, 1990 앞의 책, 55~56쪽.

53 강상의 학적부에는 퇴학 처분된 학생에 대해 "민족의식 강强"(1928년 입학, 1931년 퇴학), "공산주의자와 같은 색채를 띠어 수업 전망 없음"(1929년 입학, 1931년 퇴학), "동급생 ○○○로부터 사회주의 서적을 빌려 통독하고 그 후 태도가 반항적으로 되고 말없이 에스페란토어를 연구하고 있음"(1929년 입학, 1932년 퇴학), "하계 방학 중 경성 사립 배재고등보통생도와 교제 시작. 이 생도는 사상적 방면에 유감스런 점이 있는 자임. 1학년 때부터 이러한 생도와 교제하는 것은 학업 전망이 없는 자로서 퇴학을 명했음"(1931년 4월 입학, 동년 9월 퇴학), "선동성煽動性이 있어 성행 불량"(1931년 5월 전입, 1931년 9월 퇴학) 등과 같이 기록되어 있다.

54 강경상업고등학교, 1990 앞의 책, 106~107쪽; 제19기 윤원병님, 제21기 김용문님의 증언.

55 제19기 윤원병님의 증언.

56 강경상업고등학교, 1990 앞의 책, 120~122, 126~127쪽. 죽창 사건에 대한 기억은

졸업생마다 달리 회상하고 있으나 사건 당시 구타 피해자의 회상기가 정확하다고 보고 이에 의거하여 정리하였다.

57 小原豊治, 〈韓國を訪れて〉《榆ケ丘通信》(1980 10. 20), 錦江會關西支部, 4~6쪽; 강경상업고등학교, 1990《강상칠십년사》, 고려서적주식회사, 118, 126쪽. 당시 이규호학생의 담임이던 小原豊治는 처벌 경감과 고발 중지를 요청하는 등 학생을 변호했으나 수용되지 않고 오히려 학생이 투옥되자 심한 충격을 받아 1942년 9월에 사직한 후 만주로 건너갔다고 한다(小原豊治, 같은 글, 4쪽; 강경상업고등학교, 같은 책, 579쪽).

58 대구상고50년사편찬회, 1973 앞의 책, 130쪽.

59 제1장의 〈표 1-4〉「해방 이전 강상 졸업생의 민족별 피被징계 사유」; 강경상업학교, 〈학적부〉(중퇴생).

## 2장 보론

1 이 문단의 아래 내용은 주로 アルベール·メンミ 著, 白井成雄·菊地昌実 譯, 1971 《差別の構造: 性·人種·身分·階級》, 東京:合同出版의 〈差別主義定義試案〉 참조.

2 차이와 차별의 관계에 대해서는 이종수, 2004 〈사회적 차별과 평등의 실현〉《연세법학연구》 10-2; 마흐무드 맘다니 지음, 최대희 옮김, 2017《규정과 지배》, 창비 참조.

3 《동아일보》 1934. 2. 28.

4 조사 기간에 한국인 일반의 사망률이 18.85~23.89퍼밀인 데 반해, 재한 일본인의 사망률은 17.76~20.04퍼밀이었다(조선총독부, 1936《조선총독부 조사월보》 36-10, 123~124쪽).

5 조선총독부, 1927《朝鮮の人口現象》, 437~448쪽.

6 《동아일보》 1927.11.15.

7 《동아일보》 1929.12.11. 1940년의 신체검사 조사 결과에서도 일본인 학생의 우세 양상은 지속되었다(《동아일보》 1940.1.4.).

8 《조선총독부 통계연보》 등의 자료에서 전염병과 전염성병은 구분, 사용되었다. 전

염병은 당시 보통 법정 전염병을 가리키는 용어로 사용되었다. 이《통계연보》에서 사인死因으로 집계된 전염병은 당초 8종(콜레라, 이질, 장티푸스, 파라티푸스, 디프테리아, 발진티푸스, 두창, 성홍열, 페스트)이었는데, 1937년부터 유행성 뇌척수막염이 추가되어 9종이 되었다. 그리고 전염성병은 법정 전염병뿐 아니라 결핵, 화류병, 파상풍 등 많은 감염성 질병을 포함한 분류용어로 사용되었다.

9   '전염성병2(결핵) 또는 호흡기병'이라고 분류한 것은 경부임파선과 폐침윤이 결핵일 수도 있으나 결핵과 무관한 호흡기병일 수도 있기 때문이다.

10  《동아일보》1933.4.21., 1936.5.6., 1937.7.13., 1938.11.11.

11  石川武美, 1940《가정의학》, 主婦之友社, 99, 166면: 최은경, 2011〈일제강점기 조선사회 결핵 유행과 대응에 관한 연구〉, 서울대학교 대학원 의학과 박사학위 논문, 21쪽.

12  조선총독부 기획부 제1과, 1941《朝鮮人口ニ關スル資料(其一)》의 五.〈人口ノ動態〉(其一) 중 9.〈在鮮內地人ノ死因別死亡率(昭和 8年~12年)〉.

13  강상 졸업생도 이와 유사한 증언을 해주었다. 한국인의 결핵 유병률이 더 낮은 원인으로 김치나 마늘을 먹는 식생활의 차이를 거론하였다(제19기 윤원병, 제21기 김용문님의 증언). 한편 최근 연구에 따르면, 도시지역 내 결핵 사망률은 한국인이 조금 더 높은 편이나 일본인과 거의 근접한 것으로 추정되었다(최은경, 2011 앞의 논문, 104~137쪽). 그러나 이는 일본인에 비해 한국인의 결핵 사망률이 낮다는 당시 일본인 의학자들의 견해를 뒤집을 만큼 분명한 근거와 엄밀한 추정에 입각한 것은 아니다.

14  위의 논문, 104~137쪽.

15  결핵 사망률은 계속 증가하였다. 조선총독부의 1932~35년 조사에 따르면, 식민지 한국 내 결핵 사망자는 연간 1만 명 전후였으나, 당시 언론에서는 결핵 사망자가 연간 4만 명인 것으로 추산하였다(한국결핵협회, 1999《결핵사》(재판), 193, 249~251, 254쪽).

16  위의 책, 245~254쪽.

17  李宮司, 1931〈統計的に見た肺結核死亡の諸相〉《朝鮮及滿洲》279, 51쪽;《동아일보》1938.5.19.(박윤재, 2008〈조선총독부의 결핵 인식과 대책〉《한국근현대사연구》47, 222쪽 재인용).

18 《동아일보》 1936.6.18.(위의 논문, 222쪽 참조).

19 사인死因 가운데 전염성병의 비중에서 한국인이 재한 일본인에 비해 훨씬 낮게 추계
됐을 가능성은 크다. 예컨대, 한국인은 전염병이 발병해도 격리되는 것이 두려워 신
고하지 않고 숨어 지내는 경우가 많았다. 그리고 설사 신고하더라도 전문 지식이나
설비시설의 부족으로 오진율이 의사보다 높은 의생醫生에게 주로 신고했기 때문이
다. 특히, 결핵은 법정 전염병이 아닌 까닭에 의사(의생)의 보고 의무조차 없었다. 그
때문에 보고된 발병 건수도 실제보다 더 적을 수 있었다(최은경, 2011 앞의 논문,
51~54쪽). 앞서 제시한 〈표 2-보-2〉에 나타난 전염성병의 한·일 간 천분비 격차도
이런 맥락을 감안하면서 이해할 필요가 있다.

20 경성제국대학 위생조사부, 1943 〈不二農場調査報告-衛生調査〉(第六報) 《조선총독부
조사월보》 14-6, 20~21쪽.

21 조사 결과는 총 9회에 걸쳐 다음 지면에 연속 게재되었다. 경성제국대학 위생조사
부, 1942, 1943 〈不二農場調査報告-衛生調査〉(第一報~第九報) 《조선총독부 조사월
보》 13-12, 14-1, 14-2, 14-3, 14-4, 14-5, 14-6, 14-7, 14-8, 14-9.

22 추가 검진으로는 타진打診, 청진聽診, 적혈구 침강沈降 반응 및 객담喀痰 검사가 행해
졌다[경성제국대학 위생조사부, 1943 〈不二農場調査報告-衛生調査〉(第七報) 《조선총독
부 조사월보》 14-7, 56쪽].

23 위와 같은 자료, 56~57쪽.

24 제19기 윤원병, 제21기 김용문님의 증언.

25 조선총독부, 1927 앞의 책, 442쪽.

26 제19기 윤원병, 제21기 김용문님의 증언.

27 부산상업고등학교70년사편찬위원회, 1965 《부상의 70년》; 이리농림고등학교50주
년기념사업추진위원회, 1972 《이리농림50년사》; 대구상고50년사편찬회, 1973 《대
상오십년사》; 경기상업고등학교, 1973 《경기상고50년》; 선린80년사편찬회, 1978
《선린팔십년사》; 강경상업고등학교, 1990 《강상칠십년사》, 고려서적주식회사; 마산
상고 동창회, 1992 《마산상업70년사》 등 각종 중등학교의 교사校史와 손종현, 1993
〈일제 제3차 조선교육령기하 학교교육의 식민지배 관행〉, 경북대학교 교육학과 대
학원 박사학위 논문, 93~130쪽 참조.

28  강경공립상업학교 교우회·동창회, 1937~1939 《금강》 14~16; 김덕영, 《신정 학생
    일기》(1939~1940).

29  조선총독부는 중등학교에 공문을 보내어 각 학교가 지원병 생도 모집에 적극 관여
    하여 학생들의 지원을 권장하도록 하였다. 예컨대, 〈1940년 조선총독부 육군병지원
    자 훈련소 생도모집에 관한 건〉(慶北警 제10호, 1940.1.18. 내무·경찰부장)에서는 "귀
    교의 금년도 졸업생 및 旣 졸업생으로 하여금 자격조건을 구비한 자에 대해서 가
    능한 한 다수가 지원하도록 권장할 것"을 지시하였다. 그리고 연이은 〈육군특별지
    원병 지원자 응모의 건〉(《至急》, 1940.2.5. 내무부장)에서는 "귀교 졸업생 및 최고 학
    년 생도로 하여금 가능하면 다수가 응모하도록 배려할 것. ① 졸업생 및 상급생을
    중심으로 지원병 제도 취지 철저의 강연회, 좌담회 등을 개최할 것, ② 강사는 군수,
    경찰서장, 기타 적당한 인물로 의뢰할 것"을 지시하였다(손종현, 1993 앞의 논문,
    106~107쪽 재인용).

30  강경상업고등학교, 1990 앞의 책, 119~120쪽; 제21기 김용문, 제22기 윤두중님의
    증언.

31  이리농림고등학교50주년기념사업추진위원회, 1972 앞의 책, 112쪽; 경기상업고등
    학교, 1973 앞의 책, 46쪽; 선린80년사편찬회, 1973 앞의 책, 352쪽.

32  김덕영, 《신정 학생일기》(1939~1940). 일제강점기 학생일기에 대해서는, 박철희, 2016
    〈일제강점기 중등학생의 일기를 통해 본 식민교육〉《교육사회학연구》 26-2 참조.
    학교 당국은 언제부터 모든 학생들에게 1년간 쓸 수 있는 규격화된 《학생일기》 노트
    를 인쇄. 배포하였다. 그리고 "항상 자기를 반성하고 자기의 나아갈 방향을 의식하
    여 충실한 하루를 보낼 수 있게 되기 위해 일기의 기입을 장려"하고, "학급 주임이
    (일기를) 검열하여 생도의 상황과 개성을 관찰하여 선도에 노력하도록" 하였다(해주
    고등보통학교, 1932 《해주공립고등보통학교 學校經營竝學校槪覽》, 135쪽). 이런 점에서
    학생일기는 학생의 사상과 동향을 감시하고 통제하기 위한 도구였다고 하겠다.

33  참고로 학교 당국과 교사는 교과서 이외 독서를 모두 통제하였다. 제1장의 〈학생지
    도와 실질적 민족차별〉 중 〈학칙과 규율〉에서도 언급하였거니와 학생들이 준수해야
    할 규율에는 '교과서 외의 서적·잡지를 구독할 때 사전 신고'하도록 되어 있었다. 이
    학생일기에 소개된 소설, 잡지도 사전 신고와 검열을 당연히 거쳤을 것으로 보이나

일제 찬양 소설·잡지 등이었기 때문에 독서가 허락되었다고 본다.

34 제19기 윤원병님의 증언.

35 제3장의 〈일제 말기 한국인 졸업생의 성장과 식민지적 위계구조〉, 163쪽.

36 일제 말기 한국인의 염전 정서와 전쟁 총동원정책에 대한 불만에 대해서는, 변은진, 2013 《파시즘적 근대체험과 조선민중의 현실인식》, 선인의 〈Ⅱ. 전시 통제·동원정책 강화와 계층별 불만 고조〉; 정연태, 2014 《식민권력과 한국 농업: 일제 식민농정의 동역학》, 서울대학교출판문화원, 487~489쪽 참조.

37 일본의 각종 육군 군사학교에 대해서는 국사대사전편찬위원회 편, 1995 《국사대사전》 14(제1판2쇄), 吉川弘文館의 〈りくぐんだいがっこう〉, 535~536쪽을, 해군 군사학교에 대해서는 국사대사전편찬위원회 편, 1995 《국사대사전》 3(제1판2쇄)의 〈かいぐんしょかっこう〉, 25~27쪽 참조.

38 일제는 식민지 한국에서 육군특별지원제를 1938년부터 시행하면서도 1943년에 가서야 해군특별지원제를 시행할 만큼 한국인을 해군에 동원하는 데는 주저하였다(선린80년사편찬회, 1978 앞의 책, 352쪽). 이는 함정 근무를 하는 해군의 특성상 제국 일본과 일왕에 대한 애국심과 충성심이 부족한 한국인을 수용했을 경우 위험한 상황에 직면할지도 모른다고 우려했기 때문인 것으로 판단된다.

39 秦郁彦 편, 1991 《日本陸海軍總合事典》, 東京:平文社, 735쪽; 寺田近雄, 2011 《完本 日本軍隊用語集》, 株式會社パブリッシング, 248~250쪽.
갑비와 을비 가운데 일부는 카미카제 특공대, 인간어뢰 가이텐(回天), 인간폭탄 오오카(櫻花), 육탄보트 신요(震洋), 육탄 글라이더 탑승 요원 등과 같은 자살공격조가 되어 전쟁에 참가하였다가 상당수가 전사하였다(寺田近雄, 2011 《完本 日本軍隊用語集》, 株式會社パブリッシング, 250쪽). 16기까지 입대한 갑비 139,720명 중 6,778명이 전사했고, 24기까지 입대한 을비 87,500명 중 4,900명이 전사하였다. 특히 을비9기의 전사율은 83.5퍼센트였다(秦郁彦 편, 같은 책, 735쪽).

40 광주동중학교생 131명이 해군 갑비에 지원해 43명이 합격하고, 군산중학교생 12명도 합격했는데(《매일신보》 1943.9.16., 9.24.), 이 두 학교는 사실상 일본인 중학교였다[조선총독부 학무국, 1937 《조선제학교일람》, 39~40쪽(《식민지조선 교육정책사료집성》 60, 고려서림, 1990)].

41 해군특별지원병제에 의해 동원된 한국인은 총 12,166명이었다. 이들 대다수는 수병 (4,116), 기술병(3,067), 정비병(2,733)으로 동원됐고, 비행병이 된 자는 1944년에 진해 해병단에 들어간 50명에 불과하였다(표영수, 〈해군특별지원병제도와 조선인 강제동원〉《한국민족운동사연구》59, 301~302쪽의 〈표 7〉〈해군특별지원병 동원현황〉).


## 3장 학생의 취업과 민족차별

1 1920년 재한 일본인 중등학교 취학자 총수와 인구 1만 명당 취학자 수는 각각 5,682 명, 168.5명이었다. 1만 명당 취학자 수에서 한국인의 44배에 달한 것이다. 1940년 에는 각각 33,075명, 479.5명으로 증가하였다(박철희, 2002 〈식민지기 한국 중등교육 연구: 1920~30년대 고등보통학교를 중심으로〉, 서울대학교 대학원 교육학과 박사학위 논문, 42쪽의 〈표 Ⅲ-5〉 참조). 그리고 1944년 현재 한국인 남성 중 중등교육 이수자 는 162,111명으로, 남성 인구 전체(12,521,179)의 1.29퍼센트에 불과하였다(조선총독부, 1945 《인구조사결과보고》(其ノ二), 3, 142, 143쪽).

2 2019년 11월 현재 대학원 재적자 수는 319,240명[통계청, 〈교육기본통계〉 (국가통계 포털, http://kosis.kr/statisticsList/statisticsListIndex.do?menuId=M_01_01&vwcd=MT_ZT ITLE&parmTabId=M_01_01#SelectStatsBoxDiv)]이고, 총인구는 2018년의 통계로 51,629,512명이었다[통계청, 〈인구총조사〉(국가통계포털, http://kosis.kr/statHtml/stat Html.do?orgId=101&tblId=DT_1IN1503&vw_cd=MT_ZTITLE&list_id=A11_2015_1_10 _10&seqNo=&lang_mode=ko&language=kor&obj_var_id=&itm_id=&conn_path=MT_ZTI TLE)].

3 박철희, 2003 〈일제강점기 인문중등학교 졸업생의 진로를 통해 본 식민교육의 차별 성〉《교육사회학연구》13-1, 126쪽.

4 1927~36년간 교사가 된 졸업생의 숫자를 비교해보면, 고보는 총 532명, 연평균 53.2명인 데 반해, 중학교는 총 44명, 연평균 4.4명이었다(조선총독부 학무국 학무과, 1937 《학사참고자료》. 153, 169쪽).

5 교원 부족 사태의 심각화로 일본인 초빙 교사와 촉탁 교사가 증가하기 이전인 1930

년대 전반까지만 해도 보통학교 교사 정원에서 한국인과 일본인의 비율을 7대 3으로 한다는 불문율이 있었다(《조선일보》 1938.2.4.; 김광규, 2013 〈일제강점기 조선인 초등교원 시책 연구〉, 서울대학교 대학원 교육학과 박사학위 논문, 72쪽 재인용).

6   조선총독부, 1935 〈昭和九年度末に於ける公立學校職員調〉 《조선총독부 조사월보》 6-12, 104쪽.

7   조선총독부 학무국, 1942 《조선제학교일람》, 75쪽(《식민지조선 교육정책사료집성》 62, 고려서림, 1990에 수록).

8   다만, 고보 졸업생은 2, 3종 시험, 그중에서도 가장 급이 낮은 3종 시험에 주로 응시했던 것으로 보인다(《동아일보》 1936.7.2., 〈응접실〉). 1929년의 보도에 따르면, 3종 시험의 수준은 중등학교 졸업 이상을 요구했고, 합격은 어려웠다(《동아일보》 1929.11.5., 〈응접실〉).

9   이경숙, 2006 〈일제시대 시험의 사회사〉, 경북대학교 대학원 교육학과 박사학위 논문, 162쪽.

10   《동아일보》 1924.10.9.

11   중등학교 졸업생을 대상으로 한 것은 아니지만, 일반적인 취업·승진과정과 대우 측면에서 나타난 민족차별의 양상을 다룬 연구는 제법 있다. 예컨대, 단행본으로는 허수열, 2005 《개발 없는 개발: 일제하 조선경제 개발의 현상과 본질》, 은행나무의 제5장 〈불평등과 차별〉, 논문으로는 김병관, 1996 〈일제하 조선인기술자의 형성과정과 존재양태〉, 충남대학교 경제학과 박사학위 논문; 장신, 2003 〈1920·30년대 조선총독부의 인사정책 연구〉 《동방학지》 120; 박이택, 2006 〈조선총독부의 인사관리제도〉 《정신문화연구》 29-2; 문영주, 2007 〈금융조합 조선인 이사의 사회적 위상과 존재양태〉 《역사와현실》 63; 오진석, 2010 〈1940년대 전반 경성전기의 인력구조와 인사관리〉 《서울학연구》 39; 김광규, 2013 앞의 논문; 장인모, 2018 〈조선총독부의 초등교원 정책과 조선인 교원의 대응〉, 고려대학교 대학원 한국사학과 박사학위 논문 등을 참조.

12   이상 조선식산은행의 민족차별적인 신입 직원 채용에 대해서는, 정병욱, 2013 〈조선식산은행과 한국산업은행의 직원 채용: 연속과 차이〉 《한국사학보》 51, 253쪽; 안홍선, 2015 〈식민지시기 중등 실업교육 연구〉, 서울대학교 대학원 교육학과 박사학

위 논문, 279~282쪽 참조.

13 허수열, 2010 〈20세기 한국경제와 일제시대 경제변화〉《일제 강점 지배사의 재조명》(권태억 외), 동북아역사재단, 70~71쪽.

14 조선총독부, 1932 《조선총독부 조사월보》 3-11; 1933, 같은 책 4-11; 1934, 같은 책 5-10; 1936, 같은 책 7-1에 실린 관공립학교졸업자 상황 조사 통계 참조.

15 금융조합은 촌락금융조합, 도시금융조합, 조선금융조합연합회 및 동 도道지부로 나눠볼 수 있는데, 특별히 구분할 필요가 있는 경우를 제외하고 모두 '금융조합'으로 통칭한다.

16 금융조합에 대해서는, 이경란, 2002 《일제하 금융조합 연구》, 혜안; 최재성, 2004 〈일제하 금융조합 활동과 인적구성〉, 성균관대학교 대학원 사학과 박사학위 논문; 문영주, 2009 〈1920~1930년대 금융조합 유치운동과 지역사회〉《역사문제연구》 21, 역사비평사 참조.

17 농업협동조합중앙회, 1963 《한국농업금융사》, 55, 362쪽.

18 문정창, 1942 《조선농촌단체사》, 일본평론사, 252, 290쪽.

19 조선금융조합연합회의 경북지부(1933.2)와 충북지부(1936.11)에서 금융조합 서기 채용시험 공고를 보면, 응모자격은 중등학교 졸업 이상 25세 미만의 남자로서 신체 건강하고 사상 온건한 자였다. 이에 상업학교, 농업학교, 고등보통학교 졸업생 등이 학교장의 추천을 받아 시험을 치렀다(《부산일보》 1933.2.28.; 《매일신보》 1936.11.29.).

20 전국적으로 1개 조합당 평균 7명 내외의 서기 이하 직원을 두었다는 당시 기록(令成政男·高杉藤吾, 1938 《金融組合を語る》, 硏文社, 738쪽), 유구維鳩금융조합 등 면소지 금융조합에는 평균 6~7명의 서기와 고원 1명이 배치되었다는 강상 제22기 졸업생 유재성 님의 증언(해방 직전 금융조합 취업)을 토대로, 조합 및 지부마다 고원이 1명씩 배당되었다고 간주해 서기의 수(841명-133명=708명)를 구하였다.

21 조선총독부 학무국, 1942 《조선제학교일람》, 91, 117, 125쪽(《식민지조선 교육정책 사료집성》 62, 고려서림, 1990 수록); 오성철, 1988 《식민지 초등교육의 형성》, 교육과학사, 126쪽; 2004 〈중등 직업교육에 대한 사회적 선호·기피 현상의 역사적 변천〉 《초등교육연구》 14, 청주교육대학, 85쪽.
참고로, 1934년 3월 충남과 전북의 중등학교에서 은행·회사·상점 취업자는 3개 고보 졸업생 119명 중 6명, 3개 농업(농림)학교 졸업생 117명 중 4명에 불과한 데 반해, 강상은 졸업생 24명 중 17명이나 되었다(조선총독부 학무국, 1936 〈官公立學校卒業者狀況調〉《조선총독부 조사월보》7-1).

22  제1장의 〈표 1-1〉에 의거.

23  박철희, 2003 앞의 논문, 114~116, 121쪽.

24  제19기 윤원병, 제21기 김용문, 제22기 윤두중님의 증언; 경기상업고등학교, 1973 《경기상교50년》, 30쪽.

25  제19기 윤원병, 제21기 김용문, 제22기 윤두중님의 증언.
    우수 학생 가운데 여러 조건을 감안해 식산은행 대신에 대우나 근무조건이 좋은 일반회사를 선택한 경우도 있었다. 특히 일제 말기에 그런 현상이 두드러지게 나타났다(제19기 윤원병님의 증언).

26  제19기 윤원병, 제21기 김용문, 제22기 윤두중님의 증언; 경기상업고등학교, 1973 앞의 책, 30쪽; 손종현, 1993 〈일제 제3차 조선교육령기하 학교교육의 식민지배 관행〉, 경북대학교 교육학과 대학원 박사학위 논문, 206쪽; 제1장 중 〈학생평가와 묵시적 민족차별〉 등 참조.

27  학적부의 진로 기록은 일정한 시점에 일괄적으로 이루어지지 않고 취업이나 진학 등 신상 변동이 확인될 때마다 추가되었다. 또한 기록의 충실성도 학년도별로 차이가 있다. 모든 졸업생의 최초 취업처뿐 아니라 전직처轉職處까지 충실하게 기록된 학년도가 있는 반면 그렇지 않은 학년도도 있다. 이런 점에서 학적부의 진로 기록은 《조선총독부 조사월보》나 〈동창회보〉(1943)에 비해 비체계적이고 부정확한 경우가 많다. 이런 점을 감안해 본장에서는 졸업생 진로가 충실하게 기록된 학년도의 학적부만을 이용하였다.

28  〈표 3-9〉에서 상하위 10퍼센트군의 수는 총학생 수에 0.1을 곱한 후 소수점 이하를 절삭하는 방식으로 산출하였고, 상하위 30퍼센트군의 수는 재학생수에 0.3을 곱해 소수점 이하는 절삭한 후 상하위 10퍼센트군의 수를 빼는 방식으로 구하였으며, 중위군의 수는 총학생 수에서 상하위 30퍼센트군의 수를 뺀 나머지로 구하였다. 그 결과 중위군은 총학생 수의 40퍼센트보다 많게 나왔다.

29  학적부 진로란의 첫머리에 기록된 직장을 취업처로 간주하였다. 다만, 첫 기록이

'가정'으로 나오나 바로 다음에 직장명이 기록된 경우는 취업으로 분류하였고, '상급학교 지원 상경' 등의 기록은 '진학'으로 분류하였다.

30 조행평가제에 대해서는 이혜영 외, 1997 《한국 근대 학교교육 100년사 연구Ⅱ: 일제시대의 학교교육》, 한국교육개발원, 93, 307쪽; 박철희, 2002 앞의 논문, 123~125쪽; 백순근, 2003 《일제강점기의 교육평가》, 교육과학사, 9, 51쪽; 이경숙, 2006 〈일제시대 시험의 사회사〉, 경북대학교 대학원 교육학과 박사학위 논문, 178~180쪽 참조.

31 모든 학년 등급이 '을' 이상을 받되, '갑' 또는 '을상' 등급이 3년제의 경우 2개 학년 이상, 5년제의 경우 3개 학년 이상 포함된 경우 상위 등급으로 분류하였다. 그리고 모든 학년 등급이 '을' 이하를 받되, '을하' 또는 '병' 등급이 3년제의 경우 1개 학년 이상, 5년제의 경우 2개 학년 이상 포함된 경우 등을 하위 등급으로 분류하였다.

이상과 같이 상하 등급 분류 기준을 달리한 이유는 다음과 같다. 강상 학적부의 조행평가에서 '갑·을·을상·을하·병' 등급 비율이 해마다 차이가 있었다. 그러나 대체로 성적과 품행이 좋은 일부 학생에게는 '갑'이나 '을상' 등급이, 그 반대인 극히 소수 학생에게는 '을하'나 '병' 등급이 부여됐고, 그 나머지는 대부분 '을' 등급이 매겨졌다. 이런 점을 감안하여 조행평가 등급을 상·중·하로 분류할 때, 상위군에 대해서는 상대적으로 높은 기준을, 하위군에 대해서는 상대적으로 낮은 기준을 적용하였다.

이상의 기준을 적용하면서 1925~26, 30~32, 34, 37, 39년 졸업생 268명(한국인 149명, 일본인 119명) 가운데 조행평가 결과가 학적부에 충실히 기재되어 있지 않은 학생 9명(한국인 4명, 일본인 5명, 총 9명)은 〈표 3-10〉의 통계에서 제외했다. 3년제 을종중학교 졸업생(1925~26)은 1개 학년도 이상의 평가 결과가, 그리고 5년제 갑종학생(1930~32, 34, 37, 39)은 2개 학년도 이상의 평가 결과가 학적부에 기입되어 있지 않으면 제외한 것이다. 그 결과 〈표 3-10〉은 총 259명의 졸업생에 대해 분석한 결과이다.

32 강상의 성행평가에 대해서는 제1장의 〈조행평가와 묵시적 민족차별〉 참조.

33 1942, 44년의 경우 조선·식산은행 입사자가 급증하였는데, 그중에는 학업석차와 조행평가 등급이 중하위, 최하위 졸업생들이 절반 이상 포함되었다. 여기에는 한국인 졸업생뿐 아니라 일본인 졸업생도 있었다. 그 양상을 정리한 것이 아래 표이다.

〈표〉 1942·44년 조선·식산 은행 입사 강상 졸업생의 성적 및 신상

| 졸업연도 | 민족 | 은행 | 학년별 학업석차 | 학년별 조행평가 | 상별 | 보증인 |
|---|---|---|---|---|---|---|
| 1942 | 한 | 식산 | 4-5-3-4-3 | 을상-갑-갑-갑-갑 | 급장(1~4학년) 부급장(5학년) | 농업 |
| | 한 | 식산 | 5-3-29-14-6 | 을-을-을-을-을 | | 면서기 |
| | 한 | 식산 | 58-59-28-20-17 | 을-을-을상-을상-을상 | | 상업 |
| | 한 | 식산 | 32-42-31-18-18 | 을-을-을-을상-을 | | 관리 |
| | 한 | 식산 | 80-67-57-56-41 | 을-을-을-을-을 | | 면서기 |
| | 한 | 식산 | 75-73-83-75-60 | 을-병-을하-병-을 | 무기정학 | 농업 |
| | 한 | 식산 | 81-62-70-54-63 | 을-을하-병-을-을 | 부정행위 정학(3학년) | 교원 |
| | 일 | 식산 | 74-59-56-61-45 | 을-을-을-을-을상 | | 농업 |
| | 일 | 식산 | 101-97-73-61-48 | 을-을-을-을-을 | | 상업 |
| | 학년별 학생 수 | | | 102-91-92-84/85-77 | | |
| 1944 | 한 | 식산 | 12-10-6-4-5 | 을-을상-을상-갑-? | | 농업 |
| | 한 | 조선 | 26-23-19-34-20 | 을-을상-을상-을상-? | | 상업 |
| | 한 | 조선 | 33-40-67-37-42 | 을-을-을-을-? | | 농업 |
| | 일 | 조선 | 91-66-75-65-33 | 을-을-을상-을상-? | | 농업 |
| | 일 | 식산 | 54-68-31-35-51 | 을-을-을상-갑 | | 관리 |
| | 학년별 학생 수 | | | 101-98-92-86-62 | | |

출전: 강경상업학교, 〈학적부〉(졸업생).

비고: ① 학적부에 기입된 최초 취업 기록에 의거했음.

　　② 1943년 현재 조선·식산은행에는 한국인 졸업생 17명, 일본인 졸업생 5명이 재직 중임.

　　③ 진한 글자체는 학생평가 결과가 중하위자인 경우임.

[34] 평시에도 일본인 학생의 사망률이 한국인 학생의 그것보다 높았다. 참고로 1920~41년 입학생 가운데 사망으로 졸업하지 못한 학생의 비율은 한국인은 0.9퍼센트인 데 반해 일본인은 1.9퍼센트였다(제1장의 〈표 1-1〉에 의거 계산). 그리고 제2장의 〈보론〉에서도 살펴봤듯이, 강상의 중퇴생 학적부를 봐도 결핵 등으로 중퇴하거나 사망한 일본인 학생이 한국인 학생보다 월등히 많았다.

[35] 강경공립상업학교 교우회·동창회, 1938·39《금강》15, 16호.

[36] '주소 불명'은 동창회 명부에서 '불명'으로 표기하였거나 직종은 물론 소재처가 파악되지 않아 주소를 명기하지 않은 경우를 가리킴. 이하 〈표〉에서도 동일함.

[37] 강경상업학교, 1945 〈학적부〉(졸업생).

38 일제 말기 미국의 각종 정보에 따르면, 한국인은 일반적으로 일본인에게 증오감을 갖고 있었고 태평양전쟁에서 일본의 패배를 희망하고 있었다(정연태, 2011 《한국근대와 식민지 근대화 논쟁: 장기근대사론을 제기하며》, 푸른역사, 230~231쪽).

39 일제 말기의 금융조합은 성적이 우수한 한국인 졸업생이 간혹 거주지나 집안 사정 때문에 지망하는 곳이기도 했으나, 마음만 먹으면 쉽게 취업할 수 있는 곳이었기에 선호도 측면에서 대체로 제3, 4순위였다(제19기 윤원병님의 증언; 경기상업고등학교, 1973 앞의 책, 30쪽).

40 《동아일보》 1940. 7. 3.; 농업협동조합중앙회, 1963 앞의 책, 362쪽; 최재성, 2004 앞의 논문, 90~99쪽.

41 금융조합 서기 시험 응시자격은 중등학교 졸업자였다. 이에 대해서는 본장의 주19) 참조.

42 금융조합은 1925년부터 대학, 고등상업학교, 전문학교 등 고등교육을 마친 고학력 자를 이사로 채용하는 이사 견습제도를 병행하기 시작하였다. 그에 따라 중등학교 출신 서기의 이사 채용은 줄어들었다. 1937년 현재 한국인 이사 172명 중에서 최종 학력이 확인된 139명의 학력을 보면, 대학과 전문학교, 고등상업학교 출신의 고학 력자가 72퍼센트인 101명이었다(최재성, 2004 〈일제하 금융조합 활동과 인적구성〉, 성균관대학교 대학원 사학과 박사학위 논문, 143~144쪽; 문영주, 2007 〈금융조합 조선인 이사의 사회적 위상과 존재양태〉 《역사와현실》 63, 142~145쪽).

43 정재정, 1989 〈조선총독부 철도국의 고용구조〉 《근대조선의 경제구조》(안병직 외 편), 비봉출판사, 443쪽; 허수열, 2005 앞의 책, 296~297쪽.

44 이경란, 2002 앞의 책, 138~139쪽.
1929~37년 사이에 금융조합 이사가 된 자가 339명인데, 그중 한국인은 25.4퍼센트 인 86명에 불과하였다(최재성, 2005 앞의 논문, 143쪽과 306쪽의 〈부록 6〉).

45 문영주, 2007 앞의 논문, 144쪽.

# 3장 보론

1. 기존 연구 성과에 대한 상세한 소개는 허수열, 2005 〈근대교육과 기술의 발전〉《개발 없는 개발: 일제하 조선경제 개발의 현상과 본질》, 은행나무; 김근배, 2005 《한국 근대 과학기술인력의 출현》, 문학과지성사; 이병례, 2011 〈일제하 전시 기술인력 양성정책과 한국인의 대응〉, 성균관대학교 대학원 사학과 박사학위 논문 참조.

2. 식민지 근대화 논쟁에 대해서는 정연태, 2011 《한국근대와 식민지 근대화 논쟁: 장기근대사론을 제기하며》, 푸른역사 참조.

3. 해방 이전 강상 졸업생 수는 학적부(졸업생)에서는 623명이었으나(제1장의 〈표 1-1〉), 〈회원명부〉(1954)에서는 618명으로, 5명의 차이가 있다(아래 〈표 3-보-1〉).

4. 오성철, 1998 〈식민지기의 교육적 유산〉《교육사학연구》 8, 239~241쪽.

5. 1923~41년 졸업생의 수는 〈동창회보〉(1943)에 의거한 제3장 〈표 3-12〉에서는 373명이었으나, 〈회원명부〉(1954)에 의거한 〈보론〉의 〈표 3-보-1〉에서는 370명으로 집계되었다. 이 중 전자의 통계가 더 정확하다고 보지만, 〈표 3-보-1〉을 토대로 졸업생의 취업 실태를 비교할 수밖에 없는 점을 감안해 동 기간의 졸업생 수는 370명인 것으로 간주한다.

6. '주소 불명'은 동창회 명부에서 '불명'으로 표기하였거나 직종은 물론 소재처가 파악되지 않아 주소를 명기하지 않은 경우를 가리킴. 이하 〈표〉에서도 동일함.

7. 1943년 취업률을 구할 때 진학자 10명도 분자와 분모에 모두 포함시켰다. 만약 진학자 10명을 제외하게 되면, 취업률은 67.0퍼센트가 된다.

8. 직종 불명자도 주소 불명자와 유사한 경우의 졸업생일 수도 있다. 그러나 직종 불명자의 비율은 1943년 17.4퍼센트(제3장의 〈표 3-12〉), 1954년 17.5퍼센트(〈표 3-보-1〉)로 거의 같다. 이런 점에서 직종 불명자를 동일한 기준으로 분류하면, 두 해의 취업률을 비교하는 데 무리가 없다고 보고, 일단 미취업자로 간주하였다.

9. 1954년에 급격히 증가한 주소 불명자를 모두 취업자로 볼 수도, 그렇다고 모두 미취업자로 간주할 수도 없다. 그래서 다음과 같은 방식을 사용해 1954년의 주소 불명자의 비율과 수를 새롭게 산출해봤다. 1954년의 주소 불명자 비율 21.7퍼센트 가운데 1943년의 그것(9.4퍼센트)보다 큰 부분(12.3퍼센트 포인트)의 절반은 실제는 취

업자이나 연락 두절로 인해 동창회 명부에는 주소 불명자로 기재되었다고 간주하는 것이다. 그렇게 하면, 1954년의 주소 불명자 비율은 15.55(9.4+6.15)퍼센트가 되고 주소 불명자 수는 96명(618×0.1555)으로 나온다. 그리고 1954년 취업자 수는 618(졸업자 합계)−88(사망자)−96(주소 불명자)−108(직종 불명자)=326명이 된다. 따라서 1954년 생존자 대비 취업률은 326÷(618−88)×100=61.5가 된다.

10  학제는 1949년부터 1951년에 걸쳐 복잡한 제정과 개정과정을 거쳤다. 그 과정에서 초등학교 6년제는 변함이 없었으나 주된 변경은 중등학교 학제였다. 1949년 12월 제정된 교육법의 학제는 '4년제 중학교−2년제 인문계 고등학교−4년제 대학' 코스와 '4년제 중학교−3년제 또는 4년제 실업계 고등학교(전문학교)' 코스와 같이 2개의 복선형 학제였다. 복선형 학제는 1950년 3월 제1차 개정을 통해, '중학교 3년 수료−3년제 인문계 고등학교−4년제 대학' 코스, '중학교 3년 수료−3년제 실업계 고등학교−2년제 초급대학(전문학교)' 코스, '4년제 중학교−4년제 초급대학(전문학교)' 코스로 더 복잡하게 바뀌었다. 이러한 복선형 학제는 시행될 틈도 없이 1951년 3월 2차 교육법 개정을 통해 오늘날과 같은 단선형 학제('6년제 초등학교−3년제 중학교−3년제 고등학교−4년제 대학')로 개편되었다. 각각의 학제가 제정되고 짧은 기간에 2차례 개정된 이유에 대해서는 강명숙, 2004 〈6−3−3−4제 단선형 학제 도입의 이념적 성격〉《한국교육사학》 26−2; 오성철, 2015 〈한국 학제 제정과정의 특질, 1945~1951〉《한국교육사학》 37−4 참조.

11  통계청, 1995 《통계로 본 한국의 발자취》, 419, 425, 429쪽.

12  1954년 동창회 회원명부에 의거해 1943년 3월(졸업기수17기)까지 졸업생 수는 370명, 1943년 당시 생존자는 340명으로 간주한다. 그 이유에 대해서는 본장 보론의 주5) 참조.

13  〈표 3−보−2〉와 같은 방식으로 강상 생존 졸업생(1943년 현재)의 해방 후 신상 변화를 구해본 결과, 1958년의 사정은 1954년의 것보다 다소 나빠졌다. 1958년에 이르면, 1943년 유직자 가운데 사망자 29명, 주소 불명자 53명, 직종 불명자 43명이다. 이들 합계는 125명으로, 1954년의 것보다 14명 증가하였다. 반면 해방 이전 주소 불명자, 직종 불명자 중 1958년에 취업한 자는 22명으로, 1954년에 비해 3명 증가하는 데 그쳤다. 그 결과 1958년 취업자 총수도 147명으로, 1954년 152명보다 줄어

들었다〈강경상업고등학교 동창회, 1958 〈회원명부〉).

14 제3장의 〈표 3-12〉를 보면, 1943년 현재 일반관공서 33명, 금융조합 85명, 금융조
합 이외 금융계 종사자 43명이다. 이것을 〈표 3-보-3〉에서 직위 승진자가 각각 10,
29, 16명인 점을 대입해, 직종별 1943년 대비 승진율을 구하였다.

15 〈표 3-보-4〉와 같은 방식으로 1958년의 직위·지위 상승 실태를 구해본 바에 따르
면, 직위·지위 상승자와 그 비율은 더 높아졌다. 1958년 직위·지위 상승자는 82명
으로 1954년에 비해 증가하였다. 승진한 직위나 지위에서도 관공서나 은행에서 중
상급 관리자가 된 졸업생이 1954년보다 더 많아졌다.

16 물론 해방 전후의 조사 시점이 10여 년 차이가 났던 만큼 해방이 되지 않았더라도
졸업생의 직위나 지위는 그 사이에 더 높아졌을 가능성은 있었다. 그러나 해방 이후
졸업생의 성장세는 그 정도를 넘어선 것으로 판단된다.


## 4장 교사의 민족차별 언행과 동맹휴학

1 《동아일보》 1923.12.31.; 1927.7.22.

2 2000년대 이후 일제강점기 동맹휴학 관련 주요 연구 성과로, 김호일, 2009 《한국근
대 학생운동사》, 선인, 2005; 장규식, 2009 《1920년대 학생운동》, 경인문화사; 이계
형, 2002 〈1920년대 함흥지역 학생운동의 전개와 성격〉 《한국근현대사연구》 20; 이
기훈, 2007a 〈식민지 학교 공간의 형성과 변화: 보통학교를 중심으로〉 《역사문제연
구》 17; 김기주, 2010 〈광주학생운동 이전 동맹휴학의 성격〉 《한국독립운동사연구》
35; 김성은, 2011 〈1920년대 동맹휴학의 실태와 성격: 선교회 여학교를 중심으로〉,
《여성과역사》 14; 박찬승, 2017 〈1920년대 보통학교 학생들의 교원 배척 동맹휴학〉
《역사와현실》 104; 김광규, 2017 〈일제강점기 직원록과 신문자료를 통해 본 교원배
척 동맹휴학의 양상: 1920년대 보통학교를 중심으로〉 《역사교육》 143; 이임수, 2018
〈일제시기 고등보통학교 동맹휴학의 양상과 특질〉 《청람사학》 27; 정연태, 2019 〈일
제강점기 중등학생의 교사 배척 동맹휴학을 통해 본 관행적 민족차별〉 《동방학지》
189 등 참조.

3 학습권 보장의 내용과 개념에 대해서는 이임수, 위의 논문, 232쪽에서 시사를 받았음.

4 본장에서 일제강점기 교장은 수신 교과 등을 담당하기도 하는 점 등을 감안해 특별히 구분할 필요가 있는 경우를 제외하고는 '교사' 군에 포함시켜 '교사'로 통칭한다.

5 조선총독부의 통계자료에 따르면, 1920년대 맹휴 가운데 교사 배척 맹휴의 비중은 초등학교나 중등학교 모두에서 50퍼센트 이상을 차지하였다(박찬승, 2017 앞의 논문, 267쪽). 동아일보 기사를 토대로 조사한 고등보통학교의 맹휴 가운데 교사 배척 맹휴의 비중은 70퍼센트를 넘어섰다(이임수, 2018 앞의 논문, 244쪽).

6 박찬승, 위의 논문; 김광규, 2017 앞의 논문; 이임수, 위의 논문 등 참조.

7 대표적 사례는 조선총독부 경무국, 1929《朝鮮に於ける同盟休校の考察》[이하 본고에서 이 자료의 통계를 이용할 때는《조선총독부 맹휴 통계(1929)》로 줄여 표기함], 27~28쪽의 분류 방식이다.

8 김광규, 2017 앞의 논문, 303~304쪽.
고등보통학생의 맹휴를 ① 학습권 보장, ② 민족의식, ③ 인권보장, ④ 기타로 분류한 이임수의 시도는 의미 있다고 본다(이임수, 2018 앞의 논문). 다만, 이 분류의 세부 기준은 맹휴 전체를 대상으로 한 것으로, 교사 배척 맹휴만을 대상으로 한 본장의 분석에는 적합하지 않은 점이 있다.

9 서양인 교사 대부분은 천주교계·개신교계 중등학교에 근무하는 선교사 출신 교장·교사였다. 이하 이들을 서양인 교사로 통칭한다.

10 신문기사 등은 한국역사정보통합시스템과《조선일보》아카이브에서 '맹휴' '교사 배척' '교원 배척' '교장 배척' 등을 키워드로 검색해 분석하였다. 학교사學校史나 조선총독부 측 자료는 대체로 신문기사의 내용을 재확인하거나 보충하기 위한 자료로 활용하였다. 그리고 1920~38년을 기간으로 한 것은, 한편으로 한국인 경영 신문이 발간된 시점(1920)을 고려한 것이고, 다른 한편으로 제3차 조선교육령에 의해 1939년부터는 일본인 학생 대상 중학교·고등여학교의 통계와 한국인 학생 대상 (여자) 고등보통학교의 통계가 합산된 까닭에 민족별 학생 수의 파악이 곤란한 사정을 감안했기 때문이다.

11 특히, 인문계, 실업계로 구분되어 계열별 분석도 가능한 중등학교를 분석 대상으로 삼았다. 다만, 관공립계뿐이었던 사범학교는 설립주체별 비교 분석에 적합하지 않

기 때문에 본장의 분석 대상에서 제외하였다.

12  사립학교는 조선총독부가 사립학교 탄압, 통제용으로 발포한 '개정 사립학교규칙' (1915.3)에 의해 선택의 기로에 서게 되었다. 개정 사립학교규칙은 각급 학교규칙에 명시된 것 이외의 교과과정, 즉 한국역사와 한국지리, 성경 등을 가르치지 못하도록 하였다. 그리고 식민지 동화교육의 충실한 수행자를 교사로 선발하기 위해 교사 자격을 일본어에 통달하고 해당 학교의 정도에 상응하는 학력을 갖춘 자로 제한하였다. 이러한 조치를 수용한 사립학교는 상급학교 입학자격이 주어지는 고보, 여고보로 승격되었다. 반면 수용하지 않은 사립학교는 중등학교 학력이 인정되지 않는 각종학교로 남게 되었다. 이때 기독교계 사립학교의 선택은 주로 성경 과목 문제로 인해 두 갈래로 나뉘어졌다. 장로교계 사립학교인 경신학교, 정신여학교, 숭실학교, 계성학교 등은 각종학교의 길을 선택하였다. 반면 감리교계 사립학교인 한영서원, 이화학당, 호수돈여숙, 광성학교, 정의여학교는 고보, 여고보로 설립인가를 받았다 (장규식·박현옥, 2010 〈제2차 조선교육령기 사립 중등학교의 정규학교 승격운동과 식민지 근대의 학교공간〉《중앙사론》 32, 154~160쪽). 각종학교 가운데 일부는 1923년 이후 소정의 요건을 갖춰 고보, 여고보에 준하는 자격을 인가 받은 지정학교로 승격하였다.

각종학교의 경우 1933년부터 초등 수준의 학교와 중등 수준의 학교로 구분된 통계가 《조선총독부 통계연보》에 나오고, 그 학교명은 조선총독부 학무국이 발간한 《조선제학교일람》에 나온다. 본장에서는 후자 자료(1933년도판)에 의거해 학교명을 확인하고 맹휴 사례를 조사하였다.

13  이임수, 2018 앞의 논문, 219쪽.

14  위의 논문, 244쪽.

본장에서 교사 배척 맹휴의 비율이 선행 연구의 그것보다 더 높게 나온 것은 《동아일보》뿐 아니라 《조선일보》, 《매일신보》, 《중외일보》 등을 대상으로 교사 배척 맹휴의 사례를 조사했기 때문이다. 부언하면, 맹휴 전체 수는 《동아일보》를 대상으로 한, 선행 연구의 조사 결과를 토대로 하면서도, 교사 배척 맹휴의 수는 《동아일보》 외 신문까지 모두 조사한 결과를 가지고 계산했기 때문이다.

15  1930년 현재 공립 고보는 15개, 공립 여고보는 6개, 관공립 실업학교는 48개, 사립

고보는 9개, 사립 여고보는 10개, 사립 실업학교는 6개였다. 그리고 각종학교는
1933년부터 중등 수준의 학교명과 관련 통계가 확인되는데, 1933년 현재 총 44개교
였다. 그런데 이 가운데 사실상 일본인 전용 공립 실업학교와 각종학교가 각각 5개,
6개였다. 따라서 일본인 전용학교를 제외한 중등학교의 총수(사범학교 제외)는 총
127개교였다.

16 이하 교사 배척 동맹휴학 관련 모든 〈표〉의 출전은 별도로 표기하지 않는 한 〈동맹휴
학과 학생들의 문제의식〉에서 밝힌 바와 같은 방식으로 필자가 조사, 분석한 결과임.

17 참고로 조선총독부가 집계한 연도별 맹휴 건수는 다음과 같다.

| 연도 | 건수 | 연도 | 건수 | 연도 | 건수 | 연도 | 건수 | 연도 | 건수 | 연도 | 건수 |
| --- | --- | --- | --- | --- | --- | --- | --- | --- | --- | --- | --- |
| 1920 | 20 | 1923 | 57 | 1926 | 55 | 1929 | 78 | 1932 | 33 | 1935 | 36 |
| 1921 | 33 | 1924 | 24 | 1927 | 72 | 1930 | 107 | 1933 | 38 | - | - |
| 1922 | 52 | 1925 | 48 | 1928 | 83 | 1931 | 102 | 1934 | 39 | - | - |

출전: 조선총독부 경무국, 1936《最近に於ける朝鮮治安狀況》, 106·110·113쪽(김호일, 2005 앞
의 책, 180쪽).

18 동맹휴학의 양상 변화와 그 이유에 대해서는 김호일, 위의 책; 장규식, 2009 앞의
책 참조.

19 관립학교는 경성공업학교 1개교뿐임.

20 박찬승, 2017 앞의 논문, 269~270쪽.
이하《조선총독부 맹휴 통계(1929)》에 의거해 중등학교 교사 배척 맹휴의 원인별 백
분비를 구한 것은 특별히 주석을 달지 않은 한 박찬승의 정리에 의거하였다.

21 《조선총독부 맹휴 통계(1929)》에서는 배척 대상 교사의 구성비가 일본인 교사 53.4
퍼센트, 한국인 교사 43.8퍼센트, 외국인 교사 2.8퍼센트이다. 이 구성비는 실태를
제대로 반영한 것 같지 않다. 〈표 4-3〉에서 '불명' 39건이 모두 한국인 교사 관련으
로 판명됐을 경우에도 가능하지 않은 구성비이기 때문이다. 게다가 교직원의 민족
별 구성비를 감안하면, '불명'이 모두 그렇게 판명될 가능성은 거의 없다.

22 각종학교 통계가 확인 가능한 1933년 현재에 사범학교를 제외한 관공사립 중등학
교 전체 교직원의 민족별 구성을 보면, 한국인 교사 817명, 일본인 교사 1,308명, 서
양인 교사 66명으로, 총 2,191명이다(조선총독부,《조선총독부 통계연보》, 1933년판).

23 1건당 일본인 교사 7명이 배척 대상으로 지목된 대표적 사례는 1930년 의주농업학교 맹휴(《중외일보》1930.6.7.), 1933년 동래고보 맹휴(《동아일보》1933.11.15.)이다.

24 초등학교 교사 배척 맹휴의 발생률도 공립학교보다 사립학교에서 더 높았다(박찬승, 2017 앞의 논문). 그러나 설립주체별·계열별 맹휴 발생률에서 차이가 난 이유는 명료하지 않다. 다만, 이러한 차이는 여러 요인이 복합적으로 영향을 미친 결과라고 판단한다. 예컨대, 공사립 학교 사이에는 교사教師 확보·구성이나 학교운영 방식, 학교풍토와 학생문화는 말할 것도 없고 각종학교의 승격(지정학교, 고보, 여고보 등으로 승격) 문제, 학교시설과 교사校舍문제, 재정문제 등에서 차이가 컸다. 인문계 학교와 실업계 학교 사이에서는 민족 간 별학別學과 공학의 차이, 교과과정과 진로(진학과 취업)의 차이 등이 컸고, 그로 인한 학교풍토와 학생문화에서 차이가 있었던 것으로 보인다[제2장의 주19) 참조]. 지역별로는 학교와 지역 사회운동계의 관계 등에서 차이가 있었다. 이런 점들이 설립주체별·계열별·학교별 맹휴의 빈도와 양상에 영향을 미쳤다고 본다. 설립주체별·계열별 맹휴의 차이를 밝히기 위해서는 이러한 점들을 종합적으로 고려해야 한다.

25 1929년 현재 선린상업학교의 민족별 구성을 보면, 학생에서는 한국인이 224명, 일본인이 291명이었고, 교직원에서는 한국인이 2명, 서양인이 2명, 일본인이 22명이었다(조선총독부 학무국, 1930 《조선제학교일람(소화4년도)》, 387~388쪽). 제5장의 〈표 5-2〉·〈표 5-5〉를 참조해보면, 이 학교의 민족별 교직원 구성은 사립학교라기보다는 공립학교와 같았다. 유의할 점은 바로 이 학교에서 발생한 2건의 맹휴 때문에 실업계 학교의 관행적 민족차별 관련 맹휴의 비율이 다른 사립 중등학교의 추세와는 동떨어졌다고 할 만큼 높은 28.6퍼센트나 되었다는 사실이다.

26 山崎仲英은 전학 이전 일본 중학에서도 수차례나 맹휴 사건에 관계했던 학생이었는데, 해주고등보통학교 맹휴 주모자로 피검돼 8개월 집행유예 처분을 받았다(《조선일보》1931.11.14., 《동아일보》, 1931.12.15.). 이 학생이 일본과 식민지 한국에서 교사와 학생의 관계에 대한 진술의 취지는 《동아일보》(1931.12.13.)에 실려 있다.

27 당시 문장과 표기법은 전후 문맥을 이해할 수 있도록 간략히 축약하거나 수정하였으며, 중요 대목은 진한 글씨체로 표기하였다.

28 《100년사》는 진농·진산대100년사 편찬위원회, 2010 《진농·진산대100년사: 역사

편), 국립진주산업대학교를 축약 표기한 것이다.

29 《동맹휴교》는 조선총독부 경무국, 1929 《朝鮮に於ける同盟休校の考察》을 축약 표
기한 것이다.

30 《중외일보》 1930.6.7.

31 《동아일보》 1927.11.3., 11.8.

32 한국과 일본의 비교를 통해 한국민족과 한국인을 비하하는 식의 교육은 일제강점기
에 교육받은 세대에게서 자주 듣는 말이다. 다음은 그 예이다. "교육이라는 게 세계
적인 보편성이 있어야 하는데, 왜놈들의 교육은 그렇지가 못하고, 일본은 항상 우수
하고 조선은 모자라니 일본이 조선을 이끌어줘야 한다는 이야기만을 늘어놓으니,
늘 그게 불만스러웠는기라"(1934년 보통학교 졸업생), "학교교육이 일본민족의 우월
성만 교육했어. 특히 일본인 선생이 조선학생들에 대한 차별이 심했어. 조선 사람은
늘 게을타, 눈에 총기가 없이 멍청하다, 어깨가 축 처져 있어서 자신감이 없다는 식
으로 늘 조선 사람에 대해서 안 좋은 이야기를 많이 했지"(1944년 중등학교 졸업생)
(정태준·안병곤, 2005 〈일제강점기 식민지 한국교육 실태조사 연구(2): 청취조사를 중심
으로〉《일본어교육》 31, 한국일본어교육학회, 182, 287~187쪽의 2004년 부산과 경남 지
역 노인 청취조사 결과).

33 《동아일보》 1926.12.4.

34 대구상고오십년사편찬회, 1973 《대상오십년사》, 147~148쪽.

35 본장에서는 분석 대상에서 제외한 전주사범학교의 다음 사례는 교사의 민족차별 의
식이 폭력적 지도를 정당화하고 있음을 잘 보여준다. 1945년 4월 이 학교에 입학한
한국인 학생은 일본인 교사로부터 "조선인은 더럽다", "조선인은 교활하다", "조선인
과 개는 두들겨 패지 않으면 말을 듣지 않는다"라는 말을 들었다고 한다(다카사키 소
지 저, 이규수 옮김, 2006 《식민지 조선의 일본인들: 군인에서 상인, 그리고 게이샤까지》,
역사비평사, 162쪽).

36 유선영, 2016 〈식민지 근대성과 일상 폭력〉《대동문화연구》 96, 성균관대학교 대동
문화연구원, 19, 22쪽.

37 김성은, 2011 앞의 논문 참조.

38 조선총독부 경무국의 조사에서도 망국민(인종), 야만인종 같은 용어가 등장한다. 이

외에 '썩은 민족'이란 표현도 등장한다(조선총독부 경무국, 1929 앞의 책, 33~34쪽).

39 일본인 교사들은 한국인을 개나 돼지처럼 여겼다. 앞서 소개했지만, 일본인 교사는 한국인 학생을 '도야지'라 부르면서 모욕하여 물의를 일으켰다(《동아일보》 1927.11.3., 11.8). 그리고 이 책에서는 보습학교를 분석 대상에서 제외했지만, 영흥 농업보습학교에서는 교장이 한국인 학생 기숙사를 청소시킬 때 '돈사豚舍를 소제하라'고 말해, 학생들이 맹휴를 일으켰다(《동아일보》 1927.8.26.). 또한 본장의 주 35)에서 소개하였거니와, 전주사범학교 교사도 한국인을 개처럼 취급해야 한다고 말했다. 한국인을 개, 돼지처럼 본 것이다. 한편, 일반 재한 일본인 가운데도 같은 시각을 갖는 자들이 있었다. 예컨대, 조선헌병대사령부의 조사 사례 중 하나에 따르면, 일본인 잡화상은 고물상 운영으로 상당한 신용을 얻은 한국인 고객에게조차 "조선인 머리는 개와 별반 다르지 않다"고 말하였다. 그 말을 들은 한국인 고객은 "우리에게는 정말 씻을 수 없는 모욕"을 받았다고 분개하였다[조선헌병대사령부, 1933《朝鮮同胞に對する內地人反省資料》(조선헌병대사령부 편, 이정욱·변주승 역, 2017《조센징에게 그러지마!》, 흐름), 112~113쪽].

40 關本辰次郎, 1927〈滿鮮の視察を終へて: 朝鮮敎育の前途を論す〉《文敎の朝鮮》 3-9, 67쪽.

41 기존 연구에 따르면, 일제강점기 보통학교 한국인 교사는 식민지 관료, 교사, (비판적) 지식인이라는 다중적 정체성을 가졌다. 그러나 일제가 '교사+(비판적) 지식인'의 정체성을 가진 교사들을 색출하고 배제하면서 '교사+관료'의 정체성이 강화되었다. 그리하여 교사 중 일부는 일제의 민족차별적 문명론을 그대로 받아들여 신념화하기도 하였다. 그 결과 한국인 교사의 민족차별적 행태가 표출되기도 하였다(이기훈, 2007b〈일제하 교원의 사회적 위상과 자기인식〉《역사와현실》 63).

42 アルベール·メンミ 著, 白井成雄·菊地昌実 譯, 1971《差別の構造: 性·人種·身分·階級》, 東京:合同出版의〈差別主義 定義試案〉.

# 5장 관행적 민족차별과 법·구조·의식의 문제

1  이상의 내용은 大野謙一, 1936《朝鮮教育問題管見》, 조선교육회, 111~131쪽; 정재
   철, 1985《일제의 대한국식민지교육정책사》, 일지사, 342~348쪽에 의거함.

2  조선총독부 학무국 학무과, 1937《학사참고자료》, 11~12쪽.

3  일부 실업학교에서는 제2차 조선교육령이 공포되기 이전인 1910년대부터 한·일 공
   학이 이뤄지고 있었다. 상업학교로는 선린(1913), 개성(1919), 농업학교로는 전주
   (1914), 공주(1915), 대구(1916), 군산(1917), 공업학교로는 경성(1915), 상공학교에서는
   진남포(1918) 등의 학교에서 한·일 공학이 이뤄지고 있었던 것이다(안홍선, 2015 〈식
   민지시기 중등 실업교육 연구〉, 서울대학교 대학원 교육학과 박사학위 논문, 160~162쪽).

4  조선총독부 학무국 학무과, 1938《조선학사예규》(소二), 406~407쪽(《식민지조선 교
   육정책사료집성》7, 고려서림, 1990 수록).

5  유봉호, 1981 〈일제통치시대 초·중등학교 교육과정 변천에 관한 연구〉《한국문화
   연구원 논총》39; 유봉호, 1982 〈일제 말기(1930~1945)의 초·중등학교 교육과정 연
   구〉《한국문화연구원 논총》40; 박철희, 2002 〈식민지기 한국 중등교육 연구:
   1920~30년대 고등보통학교를 중심으로〉, 서울대학교 대학원 교육학과 박사학위
   논문, 81~83쪽. 초등학교 교과과정에 나타난 식민동화교육의 강화에 대해서는 나
   카바야시 히로카즈, 2014 〈조선총독부의 교육정책과 동화주의의 변천〉, 연세대학
   교 대학원 사학과 박사학위 논문, 135~139, 253~255쪽 참조.
   1920년대의 동맹휴학과 광주학생운동 과정에서 한국인 중등학생들은 일제의 교육
   과정을 식민지 노예교육, 차별교육이라고 비판하였다. 그리고 한국어 시간을 늘리
   고 한국역사, 한국지리를 교수해줄 것을 주요 요구사항으로 내걸었다(조선총독부 경
   무국, 1929《朝鮮に於ける同盟休校の考察》, 43~46쪽; 鈴木敬夫, 1989《법을 통한 조선
   식민지 지배에 관한 연구》, 고려대학교 민족문화연구소, 240쪽).

6  중학교보다 고녀의 학교 수나 재학생 수가 더 많은 데는 이유가 있다. 일본인 남자
   소학교생들은 일반계와 실업계로 분산 진학했던 반면, 일본인 여자 소학교생들은
   절대다수가 일반계 학교로 진학하고, 극히 일부만 소학교 4년 수료자가 입학할 수
   있는 직업학교, 실업보습학교에 진학했기 때문이다. 1934년 현재 공사립 직업학교

에 908명, 공립 실업보습학교에 353명의 일본인 여학생이 재학하고 있었다(조선총독부 학무국, 1934《조선제학교일람》, 3~4쪽).

7   위의 책, 1~2쪽.

8   참고로 1934년 재학생 수를 보면, 농업학교(농잠학교 포함)에서는 한국인 5,250명, 일본인 715명이었다. 상업(상공)학교에서는 한국인 2,704명, 일본인 2,972명이었다. 그중 경성·부산제일상업학교는 일본인 상업학교였다. 공업학교에서는 한국인 61명, 일본인 147명이었다. 수산학교에서는 한국인 196명, 일본인 8명이었다(조선총독부 학무국, 1934《조선제학교일람》, 531~537쪽).

9   조선총독부 학무국 학무과, 1932《조선학사예규》(全), 34쪽.

10  해주고등보통학교, 1932《해주공립고등보통학교 學校經營竝學校槪覽》, 329쪽.

11  위의 책, 334, 341쪽; 강경공립상업학교 교우회·동창회, 1934,《錦江》11, 112~113쪽.

12  《조선총독부관보》2854호(1922.2.20.), 〈고등보통학교규정〉, 275~279쪽; 초등학교 교장의 권한에 대해서는 이기훈, 2007 〈일제하 교원의 사회적 위상과 자기인식〉《역사와현실》63, 114~116쪽 참조.

13  박철희, 2002 앞의 논문, 86~94쪽.

14  이혜영 외, 1997《한국근대 학교교육 100년사 연구(Ⅱ)》, 서울교육개발원, 276쪽; 이경숙, 2006 〈일제시대 시험의 사회사〉, 경북대학교 대학원 교육학과 박사학위 논문, 119쪽.

15  이혜영 외, 위의 책, 337~340쪽; 이기훈, 2008 〈식민지의 교육행정과 조선인 교육관료: 시학관(視學官)과 시학(視學)을 중심으로〉《이화사학연구》36 참조.

16  이명화, 1992 〈조선총독부 학무국의 기구변천과 기능〉《한국독립운동사연구》6; 이기훈, 위의 논문.

17  조선총독부, 1935 〈昭和九年度末に於ける公立學校職員調〉《조선총독부 조사월보》6-12, 109쪽.

18  1934년 현재 사립 인문계 학교 21개교 가운데 10개교가 기독교계 학교였으며, 각종 학교 35개교(일본인 학교 제외) 가운데 14개교가 기독교계 학교였다(조선총독부 학무국, 1934 앞의 책, 519~521, 525~527, 583~587쪽; 장규식·박현옥, 2010 〈제2차 조선교육령기 사립 중등학교의 정규학교 승격운동과 식민지 근대의 학교공간〉《중앙사론》32,

162, 169쪽). 이들 기독교계 학교의 교장은 대부분 선교사 등 서양인이었다.

19 일반적으로 교장과 교사는 구분하고, 양자를 통칭할 때는 교원이란 용어를 사용한다. 그러나 일제강점기 중등학교의 교장은 수신 교과 등을 담당하기도 하는 점을 감안해, 특별히 양자를 구분할 필요가 있는 경우를 제외하고는 '교사'로 통칭한다.

20 이혜영 외, 1997 앞의 책, 268쪽.

21 한국인 강사 2명 중 1명은 보통학교 교사인데, 강상에 출강하였다.

22 일본인 강사 18명 중 3명은 무도 강사인데, 모두 경찰로서 무도강사를 겸직하였다 (강경공립상업학교 교우회·동창회, 1933 《금강》 10, 89~90쪽; 1939 《금강》 16, 42쪽; 제 19기 윤원병, 제21기 김용문님의 증언).

23 〈구직원 명단〉의 교감은 교의校醫의 오자이다. 교의 2명은 정윤해, 정진국인데, 강경 소재 한국인 병원인 호남병원의 의사이다(정연태, 2003 〈조선말 일제하 자산가형 지방 유지의 성장 추구와 이해관계의 중층성: 포구상업도시 강경지역 사례〉《한국문화》 31, 342쪽의 〈부표 1〉). 따라서 이들은 직원으로 볼 수 없다. 참고로 〈표 5-3〉의 《조선총 독부 조사월보》의 직위별 교직원 통계에서도 '교의'는 나오지 않았다.

24 〈역대 서무과장 명단〉과 〈구직원 명단〉에서 동시에 나오는 인물은 중복 계산을 피하였다.

25 강상에 배속 장교가 배치된 것은 1930년이고 대체로 2년마다 배속 장교가 교체된 것으로 미뤄보면(〈표 5-6〉에서 재직 기간 참조), 약 7~8명이 배속 장교가 강상에서 근무했을 것으로 보인다. 이런 추론이 타당하다면, 적어도 4~5명의 명단이 확인되지 않고 있다.

26 張元淸志, 金光正剛(이상 교유), 金城漢勁(서기)는 자료상 확인은 되지 않으나 창씨 개명자로 판단하였다. 그리고 출전의 〈구직원 명단〉에 1942년 2월 9일부터 근무한 것으로 나온 金谷益健은 출전의 〈역대 서무과장 명단〉에서 金益健의 창씨개명이기에 중복 계산을 피하였다.

27 제1장의 〈학생 평가와 묵시적 민족차별〉에서 밝혔거니와, 배속 장교는 교련을 담당할 뿐 아니라 취업이나 진학에 관한 고과 조서 업무를 관장하고 수학여행도 인솔하였다. 그렇기에 학교에서 교사 못지않게 학생들과 접촉하고 더 큰 영향력을 행사하던 존재였다. 이런 점에서 '교사'로 포함시켜 집계하였다. 다만, 〈표 5-3〉과 비교를

위해서나 통계 방식의 일관성을 유지하기 위해서는 배속 장교의 수를 삭제하는 것이 바람직하다. 물론 그렇게 한다고 해도 민족별 구성비 수치에서 큰 변동은 없다. 〈표 5-4〉에서 배속 장교의 수를 삭제한 후 한국인 교사나 교직원의 구성비를 구해 보면, 〈표 5-4〉의 수치보다 0.3퍼센트 포인트씩 상승하는 데 불과하다.

28  강상 재학생의 일기(1939.7, 1940.1)와 강상의 교지인 《금강》에는 입대하는 일본인 교사에 관한 소식을 전하고 있는데, 강상 근무 일본인 교사의 징집은 1938년부터 개시되기 시작하였다(강경공립상업학교 교우회·동창회, 1938~39 《금강》 15~16; 김덕영, 1939·40 《新訂 學生日記》, 59, 62, 170쪽).

29  〈표 5-3〉에 따르면, 공립학교의 교직원은 교사 1,137명, 직원 118명으로, 교사는 전체 교직원 가운데 90.6퍼센트를 차지하였다. 따라서 교사의 민족 간 구성비는 교직원의 그것으로 대체해도 비교하는 데 무리는 없다고 본다.

30  김자중, 2016 〈일제 식민지기 조선의 고등교육체제의 성격〉 《한국교육사학》 38-3, 75~77, 79쪽; 우정애, 2018 〈일제시기 사립고등보통학교 교원 집단의 특성〉 《사학연구》 130, 242~244쪽.

31  이성전 지음, 서정민·가미야마 미나코 옮김, 2007 《미국선교사와 한국근대교육: 미션스쿨의 설립과 일제하의 갈등》, 한국기독교역사연구소, 209, 210쪽; 강명숙, 2013 〈1910년대 사립고등보통학교의 설립인가와 운영〉 《한국교육사학》 35-1, 16, 19~21쪽; 장규식·박현옥, 2010 앞의 논문, 162, 169쪽.

32  기독교계 중등학교의 수치는 우정애, 2018 앞의 논문, 229쪽; 김홍석, 1997 〈일제하에서의 한국 기독교학교〉 《기독교사상연구》 4, 156,160쪽; 노영택, 1986 〈일제하 한국천주교회의 교육사업(3)〉 《가톨릭교육연구》 1, 170쪽; 조선총독부 학무국, 《조선제학교일람》, 1933년판, 547~554쪽 등을 비교 검토하여 구한 것이다.

33  《동아일보》 1931.5.5., 1937.6.5.; 김동환, 2009 〈일제강점기 충북 중등교육의 사례 연구: 청주고등보통학교의 학생과 교사의 사회적 배경 및 진로를 중심으로〉 《한국교육사학》 31-2, 36, 42쪽.

34  김경미, 2005 〈식민지교육 경험 세대의 기억: 경기공립중학교 졸업생의 일제 파시즘 교육체제 하의 경험과 기억을 중심으로〉 《한국교육사학》 27-1.

35  진농·진산대100년사 편찬위원회, 2010 《진농·진산대100년사: 역사편》, 국립진주

산업대학교, 90~91쪽.

36 특히 1925년 이후 중등학교 이상의 학교에 배치돼 군사교육을 담당했던 현역 배속
장교는 교련에 관해서만 학교장의 지휘 감독을 받을 뿐, 학교장을 비롯한 학교 성원
들의 사상과 행동을 감시 감독하였다. 이런 점에서 배속 장교는 일제 식민권력의 끄
나풀조직이었다고 한다(손종현, 1993 〈일제 제3차 조선교육령기하 학교교육의 식민지
배 관행〉, 경북대학교 교육학과 대학원 박사학위 논문, 110~111쪽).

37 학생들도 교장의 조치에 맞서 동맹퇴학을 결의하는 등 양자의 대립은 고조되었다.
학부형들과 지역사회도 적극 개입하였다. 그러나 강상 역사상 가장 많은 학생들이
희생을 당하고 맹휴는 종료되었다(강경상업고등학교, 1990 《강상칠십년사》, 고려서적
주식회사, 55~56쪽; 강경상업학교, 〈학적부〉(졸업생, 중퇴생); 《매일신보》 1923.6.26.,
7.2, 7.17.; 《동아일보》 1923.6.28., 7.2., 7.11.; 《조선일보》 1923.7.7., 7.14.). 그러나 학
생들도 맹휴의 성과를 거두었으니, 문제를 야기했던 교사(矛原耕治)는 이듬해 3월에
퇴직하였다(강경상업학교, 〈연혁지〉).

38 경기공립중학교(1938년 경성제일고등보통학교의 개칭)의 졸업생들에게 1938~44년
간 교장으로 재직했던 이와무라岩村俊雄는 민족차별을 하지 않은 훌륭한 교육자, 교
육지도에 열성적인 인물로 기억되고 있다. 그러나 그는 사상문제, 일제의 정책, 학
교 방침에 대해 정치적 성격을 띤 저항에 대해서는 단호하게 처벌하였다고 한다(김
경미, 2005 앞의 논문, 14~15, 19~21쪽). 강상의 다가 교장도 이와무라와 같은 유형
의 인물이었다고 하겠다.

39 小原豊治, 〈韓國を訪れて〉《楡ケ丘通信》(1980 10. 20), 錦江會關西支部, 4~6쪽.

40 강경상업고등학교, 1990 앞의 책, 118~119쪽.

41 위의 책, 126쪽; 小原豊治, 1980 앞의 글, 4~6쪽.

42 강상 졸업생들의 기억에 따르면, 일본인 교사들은 한국인 학생들이 "업신여김을 받
아가며 잘 한 일을 가지고 직원실에 들어가도 꾸짖었다"고 한다(강경상업고등학교,
위의 책, 110쪽의 제15기 졸업생 나상우의 회고; 제22기 윤두중님의 증언).

43 《매일신보》 1927.9.15.; 9.16.

44 旗田巍 저, 이기동 역, 1983 《일본인의 한국관》, 일조각; 미야케 히데토시 지음, 하
우봉 옮김, 1990 《역사적으로 본 일본인의 한국관》, 풀빛.

45 須田努, 2011 〈江戸時代 民衆の朝鮮・朝鮮人觀−淨瑠璃・歌舞伎というメディアを通じて〉《韓國併合100年を問う》(趙景達 外), 東京:岩波書店 참조.

46 南富鎮, 2002《近代日本と朝鮮人像の形成》, 東京:勉誠出版, 4~8쪽.

47 이성환, 2002 〈전전 일본의 외교와 인종주의〉《계명사학》10, 374~378쪽.

48 위의 논문, 378~382쪽.

49 남부진, 2002 앞의 책, 11~12쪽; 모리야마 시게노리, 2002 〈메이지시대 일본 지도자들의 한국 인식〉《근대 교류사와 상호인식》Ⅰ, 아연출판부, 300쪽; 권태억, 2014 《일제의 한국 식민지화와 문명화(1904~1919)》, 서울대학교출판문화원, 35~37쪽.

50 강상중 지음, 임성모 옮김, 2004《내셔널리즘》, 이산, 41쪽.

51 손지연, 2011 〈1920년대 일본 국민성 담론의 유형과 전개 양상: 『일본국민성 연구』・『일본국민성 해부』를 중심으로〉《일본어문학》57, 329~330쪽

52 당시의 일본인론(국민성론)은 주로 일본인의 미덕을 열거한 것인 반면, 한국인의 민족성으로 제시된 것은 일본인의 미덕과 대비되는 악덕이었다. 이런 점에서 당시 일본인론의 배후에 조선인의 열등한 민족성론이 자리 잡고 있었다고 할 수 있다. 참고로 일본인론의 원형을 제시한 것으로 평가받는 하가芳賀矢一의 〈국민성십론十論〉(1907)에 따르면, 일본의 국민성은 ① 충군애국, ② 조상숭배와 가문(家)의 명예 중시, ③ 현세적, 실제적, ④ 초목을 사랑하고 자연을 즐긴다, ⑤ 낙천적이고 소탈하다(樂天洒落), ⑥ 담백하고 초연하다(淡白瀟洒), ⑦ 곱고 아름답고 섬세하다(綺麗纖巧), ⑧ 청정 결백, ⑨ 예의범절을 잘 지킨다(禮節作法), ⑩ 온화하고 관용적이다(溫和寬恕) 등 10가지이다(남부진, 2002 앞의 책, 26~36쪽).

53 위의 책, 20~22쪽; 최혜주, 2012 〈개항 이후 일본인의 조선사정 조사와 안내서 간행〉《한국민족운동사연구》73; 최혜주, 2013 〈1900년대 일본인의 조선 이주 안내서 간행과 조선인식〉《한국민족운동사연구》75.

54 조선주차군이 1916년에 간행한 조선사정 안내서인《軍人必讀朝鮮の研究》참조(최혜주, 2014 〈1910년대 일본인의 조선사정 안내서 간행과 조선인식〉《한국민족운동사연구》81, 99, 106쪽).

55 박지향, 1998 〈영국 제국주의와 일본 제국주의 비교(1): 인종주의를 중심으로〉《영국연구》2, 182쪽; 구인모, 2010 〈해제《조선인》과 다카하시 도루의 조선 연구〉《식

민지 한국을 논하다》, 동국대학교출판부, 180~182쪽.

56 Peter Duus, *The Abacus and the Sword: the Japanese Penetration of Korea, 1895-1910*(University of California Press, 1988), p. 414 (박지향, 위의 논문, 182쪽).

57 江原素六, 1905 〈韓國の敎育につきて〉《太陽》11~12(琴秉洞 편, 1999《資料雜誌にみる近代日本の朝鮮認識》1, 綠陰書房, 454쪽). 이 기사는 권태억, 2014 앞의 책, 37쪽에서 발견해 그 내용을 좀 더 확인해 추가하였다. 제4장의 주 35, 39)에서 소개했거니와, 한국인(학생)을 개나 돼지인 것처럼 모욕하는 인종주의적 발언은 일제강점기 재한 일본인과 일본인 교사들에게서도 나타났다.

58 이정은, 2010 〈일본의 강제병합과 문화적 인종주의〉《일본연구》46, 91~92쪽.

59 旗田巍 저, 이기동 역, 1983 앞의 책, 15쪽; 小熊英二, 1995《單一民族神話の起源》, 東京:新曜社의 제5장 〈일선동조론〉; 정상우, 2001 〈1910년대 일제의 지배논리와 지식인층의 인식〉《한국사론》46, 187~198쪽.

60 남부진, 2002 앞의 책, 39~64쪽. 이같이 왜곡된 한국인의 민족성을 체계화한 것이 다카하시 도루의 《조선인》이다(조선총독부 학무국, 1921《조선인》).

61 윤소영, 2010 〈일제강점 초기 한·일 초등학교 교과서의 한국인식〉《한국독립운동사연구》36.
일선동조론은 소학교는 물론 중학교 일본사 교과서의 저본이 되었다고 한다(旗田巍 저, 이기동 역, 1983 앞의 책, 15쪽).

62 W. G. 비즐리 지음, 장인성 옮김, 2004《일본 근현대사》(개정3판), 을유문화사, 162~163쪽.

63 최혜주, 2005 〈일제강점기 조선연구회의 활동과 조선인식〉《한국민족운동사연구》42; 2014 〈식민지 시기 재조일본인의 출판활동과 조선인식〉《한국민족운동사연구》95 참조.

64 고모리 요이치 지음, 배영미 옮김, 2015《인종차별주의》, 푸른역사, 30쪽.

65 위의 책, 29쪽.

66 梶村秀樹著作集刊行委員會·編輯委員會 편, 1992《朝鮮史と日本人》(梶村秀樹著作集 제1권), 東京:明石書店, 235쪽.

67 村松武司, 1972《朝鮮植民者: ある明治人の生涯》, 東京:三聖堂, 102쪽(이수열, 2014

〈재조일본인 2세의 식민지 경험: 식민2세 출신 작가를 중심으로〉《한국민족문화》50, 10 쪽 재인용).

68 1930년 재한 일본인의 직업별 인구 구성은 관공리 군인 등의 공무자유업 35.24퍼센트, 상업·교통업 29.37퍼센트, 관공업 14.43퍼센트, 농업 8.39퍼센트의 순이었다. 관공리, 군인 등의 공무자유업 종사자와 상인 등 상업·교통업 종사자가 64.61퍼센트를 차지할 만큼 압도적이었다. 한국인의 직업별 인구 구성이 공무자유업 2.66퍼센트, 상업·교통업 6.37퍼센트, 관공업 2.28퍼센트, 농업 80.53퍼센트인 것과는 대조적인 모습이다(송규진, 2018《통계로 보는 일제강점기 사회경제사》, 고려대학교출판문화원, 40~41쪽). 그리고 1935년에 재한 일본인의 52.48퍼센트가 행정도시 부府에 거주하고, 80퍼센트 정도가 소도시 읍邑을 포함한 도시에 거주하고 있었다. 이것 역시 한국인의 4.22퍼센트만이 부에 거주하고 있는 것과 대비된다(梶村秀樹著作集刊行委員会·編集委員会 편, 1992 앞의 책, 230쪽; 송규진, 같은 책, 39쪽].

69 이수열, 2014 앞의 논문, 106쪽.
일제강점기 사범학교 졸업생 등 대부분 중상류층 재한 일본인 35명을 대상으로 한 조사에 따르면, 그중 26명이 한국인 하녀를 거느리고 있었다. 재한 일본인들은 한국인 하녀를 '어머니'라고 불렀는데, '인격이 없는 도구, 도구와 같은 존재'로 기억하고 있었다(다카사키 소지 지음, 이규수 옮김, 2006《식민지 조선의 일본인들: 군인에서 상인, 그리고 게이샤까지》, 역사비평사, 175~176쪽).

70 윤건차, 1990《현대 일본의 역사의식》, 한길사, 42쪽

71 권태억, 2008〈1910년대 일제의 조선동화론과 동화정책〉《한국문화》44, 서울대학교 규장각 한국학연구원, 109쪽[인용문의 출전은 경성부 편, 1934《경성부사》2권, 888~899쪽(권태억, 같은 논문, 109쪽 재인용)].

72 징병제 실시 관련 일본인의 반응에 대해서는, 윤건차, 1990 앞의 책, 43쪽 참조.

73 고모리 요이치 지음, 배영미 옮김, 2015 앞의 책, 30쪽.

74 권태억, 2014 앞의 책, 157~169쪽(《秘 대정 8년 조선소요사건 상황: 대정 8년 6월 헌병대 경무부장회의석상 보고》를 분석한 부분).

75 조선헌병대사령부, 1933《朝鮮同胞に對する内地人反省資料》(조선헌병대사령부 편, 이정욱·변주승 역, 2017《조센징에게 그러지마!》, 흐름, 19쪽).

76  위의 책, 21쪽.

77  위의 책, 37, 51, 66, 81, 88, 105, 112, 134, 142쪽.

78  이 논리는 노르웨이 출신의 평화학자 갈퉁J. Gatung의 논법을 응용해 대입한 것이
    다. 갈퉁에 의하면, 문화적 폭력cultural violence은 종교, 이데올로기, 언어, 예술, 경
    험과학, 형식과학과 같은 우리 존재의 상징영역인 문화가 직접적 또는 구조적 폭력
    direct violence or structural violence을 정당화하거나 합법화하기justify or legitimize
    위해 사용되는 측면을 가리킨다. 이러한 문화적 폭력은 직접적 폭력과 구조적 폭력
    을 올바르게, 아니면 적어도 나쁘지 않게 보이거나 느끼도록 하고 사회에서 받아들
    이게끔 만든다. 달리 말하면, 문화적 폭력은 직접적 폭력이나 구조적 폭력을 정당화
    하거나 합법화하는 역할을 한다(Caltung, J. "Cultural Violence", *Journal of Peace Research*,
    vol. 27, no.3, 1990, pp. 291~292.).

79  조현범, 《문명과 야만: 타자의 시선으로 본 19세기 조선》, 책세상, 2002; 정연태, 《한
    국근대와 식민지 근대화 논쟁: 장기근대사론을 제기하며》, 푸른역사, 2011.

80  선교사 출신 교사들이 모두 인종차별적이거나 전제적·독선적으로 학생을 지도한
    것은 아니었다. 이들 가운데 한국인 학생을 지원하거나 만세시위운동을 옹호하거나
    일제 경찰로부터 학생들을 보호하는 사례도 많이 있었다는 사실도 잊어서는 안 된
    다(김성은, 2011 〈1920년대 동맹휴학의 실태와 성격: 선교회 여학교를 중심으로〉《여성
    과 역사》14, 96~97쪽).

## 나오며: 차별문제의 성찰과 일상의 민주화

1  정연태, 2011 《한국근대와 식민지 근대화 논쟁: 장기근대사론을 제기하며》, 푸른역
   사의 〈책마무리에〉.

2  다와라기 하루미, 2015 〈일본 신문에 나타난 '혐한' 언설의 의미 고찰: 1992년부터
   2015년까지의 아사히신문(朝日新聞)과 산케이신문(産經新聞)을 중심으로〉《일본근대
   학연구》50; 조관자, 2016 〈일본인의 혐한의식: 반일의 메아리로 울리는 혐한〉《아
   세아연구》59-1; 김광열, 2017 〈21세기 일본의 '헤이트스피치'와 1923년 관동대지

진 시 한인 학살범의 논리 고찰〉《한일민족문제연구》33 참조.

3 　생물학적 인종주의에 대해서는, 박경태, 2009《인종주의》, 책세상; 알리 라탄시 지음, 구정은 옮김, 2011《인종주의는 본성인가: 인종, 인종주의, 인종주의자에 대한 오랜 역사》, 한겨레출판; 크리스티앙 들라캉파뉴 지음, 하정희 옮김, 2013《인종차별의 역사》, 예지; 조너선 마크스 지음, 고현석 옮김, 2017《인종주의에 물든 과학》, 이음의 제2장〈과학은 어떻게 인종을 만들었나〉; 강철구, 2002〈서론: 서양문명과 인종주의: 이론적 접근〉《서양문명과 인종주의》(한국서양사학회 엮음), 지식산업사 참조.

4 　Robert Miles and Malcolm Brown, *Racism*(Second Edition), London and New York : Routledge, 2003, pp. 61~66.

5 　신인종주의에 대해서는, 박경태, 2009 앞의 책; 알리 라탄시 지음, 구정은 옮김, 2011 앞의 책; 강철구, 2002 앞의 논문; 이종일, 2009〈문화인종주의의 형성 논리와 원인〉《초등교육연구논총》25-2, 대구교육대학교 참조.

6 　크리스티앙 들라캉파뉴 지음, 하정희 옮김, 2013 앞의 책, 358~360쪽.

7 　《YTN 뉴스》(2016.12.17.),〈獨 언론, 촛불집회 극차…"서양도 배워야 할 모범"〉(https://www.ytn.co.kr/_ln/0104_201612172209016929).

8 　《연합뉴스》(2020.4.3.),〈봉쇄 없이 코로나 19 잡은 한국 배워야…伊전문가 150명 호소문〉;《연합뉴스》(2020.6.11.),〈사회적 거리 두기 지침 등 'K-방역 모델' 세계 표준 만든다〉;《오마이뉴스》(2020.7.14.),〈코로나19 확진자들은 '재감염'보다 '0000'를 더 무서워했다.〉;《NEWS1》(2020.7.5., 7.7., 7.8., 7.9.),〈코로나6개월-③, ⑨, ⑩, ⑪〉

9 　アルベール・メンミ 著, 白井成雄・菊地昌実 譯, 1971《差別の構造: 性・人種・身分・階級》, 東京:合同出版, 236~237쪽.

## 부록: 일제강점기 중등학교 규율의 사례

1 　출전 : 강경상업고등학교, 1990《강상칠십년사》, 고려서적주식회사, 51~55쪽.

〈생도 주의사항〉이 제정된 시기는 불분명하다. 다만, 이 자료가 출전에 수록된 위치를 보면, 강상이 1921년에 3년제 을종학교로 승격할 때 학칙과 함께 제정된 것으로 보인다. 설립 초창기의 규정인 셈이다. 그런 까닭인지 모르나 해주고등보통학교가 1932년에 발간한 《해주공립고등보통학교 學校經營竝學校槪覽》의 〈생도 주의(心得)〉사항과 비교하면, 제반 조항이나 내용이 소략한 편이다. 그리고 이 〈생도 주의사항〉은 번역문으로, 원문을 찾지 못하였다. 여기서는 번역문의 어투를 가급적 살리되, 번역문 곳곳에 보이는 오탈자, 일본식 문투, 비문, 난해한 용어나 문장 등은 교열하였다.

2   3대절은 기원절(일본의 개국기념일, 2월 11일), 명치절(메이지 일왕의 생일, 11월 3일), 천장절(생존 일왕의 생일)이다.

3   출전: 해주고등보통학교, 1932 《해주공립고등보통학교 學校經營竝學校槪覽》, 133~144쪽.

이 자료는 교사의 학생 지도사항(〈훈련과 정육〉) 중 일부를 정리한 것이다. 강상의 〈생도 주의(心得) 사항〉과 같은 규정으로는 해주고등학교의 〈생도 주의(心得)〉가 있다. 이 〈생도 주의〉 사항은 위 출전에서 27쪽 분량에 걸쳐 열거되어 있을 만큼 대단히 방대하고 상세하다. 그러나 그 핵심 내용은 교사의 학생지도 사항을 정리한 〈훈련과 정육〉과 거의 같은 것이기에 〈생도 주의〉 사항 대신에 제시한 것이다.

# Abstract

**Daily History of Colonial Ethnic Discrimination**
**: From Entering Secondary School to after Employment**

Chung Youn-Tae

Colonial ethnic discrimination is a summary of the basic relationship between the ruling and the governed. From this point of view, I tried to clarify the aspect, structure and characteristics of colonial ethnic discrimination during the Japanese colonial era in this book.

The process and findings of its research is as follows:

First, I analyzed the data of school registers of graduates and dropouts for 25 years, targeting a microscopic research on a secondary commercial school, which was a co‑educational school between Korean and Japanese. This analysis revealed that ethnic discrimination for Korean students were routinely enforced in every process such as freshmen selection, student education, student evaluation, student disciplinary action, employment of graduates, change of occupation type and position after employment.

Second, I examined and analyzed the unified strikes that showed the students' consciousness of human rights, rights and ethnicity. Among these strikes, I focused the unified strikes of Korean secondary students against problematic teachers. Through such analysis, I revealed that there were three methods of customary ethnic discrimination: unilaterally insulting Koreans, despising Korea(and Koreans) through comparison between Korea and Japan, or discriminating against Korean students and Japanese students. Also I found out that this discrimination tended to be accompanied by teachers' dogma, despotism, and violence. Also I revealed that three logics underlay the words and actions of teachers who practiced customary ethnic discrimination. These three logics were the theory of a savage race based on the dichotomy of civilization vs. barbarism, a theory of ethnicity that emphasized the defects and negativity of Koreans, and the theory of a ruined nation which recognized the current state of the perished nation and reproved the people themselves.

Third, I found out that there were two solid foundations for colonial ethnic discrimination in addition to ethnically discriminatory colonial law and institutions. One was the structure of political and economic inequality and various hierarchical relationships in the colonial society, including the racist and coercive educational and administrative structure. The other was the consciousness of contempt and discrimination toward Korea and Korean, which was widespread among Japanese society and Japanese in Korea (including Japanese teachers) during the Japanese colonial rule.

# 찾아보기

# 식민지 민족차별의 일상사

2021년 1월 29일 초판 1쇄 발행
2021년 6월 17일 초판 2쇄 발행

| | |
|---|---|
| 글쓴이 | 정연태 |
| 펴낸이 | 박혜숙 |
| 디자인 | 하민우 |
| 펴낸곳 | 도서출판 푸른역사 |

　우) 03044 서울시 종로구 자하문로8길 13

　전화: 02)720－8921(편집부) 02)720－8920(영업부)

　팩스: 02)720－9887

　전자우편: 2013history@naver.com

　등록: 1997년 2월 14일 제13-483호

ⓒ 정연태, 2021

ISBN 979-11-5612-182-4  93900